벨직 신앙고백서 강해

벨직 신앙고백서 강해

출판일 · 2023년 9월 18일
지은이 · 이승구
펴낸이 · 김현숙
편집인 · 윤효배
펴낸곳 · 도서출판 **말씀과 언약**
　　　　서울시 서초구 명달로15길 11, 402호
　　　　T_010-8883-0516
디자인 · Yoon & Lee Design

ISBN : 979-11-979284-9-9 (93230)

가격 : 20,000원

개혁교회의 주요 신조 가운데 하나인

벨직 신앙고백서(*Confessio Belgica*) 강해

이승구

도서출판 말씀과 언약

2023

An Exposition of the Belgic Confession of Faith

by

Seung-Goo Lee

Verbum Dei Minister

BA., MA., M. Div., M. Phil., Ph. D.

The Word and the Covenant Publishing Company

Seoul, Korea

2023

이 책은
정채훈 장로님 (동부교회)의 후원으로
출간이 가능하게 되었습니다.

이 땅에 개혁파적인 사상이 가득하게 하기 위해
성경에 충실한 개혁파적인 책들을 출간하도록
귀한 도움을 주시는 것에 대해서 감사드립니다.

이런 후원으로 이 땅에 개혁파적인 사상이 가득하게 되기를 기원합니다.

들어가는 말

우리들이 속해 있는 한국교회가 좀 더 개혁신학이 지향하는 성경적인 교회의 모습을 가지게 될 수 있으면 하는 소망을 가지고서, 개혁교회의 주요 신조들 가운데 하나인 〈벨직 신앙고백서〉에 대한 강해를 하나하나 하기 시작한 것이 1992년부터였습니다. 그동안 이런저런 사정으로 여러 번 중단되었다가 2023년 7월에 비로소 37항까지에 대한 강해를 모두 마쳤습니다. 때로는 「현대 종교」나 근자에는 「월드뷰」가 매달 이 글들을 지속적으로 쓰게 하는 데 도움이 되었기에 귀한 잡지를 내시는 것에 대해서와 또한 귀한 잡지에 기고했던 글들을 이렇게 한데 모아 낼 수 있게 허락하심에 대하여 두 잡지의 편집인들에게 감사드립니다. 간단히 강해하기 시작한 것이 다 완성되는 데 31년, 즉 저의 교수로서의 삶 전부에 해당하는 기간이 소요되었습니다.

다행히 그동안 많은 귀한 분들에 의해 〈벨직 신앙고백서〉에 대한 여러 강해서가 우리 주변에 나타났습니다. 〈벨직 신앙고백서〉가 말하는 개혁신학에 한국 교회가 관심을 가지고 있다는 것이니, 이에 대해서 감사하게 생각합니다. 이제 그 귀한 작업에 더해서 이 짧은 강해서도 한국교회가 좀 더 성경적 교회가 되어 가는 데 도움이 되기를 바랍니다. 마치

1561년 귀도 드 브레(Guido De Brès, 1522-1567)가 성경적 교회를 지향하면서 이 신앙고백서를 작성해서 도르닉 성(the governor's castle)의 담장 너머로("over the castle wall") 왕에게 전달되기를 바라면서 편지와 함께 〈벨직 신앙고백서〉 한 부를 던져 넣은 것과 같은 마음으로 이 강해서를 한국교회에 던집니다.

〈벨직 신앙고백서〉는 1567년 개신교회의 순교자로 소천한 귀도 드 브레가 1561년에 당시에 스페인의 천주교 정부에 의해서 박해받던 프란덜스(Flanders)와 네덜란드(Netherlands) 교회들의 변호를 위해 불어로 작성한 것을 '저지대의 개혁파 교회들'이 1566년 안트베르프(Antwerp) 대회(Reformed Synod), 1571년 엠덴(Emden) 대회, 1574년 도르트 대회(Dort Synod)와 1581년 미델부르그(Middelburg) 대회에서 수납하고, 화란이 스페인으로부터 독립한 후인 1619년에 불어, 화란어, 라틴어 역본들의 비교를 거쳐 도르트 전국 대회(the National Synod of Dort)에서 개정하여, 지금까지 네덜란드 개혁교회와 개혁파 전통의 교회들 안에서 〈하이델베르크 요리문답〉과 〈도르트 신경〉과 함께 중요한 신조로 받아들여지고 고백되고 있는 귀한 개혁파 신조입니다.

이미 여러 분들에 의해 귀한 강해서가 여러 권 나왔고, 또 강해하시는 많은 목사님들과 함께 우리 한국 교회가 이런 개혁파적인 교회를 지향하기를 바라면서 이 작은 강해서를 여러분들께 제출합니다. 배경과 저자에 대한 글을 서론으로 제시하였으니 그것을 먼저 읽어 보셔도 좋고, 그와 달리 본론 자체로 들어가서 1장부터 읽은 후에 서론으로 제시한 배경을 읽어 보셔도 좋습니다.

이 책이 여러 종류의 사람들에게 잘 읽힐 수 있는 형태가 되도록 하기 위해 여러 번 읽으면서 모든 면에서 잘못된 것들을 꼼꼼하게 고쳐 주신 김우곤 선생님과 표지 등 제반 편집 문제를 잘 감당하셔서 우리들이 실질적으로 책을 볼 수 있게 해 주신 윤효배 목사님께 감사드립니다.

주께서 이 미약한 작업도 의미 있게 사용해 주시기를 기도합니다.

2023년 9월

합동신학대학원대학교 연구실에서

은퇴하기 전 마지막 책을 출판에 붙이면서

차 례

들어가는 말 ·· 9

서론: 〈벨직 신앙고백서〉의 역사적 배경과 저자, 교회적 수납 ·············· 15

제 1 부 우리 하나님과 성경에 대하여

제 1 강 우리 하나님은 어떤 분이신가요? 하나님의 본성에 대하여 ········ 50

제 2 강 우리 하나님의 비공유적 속성들 ······························ 54

제 3 강 우리 하나님의 공유적 속성들(1) ···························· 60

제 4 강 우리 하나님의 공유적 속성들(2): 하나님의 지식 ·············· 64

제 5 강 하나님의 계시(1): 하나님을 어떻게 알게 됩니까? ············ 69

제 6 강 하나님의 계시(2): 기록된 하나님의 말씀 ···················· 74

제 7 강 정경과 정경의 중요성 ···································· 80

제 8강 정경에 속한 책들과 외경의 차이, 그리고 성경의 충족성 ········ 85

제 2 부 삼위일체 하나님과 삼위일체 하나님의 사역

제 9 강 삼위일체 하나님 ·· 92

제 10 강 삼위일체에 대한 성경의 증언 ······························ 99

제 11 강 예수 그리스도의 신성을 참으로 믿습니까? ················ 106

제 12 강 성령님의 신성을 믿습니까? ································ 114

제 13 강 창조를 믿습니까? ·· 122

제 14 강 하나님의 섭리를 믿습니까? ······························ 129

제 15 강 섭리에 대해서 생각할 때의 바른 태도 ···················· 136

제 16 강   섭리에 대한 바른 이해의 유익 ··· 143

제 3 부   인간의 창조와 타락과 죄의 문제

제 17 강   하나님께서 사람을 창조하신 것을 믿습니까? ···························· 152
제 18 강   창조된 상태에서 인간은 어떻게 했습니까? 인류 최초의 죄 ······ 159
제 19 강   원죄와 자범죄, 인간의 근원적 문제 ·····································165
제 20 강   타락한 우리들이 어떻게 하나님을 믿게 되었습니까? ················171

제 4 부   성육신의 신비와 결과, 십자가와 속죄

제 21 강   기독교와 성육신의 신비 ··· 180
제 22 강   성육신의 결과: 그리스도의 양성 ··· 186
제 23 강   예수 그리스도 안에서 하나님이 하신 것은 무엇입니까? ········· 194
제 24 강   십자가와 속죄(1) ··· 201
제 25 강   십자가와 속죄(2) ··· 208
제 26 강   그리스도의 중보기도 ···216

제 5 부   기독교 신앙에 대하여

제 27 강   "기독교 신앙"이란 무엇입니까? ··· 224
제 28 강   그리스도와 그의 의를 의지하는 신앙 ································· 231
제 29 강   이신칭의: 믿는 자를 의롭다고 선언하심 ···························· 239
제 30 강   신앙과 성화(1): 죄인들을 거룩하게 하심 ···························· 246
제 31 강   신앙과 성화(2): 영적인 선을 행함 ······································· 253
제 32 강   그리스도와 율법의 관계 ··· 261

제 6 부 교회에 대하여

제 33 강   교회에 대한 역사적 이해를 잘 드러낸 벨직 신앙고백서(27항) ·270
제 34 강   교회 지체들의 의무(28항) ································· 278
제 35 강   참된 교회의 표지들 ··································· 282
제 36 강   교회의 정치 형태 ···································· 298

제 7 부 교회의 성례에 대하여

제 37 강   성례 일반에 대한 정리 ································306
제 38 강   세례(1): 세례의 기본적 의미 ······················· 313
제 39 강   세례(2): 유아세례와 그 의미 ······················· 320
제 40 강   성찬과 그 의미 ······························ 328
제 41 강   성찬에 제대로 참여하는 방식 ······················ 335

제 8 부 시민 통치에 대하여, 그리스도의 재림과 최후의 심판

제 42 강   시민 통치에 대하여 ································· 344
제 43 강   악한 통치에 대해서는 어떻게 할 것인가? ··············· 352
제 44 강   그리스도의 재림과 최후 심판에 대하여 ················ 360

〈부 록〉   벨직 신앙고백서 ····························· 367

서론

<벨직 신앙고백서>의 역사적 배경과
저자, 교회적 수납

<벨직 신앙고백서>는 귀도 드 브레(Guido de Brès=Guy de Bray, c. 1522-1567)
가 그 초안을 작성한 것으로 여겨진다. 일반적으로는 '합스부르크가의 천
주교 통치자에 의해서 박해받던 플란더스(Flanders)와 네덜란드
(Netherlands) 교회들'인 소위 '십자가 아래 있던 교회들'(the so-called
churches under the cross, De Kerken onder het Kruis)을 귀도가 변호하기 위해
1561년에 불어로 작성했다고 하나, 귀도 드 브레는 이미 그 이전부터 이
신앙고백서를 작성하기 시작했다고 보는 견해들도 있다.[2] 아마도 귀도는
"1559년 <프랑스 신앙고백서>가 나온 후에 곧바로 이 신앙고백서를 쓰기
시작했다"고 말하는 스코트 클락의 말이 정확할 것이다.[3]

---

[1] 당대 이 지역 교회들의 상황과 이 지역 교회들의 개혁신학적 방향으로의 변화에 대한 논의로
W. Robert Godfrey, "Calvin and Calvinism in the Netherlands," in *John Calvin: His Influence in
the Western World*, ed., W. Stanford Reid (Grand Rapids: Zondervan, 1982), 93-104, 특히 1540
년대부터 1570년까지의 이 지역의 교회들을 지칭하는 소위 "십자가 아래서의 교회들"에 대해서는
99-101을 보라.

[2] 피터 드 영은 1561년에 처음 인쇄된 이 신앙고백서를 2년 전부터 귀도 드 브레가 쓰기 시작
했다고 한다. Peter Y. De Jong, *The Church's Witness to the World* (St. Catharines, Ontario,
Canada: Paideia Press, 1980), 30. Arthur C. Cochrane, ed., *Reformed Confessions of the
Sixteenth Century* (London: SCM, 1966, new Edition, Louiville: Westminster John Knox Press,
2003), 185에서 코흐란은 귀도 드 브레가 이 신앙고백서를 1559에 작성했다고 했고, 갓프리도 이 고백서
가 1559년에 쓰여졌고 1561년에 개정되어 공개되었다고 했다(Godfrey, "Calvin and Calvinism in the
Netherlands," 100).

그러나 이 신앙고백서가 그저 귀도 자신의 개인적 입장을 표명하는 것이 아니라는 것은 표지 면에 붙인 다음 글에서도 짐작할 수 있다. "신앙고백서. 우리 주 예수 그리스도의 거룩한 복음의 순수성에 따라 살기를 간절히 바라는, 저지대(the Low Countries) 여러 곳에 흩어져 있는 신자들의 일반적 동의로 이루어진 신앙고백서."[4] 특히 이 지역 교회들의 중심 역할을 했던 안트베르프의 목사님들과의 논의를 거쳐 나온 것으로 여겨진다. 왜냐하면 1561년 말 이전에 이미 이것이 "안트베르프의 신앙고백"(The Confession of Antwerp)이라고들 언급되었기 때문이다.[5] 그러므로 초안은 귀도 드 브레가 작성했지만, 이 신앙고백서는 이 지역의 참된 신

---

[3] R. Scott Clark, *Recovering the Reformed Confession: Our Theology, Piety, and Practice* (Phillipsburg, NJ: P&R, 2008), 183. 그는 그 배경으로 Daniel R. Hyde, *With Heart and Mouth: An Exposition of the Belgic Confession* (Grandville, MI: Reformed Fellowship, 2007)과 Nicolaas H. Gootjes, *The Belgic Confession: Its History and Sources* (Grand Rapids: Baker Academic, 2007)을 말한다. 스코트 클락이 언급한 이 책들과 1980년에 출간된 De Jong, *The Church's Witness to the World* 가 지금까지 영어로 나온 제일 좋고 자세한 논의들로 여겨진다.

[4] *The Belgic Confession of Faith*, title page, De Jong, *The Church's Witness to the World*, 31에서 재인용.

[5] Cf. De Jong, *The Church's Witness to the World*, 32. 그러나 이를 1566년에 나온 14항으로 된 〈안트베르프 신앙고백서〉(1566)과 혼동하지 말아야 한다. 이는 다음에서 찾아볼 수 있다. https://wearereformed.com/reformed-confessions/the-antwerp-confession-1566/.

자들의 공동의 고백이고, 후에 그렇게 이 개혁파 교회들에 의해서 공식적으로 받아들여진 개혁파 교회의 신앙고백서이다. 사실 이 고백서의 초판에는 저자가 명시되어 인쇄되지 않았다고 한다.[6] 그래서 스코트 클락은 귀도를 〈벨직 신앙고백서〉의 기본적 저자(the primary author)요, 편집자(editor)라고 말한다.[7] 그런 뜻에서 스코트 클락은 〈벨직 신앙고백서〉가 귀도 드 브레의 것으로나 어떤 위원회의 것으로 여겨져서는 안 되고, 네덜란드 개혁교회의 고백서로 여겨져야만 한다고도 말한다.[8] 실제로 네덜란드에서는 이를 〈네덜란드 신앙고백서〉라고 한다. 네덜란드 개혁교회의 신앙고백서라는 뜻에서 그렇게 하는 것이다.

1. 저지대 종교 개혁의 정황과 역사적 전개 과정

당시 (오늘날 화란과 벨기에 등에 해당하는) 이 저지대 지역은 신성로마 제국의 황제인 **카를 5세**(Charles V, 1500–1558)가 다스리다가 그가 사실은 퇴행성 관절염 때문에, 그러나 외적으로는 자신은 정치를 다른 이들에게 넘겨주고 수도원으로 간다는 미명하에[9] **1555년 10월 25일**에 독일과 오스트리아

---

[6] 이는 Nicolaas H. Gootjes가 제공하는 정보이다. Cf. "The Earliest Report on the Author of the Belgic Confession," *Nederlands Archief voor Kerkengescheidnis* 82 (202): 86–94, cited in Clark, *Recovering the Reformed Confession*, 184, n. 95.

[7] Clark, *Recovering the Reformed Confession*, 185. 그런가 하면 331에서는 "주된 저자요, 편집자"라고 한다.

[8] Clark, *Recovering the Reformed Confession*, 184.
코흐랜은 귀도가 이 고백서를 작성할 때 레이든의 신학 교수인 아드리안 사라비아(Adrian Saravia), 오란녀 공(William of Orange=Willem van Oranje)의 궁전 목사였던 모데투스(H. Modetus, 화란어로는 "모데트" Moded), 그리고 고프리트 판 빙언(Godfried van Wingen)의 도움을 받았다고 진술하고 있다. Cochrane, ed., *Reformed Confessions of the Sixteenth Century*, 185f. 이미 〈프랑스 신앙고백서〉가 있었으므로 또 다른 신앙고백서가 필요할까를 우려하면서 좀 주저하던 사라비아(Adrian Saravia)의 반대에도 불구하고, 판 빙언(Godfrey van Wingen)의 독촉 때문에 이 신앙고백서가 1561년 루뱅(Rouen)에서 인쇄되어 널리 전파되었다고 한다(186).

[9] 이를 잘 지적하고 있는 글로 Van Halsema, *Three Men Came to Heidelberg and Glorious*

지역의 통치는 자신의 아우인 **페르디난트 1 세**(Ferdinand I= Fernando I, 1503
-1564)에게 양위하고, 스페인과 저지대 지역의 왕위는 자신의 아들 **필립 2
세**(1527-1598)에게 양도한 상태였다.

필립 2세는 천주교회적 관례를 그대로 유지하면서 루터파와 개혁
파의 전파를 좀 더 강하게 금하였다.[10] 우리가 조금 후에 살펴볼 바와 같
이, 귀도는 1567년에 순교하였으므로 그는 고난의 상황에서 개신교를 받
아들이고 고난받으면서도 개혁신앙을 고백하다가 순교했다. 그의 순교 후
에도 이 지역의 교회는 1581년 북부 주들의 독립 선언 때까지는 14년 동
안 어려움을 당하면서 독립 항쟁을 하였다. 그러나 개혁교회의 안정은 스
페인의 필립 2세가 71세의 나이로 죽은 1598년 9월 13일 이후에 오란여
공 빌럼(Willem van Oranje=William of Orange, 1533-1584)의 아들인 나쏘의 모
리스(Maurice of Nassau, 1567-1625)의 지휘하에 네덜란드 독립 운동이 재개
되고 여러 주를 연합시켜 네덜란드의 **독립을 확실히 한 1608년** 후에야 올
수 있었다.

네덜란드 독립 운동과 네덜란드 교회가 개혁교회로의 전환하여 간
과정은 오랜 기간에 걸쳐 이루어졌다. 사실 이런 운동이 일어나게 된 것
은 1555년 말에 이 지역의 통치를 이양받은 필립 2세의 강한 정치적, 종
교적 정책 때문이라고 할 수 있다. 윌리스톤 워커 등이 잘 말하고 있듯이
그의 아버지인 카를 5세는 "개신교 침투에는 적극 저항하였지만, [저지
대]의 전통적 권리와 지방 귀족들과 통치 계습의 특권을 존중했[으나] 필

Heretic: The Story of Guido de Brès, 93-95를 보라.

10 이 시기 전체에 대한 좋은 설명으로 교회사의 전형적 책들, 특히 Williston Walker et al.
A History of the Christian Church (Edinburgh: T. & T. Clark, 1986), 송인설 역, 『기독교회사 하』
(고양: 크리스챤 다이제스트사, 1993), 578-87; Godfrey, "Calvin and Calvinism in the
Netherlands," 93-104; Philip Benedict, *Christ's Churches Purely Reformed: A Social History of
Calvinism* (New Have: Yale University Press, 2002), 173-201; 그리고 이상규, "귀도 드 브레와 네덜
란드 신앙고백", 『칼빈 시대 유럽 대륙의 종교개혁가들』 (부산: 고신대학교 개혁주의 학술원, 2014),
259-64를 보라.

립 2세는 그렇지 않았다."11 이것이 문제였다. 그는 그의 이복누이인 파르마의 공작부인인 마가렛(Margaret of Parma, 1522-1586)을 이 지역 통치자로 삼고, 그녀를 보좌하는 3명의 고문을 임명했는데, 그 대표적 인물이 추기경 그랑벨레(Cardinal Granvelle)로 알려진 앙뜨완느 페레노(Antoine Perrenot, 1517-1586)였다.

이 위원회가 "고위 귀족들이 누리고 있던 옛 국회의 권한을 빼앗았다."12 여러 불만 가운데서 1565년 말에 다양한 종교적 성향의 귀족들이 종교재판의 폐지와 개신교도들을 이단으로 취급하는 정책의 완화, 그리고 양심의 자유를 요구하는 내용의 글을 작성하여 그 해 성탄절부터 그 다음 해인 1566년 4월 사이에 그 상소문을 돌리고 지방 귀족들로 서명하게 하여, 그들이(the signers of this "Compromise of the Nobility") 브뤼셀에서 군중들의 환호를 받으면서 행진하여 나아가13 1566년 4월 5일에 이 지역 통치자인 마가렛에게 제출한 일,14 더구나 1566년 8월 초부터 6주 동안 저지역의 사람들의 성상 파괴 운동이 대규모로 일어나자,15 필립 2세는

---

11 Walker et al., 『기독교회사 하』, 578.

12 Walker et al., 『기독교회사 하』, 578.

13 Benedict, *Christ's Churches Purely Reformed*, 181. 이 책 581쪽 각주 12에 있는 이 문제에 대한 논문들도 참조하라.

14 Walker et al., 『기독교회사 하』, 579. 이 책에 의하면 이 일을 실질적으로 한 사람이 오란여 공 윌리엄의 동생인 나쏘의 루이(Loius of Nassau, 1538-74)였다고 한다. 그러나 당시 이 저지대 귀족들 가운데서 개혁파 신앙을 가진 사람은 그리 많지 아니하였다고 한다. 홀란트 경우에 지방 젠트리 가운데 20% 정도인 것으로 생각하고 더 높은 귀족들은 그리 많이 동조하지 않았으나 그저 허용한 것이라고 한다. Cf. Benedict, *Christ's Churches Purely Reformed*, 186f.

15 그래서 1566년은 "성상 파괴의 해"(the year of the iconoclasm)라고 표현하기도 한다. Cf. Godfrey, "Calvin and Calvinism in the Netherlands," 101. 이 과정에 대한 상세한 논의로 Phyllis Mack Crew, *Calvinist Preaching and Iconoclasm in the Netherlands, 1544-1569* (London and Cambridge: Cambridge University Press, 1978)를 보라. 이외에 이에 대해서 쓰여진 많은 글들로 Benedict, *Christ's Churches Purely Reformed*, 581, n. 14에 인용된 많은 책을 보라. 당시 미델부르흐의 군대 지도자는 "우리는 교회나 교황이나 수도사들을 위해 싸우지 않겠습니다"고 말했다고 한다 (Benedict, *Christ's Churches Purely Reformed*, 182). 그러나 이 때문에 일어나 소규모의 종교개혁도 있어서 이를 "1566의 놀라운 해"(the Wonder year of 1566)라고 하기도 한다(Benedict, *Christ's Churches Purely Reformed*, 185). 그러나 결국 발랑시엔느는 3개월 버티다 무너지고, 결국 알봐 장군이 1567년 8월에 와서 총독(governor-general)이 되기도 전에 전국에서 개혁파 예배는 사라지게 되었다

1567년에 스페인의 알봐 공작(the Duke of Alva)인 페르디난드 알바레즈 (Ferdinand Alvarez, 1508-1582)와 함께 1만 명의 정예부대를 파송했다.[16] 중도 노선을 채택하려던 마가렛은 1567년 말에 파르마로 돌아갔다.[17] 알봐 공작은 1568년 5월에 추방된 오란여 공 빌럼(Willem van Oranje)이 독일로부터 침공한 것도 잘 막아내면서,[18] 1572년까지 무자비한 탄압으로 계속하여 1,000명 이상의 시민들을 반란자로 처형하였다고 한다.[19]

이런 핍박의 정황 속에서 1568년 11월에 베이절(Wesel)에서 교회 대표자들의 모임이 있었고, 1571년 10월에 이 지역 개혁교회의 첫 번째 전국대회가 최북단 흐로닝언 주 건너편에 있는 동부 프리스란트(East Friesland)의 엠던(Emden)에서 개최되었다. 여기서 독일과 영국 등지에 28개의 피난민 교회가 있다고 언급되었고, 저지대에는 십자가 아래 있는 16 교회가 여전히 존재하고 있음을 드러내었다.[20] 이 엠던 대회에서 〈벨직 신앙고백서〉를, 그리고 "프랑스 개혁 교회와 연대한다는 의미에서 〈프랑스 신앙고백서〉(1559)와 함께" 이 교회의 신앙고백서로 인정하여 받아들이고, "네덜란드 개혁교회의 교회 질서의 토대를 놓았다."[21] 또한 5조에서는 기존에 사용하던 하나님의 말씀에 일치하는 다른 요리문답도 존중한다는 것을 밝히면서도, 불어를 사용하는 교회들에서는 〈제네바 요리문답〉을, 화란어를

(Benedict, *Christ's Churches Purely Reformed*, 188f.).

[16] Benedict, *Christ's Churches Purely Reformed*, 188. 워커 등은 9,000명이라고 기술했다 (Walker et al., 『기독교회사 하』, 579).

[17] Walker et al., 『기독교회사 하』, 579.

[18] Walker et al., 『기독교회사 하』, 579.

[19] Walker et al., 『기독교회사 하』, 579; Benedict, *Christ's Churches Purely Reformed*, 189.

[20] Benedict, *Christ's Churches Purely Reformed*, 189. 베네딕트는 Benjamin J. Kaplan, "Calvinists and Libertines: The Reformation in Utrecht, 1578-1618" (Ph. D. diss., Harvard University, 1989), 11의 정보에 근거하여 이를 밝히고 있는 것이다.

[21] 일반적으로 그렇게 인정되나 이 표현은 Godfrey, "Calvin and Calvinism in the Netherlands," 100에서 온 것이다.

사용하는 교회들은 〈하이델베르크 요리문답〉을 사용해야 한다고 정하였다.[22] 이는 하이델베르크와 프랑켄딸(Frankenthal)에 있던 피난민 교회가 이 대회에서 주도권을 가지고 있었음을 드러내는 것이다.[23]

1572년 8월 24일 프랑스에서 일어나 개신교도들이 기대하던 가스빠르 드 꼴리니(Gaspard de Coligny)와 함께 수많은 개신교도들이 몰살당한 성 바돌로뮤 대학살(the St. Batholomew's Day massacre)은[24] 저지대의 개신교도들에게도 어려움과 투쟁의 정신을 더 일으켰으나 알봐 공의 지속적인 승리와 공포 정치는 확산되었다. 그러다 1573년에 알봐 공은 자원하여 소환되었고, 11월에 루이스 레쿼센스(Luis de Requesens, 1525?-1576) 장군이 그를 대신해서 스페인에서 왔다.[25] 1573년에 오란여 공이 공식적으로 개혁 교회에 가입하고 개혁 교회의 성찬에 참여했다고 한다.[26]

1574년 4월에 그의 동생인 나쏘의 루이가 나이메헌(Nijmegen) 근처인 모크(Mook)에서 전사했으나, **1574년 10월에는 레이던(Leyden)의 온 주민이 영웅적인 방어**를 이루어 네덜란드 북부를 스페인 군대가 점령할 수 없게 했다. **이를 기념해서 1575년에 레이던 대학교가 개혁파 대학교로 세워졌다.** 그래도 전쟁은 계속되었고, 1576년 레쿼센스 장군이 죽은 후에 11월 4일 스페인 군대는 안트베르프(Antwerp)를 약탈하였고, 이 과정에서 개신교도 중 7천명이 넘는 군인들과 시민들이 학살당했다고 한다.[27] 그 결과 1576년 11월 8일에 북부와 남부의 주들이 헨트 평화조약(Pacification

---

22 이에 대해서도 Godfrey, "Calvin and Calvinism in the Netherlands," 100을 보라.

23 이 점을 지적하는 Benedict, *Christ's Churches Purely Reformed*, 189를 보라.

24 이때 빠리에서만 최소한 3,000명의 개신교도들이 학살당했다고 하고 프랑스 전역을 따지면 더 많이 죽었다고 한다. Cf. Walker et al., 『기독교회사 하』, 581.

25 Walker et al., 『기독교회사 하』, 581.

26 Benedict, *Christ's Churches Purely Reformed*, 192.

27 Walker et al., 『기독교회사 하』, 582. 이를 흔히 1576년 11월의 "스페인 군대의 분노"(the Spanish fury)라고 언급한다(Benedict, *Christ's Churches Purely Reformed*, 195).

of Ghent)을 맺었는데, 이 조약에서 (1) 스페인군들의 철수, (2) 필립 2세의 이단 칙령 정지, (3) 홀란트와 제이란트에서의 칼빈파적 예배의 자유를 요구했다고 한다.[28] 새로운 총독으로 온 (필립 2세의 이복동생인) 돈 존(Don John of Austria, 547-1578)이 어쩔 수 없어서 이를 받아들여 1577년 3월에 스페인군이 철수했으나 종교적 평화는 오지 못했다. 돈 존은 협상에 대한 불만을 표하면서 1577년 7월에는 나무르(Namur)의 요새를 점령하였기 때문이다.[29]

1579년 1월에 남부인 왈론(Walloon) 주들은 천주교 신앙을 보호받고 사회 질서 유지를 위해 〈아라스 연맹〉(League of Arras)을 형성하였다. 이것에 대응해서 칼빈파들의 중심지인 북부는 〈우트레흐트 동맹〉(Union of Utrecht)을 맺었다. 이때 칼빈주의 신앙을 가진 사람들은 대거 북부로 거주지를 옮겼다고 한다.[30] 그리고 1580년에 필립 2세는 오란여 공 윌리엄을 법의 보호에서 추방하고 그의 목에 상금을 걸었다고 한다.[31]

돈 존(Don John)은 1578년 10월에 분함과 절망 속에서 죽고, 그의 조카이며 파르마의 마가렛의 아들인 알렉산드로 화르네제(Alexandro Farnese, 1545-1592)가 왕당파의 사령관으로 기민한 외교력과 군사적 성공을 통해 남부의 왈롱 주들에서 필립 왕의 권위를 확립했다. 그리하여 남부 10주를 확보하여 그가 천주교 전통을 유지한 오늘날 벨기에의 토대를 마련하였다고 할 수 있다. 그리고 북부의 7개 주인 홀란트, 제이란트, 우트레흐트, 헬드러란트(Gelderland), 프리스란트(Friesland), 오버르레이셜(Overrijssel), 흐르닝언(Groningen) 주와 플란더스(Flanders)와 브라방(Brabant)

28 Walker et al., 『기독교회사 하』, 582. 그러나 여기에는 이 두 지역 밖에서의 천주교적 예배의 자유를 허용한다는 것도 포함되어 있었다. 워커의 책과 Benedict, *Christ's Churches Purely Reformed*, 196, 583, n. 31에 언급된 자료들도 보라.

29 Benedict, *Christ's Churches Purely Reformed*, 196.

30 Walker et al., 『기독교회사 하』, 582.

31 Walker et al., 『기독교회사 하』, 582f.

주는 1581년에 스페인으로부터 독립을 선언하였다.[32]

그러나 플란더스와 브라방은 4년 만에 파르마에 의해 재정복 되었고, 1584년에 북부 7개의 지역이 '**연합한 지역들**'(the United Provinces)이 되어 '실질적으로 공화국'(a de facto republic)을 이루게 되었는데,[33] 1584년 7월 10일 오란여 공 윌리암이 열광적인 왕당파에 의해 암살당하자,[34] 네덜란드는 큰 위기에 처하여 처음에는 프랑스의 앙리 3세에, 그 후에는 영국의 엘리자베뜨 1 세에게 왕권을 넘기려 하였으나 거절당했다고 한다.[35] 1585년 2월에 브뤼셀은 파르마에게 항복했고, 8월에는 안트베르프 (Antwerp)가 무너졌다. 그러자 영국의 엘리자베뜨 여왕이 1585년 12월에 레스터(Leicester) 백작을 사령관으로 하여 영국군을 파송했으나, 그는 외교와 군사 양면에서 실패하고 1587년에 영국으로 귀환하게 된다.[36]

결국 이웃인 프랑스의 나바르의 앙리(Henry of Navarre)가 앙리 4세로 즉위하고 1598년 4월에 낭트 칙령(the Edict of Nantes)의 선포로 프랑스 개신교도들의 자유가 주어지고,[37] 1598년 9월 13일 필립 2세가 죽은 후에 10년 뒤인 **1608년** '**연합한 지역들**'이(the United Provinces) 일종의 공화국을 이루어 **실질적으로 독립을 얻을 때**에야 네덜란드 교회의 안정이 주어

---

32 Walker et al., 『기독교회사 하』, 582.

33 Godfrey, "Calvin and Calvinism in the Netherlands," 102. 그러나 스페인과 합스부르크가의 재정복 시도가 거의 불가능하진 이때부터는 대부분의 도시의 통치자들이 독립 전쟁 시기 같이 천주교 예배를 금하는 일을 강요하지 않게 되었고, 은밀히 천주교 미사를 계속해서 드리는 도시들도 있었고, 1583년에 교황의 대리자(a papal vicar-general)라고 처음 명명된 이에 의해서 파송된 천주교 신부들이 미사를 다시 시작한 도시들도 있다고 한다. 그러므로 상당수의 재세례파와 루터파도 그들 나름의 교회들을 시작하기도 했다고 한다. 이를 언급하는 Benedict, *Christ's Churches Purely Reformed*, 195를 보라.

34 Walker et al., 『기독교회사 하』, 582.

35 Walker et al., 『기독교회사 하』, 583.

36 Walker et al., 『기독교회사 하』, 583.

37 그러나 그로부터 100년도 안 된 1685년에 루이 14세(1643-1715)가 이 낭트 칙령을 폐기하여 위그노들은 다시 "박해받는 순교자들의 교회"가 되었다. 이 때문에 "약 30만 명 이상의 위그노들이" 다른 나라들로 망명했다고 한다. Cf. Walker et al., 『기독교회사 하』, 587.

졌다.[38] 그 교회는 귀도가 초안을 작성했던 〈벨직 신앙고백서〉와 1563년에 하이델베르크에서 발표되었고, 그곳에서 페트루스 다떼누스(Petrus Dathenus, 화란어로는 '다트헤인'(Datheen)으로 표기함)가 화란어로 번역한[39] 〈하이델베르크 요리문답〉을 네덜란드 개혁교회의 신앙고백서로 고백하면서 십자가 아래의 교회였던 자신들의 신앙을 분명히 했다.

2. 귀도의 출생과 개신교적 확신(1522-1548), 영국에서의 생활(1548-1552)

〈벨직 신앙고백서〉의 초안을 마련한 귀도는 오늘날 벨지움의 가장 남부인 '에노'(Heinaut 또는 Hainault) 지역의 중심 도시라고 할 수 있는 몽스(Mons)에서 아마도 1522년에 유리에 그림을 그리는 기술자이었던[40] 얀 드 브레(Jean de Brès)의 네 번째 아들로 태어났다.[41]

---

[38] 그러나 이때에도 개혁파는 인구의 다수파는 아니었다고 한다. 다음과 같은 갓프리 교수의 말을 들어 보라. "1610년에도 개혁파가 가장 강했던 홀란트(Holland)와 제이란트(Zeeland)에도 인구의 대다수는 개혁교회 밖에 있었다. 1650년에야 '연합 지역들'(the United Provinces)의 인구의 50%만이 개혁교회에 속했었다고 하며, 1800년대에 이르러서야 60%에 이르게 되었다"(Godfrey, "Calvin and Calvinism in the Netherlands," 103).

[39] 그는 또한 이곳에서 화란어로 시편가집를 발간했는데 그것이 오늘날 화란어 시편가의 토대가 되었다고 한다. Cf. John H. Bratt, ed., *The Rise and Development of Calvinism* (Grand Rapids: Eerdmans, 1959), 68. 또한 그를 인용하고 있는 이상규, "귀도 드 브레와 네덜란드 신앙고백", 263, n. 8.

[40] De Jong, *The Church's Witness to the World*, 21. 그런데 Thea B. Van Halsema, *Three Men Came to Heidelberg and Glorious Heretic: The Story of Guido de Brès* (Grand Rapids: Baker, 1982), 102에서는 "염색장이"(a dyer of cloth)라고 했다. 당시 정황을 생각하거나 후에 드 브레의 받은 기술 훈련을 생각할 때 아마도 De Jong의 말이 더 구체적인 것으로 보인다.
　　특별히 언급하지 않는 이상 이 논문에서 언급된 거의 모든 역사적인 사실은 Van Halsema, *Three Men Came to Heidelberg and Glorious Heretic: The Story of Guido de Brès* (Grand Rapids: Baker, 1982)에 의지한 것임을 밝힌다. 그러므로 대개의 역사적 정보는 다음 페이지 표기가 없는 이상 그 전 각주의 페이지에서 온 것으로 이해하면 된다.

[41] Van Halsema, *Glorious Heretic: The Story of Guido de Brès*, 101. Cochrane은 귀도가 1523년생이라고 한다. Arthur C. Cochrane, ed., *Reformed Confessions of the Sixteenth Century* (London: SCM, 1996, new edition, Louiville: Westminster John Knox Press, 2003), 185.

〈에노 지역 국기와 상징 문양〉

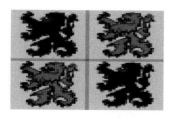

점차 종교개혁의 영향을 받던 이 지역에서 첫째 형이요 아버지의 이름과 직업까지도 물려받은 얀(Jean)은 형제들을 돕기는 하였으나 셋째인 제롬(Jerome)과 같은 일을 하면서 그저 천주교회 안에 있었다고 한다. 그러나 둘째 형인 크리스토페(Christophe)는 겉으로는 유리 물품들을 팔면서 속으로는 성경과 종교개혁 서적들을 전파하는 역할을 하여 유럽 여러 곳을 여행하면서 빠리와 리용의 출판업자들과 접촉했다고 한다.[42] 네 번째 태어난 Mailette는 이 집의 유일한 딸로 후에 귀도가 마지막으로 섬긴 발랑시엔느의 개신교 그룹에서 열심이었던 양모 장수였던 Daniel de la Deuze와 혼인했다.[43] 막내아들인 귀도는 몽스(Mons)에서 학교를 다니고 유리에 그림을 그리는 기술자(glass painter)의 도제 역할을 했었다. 그런데 그는 10대 시기에 이미 성경과 개신교 서적들을 읽었다고 하며, 그 자신이 후에 말한 바에 의하면, 자신은 25세 이전에 개신교 사상으로 변개했다고 한다.[44] 이상규 교수님은 존 브라트의 주장에 근거해서, "일반적으로 학자들은 그가 18세에서 25세 사이, 곧 1540년에서 1547년 어간에 개신교로 개종한 것을 보고" 있다고 하신다.[45]

---

[42] Van Halsema, *Glorious Heretic: The Story of Guido de Brès*, 102.

[43] Van Halsema, *Glorious Heretic: The Story of Guido de Brès*, 103.

[44] Van Halsema, *Glorious Heretic: The Story of Guido de Brès*, 104.

[45] Bratt, *The Rise and Development of Calvinism*, 72와 주도홍, 『새로 쓴 세계 교회사』

이와 같이 종교개혁적 사상을 가지게 된 귀도는 그가 26세 되던 해인 1548년에 집을 떠나 에드워드 6세가 통치하고 있어 당시에 많은 개신교도들이 모여들던 영국으로 가기로 결심했다.[46] 개신교 신앙 때문에 스스로 유배자(an exile)가 된 것이다. 여기서 그는 당시에 영국에 와 있던 폴란드인 존 아 라스코(John a Lasco)나 화란 교회의 개혁파 예전의 터를 놓은 페트루스 다떼누스(Petrus Dathenus or '다트헤인' P. Datheen), 어린 아이들을 위한 요리문답을 작성한 마르틴 미크로니우스(Martin Micronius=Marten Micron), 성경과 개혁파 서적들을 번역한 얀 우텐호프(Jan Utenhove),[47] 그리고 마르틴 부쳐(Martin Bucer) 같은 사람들로부터 공부할 수 있었다.

당시 영국에 있던 15,000명의 종교적 피난민의 한 사람으로 귀도는 "4년 동안 '개신교도들의 평화로운 식민지'(this peaceful colony of Protestants)에서 살면서 배울 수 있었다."[48] 런던에 있던 이 지역 피난민 교회가 1550년 후에 세워졌다고 하니 귀도도 그 회원 중 하나였을 것이다. 필립 베네딕트는 "런던에 이 피난민 교회는 제이란트(Zeeland)와 웨스트 플란더스(West Flanders) 지역의 초기 교회들의 모교회였다"고 한다.[49]

3. 귀도의 초기 사역(1552-1556), 2차 공부(1557-1558)

(서울: 개혁주의 신행협회, 2006), 321을 인용하는 이상규, "귀도 드 브레와 네덜란드 신앙고백", 265, n. 11을 보라.

[46] Van Halsema, *Glorious Heretic: The Story of Guido de Brès*, 104. 그런데 De Jong은 이를 1547년으로 제시하고 있다(De Jong, *The Church's Witness to the World*, 22).

[47] Cf. De Jong, *The Church's Witness to the World*, 22.

[48] Van Halsema, *Glorious Heretic: The Story of Guido de Brès*, 104. 이 기간을 4년이라고 언급하는 또 다른 학자로 이상규, "귀도 드 브레와 네덜란드 종교 개혁", 266을 보라. 그런데 De Jong은 5년 동안이라고 한다(De Jong, *The Church's Witness to the World*, 22). 그가 귀도의 영국 체류를 1547년부터 계산하기 때문일 것이다.

[49] Benedict, *Christ's Churches Purely Reformed*, 180.

그러다 1552년에 그는 고국 사람들에게 개신교적 복음을 전하고 도울 마음으로 고향으로 돌아오는 배를 탔다. 오늘날의 벨기에와 화란을 지칭하는 소위 '저지방'(the Lowlands, low countries)에 돌아온 그는 이곳저곳을 돌아다니며 말씀을 전하는 설교자(a traveling preacher) 역할을 했다.[50] 개신교도들이 비밀 모임을 하면서 '장미 교회'(the Church of Rose)라는 이름으로 모이던 '릴'(Lille)이라는 도시를 중심으로 그는 '몽스의 어거스틴'(Augustine of Mons)이라는 이름으로 다니면서 복음을 전했다.

〈오늘날 릴의 모습〉
지금 벨기에와 프랑스의 경계에 있던 지금은 프랑스에 속한 이 도시

---

[50] Van Halsema, *Glorious Heretic: The Story of Guido de Brès*, 105. 1566년경에 웨스트 프란던스에서 그런 순회 설교자들이 25명쯤 되었다고 한다. 그리고 제이란트(Zeeland)와 에노(Hainaut) 사이에 약 16개 교회 공동체가 있었다고 하며 라인(Rhine) 강과 마스(Maas) 강 북쪽에는 하나도 없었다고 한다. Cf. Benedict, *Christ's Churches Purely Reformed*, 179-80.

를 프랑스에서는 '릴'(Lille)이라고 하고, 네덜란드어로는 '레이셜'(Rijsel/Ryssel)이라고 한다. 당시 이 도시에 있던 장미 교회에서 열심히 사역하면서 귀도는 스페인의 필립(Philipp) II세가 왕으로 즉위하던 해인 1555년에 그의 처음 책인 『기독교 신앙의 지주』(Le Baston de la Foy Chrestienne=The Staff of the Christian Faith)라는 제목의 16장으로 된 책을 써내기도 했다. 많은 사람들은 아마도 그의 둘째 형인 크리스토페가 리용에서 이 책이 처음 출판되도록 주선했을 것으로 추측한다. 개신교 신앙의 핵심을 논의하면서 천주교회의 오류를 비판하는 이 책은 '장미 교회'의 신실한 자들에게 헌정되었고, 그 표지에 "하나님의 전신갑주를 입으라"는 에베소서의 말씀이 인쇄되었다고 한다.

필립 II세 즉위 후부터 '장미 교회'에 핍박이 임하여 왔으니, 1556년 3월에 대장장이인 Robert Oguier가 그의 아내와 장성한 두 아들과 함께 끌려가 투옥되었다. 그리고 그들은 이틀에 거쳐서 두 명씩 처형되었다.[51] 귀도는 자신이 목회하던 형제들을 한밤에 모두 모아서 프랑크푸르트로 가기를 제안하고, 몇 명씩 여행하여, **5월에 프랑크푸르트에 이르러** 이미 그곳에 와 있던 같은 지역 피난민 교회(a Flemish refugee church)의 환영을 받게 된다. 그리고 이곳에 있던 프랑스 피난민 교회의 문제를 해결하러 1556년 9월에 이곳에 왔던 개혁자 칼빈을 (이제까지 그를 책으로만 읽던) 귀도가 이곳 프랑크푸르트에서 만났다.[52]

더 나은 설교자가 되기 위해 헬라어와 히브리어를 배우고 싶던 귀도는 로잔에 있는 개신교 아카데미에서 떼오도르 베자에게서 헬라어를 2년 동안 배웠다.[53] 그러다 베자가 1559년에 칼빈의 부름을 받고 제네바

---

[51] Van Halsema, *Glorious Heretic: The Story of Guido de Brès*, 106.

[52] Van Halsema, *Glorious Heretic: The Story of Guido de Brès*, 106. 그러나 De Jong은 좀 더 개연성 있게 혹시 만났을 수도 있다고 표현하고 있다. De Jong, *The Church's Witness to the World*, 24. 역사적 진술로서는 De Jong의 표현이 더 정확할 것이다.

아카데미로 옮기게 되자, 귀도도 그를 따라 제네바로 갔다. 여기서 귀도는 주일이면 상 삐에르 예배당에서 칼빈의 설교를 듣고, 주간 동안에는 여러 사람들로부터 특히 칼빈과 베자에게서 귀한 신학 강의를 들었다. 일반적으로 사람들은 "드 브레가 대학 교육을 받았으나, 16세기의 많은 개신교도들과 같이 폭 넓은 공식적 신학 교육을 받지는 못한 것 같다"고 한다.[54] 이 시기까지의 제네바 아카데미가 그런 식으로 운영되고 있었기에[55] 이는 그리 틀린 말은 아니라고 할 수 있다.

4. 귀도의 도르닉 중심의 사역(1559-1562)

이와 같이 하여 개혁신학적 입장을 더 분명히 한 후, 1559년 말에 귀도는 배를 타고 (자신이 이전에 사역했던 릴(Lille)에서 15마일 동쪽에 있는 '도르닉'(Dornik, 불어로는 '뚜르네'[Thournai])에 왔다. 도르닉은 그 이전에 이미 많은 개혁파 신자들이 신앙 때문에 처형당하였던 곳이었다.[56]

---

[53] Van Halsema, *Glorious Heretic: The Story of Guido de Brès*, 107. 떼아는 칼빈이 이런 공부를 하도록 추천했을 수도 있고, 귀도 자신도 더 공부하고 싶었을 수도 있다고 추론한다. 베네딕트도 1557-58에 로잔과 제네바에서 공부했다고 한다(Benedict, *Christ's Churches Purely Reformed*, 180). 그런데 이상규 교수님은 "이는 불확실하고, (그곳에서) 수학했다 하더라도 단기간이었을 것이다"고 말씀하신다("귀도 드 브레와 네덜란드 신앙고백," 265, 266 두 번 언급).

[54] 특히 Clark, *Recovering the Reformed Confession*, 185에서 스코트 클락이 하는 말이다.

[55] 이에 대해서는 Karin Maag, *Seminary or University? The Genevan Academy and Reformed Higher Education, 1560-1620* (Aldershot, Hants, Great Britain: Scholar Press, and Brookfield, Vt.: Ashgate Pub. Co., 1995)을 보라.

[56] 도르닉을 비롯한 이 정보들은 Halsema, *Glorious Heretic: The Story of Guido de Brès*, 107)와 카나다 개혁파 잡지인 *Clarion*에 실린 Arjan de Visser의 글에서 온 것임을 밝힌다. Cf. Arjan de Visser, "Tracing Guido de Brès in Doornik," *Clarion* 60/22 (October 21, 2011): 523-25, at 523.

(도르닉 한 거리의 모습, 여기서도 노트르담 대성당이 보인다)

이곳의 회중은 자신들을 **"종려 교회"**(the Church of the Palm)라고 불렀으며, 이미 1544년에 (마틴 부쳐[Martin Bucer]가 사역하면서 개혁 운동을 일으키던) 스트라스부르에 "목회자를 보내 달라고" 요청했었던 도시였다.[57] 도르닉에서 처음 순교당한 사람은 "이전에 메츠의 도미니칸 수도사였었으나"[58] 개혁파로 전향하여, "스트라스부르의 불란서 피난민 교회의 칼빈의 후계자"로 섬겼던,[59] 그리고 스트라스부르의 파송으로 이곳 도르닉에서 "단지 3개월 동안" 섬겼던[60] 삐에르 브룰리(Pierre Brully=Petrus Brulius; 1518?-1545) 목사였는데, 그는 1545년 2월에 이곳 도르닉의 "시장 거리"(market street)에서 화형당했다고 한다.[61] 그 뒤 15년 동안 "종려 교회"

---

[57] Van Halsema, *Glorious Heretic: The Story of Guido de Brès*, 110; Benedict, *Christ's Churches Purely Reformed*, 178.

[58] Benedict, *Christ's Churches Purely Reformed*, 178.

[59] Van Halsema, *Glorious Heretic: The Story of Guido de Brès*, 110; Benedict, *Christ's Churches Purely Reformed*, 178..

[60] Van Halsema, *Glorious Heretic: The Story of Guido de Brès*, 110. 그런데 Benedict, *Christ's Churches Purely Reformed*, 178에서는 도르닉, 발랑시엔느(Valencienne), 리여(Lille), 두아이(Douai) 그리고 아라스(Arras) 등지에서 섬긴 것이 2개월이라고 한다.

[61] de Visser, "Tracing Guido de Brès in Doornik," 523; 그리고 Van Halsema, *Glorious*

는 목사님 없이 스스로 모든 일을 해야만 했다.[62]

드디어 귀도가 이곳에 도움을 주러 왔을 때 그는 "릴(Lille), 자신의 고향인 몽스(Mons), 그리고 안트베르프(Antwerp) 등지에서도 사역"하였으나,[63] 당시 "브뤼셀에 거주하던"[64] "도르닉 주교의 힘이 직접 미치지 않는" 도르닉에 거점을 두고서 활동을 하기로 했다고 한다.[65] "스페인의 왕이요, 동시에 이 저지대의 왕인 필립 2세의 명으로 이 지역 전체를 통치하는 그의 여동생 파르마의 마가렛(Margaret of Parma)은 가끔 개신교도들을 핍박하러 사람들을 파견하기는 했지만, 도르닉의 행정관들은(city magistrates) 특별히 개신교도들을 색출하거나 하지 않았기" 때문이었다.[66] 이렇게 37세의 귀도가 종려 교회의 목사가 되었다.[67] 이때 귀도는 "개혁파 사람들의 진정한 지도자였고, 많은 교회들은 그의 도움을 기대하였다"고 한다.[68] 그는 흥미롭게도 그의 형들 가운데 하나의 이름인 "제롬(Jerome)이라는 이름으로 사역하였고, 그의 회중이 대부분의 사람들은 그가 다른 이름 [즉, '귀도 드 브레'라는 이름]을 가지고 있었다는 것을 알지도 못했다"고 한다.[69] 여기서 귀도는 "칼빈이 가르친 대로 장로들과 집사들을 선출하도록 하여 교회를 조직화"하였다.[70]

Heretic: The Story of Guido de Brès, 110.

[62] 그리고 곳곳에 피난민 교회가 세워질 수밖에 없었으니, 1545년에 라인강 남부의 도시인 베이젤(Wesel)에 피난민 교회가 세워졌고, 1550년 이후에야 영국에 피난민 교회가 세워졌다고 한다. Cf. Benedict, Christ's Churches Purely Reformed, 178.

[63] 이에 대한 정보는 Van Halsema, Glorious Heretic: The Story of Guido de Brès, 109에서 얻었다.

[64] Van Halsema, Glorious Heretic: The Story of Guido de Brès, 113.

[65] de Visser, "Tracing Guido de Brès in Doornik," 523.

[66] Van Halsema, Glorious Heretic: The Story of Guido de Brès, 110. 후에 이곳 행정관인 타핀(Taffin)과 벌률가인 de Lattre도 브레와의 저녁 식사를 가장한 성경 공부를 통해서 개신교 신앙을 가지게 되었다고 한다(Van Halsema, Glorious Heretic: The Story of Guido de Brès, 111).

[67] Van Halsema, Glorious Heretic: The Story of Guido de Brès, 107.

[68] Van Halsema, Glorious Heretic: The Story of Guido de Brès, 109.

[69] Van Halsema, Glorious Heretic: The Story of Guido de Brès, 110, 114.

귀도는 또한 이곳 도르닉에서 검은 눈을 지닌 젊은 여인인 캐떠린 라몬(Catherine Ramon)에게 자신의 사랑을 고백하고 자신은 그녀에게 오직 불안정한 삶을 제공할 수 있을 뿐이라고 말하였는데도, 그녀는 이에 응하여 1559년에 두 사람이 혼인하였다.[71] 바로 그 다음 해 장남이 태어나 그에게 이스라엘이라는 이름을 붙여주었다고 한다.[72]

모든 것을 조용하고 안정된 분위기에서 사람들을 차차 개혁파 신앙으로 바꾸어 나가려던 귀도의 계획에 차질이 온 것은 1561년 9월 29일 소위 성 미카엘의 날(St. Michael's Day) 밤에 Robert du Four라는 직공의 계획에 따라, du Montier의 지도하에[73] 수백 명의 개신교도들이 시장 거리에 모여 행진하면서 큰 소리로 시편가를 부르기 시작한 일 때문이다 ("chanteries"). 그들은 마로(Marot)가 가사를 붙였고 루이 부르주아(Louis Bourgeois)가 곡을 쓴 시편가들을 큰 소리로 불렀다.[74]

그래서 행정관들은 "주요 길거리에 불을 밝히고, 밤에는 각자가 랜턴을 가지고 다녀야 한다"고 규정하였지만, 이것으로 "시편을 부르는 사람들을 저지할 수는 없다."[75] 브뤼셀에서 이 소식을 들은 파르마의 마가렛(Margaret of Parma)이 파견한 위원회에 속한 귀족들(royal commissioner)이 도르닉에 도착해 추궁하기 시작했는데, 이때 "Robert du Four와 du Montier는 이미 피신하였고," "du Montier의 집에서는 칼빈의 책과 편지와 저자의 이름이 없는 신앙고백서 한 부가 나왔다."[76]

---

70 Van Halsema, *Glorious Heretic: The Story of Guido de Brès*, 111.

71 Van Halsema, *Glorious Heretic: The Story of Guido de Brès*, 107.

72 Van Halsema, *Glorious Heretic: The Story of Guido de Brès*, 108.

73 Van Halsema, *Glorious Heretic: The Story of Guido de Brès*, 113.

74 Van Halsema, *Glorious Heretic: The Story of Guido de Brès*, 112.

75 Van Halsema, *Glorious Heretic: The Story of Guido de Brès*, 112.

76 Van Halsema, *Glorious Heretic: The Story of Guido de Brès*, 114.

이런 정황 가운데서 신앙고백서를 왕에게 전달할 방안을 찾는 중에 1561년 만성절 날(All Saints Day)인 11월 1일 밤에 귀도 드 브레와 몇몇 조력자들이 〈벨직 신앙고백서〉 한 부와 손으로 쓴 한 통의 편지를 총독이 살고 있고, 마가렛이 파송한 위원회의 귀족들(the lords commissioners)이 머물고 있던 도르닉 성(the governor's castle)의 담장 너머로("over the castle wall") 던졌다. 이때 귀도는 자신이 손수 쓴 편지에서 이렇게 썼다고 한다:

> 만일에 당신들이 죽이려 하면, **그 한 사람의 자리마다에서 백 명씩이 다시 일어나게 될 것입니다.** 만일에 당신들이 그 완악함과 살인을 버리지 않으신다면, 우리는 하나님께 호소하겠습니다. 그의 이름을 위하여 **끝까지 인내하면서 견딜 수 있는 은혜를 주시도록** 말입니다… 당신들이 우리들을 죽이려고 하는 것은 의롭지 않다는 것은 하늘도 알고 땅도 압니다.[77]

이 꾸러미는 그 다음 날인 1561년 11월 2일에 성의 보초들에 의해 발견되었고, "3일 후 마가렛은 이 신앙고백서를 소지하거나 전하는 사람들은 체포되고 벌을 받을 것이라는 명령을 내렸다."[78] 당연히 "제롬이라는 이름의 설교자를 찾으려는 노력은 더 강화되었다."[79]

그 다음 달인 "12월 어느 날 귀도는 도르닉에서 피신하였고,"[80] "1562년 1월 10일에"[81] 행정관들이 그가 살던 집(a house on Rue de Marvis)을 발견하고 그 집안의 모든 것을 압수하였는데, 그 가운데 새롭게 인쇄된 〈벨직 신앙고백서〉 250권도 있었다고 한다.[82] 그 외에도 "책들과 설교

---

[77] Van Halsema, *Glorious Heretic: The Story of Guido de Brès*, 116에서 재인용, 강조점은 덧붙인 것임.

[78] Van Halsema, *Glorious Heretic: The Story of Guido de Brès*, 116.

[79] Van Halsema, *Glorious Heretic: The Story of Guido de Brès*, 116.

[80] Van Halsema, *Glorious Heretic: The Story of Guido de Brès*, 116.

[81] Van Halsema, *Glorious Heretic: The Story of Guido de Brès*, 117.

들, 칼빈에게서 온 편지 한 통, 독일, 프랑스, 스위스의 지인들에게서 받은 편지들"이 발견되었다.[83] "마가렛은 귀도 드 브레가 쓴 모든 것을 공개적으로 불태우라고 명령하였고," 귀도는 발견되면 그의 목을 내어놓아야 한다고 선언되었고 그 예증으로 "1562년 1월 21일에 왕명에 따라서 귀도의 허수아비를 도르닉의 시장 광장에서 불태웠다(burned in effigy)."[84]

5. 위그노들과 함께(1562-1566)

이와 같이 1561년 12월에 도르닉에서 피신한 귀도는 저지방에 가까운 프랑스 마을들에서 위그노들의 도움을 받으면서, 위그노 여러 회중의 목사로 살았다.[85] 그의 장남인 이스라엘과 사라에 이어서, 프랑스에서 2-3명의 자녀들이 더 출생했다고 한다.[86] 프랑스에서 그가 처음 있었던 마을이 아미앵(Amiens)이었는데, 이곳에서는 위그노와 천주교도들 사이의 다툼이 많았고, 한 번은 귀도가 설교하는 예배당의 설교단이 부서지고 설교자였던 귀도가 투옥되었으나 위그노들이 부용 공작(Duke Bouillon)의 도움으로 그를 풀려나게 하였다.[87]

그 후에 귀도는 몽디디에(Montdidier), 그 후에는 해변의 디에프 (Dieppe)에서 살았다.[88] 그러다 1563년에 부용 공작(Duke Bouillon)이 자신

---

82 Cf. de Visser, "Tracing Guido de Brès in Doornik," 523. 여기서는 200권이라고 했다. 그러나 Van Halsema, *Glorious Heretic: The Story of Guido de Brès*, 117에서는 250권이라고 했다. 할세마의 말을 따라 제시하였다.

83 Van Halsema, *Glorious Heretic: The Story of Guido de Brès*, 117.

84 Van Halsema, *Glorious Heretic: The Story of Guido de Brès*, 117.

85 Van Halsema, *Glorious Heretic: The Story of Guido de Brès*, 119.

86 Van Halsema, *Glorious Heretic: The Story of Guido de Brès*, 119.

87 Van Halsema, *Glorious Heretic: The Story of Guido de Brès*, 119.

88 Van Halsema, *Glorious Heretic: The Story of Guido de Brès*, 119.

이 통치하던 '스당' (Sedan)의 예배의 자유를 선언하였고, 얼마 후 귀도와 그의 가족들은 이곳 '스당' (Sedan)에서 3년의 열매 많은 세월을 지내게 되었다.[89]

(프랑스 스당[Sedan]의 옛성의 전경)

그러므로 이때는 귀도가 부용 공작의 목회자였다.[90] 이때 귀도는 마음껏 "설교하고, 많은 사람들과 편지를 주고받고, 심지어 세 권의 학문적 논의를 할 시간을 가질 수 있었다."[91] 이때 그가 쓴 대표적인 학술적 논의가 바로 〈재세례파의 뿌리와 기원과 근거〉(Le racine, source et fondamente des Anabaptistes)라고 한다.[92]

이 동안에도 귀도는 도르닉에 대해 끊임없는 염려와 관심을 가지

---

[89] Van Halsema, Glorious Heretic: The Story of Guido de Brès, 119-20.

[90] De Jong, The Church's Witness to the World, 25. 그러므로 라은성, "벨지카 고백서의 저자 귀도 더 브레," 「신학 지남」 82/1 (2015): 163, n. 33에 나오는 "스당에는 프랑스 귀족 부용 공작이 목회하고 있었다"는 말은 있을 수 없는 말이다.

[91] Van Halsema, Glorious Heretic: The Story of Guido de Brès, 120.

[92] De Jong, The Church's Witness to the World, 25. Cf. The Rise and Foundation of the Anabaptists or Rebaptized of Our Time, trans. Joshua Scottow (Cambridge, 1668).

고 3번씩이나 변장을 하고서 수백 마일을 걸어서 또는 말을 타고 그곳에 다녀왔다고 한다.[93] 그러던 중 1564년에 그는 오란여 공(the great Dutch Prince of Orange)으로부터 브뤼셀에 와 달라는 비밀 전갈을 받게 된다. 칼빈주의자들과 루터파를 연합시킬 제안을 하면서 말이다. 오란여 공작의 이 시도는 스페인으로부터의 독립 전쟁에 독일의 도움을 받기 위한 의도가 있었다.[94] 이 문제에 대해서 귀도는 메츠(Metz)에 피난을 와 있는 목사님들과의 협의를 하도록 메츠에 파견되기도 했다.[95]

귀도는 안트베르프(Antwerp)에도 여러 번 갔었고, 그 교회의 회중을 잘 알고 있었음이 분명하다고 떼오 반 할세마는 추정한다. 그들에게 보낸 편지로부터 그들을 친근히 아는 사람의 감정을 발견할 수 있다는 것이다.[96] 1566년 5월에도 저지대(the Lowlands)의 개혁파 교회들의 제1차 대회(the 1st Synod)에 참석하기 위해 귀도는 안트베르프에 갔다.[97]

(오늘날 벨기에의 안트베르프의 모습)

---

[93] Van Halsema, *Glorious Heretic: The Story of Guido de Brès*, 120.
[94] De Jong, *The Church's Witness to the World*, 25.
[95] Van Halsema, *Glorious Heretic: The Story of Guido de Brès*, 120.
[96] Van Halsema, *Glorious Heretic: The Story of Guido de Brès*, 120.
[97] Van Halsema, *Glorious Heretic: The Story of Guido de Brès*, 120.

안트베르프에서 열린 이 비밀 대회에는 오직 "포도원"(the vineyard) 이라는 비밀을 말하는 사람들만 참여할 수 있었다고 한다.[98] 이 첫 대회 에서 〈벨직 신앙고백서〉가 이 교회들의 신조(the symbol of faith)로 받아들 여졌고, 그 이후로 이는 개혁파 교단들의 표준이 되었다.[99]

6. 귀도의 발랑시엔느 사역과 체포, 순교(1566-1567)

그 후 두 달 뒤인 1566년 7월에 안트베르프의 설교자인 유니우스(Junius) 가 다른 종교적 회합에 참여하게 되었을 때 안트베르프의 성도들은 귀도 에게 그들에게 설교하러 와 달라고 요청하였고, 귀도는 이 위험한 여행을 감수하여 안트베르프에 가서 설교했다.

그러자 프랑스 변경의 또 다른 마을인 발랑시엔느(Valenciennes)의 소위 **독수리 교회**(the Church of the Eagle)에서 목회하고 있던, 제네바에서 수학한 젊고 열심 있는 설교자인 '뻬레그린 델 라 그랑즈'(Peregrin de la Grange)로부터 도우러 와 달라는 전갈을 받게 된다.[100] "이 도시 거주민 대다수가 칼빈주의적 신앙으로 변개했기에"[101] 많은 목회자들의 손길이 필요했기 때문이었다. 바나바가 바울을 불러 안디옥에서 같이 사역하게 한 것과 비슷한 정황이었다.

---

[98] Van Halsema, *Glorious Heretic: The Story of Guido de Brès*, 120.

[99] Van Halsema, *Glorious Heretic: The Story of Guido de Brès*, 120-21.

[100] Van Halsema, *Glorious Heretic: The Story of Guido de Brès*, 121.

[101] De Jong, *The Church's Witness to the World*, 26.

(발랑시엔느 타운 홀의 전경)

이 초청을 받아들여 귀도는 1566년 8월 1일에 안트베르프에서 발랑시엔느로 가는 길에 도르닉에 들러 수도원 옆의 한 집에서 몇몇 사람들에게 설교하고, 발랑시엔느로 갔다.[102] 이해 8월 10일에 귀도 드 브레는 발랑시엔느의 교외인 안진(Anzin) 들판에서 60여명의 무장한 기병들에 둘러싸여 설교하기 시작하고, 유아세례도 베풀었다.[103] 8월 내내 귀도와 델라 그랑즈(de la Grange)는 들판에서 설교했다고 한다.[104] 이 시기는 종교개혁의 열기가 넘치는 시기였고 민중들이 대성당들의 성물들을 파괴하는 일이 진행되던 때였다.

결국 1566년 8월 25일에 파르마의 마가렛은 자유로운 설교를 허용하고 천주교적 종교재판을 그치겠다는 협약에 마지못해 서명하였다.[105]

---

[102] Van Halsema, *Glorious Heretic: The Story of Guido de Brès*, 121-22.

[103] Van Halsema, *Glorious Heretic: The Story of Guido de Brès*, 122.

[104] Van Halsema, *Glorious Heretic: The Story of Guido de Brès*, 122.

[105] Van Halsema, *Glorious Heretic: The Story of Guido de Brès*, 122-23. 그래서 1566년 4월부터 1567년 4월까지를 "놀라운 해"(the Wonder year, *annus mirabilis*)라고 표현하는 일이 많다. 화란어 표현(*Wonderjaar*)에 근거하여 이를 말하는 Benedict, *Christ's Churches Purely Reformed*, 185를 보라. 또한 Andrew Petegree, "The Exile Churches during the *Wonderjaar*," in J. Van den Berg and P. Hoftijzer, eds., *Church, Change and Revolution: Transactions of the*

발랑시엔느의 3만 명의 백성 중 2/3는 이 두 명의 개혁파 목사들인 귀도와 델 라 그랑즈(de la Grange)를 따랐고, "사람들은 두 설교자의 설교를 위해서만 사는" 듯이 보일 정도로 모든 것은 좋게 보였었다.106 베네딕트가 당시 자료들을 가지고 조사한 바에 의하면, 1566년에 도르닉, 즉 뚜르나이(Tournai)와 발랑시엔느(Vaalenciennes), 그리고 코르트라이크(Kortrijk)에는 개혁파가 인구의 50% 이상을 차지하였다고 한다.107

그러나 이때부터 다시 어려움이 시작되었으니, 스페인 마드리드에 살던 필립 왕은 무자비하게 개혁파 사람들을 핍박하기 시작했다. 이로부터 힘을 얻은 그의 이복동생이자 이 지역 통치자(Regent)인 '파르마의 마가렛'은 다시 용기를 얻어서 이전에 그녀가 백성들에게 주기로 약속했던 모든 종교적 자유를 다시 없애기 시작하였다. 개신교가 힘을 얻던 도시들마다 필립 왕의 군대가 다시 몰려들었다. 새롭고 더 강력한 핍박이 시작된 것이다.108

이에 대해 무력 저항까지도 불사하고자 하는 일반 백성들과 그들을 지지하고 격려하는 설교자 델 라 그랑즈(de la Grange)의 입장과 귀도의 온건한 입장은 달랐다. 만일에 무력 저항이 시작될 때에는 대부분의 백성들은 프랑스로부터 위그노들이 도와주러 올 것으로 기대했다.109 그래서 타

Fourth Anglo Dutch Church History Colloquium (Leiden: Brill, 1991), 80–99도 보라. 1930년대에 R. van Roosbroeck는 *Het Wonderjaar to Antwerpen, 1566–1567*이라는 제목의 책도 냈다고 한다 (Benedict, *Christ's Churches Purely Reformed*, 852, n. 14). 이때 브레와 다른 개혁파 목사들의 설교를 야외에서 25,000명이 들은 일도 있다고 하고, 1566년 6월 29일 밤에는 4,000명이 Cornille de la Zenne의 설교를 릴(Lille) 근처에서 들었다고 하며, 7월 7일에는 헨트(Ghent)에서 1,000명이 야외 집회를 하였다고 한다(Daniel R. Hyde, "Book Review of Phyllis Mack Crew, *Calvinist Preaching and Iconoclasm in the Netherlands, 1544–1569*," *Mid-America Journal of Theology* 20 (2009): 197–200, at 199).

106 Van Halsema, *Glorious Heretic: The Story of Guido de Brès*, 123.

107 Benedict, *Christ's Churches Purely Reformed*, 186, 〈표 6. 2〉. 이 표에 의하면 이 시기에 안트베르프(Antwerp)에는 약 25–33%, Ghent, Roermond, Eekloo, Bergen-op-Zoom에는 약 10–15%, 그리고 Amsterdam, Breda, Turnhout에는 약 10% 이하가 개혁파였다고 한다.

108 Van Halsema, *Glorious Heretic: The Story of Guido de Brès*, 123.

협하기를 거부하고 끝까지 저항하려고 하자 1566년 12월 14일에 마가렛은 발랑시엔느 백성들이 "왕에게 반역하는" 것이라고 비난하면서 주변에 주둔하고 있던 군대의 사령관인 Noircarmes에게 발랑시엔느를 포위하라고 지시하였다.[110] 주변의 농민들 중 3천명이 농기구로 무장하고서 발랑시엔느 백성을 돕기 위해 몰려왔으나, 그들은 잘 훈련된 군대에 의해 심각한 패전을 맛보아야 했다.[111] 백성들은 오란여 공(the Prince of Orange)이 와서 도울 것을 기대했지만 그는 이 포위된 도시를 도우려는 계획을 취소하고 백성들에게 최선의 조건으로 항복하라고 충고하였다.[112] 귀도 자신이 총사령관(the Estate General)에게 긴 탄원서를 써 보냈지만 아무 답변도 없었다.

이틀 전부터 마가렛의 명령에 따라 포격 준비를 마친 Noircarmes 장군은 1567년 3월 23일 종려 주일에 사격을 개시했다.[113] 포격이 성벽을 부술 때에 귀도는 세인트 게리 교회(the church of Saint Gery)에서 마지막 설교를 하고 있었다고 한다.[114]

(성 게리 예배당 외부와 내부)

[109] Van Halsema, *Glorious Heretic: The Story of Guido de Brès*, 124.
[110] Van Halsema, *Glorious Heretic: The Story of Guido de Brès*, 124.
[111] Van Halsema, *Glorious Heretic: The Story of Guido de Brès*, 124.
[112] Van Halsema, *Glorious Heretic: The Story of Guido de Brès*, 124.
[113] Van Halsema, *Glorious Heretic: The Story of Guido de Brès*, 124.
[114] Van Halsema, *Glorious Heretic: The Story of Guido de Brès*, 125.

3시간 만에 공격은 그쳐졌고, 다른 곳에서의 도움도 받지 못하자 발랑시엔느는 주민들의 생명은 보호하며 도시는 파괴하지 않는다는 조건으로 항복했다.[115] 승리한 군대는 1567년 종려 주일에 당당하게 입성했고, "그 누구도 도망치지 못하도록 성문을 다시 봉쇄했다."[116] 그러므로, 떼아 반 할세마가 잘 표현하고 있는 바와 같이, "목사님들과 많은 주민들에게 있어서 종려 주일의 항복은 종말의 시작이었다."[117] 발랑시엔느의 함락으로 저지대 전체 "17개 도(provinces) 모두에서 개혁파적 공 예배(all public Reformed worship)는 그쳐졌다."[118] 이제 개혁파 성도들은 외국으로 망명하든지 아니면 비밀 예배를 드리든지 해야 했다.

발랑시엔느에서는 제일 먼저 두 명의 목사를 찾기 위해 집들을 일일이 수색하였으나 일주일 동안 수색해도 그들을 찾을 수 없었다.[119] 아마도 그 주 금요일인 성금요일에 백성들의 지도자였던 Michel Herlin이 그의 15살짜리 종인 Jean Wallin과 함께 변장하고 성을 빠져 나갔고, 구두장이 du Rieu도 병사로 변장하고 도망하여 나가 근처 숲에 숨어 있다가 밤에 두 명의 목사님들이 백성들에 의해 성벽으로 내려져서 이들과 합류하여 프랑스 국경으로 간 것으로 보인다고 추정한다.[120] 그러나 St. Amand 근처에서 발각되어 도르닉의 총독의 요구에 따라[121] 귀도 드 브레 일행은 다시 도르닉에 잡혀와, 그의 동료인 뻬레그린 델 라 그랑즈

---

[115] Van Halsema, *Glorious Heretic: The Story of Guido de Brès*, 125.

[116] Van Halsema, *Glorious Heretic: The Story of Guido de Brès*, 127.

[117] Van Halsema, *Glorious Heretic: The Story of Guido de Brès*, 125.

[118] Benedict, *Christ's Churches Purely Reformed*, 188.

[119] Van Halsema, *Glorious Heretic: The Story of Guido de Brès*, 127.

[120] Van Halsema, *Glorious Heretic: The Story of Guido de Brès*, 127-28.

[121] Van Halsema, *Glorious Heretic: The Story of Guido de Brès*, 128. 도르닉 총독은 두 번이나 군대를 파견하여 포로들을 내어 달라고 위협했다고 한다.

(Peregrin de la Grange)와 다른 형제 몇 사람과 함께 도르닉 성의 헨리 8세 탑(the Henry VIII tower)에 두 주 동안 잡혀 있었다고 한다.[122]

이 기간에 과연 이들이 어디서 재판을 받아야 하느냐의 문제를 두고 논쟁이 일어났으나, "마가렛은 이들이 왕에게 대한 범죄를 범한 발랑시엔느에서 재판받아야 한다고 결정했다"고 한다.[123] 그리하여 1567년 4월 11일에 귀도와 그의 친구들이 발랑시엔느(Valenciennes)에 있는[124] "Brunain의, 그 어둡고 더러움 때문에 '검은 구멍'(the Black Hole)이라고 불려지는" 감옥으로 보내졌다.[125] 이런 상황 속에서도 귀도 드 브레는 그의 마지막 편지들을 썼을 뿐만 아니라 발랑시엔느의 '독수리 교회'에 보낸 형식으로 장장 233쪽에 이르는 주의 만찬에 대한 긴 논의를 쓰면서 미사를 비판하였다.[126]

(도르닉의 헨리 8세 탑)

122 de Visser, "Tracing Guido de Brès in Doornik," 524.

123 Van Halsema, *Glorious Heretic: The Story of Guido de Brès*, 130.

124 de Visser, "Tracing Guido de Brès in Doornik," 525.

125 Van Halsema, *Glorious Heretic: The Story of Guido de Brès*, 130.

126 Van Halsema, *Glorious Heretic: The Story of Guido de Brès*, 130.

그로부터 7주 뒤인 1567년 5월 31일, 즉 성령강림절 바로 전날인 토요일 아침 6시에 발랑시엔느의 중앙 광장에서 두 명의 설교자들은 처형당하였고(hanged), 그와 함께 탈출했던 Herlin은 교수대에서 목 베임의 처형을 당했다고(beheaded) 한다.[127]

귀도는 그날 새벽 3시에 앞으로 3시간 뒤에 처형되리라는 말을 전달받았고, 동료들에게 마지막 말을 하도록 허락되었을 때 이렇게 말했다고 한다. "형제들이여, 오늘 아침 나는 하나님의 아들의 교리 때문에 죽임을 당하도록 정죄되었소. 나는 행복하오. 나는 한 번도 하나님께서 나에게 이런 영예를 주시리라고 감히 생각해 본 적이 없기 때문이요."[128] 이것이 순교를 영광스럽게 생각했던 귀도의 말이다. 그래서 떼아 반 할세마는 그의 전기를 "영광스러운 이단자"(Glorious Heretic)이라고 한 듯하다. 처형 바로 직전에 백성들에게 행정관들을 존중해야 한다고 하면서, 자신이 순수하게 가르쳤던 하나님 말씀에 신실할 것을 백성들에게 호소하는 중에 그의 처형이 이루어졌다고 한다.[129] 그날 오후까지 그들의 시체는 교수대에 달려 있었고 "그날 저녁에 귀도가 그의 처음 야외 설교를 했던 Anzin에 있는 들판에 묻혔다"고 한다.[130]

---

[127] de Visser, "Tracing Guido de Brès in Doornik," 525; Van Halsema, *Glorious Heretic: The Story of Guido de Brès*, 130. 또한 Cochrane, *Reformed Confessions of the Sixteenth Century*, 185도 보라. 그런데 De Jong만이 1567년 5월 30일 저녁에 귀도 드 브레가 목매어 죽임을 당하였다고 말하니(*The Church's Witness to the World*, 26) 아마 그가 잘못되었을 것이다.

[128] Van Halsema, *Glorious Heretic: The Story of Guido de Brès*, 133.

[129] Van Halsema, *Glorious Heretic: The Story of Guido de Brès*, 133.

[130] Van Halsema, *Glorious Heretic: The Story of Guido de Brès*, 134. 그런데 De Jong, *The Church's Witness to the World*, 26에서는 드 브레가 "매달린 후 그의 시체가 불태워지고 그 재를 Schelde 강에 뿌렸다"고 되어 있다. 이상규, "귀도 드 브레와 네덜란드 신앙고백", 269도 같은 말을 한다. 그리고 그들을 따라서 라은성, "벨지카 신앙고백서의 저자 귀도 드 브레", 167도 보라. 다른 증거 제시가 없기에 일반적으로 보다 정확한 정보를 주고 있는 반 헬세마의 견해를 따르는 것이 좋아 보인다.

(오늘날 Anzin에 있는 어떤 들판)

감옥에 있으면서 그의 아내 캐떠린(Catherine)에게 보낸 편지에서 귀도는 이렇게 썼다고 한다.

우리가 체포되었을 때 나는 나 자신에게 이렇게 말했었소: '이렇게 여러 사람이 떼로 다니다니 얼마나 어리석었는가! 많은 사람이 같이 다니니 쉽게 눈에 뜨이고 적발되기 쉬었지' …. 그러나 다시 제정신이 들었을 때 나는 하나님의 섭리를 묵상하게 되었소. 그때로부터 나의 마음은 놀라운 평화를 경험하고 있고, 그래서 이제는 이렇게 말할 수 있소; '오 나의 하나님, 당신님께서는 당신님께서 정하신 때와 시간에 제가 나도록 하셨나이다. 제가 사는 날 동안에 당신님께서는 큰 위험으로부터 저를 보호하시고 그 모든 것에서 저를 구원해 주셨나이다. 그러나 지금, 제가 이생으로부터 당신님께 넘겨 드려야 할 때가 되었으니, 당신님의 선하신 뜻이 이루어지이다. 저는 당신님의 손을 피할 수 없나이다. 그러나 그럴 수 있다고 해도, 저는 그리하지 않겠나이다. 왜냐하면 당신님의 뜻을 따르는 것이 저의 기쁨이기 때문입니다.'[131]

---

[131] Van Halsema, *Glorious Heretic: The Story of Guido de Brès*, 129에서 재인용.

이런 귀한 신앙고백은 그가 감옥에 있던 기간 내내 계속되었다. 호기심에서 그의 옥에 와서 그의 비참함을 보면서 반응하는 Reux 백작 부인에게 그가 했다는 다음과 같은 말도 그런 예의 하나다.

백작 부인이시여, 그것을 위해 내가 고난받는 선한 이유와 하나님께서 내게 주신 선한 양심이 나를 핍박하는 사람들보다 나의 빵을 더 맛있게 하고, 나의 잠을 더 잘 자도록 합니다…. 쇠사슬은 죄책이 있는 사람에게나 무거운 것이지요. 나는 죄가 없으니 이 죄 없음이 내가 맨 이 쇠사슬을 가볍게 합니다. 나는 이것들을 나의 영예의 배지로 여겨 영광스럽게 생각합니다.[132]

---

[132] Van Halsema, *Glorious Heretic: The Story of Guido de Brès*, 129-30.

7. 벨직 신앙고백서의 교회적 수납

이렇게 하나님을 철저히 의지하는 사람이었던 귀도 드 브레가 초안한 〈벨직 신앙고백서〉는 일반적으로 1559년의 나온 〈프랑스 신앙고백서〉(the Gallic Confession or the Gallican Confession)를 모델로 하여 작성된 것으로 여겨진다.[133] 피터 드 영은 심지어 "〈벨직 신앙고백서〉는 프랑스 교회들이 받아들인 신조의 자녀다"라고까지 말한다.[134] 그러나 〈벨직 신앙고백서〉는 그저 〈프랑스 신앙고백서〉를 번역한 것이거나 조금 보충한 것 정도가 아니다. 이는 1562년에 곧바로 화란어로 번역되고 엠던(Emden)에서 인쇄되어[135] 저지방의 개혁파 교회들에 의해서 받아들여졌고, (칼빈의 제자요 후일에 Leiden 신학 교수가 된) 부르게(Bourges)의 프란시스 유니우스(Francis Junius, 1545-1602)에 의해서 특히 교회와 국가의 관계를 다루는 36조가 조금 수정된 후에[136] 1566년에는 안트베르프 대회(the Synod of Antwerp)에서 공적으로 수납되었다. 또한 1568년 베이절(Wesel) 모임에 토대를 가지고서 네덜란드 개혁파 교회의 교회 질서의 토대를 마련한 이 지역 교회들의 최초의 전국 대회(the first national synod)라고 할 수 있는 1571년의 엠던(Emden) 대회, 1574년의 도르트 대회(Dort Synod)와 1581년의 미덜부르흐(Middelburg) 대회에서 받아들이고, 1619년에 불어, 화란어, 라틴어 본들의

---

[133] Godfrey, "Calvin and Calvinism in the Netherlands," 100; Joel Beeke, "The Belgic Confession of Faith and the Canons of Dordt," *Reformation and Revival* 10/2 (2001): 91-95, at 91.

[134] De Jong, *The Church's Witness to the World*, 30: "*The Belgic Confession* is plainly the child of the creed adopted by the French churches."

[135] Cochrane, *Reformed Confessions of the Sixteenth Century*, 186. 여기서 코흐랜은 최초의 독일어 역이 1566년 하이델베르크에서 J. Mayer에 의해 이루어졌다는 정보도 주고 있다.
엠던은 네덜란드 종교개혁의 중심 출판지의 하나이기도 하니 1562년에 이곳에서 화란어 성경이 완역되어 출판되었다고 한다. Cf. 이상규, "귀도 드 브레와 네덜란드 신앙고백", 263.

[136] 이를 잘 언급하는 Cochrane, ed., *Reformed Confessions of the Sixteenth Century*, 187을 보라.

비교를 거쳐 도르트 전국 대회(the National Synod of Dort)에서 개정하여, **1619년 4월 29일 이후로**[137] 지금까지 네덜란드 개혁교회와 개혁파 전통의 교회 안에서 〈하이델베르크 요리문답〉과 도르트 신경과 함께 가장 중요한 신조로 받아들여지고 고백되고 있는 귀한 개혁파 신조의 하나이다.[138]

---

[137] 이 정보도 Cochrane, ed., *Reformed Confessions of the Sixteenth Century*, 187에서 얻었다.

[138] 그래서 〈벨직 신앙고백서〉(1561)와 〈하이델베르크 요리문답〉(1563), 그리고 〈도르트 신경〉(1619)을 "교회의 하나됨의 기초가 되는 3 신앙고백'(three forms of unity)이라고들 부른다.

제 1 부

우리 하나님과
성경에 대하여

제 1 강   우리 하나님은 어떤 분이신가요? 하나님의 본성에 대하여

제 2 강   우리 하나님의 비공유적 속성

제 3 강   우리 하나님의 공유적 속성들(1)

제 4 강   우리 하나님의 공유적 속성들(2): 하나님의 지식

제 5 강   하나님의 계시(1): 하나님을 어떻게 알게 됩니까?

제 6 강   하나님의 계시(2): 기록된 하나님의 말씀

제 7 강   정경과 정경의 중요성

제 8 강   정경에 속한 책들과 외경의 차이, 그리고 성경의 충족성

제 1 강

우리 하나님은 어떤 분이신가요?
하나님의 본성에 대하여

〈벨직 신앙고백서〉의 제1항은 "하나님의 본성에 대한"(*de Natura Dei*) 다음과 같은 고백입니다.

> 우리 모두는 우리가 하나님이라고 부르는
> "단순하시고 영적인 한 존재"가 계심을 마음으로 믿고, 입으로 고백합니다.
> 그는 영원하시고, 불가해적이시며 [즉, 온전히 다 알 수는 없으시며],
> 보이지 아니하시고, 변하지 아니하시며,
> 무한하시고, 전능하시며,
> 온전히 지혜로우시고, 의로우시며, 선하시고,
> 모든 선의 넘쳐흐르는 원천이시라는 것도 마음으로 믿고, 입으로 고백합니다.

이 고백은 칼빈과 그의 학생이었던 앙뜨안느 드 라 로셰 샨디우(Antione de la Roche Chandieu)가 작성하여 1559년 파리 대회(a synod at Paris)에서 개정되어 받아들여진 〈프랑스 신앙고백서〉(*Confessio Fidei Gallicana*) 제1조를 반영하고 있습니다.

우리는 하나의 유일하며 단순한 본질을 가지신, 영적이고, 영원하시며, 보이지 않으시고, 불변하시며, 무한하시고, 불가해적이며(온전히 다 이해할 수는 없으시고), 이루 말할 수 없으며(ineffable), 전능하시며, 전지하시고, 온전히 선하시고, 온전히 의로우시며, 온전히 자비로우신 한 하나님이 계심을 믿고 고백합니다.

〈벨직 신앙고백서〉는 하나님을 "단순하시고 영적인 유일하신 존재"(one only simple and spiritual Being)라고 합니다. 하나님께서 오직 하나인 하나님이심을 분명히 하는 것입니다(신 6:4; 왕상 8:60; 고전 8:6; 딤전 2:5). 그런데 그 유일하신, 즉 하나이신 하나님은 영적인 존재(spiritual being)이십니다. 이는 무엇보다도 하나님께서 몸을 가지고 계시지 않음을 분명히 하는 것입니다. 따라서 하나님께서는 우리의 몸의 지체들인 얼굴, 눈, 코, 입, 등, 손, 손가락, 발 등을 가지고 계실 리가 없습니다. 그런데도 성경과 이에 따른 표현에서 이런 것들을 하나님께 돌려 표현하는 것은 사람들로 하여금 이해하기 쉽도록 하는 일종의 의인법적 표현, 정확히는 "신인동형론적(神人同形論的) 표현"(anthropomorphism)입니다. 그러므로 성경에서 이런 표현들을 볼 때에 우리는 이로부터 하나님의 지체를 생각해 보려고 해서는 안 됩니다. 2023년에 하나님 품에 안기신 고재수 교수님(1948-2023)께서 자신의 박사 학위의 주제로 삼은 "하나님의 영성"을 분명히 기억해야 합니다. "하나님은 영이시니, 예배하는 자가 영과 진리로 예배할지니라"(요 4:24).

이렇게 영적인 존재이신 하나님께서는 사람의 눈으로 볼 수 없는 분이십니다. 로마서 1:20의 하나님의 영원하신 능력과 신성을 "그의 보이지 아니하는 것들"이라고 말한 것에 의존하면서, 〈벨직 신앙고백서〉는 하나님은 보이지 않으시는 영적인 존재임을 선언합니다. 우리는 여기에 "썩지 아니하시고, 보이지 아니하시고, 홀로 하나이신 하나님"을 말하고 있는 디모데전서 1:17과 "아무 사람도 보지 못하였고, 또 볼 수도 없는 자이 시니"라고 말하는 디모데전서 6:16의 말씀도 같이 생각해야 합니다. 하나님은 이렇게 보이지 아니하시고 볼 수 없으신 분이십니다. 그러므로 하나님을 물리적으로 보려고 해서는 안 됩니다. 그것은 하나님께 해당하지 않는 것을 하나님께 돌려 드리려고 하는 옳지 않은 것입니다.

물론 하나님과의 영적인 교제를 "하나님을 뵈옴"(visio Dei)이라고 표현할 수 있습니다. 이것은 매우 중요하고, 우리의 영적 생활의 핵심입니다. 믿는 우리는 이런 영적 의미에서 항상 하나님을 뵈옵는 사람들이기 때문입니다. 여기서 다시 물리적 의미를 생각하면 안 됩니다. 그래서 예수님께서는 "마음이 청결한 자는 복이 있나니, 저희가 하나님을 볼 것임이요"(마 5:8)라고 말씀하셨습니다. 이것을 위에서 인용한 디모데전서의 말씀들과 모순되는 것으로 여기면 안 됩니다. 물리적으로는 영원히 하나님을 볼 자가 없으니, 하나님께서는 그야말로 "볼 수 없으신" 분이시기 때문입니다. 그러나 영적인 생명을 회복한 우리는 지금도 하나님을 영적으로 보고 있다고 할 수 있습니다. 예를 들어서, 워필드(B. B. Warfield)는 진정한 칼빈주의자는 하나님을 뵌 사람이라고 합니다. 이렇게 당신님의 영광 가운데 계신 하나님을 뵈온 사람은 그 자신이 피조물로서, 더구나 죄인으로서 하나님 앞에 감히 설 수 없다는 무자격함에 대한 의식으로 가득 차게 되고, 그럼에도 불구하고 바로 이 하나님께서 죄인을 받아주신 하나님이시라는 감격과 경이감으로 가득 차게 됩니다.[1] 이렇게 진정한 신자는 영적으로 하나님을 보고 있으며, 또한 우리가 죽어서 우리의 영혼이 하나님께서 계신 "하늘"(heaven)에 있을 때도 하나님을 더 깊이 있게 "영적으로 볼" 것입니다. 즉, 하나님과 아주 친밀한 영적 교제를 할 것입니

---

[1] B. B. Warfield, *Calvin and Augustine* (Philadelphia: Presbyterian and Reformed, 1956), 491.

다. 더구나 하나님 나라가 극치에 이르렀을 때에 우리는 더욱더 분명히 하나님을 "영적으로 볼" 것입니다. 하나님께서는 영적인 존재이시기 때문입니다.

이 영적인 존재이신 하나님은 단순하다고 했습니다. 여기서 말하는 단순하다는 말은 사람이 단순하다고 말할 때의 단순하다는 뜻이 아니고, 그 본질이 복합적이지(compositeness) 않으시다, 따라서 여러 부분으로 나눌 수 없다(free from division into parts)는 뜻입니다. 우리는 이런 뜻으로 하나님을 "단순하다"고 표현합니다. 즉, 전통적 신학이 늘 강조해 온 바와 같이 그 속성들이 하나님의 존재와 구별될 수 없으며 서로 모순을 일으킬 수 없게 하나로 있다는 뜻에서의 단순성을 의미하는 것입니다. 각 속성이, 그 절대적 온전성 때문에, 그의 존재 전체와 동일하다는 것입니다(each of the properties of God, because of their absolute perfection, is identical with His Being).

이런 하나님께서 과연 어떤 분이신지를 생각해 보는 것은 우리의 큰 기쁨이고, 우리에게 큰 도움이 됩니다. 이제 〈벨직 신앙고백서〉의 내용에 따라서 우리 하나님의 어떠하심을 하나하나 생각해 보기로 하겠습니다. 하나님을 사랑하는 마음으로 말입니다. 하나님을 진정 사랑하는 사람들은 하나님의 어떠하심 자체를 생각해 보는 것이 기쁨이 되고, 그것에 따라서 우리는 점점 더 하나님께 가까이 나아갈 수 있습니다. 사랑하는 사람들이 자신들이 사랑하는 대상을 알아 가는 것이 기쁨이 되고, 그 대상을 생각하는 것 자체가 무한한 기쁨의 근원이 되듯이 우리의 하나님에 대한 생각과 묵상 자체가 우리의 기쁨의 원천이 되어야 할 것입니다.

제 2 강

우리 하나님의 비공유적 속성

우리 하나님께서는 무한하십니다. 하나님께서는 시간과 공간과 관련해서도 무한하십니다. 하나님께서는 시공간에 대해서 초월하시며 동시에 그 안에 내재하실 수 있으십니다. 그러므로 하나님을 시공간의 어느 한 점이나 한 영역에 가두려고 하는 것은 크게 잘못된 생각입니다. 마찬가지로, 하나님을 시공간을 전혀 초월하시는 분으로만 생각하여 하나님께서는 시간과 공간에 전혀 내재하실 수 없다고 하는 것도 바른 생각이 아닙니다. 초월만을 인정하여 내재성을 전혀 부인해 버리려는 20세기 초의 사상을 우리나라에서는 과거에 "초절주의"(超絶主義)라고 번역하여 그 특징을 분명히 표현해낸 적이 있었습니다. 이런 초절주의는 하나님의 내재성만을 말하려는 내재주의(內在主義, immanentism)에 대한 좋은 반발과 반박이 되지만, 이 역시 한 극단으로 치우쳐서 하나님의 온전한 초월과 내재를 제대로 드러내지 못하는 것입니다.

시간과 관련한 하나님의 무한성을 영원성이라고 할 수 있고, 공간과 관련한 무한성은 편재성(遍在性, 어디에나 계시는 특성)이라고 할 수 있습니다. 우리는 하나님께서 시간과 관련해서도 시간을 초월하시며, 동시에 시간 안에 내재하시며, 시간 안으로 들어오실 수 있음을 분명히 해야 합니다. 하나님께서는 하나님으로서의 특성을 조금도 잃지 않으시고(따라서, 시간을 초월하시면서도) 시간 안에 들어오실 수 있습니다. 그러므로 성육신 사역은 하나님의 하나님 되심을 손상시키지 않고 일어날 수 있는 것입니다. 하나님의 시간에 대한 초월과 내재를 바로 이해하지 못하는 사람들은 하나님께서 시간 안으로 들어오시는 것이 불가능하다고 하거나, 시간 안에 들어오시면 하나님조차도 상대화된다고 합니다. 이렇게 생각하는 사람은, 오늘날 많은 잘못된 신학자들과 함께, 문자적 성육신은 모순이요, 부조리한(absurd) 것이라고 선언할 것입니다. 그러나 시간에 대한 하나님의 초월성과 내재성을 바로 이해하는 사람은, 비록 자신의 머리로는 잘 이해되지 않아도, 하나님께서는 이렇게 시간을 초월하시면서도 동시에 시간 안으로 들어오실 수 있다고 하고, 이것이 진리라고 선언합니다.

또한 〈벨직 신앙고백서〉에서는 강하게 표현되지 않았고 그저 그의 "무한성"이란 말로만 시사되고 있으나, 공간과 관련해서도 하나님은 무한하십니다. 그래서 하나님께서는 모든 공간을 충만히 채우시며, 오히려 모든 공간을 창조적으로 붙드시면서 계십니다. 이를 하나님께서 어디에나 계실 수 있으시다고 가능성에 대한(per potentiam) 진술로만 생각하는 것은 옳지 않습니다. 하나님께서는 그의 본질로(per essentiam) 어디에나 계십니다.

따라서 우리는 그를 피하여 어디로 갈 수 없고, 항상 하나님 앞에서(coram Deo) 사는 것입니다. 그러므로 우리는 우리의 모든 삶이 이렇게 하나님 앞에 있음을 잘 깨달은 자답게 살아야 합니다. 하나님의 어떠하심에 대한 생각은 우리로 하여금 날마다 하나님을 향해 살도록 합니다. 그저 소극적으로 "내가 주의 신을 떠나 어디로 가며 주의 앞에서 어디로 피하리이까"(시 139:7)라고만 말할 것이 아니라, 우리가 어디에 있든지 "곧 거기서도 주의 손이 나를 인도하시며, 주의 오른손이 나를 붙드리이다"(시 139:10)라고 말하며, 더 나아가 성육신하여 우리 가운데 오신 주님을 향하여 "영생의 말씀이 계시매 우리가 뉘게로 가오리까?"(요 6:68)라고 고백해야 합니다.

　　이렇게 무한하시고 영원하신 하나님이시기에 하나님은 변하지 않으십니다. 이는 하나님께서 영원하시다는 것과 논리적으로 연관되어 있을 수밖에 없습니다. 오늘의 신학적 상황 가운데서는 이 "하나님의 불변성"을 강조하는 것은 매우 중요한 일입니다. 하나님께서 변하실 수 있으신 분(God is in becoming을 강조하는 융엘 등), 아니면 적어도 변하실 수 있음을 한 측면으로 가지신 분으로 생각하려는 것(과정신학 등)이 오늘날의 정황이기 때문입니다. 이에 반(反)해서, 우리는 하나님께서는 그의 성질상 전혀 변하실 수 없는 분이심을 아주 강조해야 합니다. 이는 하나님께서 움직이실 수 없으시다(immobility)거나, 아주 답답한 분이시라는 뜻이 아닙니다. 그것은 돌과 나무로 만든 우상들에게 해당하는 말이지 살아계신 우리 하나님께는 해당되지 않는 말입니다.

　　〈벨직 신앙고백서〉의 작성자는 〈프랑스 신앙고백서〉의 작성자들을 따라서, 말라기 3:6의 "나 여호와는 변하지 아니하나니"라는 말씀을 인용합니다. 여기에 야고보서 1:17의 "그는 변함도 없으시고 회전하는 그림자도 없으시니라"는 말씀을 같이 생각하는 것이 좋을 것입니다. 하나님께서 변하지 않으시므로 우리는 하나님께서 과거에 당신님 자신에 대해서 계시하신 것을 그대로 받아들이고, 그것에 근거해서 하나님께서 과연 어떤 분이신지를 생각할 수 있습니다. 그의 계시를 믿을 만하게 하는 것이 그의 불변성입니다. 또 우리 하나님께서 불변하시므로 우리는 하나님을 확실히 믿을 수 있습니다. 불변하시므로 하나님은 미쁘신 하나님, 즉 신실하신 하나님이시라고 말할 수 있습니다.

　　그의 본질이 불변하시므로, 하나님께서는 그의 행하시는 일에서도 변하지 않으십니다. 그렇기에 하나님은 믿을 만한 분이십니다. 그의 언약 관계에서 변하지 아니하시는 하나님, 여호와 하나님 되심의 근거도 여기에 있습니다. 사실 말라기 3:6의 진정한 의미도 이것을 강조하는 데 있었습니다. 하나님께서 변하지 아니하시므로 "그러므로 야곱의 자손들아, 너희가 소멸되지 아니하느니라"고 말씀하십니다. 범죄한 이스라엘이 온전히 소멸되지 않고 언약의 상속자가 되고, 그들을 통해서 언약의 주이신 그리스도께서 이 세상에 오실 수 있었던 것은 바로 하나님께서 그의 언약 관계에 있어서 변하시지 않으신다는 특성 때문입니다. 그의 언약 관계에서의 불변성은 후의 언약의 역사 가운데서 비로소 형성된 것이 아니라, 그의 본질이 영원히 불변하시기 때문에 그로부터 자연스럽게 나타난 것입니다.

하나님께서 이렇게 영원히 불변하실 수 있으시다는 것은 하나님께서 전능하시다는 것과 밀접히 연관되어 있습니다. 하나님께서는 전능하시므로 변하지 않고 당신님의 존재를 유지하실 수 있으십니다. 전능하지 않은 존재는 변할 수밖에 없습니다. 전능하신 하나님께서만 변하지 아니하십니다. 이 전능성은 우리가 후에 생각할 창조와 역사를 그 목적에까지 인도하여 가시는 통치에서 분명히 드러납니다.

하나님의 전능성을 생각하면서 그 하나님 앞에서 사람이 마땅히 있어야 할 바른 위치에 있지 않는 것은 사실상 하나님의 전능성을 믿지 않는 것입니다. 또 하나님의 전능성을 생각하면서 그것을 자신을 위해서 사용하는 것만을 생각하면서 기도에 열심인 것도 바르지 못한 것입니다. 하나님의 전능성은 하나님 자신을 위한 것입니다. 그리고 그는 당신님 자신을 위해서 우리를 위한 하나님이 되시어, 그 전능성을 우리를 위해 사용하실 때에도 당신님 자신을 위해서 그리하십니다. 그러므로 하나님의 전능성을 생각하면서 우리는 하나님의 엄위에 대한 의식으로 가득 차야 할 것입니다. 그리고 그 엄위하신 하나님 앞에 영혼의 무릎을 꿇고서 경배와 찬양을 올려야 할 것입니다. 그것이 하나님의 전능성 앞에서의 우리의 마땅한 태도입니다.

"하나님께서는 감정이 있나요?"라는 질문에 대한 간단한 대답

하나님은 우리와 같은 성정을 지닌 분이 아니십니다. 그러므로 인간의 감정을 생각하면서 하나님이 우리와 비슷한 감정이 있느냐고 묻는 것은 무의미합니다. 그래서 제일 좋은 대답은 언제나 "하나님은 우리와 같은 성정을 지닌 분이 아니시다"는 것입니다.

단지 하나님을 사람에 빗대어 표현하는 신인동성론(Anthropopathism)적 표현을 할 때에 마치 하나님이 사람과 같은 감정을 지닌 듯이 표현을 해서 사람들이 쉽게 이해하게 표현하는 방법이 있습니다. 예를 들어서, "하나님의 질투"와 같은 표현이 그런 것입니다. 하나님께서는 우리가 질투하듯이 질투하시는 것은 아닙니다. 마찬가지로 우리가 후회하듯이 후회하지는 않으십니다. 성경은 명백히 말씀합니다. "하나님의 은사와 부르심에는 후회하심이 없느니라"(롬 11:29). 이를 분명히 해야 합니다. 그러므로 하나님의 질투, 하나님의 후회하심 등과 같은 표현들은 그저 우리들로 하여금 하나님의 마음을 헤아릴 수 있도록 표현하는 것입니다.

그리고 우리가 능히 알 수는 없지만 하나님만의 독특성을 지닌 하나님의 감정이라는 것이 있기도 합니다. "하나님이 사랑이심이라"(요일 4:8)고 할 때에 이런 것을 함의하며, 그것을 위에서 언급한 신인동형론적 표현으로도 덧붙여 표현하기도 하는 것입니다. 그러므로 우리가 능히 헤아리지 못하는 하나님의 어떠하심이 있다는 것을 인정해야 합니다. 그리고 그 하나님을 피조물로서 최선을 다해서 사랑하면서 주께서 계시하신 것의 한도에서 알아 가려고 해야 합니다. 그 계시된 것을 넘어가지 말고 서 말입니다. 여기에 우리의 사유의 한계가 있습니다.

제 3 강

우리 하나님의 공유적 속성들(1)

지난번까지 논의한 하나님의 어떠하심은 아주 독특하게 하나님께서만 가지신 속성들입니다. 이번에 생각하려는 속성들도 하나님의 속성들입니다마는, 어떤 제한된 의미에서는 피조물인 우리도 그런 속성을 지닐 수 있습니다. 그래서 과거의 선배들은 이를 공유적 속성(communicable attributes)이라고 부르기를 즐겨했습니다. 그러나 이때 사용하는 '공유적'이라는 용어를 오해해서는 안 됩니다. 이 공유적 속성도 하나님께서는 무한히, 절대적으로, 가장 뛰어나게 가지고 계시지만, 우리들은 그것을 피조물 수준에서 반영하는 정도로만 가질 수 있습니다. 그래서 우리 선배들은 공유적 속성들도 **엄밀한 의미에서는 비공유적**이라는 이해를 가지고 이런 용어를 써 왔음을 잊어서는 안 됩니다. 그러므로 '공유적', 그리고 '비공유적'이라는 용어는 상대적인 용어일 뿐입니다. 하나님은 하늘에 계시고 우리는 땅에 있습니다. 하나님과 우리 사이에는 항상 그만한 차이가 있습니다, 천지의 차이, 즉 무한한 질적인 차이가 있습니다. 여기서도 우리는 다시금 개혁파에서 늘 후렴처럼 사용하는 어귀의 하나인 "하나님은 하나님이고, 인간은 인간이다!"는 말을 하지 않을 수 없습니다. 이런 의미에서 하나님께서는 온전히 지혜로우시다고 할 수 있습니다. 그리스도의 신성을 생각하면서 "그 안에는 지혜와 지식의 모든 보화가 감취어 있느니라"(골

2:3)고 말합니다. 이렇게 그의 지혜는 인간의 지혜와는 비교도 되지 않는 것입니다.

따라서 하나님께는 어리석은 것, 미련한 것이 없습니다. 그러나 비유적으로 말한다면 "하나님의 미련한 것이 사람보다 지혜 있는" 것입니다(고전 1:25). 따라서 하나님께서만이 지혜의 원천이십니다. 이 하나님의 지혜로우심을 우리는 이 세상의 역사와 과정과 관련해서도 고백해야 합니다. 우리로서는 이해되지 않는 과정도 하나님의 지혜가 이루어 가는 과정으로 보아야 합니다. 창조와 섭리와 구속 사역에서 하나님의 지혜가 나타나고 있기 때문입니다.

또한 하나님은 의로우십니다. 그는 의 자체이시고, 그에게는 불의라는 것이 없습니다. 그의 본성이 의의 근원입니다. 그것이 영원한 법(eternal law), 또는 영원법의 근거라고 할 수 있습니다. 그는 악을 참아 보지 못하시는 분이십니다. 따라서 그는 이 세상에서 그의 거룩하심과 의로우심을 주장하고 나가시는 데서도 당신님의 의로우심을 나타내는 것입니다. 그는 세상에 공의를 행하십니다. 아브라함은 하나님의 이런 속성에 근거해서 하나님께 간구하기도 했습니다(창 18:25). 하나님은 참으로 의로우시고, 온 세상에 공의를 행하시는 분이시기 때문입니다. 따라서 그에게는 자의적(恣意的)인 것이 있을 수 없습니다.

하나님께서는 또한 선하십니다. 절대적으로 선하신 이는 하나님밖에 없다고 할 수 있습니다. 그래서 예수님께서는 예수님 자신을 그저 선한 사람, 선한 선생님으로 보고 인간적인 한도 내에서 아주 선하다고 하는 뜻으로 "선한 선생님이여"라는 말에 대해서, "네가 어찌하여 나를 선하다 일컫느냐 하나님 한 분 외에는 선한 이가 없느니라"(막 10:18)고 선언하셨습니다. 이는 예수님은 선한 분이 아니시라는 것이 아니라, 하나님의 절대적 선함을 인정하고, 예수님을 그 수준에서, 즉 신성의 수준에서 보아야만 한다는 것을 시사(示唆)하신 말씀입니다.

그리고 이렇게 선하신 하나님이 모든 선의 근원(*fons omnium bonum*)이십니다. "각양 좋은 은사와 온전한 선물이 다 위로부터 빛들의 아버지께로서 내려오는" 것입니다(약 1:17). 그러므로 우리는 우리의 삶의 과정 가운데서 하나님의 선하심을 구체적으로 맛보아 알아야 합니다.

그는 자비하시고 사랑이 많으시며, 우리를 불쌍히 여기시고, 오래 참으시며, 은혜로우신 것입니다. 이 모든 것이 다 하나님의 선하심의 표현이라고 할 수 있습니다. 그래서 우리는 하나님이 우리의 최고선 (*summum bonum*)이시라고 말하는 것입니다. 우리 하나님께서 이렇게 지혜로우시고, 의로우시며, 선하시고, 선의 원천이시라는 이 세 가지 측면을 생각할 때 우리는 하나님이 행하시는 것은 항상 옳다고 말하지 않을 수 없습니다.

물론 역사의 과정 가운데서 우리는 그것을 잘 이해할 수 없을 수도 있습니다. 그래서 하나님에 대해서 질문도 할 수 있고 (시 73편, 렘 12장, 하박국 1장, 욥기), 하나님께 대해 이런 말, 저런 말이 많을 수도 있습니다. 그러나 역사가 그 마지막에 도달하게 될 때 온 세상은 그저 그 입을 다물지 않을 수 없습니다. 그리고 하나님의 지혜와 의로우심을 생각하면서 다시 그 입을 벌려서 그저 그분의 지혜로우심과 의로우심과 선하심과 거룩하심을 찬양하게 될 것입니다. 역사의 마지막에 드러나게 되는 하나님의 온전하신 지혜와 의로우심과 선하심, 우리는 이것을 종말론적 신정론 (eschatological theodicy)이라고 할 수 있습니다. 이는 세상 끝에 가서야 하나님이 옳은지 아닌지가 드러나게 될 것이라는 말이 아니고, 세상 끝에는 그 옳으심이 온전히 선언될 것이라는 뜻입니다. 그러므로 우리는 그가 어느 시점에서나, 따라서 지금 이 순간에도 항상 옳으시다고 해야 합니다.

그리고 우리도 우리의 생각과 말과 행위에 있어서 항상 지혜롭고,

의롭고, 선하려고 해야 합니다. 하나님의 속성, 특히 공유적 속성을 연구하는 또 하나의 이유가 여기에 있습니다. 우리는 우리 하나님을 아는 만큼 피조물의 수준에서 우리 하나님과 같아집니다. 지혜로우려고 하는 사람들은 하나님을 잘 배워야 합니다. 그만이 지혜의 원천이시기 때문입니다. 의로우려고 하는 사람도 하나님을 가까이해야만 합니다. 선한 것도 하나님을 가까이하는 것에서 나옵니다. 이렇게 우리는 하나님을 가까이하여 하나님을 잘 알고, 그분의 어떠하심을 드러내고 반영하도록 해야 합니다.

우리가 피조물의 수준에서 하나님의 뜻을 반영하여 지혜롭고, 의롭고, 선하려고 할 때에 우리는 하나님의 형상으로서의 역할을 제대로 수행하는 것이 됩니다. 모든 것을 지혜롭게 살피고 판단하며, 항상 옳고 의로운 것을 추구하고 나아가며, 선한 성품을 드러내서 참으로 사랑하고 불쌍히 여기며 오래 참아 나가는 그런 사람들에게서 하나님의 자녀다움이 나타나는 것입니다. 하나님께서는 이렇게 이 세상에서 당신님의 성품을 잘 깨닫고 반영할 존재들을 두기를 기뻐하십니다.

이것이 창조의 의미이고, 구속의 목적 중의 하나입니다. 우리가 이렇게 하나님의 어떠하심을 반영할 수 있다는 것이 얼마나 고귀한 일입니까? 여기에 우리의 영광이 있습니다. 비록 피조물의 수준에서나마 이 땅 위에서 하나님의 형상으로 있을 수 있다는 고귀한 이 영광이 예수 그리스도를 통해서 회복되고 개혁된 형상을 지닌 우리들에게 있는 것입니다.

제 4 강

우리 하나님의 공유적 속성들(2): 하나님의 지식

하나님께서 온전히 지혜로우시고, 공의로우시며, 선하시다는 것을 말하면서, 우리는 그 지혜로우심과 관련되어 있는 '하나님의 지식'에 대해서 생각하지 않을 수 없습니다. 결론부터 말씀드린다면, 하나님의 지식은 이 세상 진리의 원천이고 기준입니다.

그런데 하나님 자신의 지식은 기본적으로 둘로 나눌 수 있습니다.

(1) 하나님 자신에 대한 지식과
(2) 그의 피조계 전체에 대한 지식.

하나님께서는 무엇보다 먼저 **하나님 자신에 대해서** 온전히 다 아신다 (comprehension)는 것을 말해야 합니다. 하나님의 하나님 자신에 대한 지식은 하나님께서 알지 않으실 수 없는 지식이요, 그의 의지의 작용의 결과로 아시는 지식이 아니라는 뜻에서, 가능한 모든 것들에 대한 지식과 함께, 예로부터 '필연적 지식'(*scientia necessaria*)이라고 불려 왔습니다. 이것이 이 세상에서 가장 온전한 신학(*theologia Dei*)이라고 할 수 있습니다.

하나님께서는 자신의 존재와 의식 전체를 온전히 다 아십니다. 이 것을 우리 선배들은 "하나님께는 존재와 의식과 지식이 동연적(同延的, coterminous)"이라고 표현했습니다. 하나님께는 잠재의식이나 무의식이 있을 수는 없다는 말입니다. 영원부터 영원까지 하나님께서는 자신을 온전히 다 아십니다. 따라서 하나님께서는 자신을 점차 알아 가시는 것도 아니고, 어느 순간에 숨기어졌던 자신을 문득 깨닫게 되는 것도 아닙니다. 하나님께서는 자신에 대해 영원한 지식(eternal knowledge)을 가지신다고 할 수 있습니다. 따라서 이는 모든 것을 종합해서 비로소 어떤 것을 깨닫게 되는 의미의 종합적 지식일 수 없으며, 추론을 통해 다른 것을 알아 가는 논의적(discursive) 지식일 수도 없습니다. 하나님께서는 처음부터 모든 것을 다 아시며, 전체적으로 아십니다. 이런 것을 말할 때 하나님의 지식은 분석적인 지식이라고 표현합니다.

둘째로, 하나님께서는 자신이 친히 창조하신 피조계에 대해서도 온전한 지식을 가지십니다. 이 세상에 대해서 그가 알지 못하시는 것은 아무것도 없습니다. 이것이 피조계에 대한 참(진리)의 기준입니다. 그런데 하나님께서는 이 실재적인 세상에 대해서는 결국 자신의 온 세상에 대한 불변하는 온전한 작정(decree)에 근거해서 이 세상에 대한 지식을 가지신다고 할 수 있습니다. 하나님께서 이 세상을 창조하시기로 작정하지 않으셨다면 이 세상은 없는 것이므로, 이런 의미에서의 우연적 존재(contingent beings)인 이 피조계에 대한 하나님의 지식을 '자유로운 지식'(*scientia libera*)이라고 합니다. 하나님께서 자신의 작정, 하나님의 기쁘신 뜻에 근거해서 알고 계신 지식이라는 말입니다.

피조계에 대한 하나님의 지식에서도 하나님께서는 모든 것을 통찰적으로(intuitive) 단번에 아십니다(*scientia visionis*). 하나님께서 무엇을 관찰하시거나 추론해서 어떤 지식을 얻게 되는 것이 아닙니다. 따라서 **하나님께는 지식의 증가라는 것은 있을 수 없습니다.** 그러므로 하나님의 지식과 하나님의 영원성을 연관하여 생각하지 않을 수 없습니다.

이런 인식을 바르게 가진다면 우리의 거의 모든 신학적 문제가 자동적으로 해결된다고 할 수 있습니다. 예정과 관련된 문제, 섭리와 관련된 문제, 십자가의 구속의 범위와 관련된 모든 문제들이 여기서 다 해결될 수 있습니다.

하나님께는 필연적 지식도 아니고, 우연적 지식도 아닌 소위 '중간 지식'(scientia media)이란 있을 수 없음을 분명히 하면 이런 문제에 대해서 더 바르게 생각할 수 있습니다. 또한 하나님께서는 우리의 모든 사정에 대해서 알지 못하시는 것이 없으십니다.

그러므로 우리는 "지식으로 사람을 교훈하시는 자"(시 94:10)이신 하나님께 그 무엇이라도 숨기려고 해서는 안 됩니다. 그것처럼 어리석은 일은 없습니다. 그렇게 하려는 것은 얼마나 웃기는(ironical) 일입니까? 모든 것을 다 아시는 하나님 앞에서 무엇인가를 숨기려 한다는 것이 말입니다. 그래서 이사야는 "화 있을진저, 자기의 도모를 여호와께 깊이 숨기려 하는 자여!"라고 외칩니다(사 29:15). 그러므로 한나의 기도에서 나타나고 있듯이, 이 온전하신 "지식의 하나님께" 우리는 "심히 교만한 말을 다시 하지 말아야" 합니다(삼상 2:3).

그리고 우리는 우리의 사정을 하나님께서 모르시는 듯이 한탄하거나 원망하거나 해서도 안 됩니다. 이스라엘 백성들이 드러내고 있는 이런 태도를 안타깝게 여기면서, 이사야는 이렇게 묻습니다. "야곱아 네가 어찌하여 말하며, 이스라엘아 네가 어찌하여 이르기를 내 사정은 여호와께 숨겨졌으며 원통한 것은 내 하나님에게서 수리하심을 받지 못한다 하느냐?"(사 40:27). 그렇게 생각하거나 묻거나 할 수 없다는 것입니다. 우리 주님께서도 너희가 "구하기 전에 너희에게 있어야 할 것을 하나님 너희 아버지께서 아시느니라"고 말씀하셨습니다(마 6:8). 이처럼 하나님의 지식에 대한 바른 이해는 우리의 신학적 질문을 모두 답해줄 뿐만 아니라, 우리의 실천적 문제들도 거의 다 해결해 준다고 할 수 있습니다.

이렇게 온전한 하나님의 지식과 관련해서 우리가 강조해야 하는 것은 우리도 하나님의 온전한 지식을 근거로 하여 하나님의 생각하시는 것에 따라서 생각하고 지식을 갖기를 추구해야 한다는 것입니다. 이를 우리의 인지적 사명(cognitive mandate)이라고 할 수 있습니다. 우리는 하나님의 생각을 따라서 생각하고, 하나님의 지식에 따라서 지식을 가져야 합니다. 이런 점에서 우리의 지식은 하나님의 지식에 대해 유비적인(analogical) 관계에 있다고 할 수 있습니다. 하나님의 지식이 원형적 지식(original knowledge, archetypical knowledge)이라면, 우리의 지식은 유비적 지식(analogical knowledge)이라고 할 수 있습니다. 이 유비성에 충실할수록 우리의 지식은 참된 지식이 됩니다.

그런데 하나님의 생각 그 자체는 우리가 능히 다 알 수 없습니다. 바울이 수사적으로 묻고 있듯이, "누가 주의 마음을 알아서 주를 가르치겠느냐?"(고전 2:16). 그러나 하나님께서 드러내 주신 바 계시가 있으므로, 바울은 이어서 말하기를 "그러나 우리가 그리스도의 마음을 가졌느니라"고 말합니다(고전 2:16). 그리고 바울 자신은 "성령의 가르치신 것으로" 가르친다고 말합니다(고전 2:13). 그러므로 우리의 유비적 지식은 결국 하나님께서 친히 드러내어 보이신 계시에 의존하는 지식, 계시의존적 사유가 될 수밖에 없습니다. 여기에 신학을 비롯한 모든 기독교 학문(scientia christiana)의 진정한 의미가 있습니다. 하나님의 온전하신 지식을 우리의 피조물의 수준에서 유비적으로 드러내는 것이 진정한 지식이고, 참된 학문입니다.

신학만이 아니라, 이 세상의 모든 학문 분과가 추구하는 진리의 기준이 바로 하나님의 이 세상에 대한 지식입니다. 부디 우리의 인지 작용이 이렇게 하나님의 지식을 따라 생각하는 바르고 온전한 인지 작용이 될 수 있기를 원합니다.

제 5 강

하나님을 어떻게 알게 됩니까?
하나님의 계시(1)

〈벨직 신앙고백서〉의 제2항은 "우리는 하나님을 어떻게 아는지요?"라는
의미의 질문에 대한 대답으로 다음과 같이 제시되어 있습니다.

> 우리는 두 가지 방도로 하나님을 압니다. 첫째는, 우주의 창조와 보존과 통
> 치를 통해서입니다. 이것은 가장 아름다운 책으로 우리 눈앞에 있습니다.[1]
> 여기서는 크고 작은 모든 피조물들이, 바울이 말한 바와 같이(롬 1:20), 하
> 나님의 보이지 아니하는 것들, 즉 그의 영원하신 능력과 신성을 분명히 인식
> 하도록 우리를 인도하는 많은 글자들과 같습니다. 이 모든 것들은 (이를 받
> 아들이지 않은) 사람들을 정죄하기에 충분하고, 따라서 그들이 변명할 수 없
> 게 합니다.

> 둘째는, 하나님께서 이 세상에서의 우리의 삶에 충분할 정도로 그의 거룩하
> 고 신적인 말씀으로 가장 분명하게 그리고 온전히 당신님을 알리십니다.[2] 그
> 의 영광과 우리의 구원을 위해서 말입니다.

1. 시편 19:1-4.
2. 시편 19:7-8; 고전 1:18-21

〈제1항〉에서 우리 하나님께서 어떤 하나님이신지를 잘 밝힌 후에 〈제2항〉에서 하나님께서 당신님을 우리에게 어떻게 알게 하시는가를 다룹니다. 여기 전제되어 있는 것은 하나님께서 당신님이 어떤 분이신지를 알려주지 아니하시면 우리들은 하나님에 대해서 알 수 없다는 것입니다. 기본적으로 하나님께서 당신님 자신을 열어서 보여 주실 때에라야 우리가 하나님에 대해서 알 수 있다는 것이 전제되어 있습니다.

하나님께서 열어 보여 주신 것을 계시(啓示, revelation)라고 합니다. 그러므로 우리는 계시를 통해서만 하나님에 대해서 알 수 있습니다. 이것 자체도 우리는 하나님에게서 배웁니다. 이로써 타락한 인간들은 스스로 머리를 사용해서 하나님을 알아 가거나 자신들의 경험으로 하나님을 알 수 없다는 것을 분명히 하는 것입니다.

〈벨직 신앙고백서〉는 다른 모든 개신교의 신앙고백서와 함께 '일반계시'와 '특별계시'를 하나님을 알 수 있는 두 가지 수단(two means)으로 제시합니다. 물론 〈벨직 신앙고백서〉는 이것을 일반계시나 특별계시라는 용어를 써서 설명하고 고백하는 것은 아닙니다. 가장 일반적인 말로 이를 풀어 설명하고 있는데, 일반계시는 "우주의 창조와 보존과 통치를 통해서" 하나님 당신님을 드러내어 보이시는 것이라고 합니다. 창조의 결과로 존재하게 된 우주 전체는 하나님의 보존하심과 통치하심으로 지금까지 있고, 주께서 있게 하실 때까지 계속 있을 것인데, 이것들은 그 존재와 동시에 계속해서 하나님을 우리에게 알려주는 방도의 하나입니다. 그러므로 이것은 "가장 아름다운 책으로"(as a most beautiful book) 항상 "우리 눈앞에 있습니다"(is before our eyes). 우리의 선배들이 "자연의 책"이라고 부르기를 즐겨하던 이 피조계 전체와 그 보존과 통치 과정 전체가 하나님께서 당신님을 우리에게 나타내시는 수단의 하나라는 것입니다.

이 "자연의 책"은 처음 창조 때에나 지금도 하나님의 영원하신 능력과 신성을 우리에게 분명히 보여 줍니다(롬 1:20). 타락하기 전의 인간들은 이 자연의 책을 통해서 하나님의 영원하신 능력과 신성을 파악하고 하나님을 높이며 하나님과의 교제 가운데 있었습니다. 이 자연의 책은 그 증거 능력을 지금도 도무지 상실하지 않았습니다. 그래서 (우리가 후에 논의할) 특별계시를 통해서 이 자연의 책을 바라보는 사람들은 그 어느 시대의 사람이든지 "하늘이 하나님의 영광을 선포하고 궁창이 그 손으로 하신 일을 나타내는도다"(시 19:1)라고, 또한 "여호와 우리 주여, 주의 이름이 온 땅에 어찌 그리 아름다운지요. 주의 영광을 하늘 위에 두셨나이다"(시 8:1)와 같이 고백하는 것입니다. 특별계시를 통해서 이 "자연의 책"을 보는 사람들은 "주의 손가락으로 만드신 주의 하늘과 주의 베풀어 두신 달과 별들을 내가 보오니"(시 8:3)라고 말할 수 있는 것입니다. 이 온 세상은 지금도 하나님의 존재와 그의 하시는 일을 우리에게 증언합니다.

그런데 타락한 사람들은 자신들의 불의(不義)로 이 분명한 진리를 억눌러서("막아서")(롬 1:18) "하나님을 영화롭게도 아니하며 감사치도 아니하고, 오히려 그 생각이 허망하여지며 미련한 마음이 어두워진 것입니다"(롬 1:21). 여기에 인간의 죄가 있습니다. 하나님에 대한 바른 지식을 억눌러서 그 진리의 빛이 드러나게 하지 않고 하나님을 경배하거나 하나님께 감사하지 않을 뿐만 아니라 우상 숭배로 나아가서(롬 1:22-23), 다른 피조물들을 하나님으로 섬기거나 자신들을 섬기면서 참 하나님께 무관심하거나 하나님을 대적(對敵)합니다.

하나님께서 당신님에 대한 명백한 증거를 피조계 전체에 분명히 주셨는데도 불구하고 그 진리를 억눌러 다른 것으로 바꾼 것이니, 인간들은 하나님께서 당신님을 알리시지 않으셔서 우리가 참 하나님을 섬기지 않았다고, 즉 몰라서 하나님을 섬기지 않았다고 핑계할 수 없는 것입니다. 또한 이 자연 가운데 분명히 드러내신 것은 인간들이 참 하나님께 감사하지도 않고 그를 영화롭게 하지 않은 것이 죄라는 것을 분명히 정죄하기에 충분한 것입니다. 그러므로 우리가 잘 몰라서 그랬으니 이것은 그렇게 잘못한 것은 아니라고 하기 어렵다는 말입니다.

더 나아가서 타락한 인간들을 위해서 하나님께서는 더 분명한 계시를 우리에게 주셨습니다. 그것은 타락한 인간들을 구원하실 구원자에 대한 계시를 주셔서 그것을 믿게 하신 것입니다. 더구나 그 내용이 손상되지 않도록 하기 위해서 얼마 후에는 그 계시의 내용을 성문화하여 우리에게 기록하여 주셨습니다. 성경이 바로 이 특별계시를 성문화한 것입니다. 이 특별계시가 하나님을 알 수 있는 두 번째 수단입니다.

성경의 이 말씀은 베드로와 다른 사도들이 변화 산에서 목격한 것보다 "더 확실한 예언"이라고 할 수 있습니다(벧후 1:19). 그러므로 우리는 이 더 분명한 계시를 통해서 하나님을 아주 분명하고 온전히 알 수 있습니다. 그러므로 과거의 모든 신실한 하나님의 백성들과 함께 〈벨직 신앙고백서〉는 성경을 "그의 거룩하고 신적인 말씀"(His holy and divine Word)이라고 합니다. 성경이 하나님의 말씀이라는 것은 바로 이런 뜻에서 하는 말입니다. 이 성경 말씀은 이 세상에서 우리가 하나님의 영광과 우리의 구원을 위해서 하나님을 알고 섬겨 나가기에 충분합니다. 말씀의 충족성은 어느 시대에나 아무리 강조해도 지나치지 않은 매우 중요한 생각입니다. 특히 교회조차도 말씀을 무시하려는 이 시대에 꼭 필요한 가르침입니다.

성경을 하나님의 말씀으로 받아들인다는 것은 다음 몇 가지를 모두 함의(含意)합니다:

(1) 일반계시를 특별계시인 성경의 빛에서 보며 해석하여 하나님을 바로 알아 가겠다는 것을 뜻합니다. 일반계시를 바르게 해석할 수 있는 해석의 준거를 오직 성경에서만 찾는 것입니다.

(2) 이 특별계시인 성경을 하나님의 말씀으로 받아들여서 이제 그 말씀을 따라 생각하고 살겠다고 성경의 권위를 받아들이는 것을 함의합니다. 이런 뜻에서 성경은 하나님의 말씀입니다.

(3) 이 하나님의 말씀은 이 세상에서 우리에게 충족한 것입니다. 이보다 더한 계시가 그리스도 재림 때에 우리에게 주어지겠지만, 그리하여 그때에는 우리가 얼굴과 얼굴을 대하여 보는 것 같이 아주 확연히 알겠지만, 지금은 이 성경 말씀이 우리에게 확실한 계시로서 분명한 가르침을 주므로 우리가 믿고 순종하는 삶을 살기에 충족한 것입니다. 이것으로는 부족해서 다른 어떤 것의 도움을 받아야 할 필요가 없습니다. 참 성도는 항상 성경을 충족한 것으로 여기면서 성경의 가르침을 잘 배워 나가고, 성경의 인도하심을 따라가는 것입니다. 그래서 참된 성도는 언제나 "주의 말씀은 내 발에 등이요, 내 길에 빛이니이다"(시 119:105)라고 고백하며 성경의 빛에서 살기를 즐겨했습니다.

다음에 하나님의 말씀에 대해서 더 배우겠지만 우리는 항상 이 귀한 하나님 말씀을 충족하게 여기면서 그 가르침을 잘 받고, 그 인도하심을 받아 나가며, 이 성경의 빛에서 우리 주변의 모든 것을 해석해 가려고 해야 합니다. 여기에 하나님을 섬겨나가는 성도의 특권과 복됨이 있습니다.

제 6 강

하나님의 계시(2): 기록된 하나님의 말씀

〈벨직 신앙고백서〉 제3항은 "기록된 하나님의 말씀"(The Written Word of God)인 성경에 대해서 다음과 같이 고백합니다.

> 우리는 이 하나님의 말씀이 사람들의 뜻으로 보내지고 전달된 것이 아니라, 베드로가 말하고 있는 바와 같이 하나님의 거룩한 사람들이 성령에 의해 감동되어 말씀하셨던 것이라고 고백합니다.[1]
>
> 그 후에 우리 하나님께서는 우리와 우리 구원을 위한 특별하신 돌봄을 위하여 자신의 종들인 선지자들과 사도들에게 이 계시된 말씀을 기록하도록 명령하셨습니다. 그러므로 하나님 자신이 그 자신의 손가락으로 율법의 두 돌 판을 기록하셨다고 할 수 있습니다. 그러므로 우리는 이 기록들을 '거룩하고 신적인 경전들'(holy and divine Scriptures)이라고 부르는 것입니다.

1 벧후 1:21.

이와 같이 〈벨직 신앙고백서〉 3항은 성경에 대한 고백입니다. 그런데 〈벨직 신앙고백서〉는 하나님께서 사람들에게 처음부터 성경을 주신 것이 아니고, 하나님의 계시를 주신 후에 그의 종들인 선지자들과 사도들을 사용하셔서 이 계시된 말씀을 기록하도록 명령하셨다고 하나님의 특별계시가 주어지는 다양한 방식을 아주 분명히 하면서 고백합니다. 그러므로 〈벨직 신앙고백서〉의 진술은 자세하지는 않지만 그래도 하나님의 계시의 역사 (*historia revelationis*)에 충실하게 진술한 것이라고 할 수 있습니다.

특별계시와 특별계시의 역사

하나님께서 하나님 자신과 하나님의 뜻을 주실 때 때로는 하나님께서 친히 나타나시거나[神顯, theophany], 친히 어떤 뜻을 알리시기도 하셨지만 대개는 사람들을 사용하셔서 계시하셨습니다. 〈벨직 신앙고백서〉도 하나님의 계시가 하나님께서 직접 주신 부분도 있고, 사람들을 사용하여 주신 부분이 있음을 말합니다. 그런데 상당수의 계시는 사람들을 통해서 주셨기 때문에, 어떤 사람들은 이것은 과거의 사람들이 자신의 뜻대로 자신의 의견을 표현한 것이 아닌가 하는 생각을 하는 일이 있습니다. 성경이 기록될 때에도 이런 잘못된 생각이 있었고, 종교개혁 시대에도 이런 생각들이 있었기에 특별계시는 사람들이 자신들의 뜻으로 보내지고 전달된 것이 아니라 하나님의 감동하심을 받은 사람들이 하나님께 받아 말한 것이라는 점을 베드로후서 1:21 말씀을 염두에 두면서 아주 명확하게 고백하고 있습니다.

우리 시대에도 하나님께서 계시의 궁극적 저자이심을 부인하는 사람들이 많습니다. 이런 분들은 선지자들과 사도들이 하는 말들을 무시하거나 상대화하려고 합니다. 그러므로 우리들은 다시 한번 더 "사도들과 종교적 천재들의 질적 차이"를 강조하면서 특별계시는 아담으로부터 신약 시대에 주어진 것까지 모두 **그저 사람들의 뜻으로** 우리들에게 주어진

것이 아니라, 하나님께 감동하심을 받은 사람들이 하나님께 받아 말한 것
이라는 것을 분명히 하며 강조해야 합니다.

특별계시의 성문화

그리고 이렇게 여러 시대에 여러 모양으로(히 1:1) 주어진 하나님의 계시를
하나님께서는 적당한 때에 성경 저자들을 통해서 기록하도록 명령하셨습
니다. 그러므로 성경은 기본적으로 그 전에 주어진 특별계시를 기록한 문
서입니다. 그러므로 성경은 "성문화된 특별계시"라고 할 수 있습니다. 이
렇게 특별계시를 성문화할 때 하나님께서 사용하신 독특한 방식을 흔히
"영감"(inspiration)이라고 합니다. 디모데후서에서 "하나님께 감동하여"(직
역하면, "하나님께서 숨을 불어 넣으셔서")라고 말한 것을 흔히 "영감(靈感)"이라고
표현합니다. 마치 첫 사람을 창조하실 때 하나님께서 숨을 불어 넣으시는
독특한 사역을 한 것과 같이 성경을 성문화하실 때도 하나님께서 아주 독
특한 방식으로 하나님의 말씀을 성문화하셨습니다.

　　성경을 영감하실 때 인간 기록자들을 무시하고 하나님께서 성경을
기록하게 하신 것이 아닙니다. 그러므로 〈벨직 신앙고백서〉를 비롯한 정
통파 신앙고백서들에 충실한 사람들은 성경의 영감론을 말할 때 그들은
인간 저자를 기계적으로 사용하여 받아쓰기(dictation)를 하게 하신 것과
같은 기계적 영감(mechanical inspiration theory)을 생각하거나 주장한 일이
없습니다. 인간 저자들의 모든 특성들을 다 사용하셔서 그들의 특성이 잘
드러나게 하시되 성령님께서 초자연적으로 관여하셔서 인간적 오류가 스
며들지 않게 하셨다는 뜻에서 우리 선배들은 "유기적 영감"(organic
inspiration)이라는 용어를 쓰기를 즐겨하였습니다. 〈벨직 신앙고백서〉에는

이런 용어가 사용되지는 않았지만 〈벨직 신앙고백서〉의 작성자와 그를 따라 신앙을 고백하던 우리 선배들은 이런 의도를 가지고 성경에 대한 자신들의 신앙을 고백한 것입니다. 여기에는 성경의 궁극적 신적 저자가 하나님이시라는 것과 하나님께서 인간 저자들을 사용하셨다는 것과 또한 인간 저자들을 사용하시되 그들을 아주 독특하게 영감하셨다는 것을 의식하며 고백하는 것이 포함됩니다.

오늘 우리에게는 유일한 하나님의 특별계시인 성경

이렇게 신구약의 성경이 모두 다 성문화되어 성문화된 형태로 주어진 후에는 다른 어떤 것을 특별계시라고 할 수 없습니다. 이제는 이렇게 독특하게 영감된 성경만이 우리에게 하나님의 특별계시입니다. 그러므로 이제는 하나님께서 이전에 하시던 것과 같은 다양한 방식, 즉 꿈으로나 환상(vision)으로나, 직접적인 말씀 등의 그 어떤 방식으로도 새로운 계시를 주시는 일이 없습니다. 이제는 성문화된 성경을 성령님께서 사용하셔서 우리들로 하여금 하나님의 뜻을 깨닫게 하시고, 하나님의 뜻에 따라 살 수 있도록 우리들의 구체적인 삶의 정황에 적용할 수 있도록 하여 주십니다.

우리 선배들은 말씀과 우리의 심령을 조명(illumination)해 주신다는 용어를 써서 표현하기를 즐겨하였습니다. 언제나 동일하신 성령님의 사역이지만 성경을 주실 때에는 영감이라는 방식을 사용하시고, 그 성경을 통해 우리를 가르치시고 깨닫게 하시고 이끄실 때에는 조명의 방식을 사용하신다고 할 수 있습니다. 이제는 성경을 떠나서는 하나님의 말씀을 이야기할 수 없습니다. 그래서 칼빈(John Calvin)은 성경을 떠나서 새로운 계시를 말하던 당시의 재세례주의자들의 주장을 "성경을 떠나서 비약하는 광

신자들의 주장"이라고 말하기를 주저하지 않았습니다. 〈벨직 신앙고백서〉를 가지고 신앙을 고백하시던 우리 선배들도 같은 마음을 가졌음이 분명합니다. 천주교회에서나 재세례파에서 성경 이외의 다른 계시가 있다고 말하는 것을 단호히 거절하면서 성경만이 거룩한 신적인 성경이라고 〈벨직 신앙고백서〉에서 말하고 그렇게 고백하는 것입니다.

그러므로 우리들도 이제는 이 신구약 성경만이 하나님의 특별계시라는 뜻에서 성경을 "기록된 하나님의 말씀"(the Written Word of God)이라고 하고 성경에 대해서 이에 부합한 태도를 가져야 합니다. 이는 그저 "교회가 그렇게 받아들이고 승인하였기 때문이 아니라, 무엇보다도 성령께서 우리의 심령 안에서 성경이 하나님에게서 왔다고 증언하시고, 또한 성경이 친히 그렇게 증언하기 때문입니다."[1] 이것을 (1) 성령의 내적 증언과 (2) 성경의 자증(自證)이라고 합니다. 이 두 가지가 다 중요합니다. 특히 성경의 자증은 너무나도 분명해서 "심지어 잘 모르는 사람들도 제대로 보면 앞으로 일어날 것이라고 성경이 예언한 바가 과연 그렇게 되었음을 볼 수 있을" 정도입니다.[2]

그리하여 결국 이것은 성경이 말하는 바가 곧 하나님의 말씀이라는 뜻이며, 성경을 정확하게 해석하면 하나님의 뜻을 확언할 수 있다는 뜻입니다(해석학적인 용기). 그러나 그것이 하나님의 계시를 다루는 것이기에 항상 두려움과 떨림을 가지고 접근해야지, 우리가 그것을 이용하려 하거나 오용하지 않도록 해야 한다(해석학적인 겸손)는 것을 모두 포함하는 그야말로 의미 심중한 말입니다.

---

[1] 제5항 성경의 권위에서. "… not so much because the church receives and approves them as such but above all because the Holy Spirit testifies in our hearts that they are from God, and also because they prove themselves to be from God."

[2] 이는 제5항 성경의 권위에 대한 고백의 마지막 부분에서 말하는 바이기도 합니다. "For even the blind themselves are able to see that the things predicted in them do happen."

(이 사진은 벨직 신앙고백서의 작성자인 Guido de Bres (Guido de Bray, Guy de Bray and Guido de Brès, 1522-1567)와 그 친구의 모습을 형상화한 것입니다. 귀도는 칼빈과 베자의 학생으로 제네바에서 공부한 후 45세에 순교 당한, 지금은 벨기에 영토인 남부 네덜란드 왈룬 지역의 목회자입니다).

제 7 강

정경과 정경의 중요성

벨직 신앙고백서는 성경이 하나님의 말씀이라는 것을 제3항에서 분명히 천명한 후에 이 성경에 속해는 책들이 어떤 책들인지를 제4항에서 구체적으로 나열하여 언급하고 있습니다.

제4항: 정경에 속하는 책들

우리들은 성경은 정경(canonical)인 구약과 신약에 포함된 책들뿐이고, 이 외에는 그 어떤 다른 책들도 성경이라고 주장할 수 없음을 믿습니다. 이 책들은 하나님의 교회 안에서 정경으로 언급되었습니다. 구약에 속하는 책들은 모세 5경, 즉 창세기, 출애굽기, 레위기, 민수기, 신명기와 여호수아, 룻기, 사사기, 사무엘상하, 열왕기상하, 역대기상하, 에스라, 느헤미야, 에스더, 욥기, 다윗의 시편들, 솔로몬의 세 책, 즉 잠언, 전도서, 아가, 이사야, 예레미야, 에스겔, 다니엘 등의 대선지서, 그리고 12권의 소선지서라고 불리는 호세아, 요엘, 아모스, 오바댜, 요나, 미가, 나훔, 하박국, 스바냐, 학개, 스가랴, 그리고 말라기입니다.

신약에 속하는 책들은 사복음서인 마태복음, 마가복음, 누가복음, 요한복음과 사도행전, 바울의 14권의 책들인 로마서, 고린도전후서, 갈라디아서, 에베소서, 빌립보서, 골로새서, 데살로니가전후서, 디모데전후서, 디도서, 빌레몬서, 히브리서, 그리고 다른 사도들의 서신인 야고보서, 베드로

전후서, 요한일서, 요한이서, 요한삼서, 유다서, 그리고 요한계시록입니다.

성경이 하나님의 말씀임을 선언한 〈벨직 신앙고백서〉 제3항 후에 정경 (canon)에 속하는 책들만이 하나님의 말씀인 성경이고, 그 나머지 글들은 어떤 것이든지 하나님의 말씀이라고 주장되어서는 안 된다고 하면서 정경에 속하는 책들을 나열한 것은 매우 의미 있는 일입니다. 오늘날 신앙생활을 처음 시작한 사람들이나 일반 교우들 가운데서는 성경을 펴보면 그 이름이 다 있는데 왜 신조에서 그에 속하는 책들을 일일이 열거하고 있는지를 이상하게 여길 수도 있습니다. 그것은 종교개혁 시대까지도 꼭 이 정경에 속하는 책들만을 하나님의 말씀으로 여기지 않으려고 하는 사람들이 있었기 때문이라고 할 수 있습니다. 그리고 오늘날까지도 천주교회에 속한 분들은 정경에 속한 책들만을 하나님의 말씀이라고 여기려고 하지 않습니다. 그러므로 1561년에 고백된 〈벨직 신앙고백서〉에서는 과연 어떤 책이 이 정경에 속하는지 그 책의 이름들을 하나하나 언급할 필요가 있었다고 할 수 있습니다. 마치 17세기에 〈웨스트민스터 신앙고백서〉를 작성할 때에도 제1장에서 성경이 하나님의 말씀임을 밝히고 그 안에 속하는 책들의 이름을 하나하나 언급한 것과 같은 것입니다. 그러므로 〈웨스트민스터 신앙고백서〉에서 정경에 속하는 책들을 하나하나 언급하는 것은 이미 1561년에 〈벨직 신앙고백서〉에서 그렇게 한 것을 따라 하고 있는 것이라고 할 수 있으며, 이런 천명에도 불구하고 17세기까지도 사람들은 정경에 속하는 것 외에 다른 것을 존중하려는 시도들을 계속해 왔다는 것을 알 수 있습니다.

이것은 기독교인, 즉 하나님을 참으로 믿는 사람들은 오직 이 66권만을 하나님의 말씀으로 인정하는 사람들이라는 것을 분명히 하는 것입니다. 그렇게 하지 않는 사람들은 하나님을 참으로 믿지 않는 것이라고 하면서 우리들의 모든 신앙적 판단의 근거가 오직 66권의 정경임을 천명하는 것입니다.

정경을 강조하는 것의 함의

16세기에만 정경이 중요한 것이 아니라 우리에게도 정경은 중요한 것입니다. 21세기 정황 속에서 이런 주장을 하는 것의 함의는 다음과 같은 점들입니다.

1. 66권의 정경에 속한 책들만을 존귀하게 여기되 이를 하나님 말씀과 동일시하지(identify) 않고, 이 66권의 책이 하나님의 계시를 증언(證言)하는 (혹은 증거하는) 것이라고 하는 입장은 성경적이지 않고, 〈벨직 신앙고백서〉에 충실하지 않은 것이며, 또한 고대로부터 있어온 기독교 신앙에 충실하지 않은 것입니다. 오늘날에는 이와 같은 주장을 하는 사람들이 주변에 많이 있고, 20세기 개혁주의를 대변한다고 하는 사람인 칼 바르트(Karl Barth)가 이런 주장의 대변인으로 이런 형식의 표현 방식을 만든 인물이고, 이런 입장에서 후대의 사람들이 그들 나름의 신앙고백서들을 새롭게 낸 일이(1967년 신앙고백서, WCC의 여러 문서들, 그리고 이에 근거한 고백서들) 많이 있습니다. 이런 입장을 천명하는 분들은 성경은 하나님의 말씀이 아니지만 성령께서 역사하시는 그 순간에 하나님의 말씀이 된다(becomes)는 역동주의적(dynamic)이고 변증법적(dialectical)인 주장을 합니다. 그러므로 그런 사람과 교회들은 성경과 그에 충실하려는 〈벨직 신앙고백서〉와 정통주의 신앙에 충실하지 않은 것이라고 해야 합니다.

2. 66권에 속하는 정경 이외의 소위 외경도 존중하는 천주교회의 입장도 오직 성경의 원리에 어긋나는 것이라고 하지 않을 수 없습니다.

사실 천주교회는 외경을 존귀하게 여길 뿐만 아니라 구전(oral tradition)도 매우 중요하게 여기고, 교황이 교황의 자리에서 공식적으로(ex cathedra) 선언한 것들도 중요시합니다. 그러므로 천주교회는 성경은 존중하기는 하지만 66권에만 이를 한정하지 않고, 하나님의 말씀의 범위를 넓혀 가려는 의도를 가졌다고 할 수 있습니다. 그래서 우리는 천주교회가 이런 입장을 포기하지 않는 한 천주교회를 성경적이며, 정경적인 보편의 교회에 속해 있다고 말할 수 없습니다.

이와 같은 천주교회의 가르침을 받아 왔었으나 그 가르침이 잘못된 것임을 깨닫고 "오직 성경만"(sola Scriptura)이 하나님의 말씀임을 깨닫고 고백한 루터와 칼빈과 그를 따르는 사람들이 진정으로 성경적이고 보편적인 하나의 교회에 속해 있는 것입니다. 이 사람들은 본래 천주교인이었습니다. 그러나 성령님의 인도하심에 따라서 성경적 진리를 향해 나아갔던 것입니다. 〈벨직 신앙고백서〉를 작성한 귀도나 이를 가지고 신앙을 고백한 사람들도 역시 마찬가지였습니다. 16세기 사람들이 자신들의 이전 입장에서 나아가 바른 성경적 입장을 분명히 천명한 것과 같이, 오늘날 천주교인들도 참으로 성경을 공부하고서 이런 바른 진리를 고백하는 데로 나아가야만 합니다. 진정한 신앙은 오직 성경이 가르치는 것을 믿는 것입니다. 그저 이렇게 믿어도 되고, 저렇게 믿어도 다 한 하나님을 믿는 것이라고 할 수 없습니다. 오직 성경에 근거한 것만이 참된 신앙이고, 따라서 성경에 대한 이해에 있어서도 우리는 성경이 말하는 대로 해야 합니다.

3. 66권 정경에 속한 것들 외에 다른 계시가 더 있다고 주장하는 것들은 모두 명백한 이단의 주장입니다. 다시 한 번 더 말한다면, 이런 분들은 성경의 중심적이고 절대적 계시와 연관되는 그보다는 연약하지만 하나님이 계시로 주신 것이 있다는 입장을 말하려고 합니다. 그런 주장을 하는 사람들의 부인에도 불구하고 이런 주장들은 결국 성경의 충족성(the

sufficiency of the Scriptures)을 부인하는 것이며, 성경을 영감하여 주시고
그 성경으로 은혜를 베푸시는 성령님께 온전히 순종하지 않는 것입니다.
그러므로 우리들은 이 문제에 있어서도 성경의 가르침에 온전히 순종해
가야만 합니다.

　　4. 또한 66권의 성경에 대해서 인간적 입장에서 합리주의적 비평
을 하는 것은 있을 수 없는 것입니다. 성경은 하나님의 말씀으로서 그것
이 우리를 검토하고 조사하며(examine) 우리의 문제를 드러내고, 우리를
변화시키는 책이지, 우리가 성경을 검토하여 그 내용을 변경시키고 우리
가 그것을 변형시킬 수 있는 성격의 책이 아닙니다.

정통파 사람들이 주의할 점

그러면 위에서 언급한 네 가지 문제를 드러내지 않고 66권의 정경에 속하
는 책들만이 하나님의 말씀인 성경이라고 믿고 주장하는 분들은 전혀 문
제가 없습니까? 형식적으로는 이와 같이 66권에 속하는 책들만이 성경이
요, 하나님의 말씀이라고 주장하는 분들은 정통주의적 입장, 성경적 입장
을 가진 것이라고 할 수 있습니다. 그러나 이런 입장을 지닌다고 하면서
실질적으로 성경의 가르침을 따르지 않은 것은 결국 죽은 정통주의(dead
orthodoxy)가 되는 것입니다. 참된 정통주의자들은 이 문제를 항상 경계해
왔습니다. 강조하면서 말합니다. 성경을 참으로 존중하는 사람들은 결코
죽은 정통주의자들이 될 수 없습니다.

　　또한 참된 정통주의자들은 성경을 이상하게 해석하여 잘못 제시하
면서 성도들에게 그것이 하나님의 뜻이니 따르라고 할 수 없습니다. 참된
정통주의자들은 무엇보다 먼저 하나님의 말씀인 성경을 바르게 해석하는

일에 힘씁니다. 잘못된 해석을 배제하는 일에 항상 애쓰는 것입니다. 또한 그는 그렇게 바르게 해석된 해석에 자신을 철저히 매고 하나님과 성령님께 순종하려고 합니다.

물론 그렇게 하려고 하는 분들도 항상 모든 것을 100% 정확하게 말하는 것은 아닙니다. 우리는 우리의 지식이 하나님과 같이 모든 것을 다 안대[全知]고 주장하는 것이 아닙니다. 성경의 어떤 것들은 우리가 전혀 알 수 없는 것들도 있습니다. 예를 들어서 히브리서를 누가 썼는지는 정말 누구도 모르는 일입니다. 물론 〈벨직 신앙고백서〉가 말하는 것과 같이 히브리서도 바울의 저작으로 생각하고서 바울의 14서신을 말할 수도 있습니다. 그렇게 말할 수 있는 가능성도 열어 놓아야 합니다. 누가 히브리서를 썼는지 우리는 모르기 때문입니다. 그러나 그것을 확정적인 것으로 보고 절대적으로 그렇게 보아야만 한다고 할 수 있는 것은 아닙니다. 혹시 이런 고백서를 강조하는 분들이 이런 사람들로 나타나거나 항상 그런 주장으로 하는 사람들로 여겨지지 않을 수 있기를 원합니다.

부디 바라기는 성경을 읽고 이 글을 읽는 우리들 모두가 정경에 속하는 66권만을 하나님의 말씀으로 받아들이고,[1] 그 안에 포함된 **모든 것을 의심 없이** 받아들이기를 원합니다.[2] 그런 입장에서 우리들은 성경을 잘 공부하여, 그 가르침에 따라서 우리를 변화시키고 그에 순종해 가는 참된 "성경의 사람들"(the people of the Book)이 되었으면 합니다.

---

1 제5항 성경의 권위 앞부분에서 이를 아주 명확히 하고 있습니다. "우리들은 이 책들, 오직 이 책들만을 거룩하고 정경으로 받아들여서 우리의 신앙을 규례하고 토대를 놓으며 수립하는 것으로 여깁니다."(We receive all these books and these only as holy and canonical, for the regulating, founding, and establishing of our faith.)

2 Cf. 제5항: "And we believe *without a doubt all things contained in them.*" (강조점은 덧붙인 것임).

제 8 강

정경에 속한 책들과 외경의 차이, 그리고 성경의 충족성

〈벨직 신앙고백서〉 6항: 정경에 속한 책들과 외경의 차이

제4항에 일일이 나열된 정경에 속한 66권의 책들과 그 외의 책들은 전혀 다른 성격을 가지고 있습니다. 정경에 속하는 책들만이 성령으로 영감된 권위 있는 하나님의 말씀입니다. 그러나 에스드라 3, 4서, 토빗서, 유디트서, 솔로몬의 지혜서, 시락서, 바룩서, 에스더에 덧붙여진 글들, 용광로에 던져진 세 젊은이들의 찬송, 수산나 이야기, 벨과 용의 이야기, 므낫세의 기도, 마카비 1, 2서 등은 영감된 하나님의 말씀이 아니라고 〈벨직 신앙고백서〉 제6항은 단언합니다. 흔히 외경이라고 불리는 이런 책들은 성경이 아니라고 명백히 선언하는 것입니다. 천주교회에서는 오랫동안 이들 책들도 성경으로 취급해 왔기에 이런 강한 선언을 하는 것입니다. 사실 〈벨직 신앙고백서〉의 다른 책들의 목록은 천주교회에서 소위 제2의 정경이라고 하면서 언급하는 책들(즉, 토빗서, 유디트, 다니엘서 일부[아자르야의 노래, 세 젊은이의 노래, 다니엘이 수산나를 구한 이야기(13:1-64), 벨 신상과 큰 뱀(14:1-42)], 에스테르 일부[모르드개의 꿈(1장 앞의 18절), 유대인들을 몰살시키라는 크세르크세스 1세의 칙령(3:13-4절 사이 7절), 모르드개가 에스더에게 전한 말(4:8과 9절 사이 3절), 모르드개와 에스더의 기도(4:17절과 5:1 사이 29절), 에스더가 크세르크세스 1

세 임금을 배알하게 됨[5:1과 2절 사이 9절과 5:2절과 3절 사이 4절], 유대인의 복권에 관한 크세르크세스 1세의 칙령[8장 12절과 13절 사이 24절], 9장 19절과 20절 사이에 1절, 모르드개가 꾼 꿈의 해석[10:3 뒤에 11절]), 바룩서, 예레미야의 편지[천주교 성경 기준 바룩서 6장], (시락의 아들 예수의) 집회서, 지혜서, 마카비 1, 2서) 외에 다른 책들을 더 포함하고 있습니다. 그리스 정교회에서는 이것들을 포함시키며 그 외에도 〈마카비 3권〉과 (그리스어 에스라 상권과 고대 슬라브어 에스라 하권이라 불리는) 〈에스라 3권〉 등 두 권을 더 언급합니다.[1] 정교회에서도 제2의 정경에 과연 속하는가가 논쟁거리가 되는 므낫세의 기도가 외경에 언급되고 있는 것이 흥미롭습니다.

이런 외경에 속하는 책들에 대해서 〈벨직 신앙고백서〉는 모든 개신교도들과 함께 성도들이 이런 책을 읽고 그 내용 중 정경과 일치하는 것에 대해서는 배울 수 있다고 합니다.[2] 그러나 정경에 일치하는 것에서 배운다고 하는 것이기에 이는 결국 정경에서 배운다는 뜻이지, 우리가 외경으로부터도 배울 수 있다는 것은 아님에 유의해야 합니다.

그리고 외경으로부터는 우리의 신앙의 어떤 요점을 확증할 수 있는 능력과 권위를 외경이 가지지 못한다는 것을 아주 분명히 천명합니다.[3] 그러므로 외경에 근거해서 어떤 신학적 논의를 할 수 있지 않습니다. 또한 외경에 진술된 것의 역사적 사실성을 주장할 이유가 없습니다. 결과적으로 보면 외경은 우리에게 아무런 유익이 없는 것이고, 이런 것들을 덧붙임으로 정경의 권위를 산란시킬 위험성만 있을 뿐입니다. 우리에게는 오직 정경만이 중요하며, 정경만이 권위를 가집니다.

---

[1] Cf. Thomas Römer et al., *Introduction l'Ancien Testament*, 제2권, 뢰머 외, 『구약성경 입문』 (수원: 가톨릭대학교출판부 2019), 378.

[2] 〈벨직 신앙고백서〉, 제6항 중에서: "The church may certainly read these books and learn from them *as far as they agree with the canonical books*."(강조점을 덧붙인 것임).

[3] 〈벨직 신앙고백서〉, 제6항 중에서: "But they do not have such power and virtue that one could confirm from their testimony any point of faith or of the Christian religion."

〈벨직 신앙고백서〉 7항: 성경의 충족성

이 정경에 속한 책들이 하나님의 뜻과 우리가 구원받기 위해 알아야 할 모든 것을 충분히 가르치고 있다고 믿는 것이 성경의 충족성을 믿는 것입니다. 이는 또한 하나님께서 우리에게 요구하시는 모든 섬김의 방식(the entire manner of service)이 성경에 충분히 가르쳐지고 있다고 믿는 것입니다. 그래서 그 어떤 사도나 심지어 하늘로부터 온 천사라도(갈 1:8) 성경에서 이미 우리에게 가르치고 있는 것 외의 그 어떤 다른 것을 가르칠 필요가 없습니다. "하나님의 말씀에 무엇을 더하거나 빼는 것이 금하여져 있기에(신 12:32; 계 22:18-19) 성경의 가르침은 완전하며, 모든 점에서 온전하다는 것이 분명히 드러나게 됩니다."

그러므로 우리들은 "그 어떤 사람의 글이 그 저자가 아무리 거룩하다 할지라도 (성경의) 신적인 글들과 동등할 수 없다"고 단언합니다.4 또한 "우리는 하나님의 진리 위에 관습이나, 대다수의 의견이나, 사람의 나이나 고대성이나 공의회나 칙령이나 공식적 결정도 놓을 수 없습니다."5 왜냐하면 "진리는 모든 것 위에 있기 때문입니다."6 또한 "인간들은 타락 이후 본성상 거짓말쟁이고, 헛된 것보다 더 헛되기" 때문입니다.7

그러므로 우리들은 성경이라는 이 무오한 법칙(this infallible rule)

---

4 〈벨직 신앙고백서〉, 제7항 중에서: "Therefore we must not consider human writings—no matter how holy their authors may have been—equal to the divine writings."

5 〈벨직 신앙고백서〉, 제7항 중에서: "nor may we put custom, nor the majority, nor age, nor the passage of times or persons, nor councils, decrees, or official decisions above the truth of God."

6 〈벨직 신앙고백서〉, 제7항 중에서: "for truth is above everything else."

7 이를 표현하는 〈벨직 신앙고백서〉, 제7항의 표현은 아주 흥미롭습니다: "more vain than vanity itself."

과 일치하지 않는 모든 것을 전심으로 거부합니다. "영이 하나님으로부터 온 것인지를 분별하라"고 사도가 가르쳤고(요일 4:1), "누구든지 이 교훈을 가지지 않고 너희에게 나아가거든 그를 집에 들이지도 말고 인사도 하지 말라"고(요이 10) 가르치셨기 때문입니다.

성경은 그 자체로 온전하고 우리가 필요로 하는 모든 것을 가지고 있습니다. 그러므로 하나님에 대해서 믿어야 할 모든 것과 그를 섬기기에 필요한 모든 것을 우리는 오직 성경에서만 이끌어내며, 성경이 가르치지 않는 것은 따르지 말아야 합니다. 이것이 성경의 충족성을 믿는 방식입니다. 〈벨직 신앙고백서〉의 모든 진술 내용과 바른 기독교 교리의 모든 것은 오직 성경으로부터만 나온 것입니다. 성경에 근거하지 않는 모든 것을 우리가 다 배격하는 이유가 바로 여기에 있습니다. 우리들은 성경에만 근거하려고 합니다.

제 2 부

삼위일체 하나님과
삼위일체 하나님의 사역

제 9 강   삼위일체 하나님

제 10 강   삼위일체에 대한 성경의 증언

제 11 강   예수 그리스도의 신성을 참으로 믿습니까?

제 12 강   성령님의 신성을 믿습니까?

제 13 강   창조를 믿습니까?

제 14 강   하나님의 섭리를 믿습니까?

제 15 강   섭리에 대해서 생각할 때의 바른 태도

제 16 강   섭리에 대한 바른 이해의 유익

제 9 강

삼위일체 하나님

성경으로부터 우리 하나님이 삼위일체 하나님이심을 배웁니다. 그 내용을 요약해서 〈벨직 신앙고백서〉 제8항에서 다음과 같이 고백합니다.

> 이 진리와 하나님의 말씀에 따라서 우리는 한 하나님을 믿습니다. 즉, 한 본질을 가진, 실재로, 참으로, 그리고 영원히, 비공유적 특성들에 따라 구별되는, 세 위격, 즉 성부와 성자와 성령이신 한 하나님을 믿습니다. 성부께서는 보이는 것들과 보이지 않는 모든 것들의 원인이요. 기원이며, 원천이십니다. 성자께서는 말씀이요, 지혜요, 성부의 형상이십니다. 성령님은 성부와 성자로부터 영원히 나오시는 영원하신 능력과 강력(the eternal power and might)이십니다.
>
> 그럼에도 이 구별들이 하나님을 세 분으로 나누는 것은 아닙니다. 왜냐하면 성부와 성자와 성령께서 각기 독특한 특성으로 나름의 위격(his own subsistence)을 가지시지만, 이 삼위(these three persons)가 오직 한 하나님(only one God)이시라고 성경이 우리에게 가르쳐주고 있기 때문입니다.
>
> 성부께서는 성자가 아니시고, 성자께서는 성부가 아니시며, 또한 성령께서는 성부와 성자가 아니신 것은 분명합니다.
>
> 그럼에도 삼위(三位)는 서로 구별되지만(distinct), 나뉘거나(divided) 합하여 하나가 되거나(fused) 혼합되지(mixed together) 않습니다.

성부께서 성육신하신 것이 아니시고 성령께서 성육신하신 것도 아니시며, 오직 성자께서만 성육신하셨기 때문입니다.

성부께서는 한 번도 성자가 없이 계신 적이 없고, 또한 성령님과 함께 계시지 않은 때가 없으니, 삼위는 영원부터 하나의 같은 본질(one and the same essence)을 가진 동등한 위격들이기 때문입니다.

삼위(三位) 안에서는 누가 첫째고 누가 마지막이고 하는 것이 없으니, 삼위는 참되심과 능력에서, 선하심과 자비에서 하나이시기 때문입니다.

〈벨직 신앙고백서〉 8항은 삼위일체에 대한 믿음을 고백합니다. 성경을 참으로 믿는 사람들은 삼위일체 하나님을 믿는 것이 마땅합니다. 기독교 유신론(Christian theism)은 하나님을 삼위일체 하나님으로 믿는 것입니다. 하나님을 바르게 믿는 것은 우리가 섬기는 하나님께서 삼위일체 하나님이라고 믿는 것입니다. 오늘날 삼위일체에 대한 생각이 많이 모호해졌습니다. 이 세상은 물론이거니와 대부분의 교회들의 성도들조차도 과연 삼위일체가 무엇인지에 대해서 잘 모르거나, 그저 모호한 이해를 가지고 있습니다. 이것은 신약교회가 처음 시작되었을 때나 종교개혁으로 교회가 하나님의 말씀을 따라서 자신들이 믿는 바가 무엇인지를 명확히 하려고 하던 때와는 상당히 다른 현상입니다. 교회가 정신을 차리고 있을 때는 우리들의 믿음의 대상인 하나님께서 과연 삼위일체 하나님이심을 잘 의식하였는데, 교회가 정신을 차리지 않으면 몽롱한 가운데서 삼위일체 하나님에 대한 명확한 개념을 가지지 않게 되고, 그 결과 결국 삼위일체를 믿지 않는 배도(背道)의 길로 가는 경우도 있었습니다.

그러므로 아주 모호한 상태에 있는 오늘날의 교회들도 이 모호한 상태에 계속 있지 않기 위해서, 그리하여 결국 배도하지 않기 위해서 우리가 섬기는 하나님이 어떤 하나님이신지를 정확히 알려고 해야 합니다.

삼위일체 이해의 출발점

기본적으로 성경을 참으로 믿고, 하나님의 말씀으로 받아들여야 바른 교회입니다. 그렇게 하나님의 말씀으로 받아들인 성경의 가르침에 의하면 하나님께서는 오직 하나이신 분이십니다(신 6:4; 고전 8:4 참조).

그런데 예수님께서 이 세상에 오셨을 때 그를 만난 분들은 그 예수님께서 사람으로 오셨지만 동시에 하나님이시라고 고백하였고, 성경은 일치하여 예수님의 신성을 아주 명백히 합니다(요 1:1, 14, 18, 3:16, 18, 5:18-25, 10:36, 20:28; 롬 9:5; 고후 4:4; 갈 4:4.; 빌 2:6; 골 1:15; 딤전 3:16; 딛 2:13; 히 1:1-4; 요일 4:9, 5:20 등). 예수님을 그저 사람이라고만 생각하는 것은 기독교가 아닙니다. 그는 분명히 참된 인간성을 취하셨지만, 동시에 참된 신성을 가진 분이라고 믿는 것이 기독교를 믿는 것입니다.

그런데 이렇게 예수님을 바로 믿을 때, 우리들은 동시에 예수님께서 언급하신 성령님도 믿어야 합니다. 예수님께서 성부로부터 보내실 성령님을 말씀하셨으니(요 15:26), 성자와는 구별된 성령님을 믿어야 합니다. 그런데 그 성령님께서도 온전한 신성을 가졌음을 성경이 증언합니다(마 28:19; 행 5:3, 4; 롬 8:11, 9:1, 15:19; 고전 2:10, 11, 3:16, 12:11; 고후 13:13; 딤후 3:16; 딛 3:5; 히 9:14). 여기까지를 인정하는 것도 어렵지만, 성경을 바로 믿기만 하면 여기까지는 누구나 인정할 수 있습니다. 삼위일체 하나님에 대한 이해는 여기서부터 시작합니다.

삼위일체에 대한 이단들의 오해

성부와 성자와 성령님을 생각하면서 잘못 생각하면 이단이 됩니다. 우선 성자와 성령 하나님께서 참 하나님이 아니시라고, 즉 성부께서만 하나님이 시라고 생각하는 것은 유대교나 이슬람교 같은 타종교이거나 16세기에 시작된 소시니안주의(Socinianism)나 19세기에 시작된 성부 단일주의(unitarian) 의 이단입니다. 예수님은 인간이신데 로고스가 그 안에게 역사하였다고 말하던 역동적 군주론(Dynamic Monarchianism)도 역시 이단입니다.

또한 성부, 성자, 성령님을 믿되, 하나님은 세 분이시라고 생각하거나 말하는 삼신론도 명백한 이단입니다. 성경은 하나님께서 한 분이시라고 명백히 말하고 있기 때문입니다. 아주 명료한 삼신론은 아니지만 삼신론적 정향을 향해 나가는 생각도 해서는 안 됩니다.

성자의 온전한 하나님이심을 생각하지 않고, 성자는 조금 못하신 하나님, 심지어 피조된 하나님이라고 생각하는 4세기 알렉산드리아에서 활동했던 아리우스(Arius, 250 or 256-336)를 따르던 아리우스주의(Arianism) 도 역시 이단입니다. 그런 생각에서 아리우스주의자들은 성자께 기도하면 안 된다는 아주 이상한 생각도 하였습니다.

성부와 성자와 성령님의 하나이심을 강조하다가 구약 시대의 성부께서 성육신하신 분이 성자이시고, 그가 하늘로 오르시면서 다시 오신 분이 성령님이라는, 그러므로 성부가 성자고 성자가 성령이시라고 주장하는 양태론(Modalism)도 이단입니다. 215년경에 리비야와 아마 로마에서도 융성하게 활동했던 사벨리우스(Sabellius)만 이런 생각을 한 것이 아닙니다. 오늘날에는 삼위일체를 쉽게 설명한다고 하면서 양태론적인 설명을 하는 일이 우리들 주변에도 많이 있습니다. 한 분이 교회에서는 목사님이고, 학교에서는 교수님이고, 가정에서는 아버지인 것과 같이, 하나님이 성부이시고, 성자이시고, 성령님이시라는 설명이 그런 예입니다. 또한 물의 분자 구조를 가지고, 물질의 삼태에서 양태가 다르나 다 같은 분자 구조를 가지고 있듯이, 성부, 성자, 성령은 다르게 나타나지만 다 같은 본질을 가졌다고 설명하는 것이 이런 양태론적인 설명입니다. 이것이 이단적 가르침이라는 것을 알면 교회들에서 이런 예를 들지 않을 것입니다.

성경적인 삼위일체 이해

이런 이단적 생각들을 다 배제하고 성경의 가르침에 충실하게 하나님을 믿는 것이 삼위일체 하나님을 믿는 것입니다. 그러므로 성부와 성자와 성령님께서 (1) 한 본질(one and the same essence)을 가지신 한 하나님이심을 아주 분명히 하면서, 동시에 (2) 성부, 성자, 성령의 구별(distinction)을 분명히 하는 것이 중요합니다. 이를 명백히 하려면, 성부와 성령님께서는 성육신하지 않으셨고, 오직 성자께서만 성육신하셨다는 사실을 유념하는 것이 좋습니다. 또한 성자께서 성육신하여 이 땅에 계실 때 이스라엘 백성과 자신을 동일시하시면서 세례 요한에게 나아가 세례를 받고서 물에서 올라오실 때에 "하늘이 열리고 **하나님의 성령**이 비둘기 같이 내려 자기 위에 임하심을 보시더니, 하늘로부터 소리가 있어 말씀하시되 '이는 내 사랑하는 아들이요, 내 기뻐하는 자라' 하시니라"(마 3:16-17)는 정황을 생각하면 도움이 됩니다. 여기 한 장면에 이 땅에 계신 성자와 그 위에 임하신 성령님과 말씀하시는 성부가 나타나고 있습니다. 성부가 곧 성자이고, 그가 곧 성령이라고 말하려는 양태론의 주장이 옳지 않음을 잘 드러내는 것입니다. 그러므로 우리는 동일한 본질을 지니신 성부, 성자, 성령님의 구별되심(distinction)을 분명히 말해야 합니다. 성부께서는 성자가 아니시고, 성자께서는 성부가 아니시며, 또한 성령께서는 성부와 성자가 아니십니다.

이 삼위(三位)는 합하여 하나가 되시거나(fused) 혼합되실 수(mixed together) 있는 것도 아닙니다. 성부와 성자와 성령님은 각기 다른 독특성을 지니고 영원히 구별되는 존재들(subsistence)이시나, 하나의 동일한 본질(one and the same essence)을 가지신 것입니다. 그러므로 성자가 성부에게 종속하시거나 성령이 성자에게 종속하지 않으시고 영원히 동등하십니다. 이 세상에서 사역을 하실 때 성자께서 성부에게 죽기까지 복종하셨으나 그것은 성자가 본질상 성부에게 종속적이어서 그렇게 하신 것이 아니라, 동등하신 성자께서 구원 사역을 이루기 위해 겸손히 죽기까지 복종하신 것입니다. 그래서 "위격상의 동등하심과 사역상의 순종"이라는 말을 기억해 놓으면 좋습니다. 여기 참된 겸손이 드러납니다. 성부와 동등하신 분이 죽기까지 복종하신 것이야말로 참된 겸손이 무엇인지를 드러내는 것입니다.

다시 강조합니다. 성부와 성자와 성령님께서 (1) 한 본질(one and the same essence)을 가지신 한 하나님이심을 아주 분명히 하면서, 동시에 (2) 성부, 성자, 성령의 구별(distinction)을 분명히 하는 것이 중요합니다. 이 두 가지를 동시에 믿는 것이 우리가 섬기는 하나님께서 삼위일체 하나님이시라고 믿는 것입니다. 매번 이 복잡한 말을 반복하는 대신에 그것을 간단히 "삼위일체 하나님"이라고 표현하는 것입니다.

삼위일체 하나님을 믿는다는 것의 실천적 의미

하나님께서 삼위일체 하나님이심을 믿는 것은 우리에게 어떤 실천적 요구를 합니까? 다음 세 가지를 제대로 해야 참으로 삼위일체 하나님을 믿는 것이라고 할 수 있습니다.

첫째로, 우리는 누구에게 예배하고, 누구를 찬양합니까? 이때 아주 명확히 삼위일체 하나님께 예배한다고 생각하고, 실제로 삼위일체 하나님께 예배하고 삼위일체 하나님을 찬양해야 합니다. 물론 계속해서 그것이 과연 무엇인지를 탐구해 나가는 일이 필요합니다. 그러나 일단 모호하게 "하나님, 주님"께 예배한다고 생각하는 것으로부터 참으로 삼위일체 하나님께 경배한다는 의식을 가지는 것이 필요합니다. 이전 시대에 작사된 삼위일체 하나님을 명시하던 찬양을 많이 하는 것이 좋고, 오늘날 우리들도 삼위일체 하나님을 불러 아뢰는 찬양을 많이 만들어야 합니다.

둘째로, 기도할 때 누구에게 합니까? 삼위일체 하나님께 기도해야 합니다. 성부, 성자, 성령으로 계시는 삼위일체 하나님을 불러 기도할 수도 있고, 성부나 성자나 성령님께 기도할 수도 있습니다. 성자나 성령님께 기도하면 안 된다는 생각이나 가르침은 이단적입니다. 항상 기도하여 삼위일체 하나님과 더 깊이 교제해야 합니다.

셋째로, 일상생활에서 하나님께서 함께하심을 늘 맛보아 가는지요? 우리에게 주어진 성령님이 "영원히 함께"하신다고 했으니(요 14:16) 이를 믿어야 하고, 예수님께서 "항상 함께하신다"고 했으니(마 28:20) 이것도 확실히 믿어야 합니다. 더 나아가서, 예수님께서 "사람이 나를 사랑하면 내 말을 지키리니 내 아버지께서 그를 사랑하실 것이요 우리가 그에게 가서 거처를 그와 함께하리라"(요 14:23)고 하신 말씀에 근거해서 성부께서도 우리와 항상 함께하심을 믿어야 합니다. 예수님을 믿는다는 것은 이렇게 항상 삼위일체 하나님과 함께 사는 것입니다. 삼위일체는 추상적 교리가 아닙니다. 우리의 삶에 함께하시는 삼위일체 하나님과의 교제와 함께 사는 역동적 사실을 증언하는 것입니다. 부디 우리가 이렇게 삼위일체 하나님을 바르게 믿는 바른 그리스도인이기를 바랍니다.

제 10 강

삼위일체에 대한 성경의 증언

성경에 근거해서 우리 하나님께서 삼위일체 하나님이심을 제8항에서 고백한 후에 〈벨직 신앙고백서〉는 아주 길게 우리가 어떻게 하나님이 삼위일체이심을 알고 고백하게 되었는지를 다시 길게 상술하면서 역사의 과정을 살피면서 하나님에 대해서 오해한 이단들을 일일이 언급하면서 그런 이단들을 성경에 근거해서 배격한다고 아주 상세하게 언급하고 있습니다(제9항). 〈벨직 신앙고백서〉에서 아주 길게 진술된 이 제9항은 하나님에 대해서 성경으로부터 가르침을 받고, 각 위의 작용으로 우리 하나님이 삼위일체이심을 고백하고 있음을 분명히 하면서, 동시에 이렇게 구체적으로 성경의 가르침을 받지 않는 것이 이단임을 구체적으로 드러내는 것입니다. 먼저 9항을 살펴보도록 하겠습니다.

> (삼위일체 하나님에 대한) 이 모든 것들을 우리들은 성경의 증언들로부터, 그리고 (성부 하나님, 성자 하나님, 그리고 성령 하나님) 각 위격의 영향력들, 특히 우리들 안에서 우리가 느끼는 것으로부터 알게 됩니다.
> 우리들에게 이 거룩한 삼위일체를 믿도록 가르치는 성경의 증언들은 구약의 여러 부분들에 기록되어 있어서 열거되기만 할 뿐 아니라 조심성 있게(with discretion) 선택되어져야 합니다.
> 창세기에서 하나님께서는 "우리가 우리의 형상을 따라 우리 모양대로 사람을 만들자"고 하시고, "보라! 이 사람이 우리 중의 하나와 같이 되었으

니"라고 하셨습니다.

이로부터 신성에 위격의 복수성(a plurality of persons)이 있음이 나타납니다. "우리가 우리의 형상대로 사람을 만들자"고 할 때에 위격의 복수성이 나타나는 것으로 보이며, 그 후에 "하나님께서 창조하시니라"고 단수로 말씀하실 때 하나님의 하나이심이 시사되는 것입니다.

여기서 그 복수가 몇이신지가 언급되지 않은 것은 사실이나, 구약에서는 우리에게 좀 불명료한 것이(somewhat obscure to us) 신약에서는 아주 분명히 나타납니다.

우리 주님께서 요단강에서 세례받으실 때에 "이는 내 사랑하는 아들이니"라는 성부의 음성이 들려 왔으며, 그때 성자께서는 물 가운데 서 계셨고, 성령님께서는 비둘기의 형체로 나타나셨습니다.

그리고 모든 신자들이 세례받을 때에 다음과 같은 양식을 사용하여 세례를 주고받으라고 우리 주님께서 규정하셨습니다. "모든 사람들에게 아버지의, 아들의, 그리고 성령의 이름으로 세례를 주라."

또한 누가복음서에 의하면 가브리엘 천사는 우리 주님의 어머니이신 마리아에게 다음과 같이 말하였습니다. "성령이 네게 임하시고 지극히 높으신 이의 능력이 너를 덮으리니 이러므로 나실 바 거룩한 자는 하나님의 아들이라 일컬으리라."

신약의 또 다른 곳에서는 이렇게 말합니다. "주 예수 그리스도의 은혜와 하나님의 사랑과 성령의 교통하심이 너희 무리와 함께 있을지어다."

또 다른 곳에서는 "하늘에서 증거하는 이가 셋이니, 아버지와 말씀과 성령이니, 이 셋은 하나니라"고 하기도 합니다.

이 모든 구절들은 "하나의 유일하신 신적 본질을 가진 삼위가 계신다"(three persons in the one and only divine essence)고 온전하고도 충분히 가르치고 있습니다. 비록 이 교리가 인간의 이해를 넘어서는 것이기는 하지만, 하늘에서 이를 더 온전히 알고 즐길 것을 기다리면서 우리는 말씀을 통해서 지금도 삼위일체를 믿습니다.

더 나아가서, 우리들은 우리들과 관련한 삼위의 독특한 사역들과 활동들을 주목해야만 합니다. 그래서 성부 하나님은 그의 능력 때문에 창조주라고 불리고, 성자 하나님은 그의 (구속의 피) 때문에 우리의 구주

(Savior)와 구속주(Redeemer)라고 불리며, 성령님은 우리의 심령 안에 거하심 때문에 우리를 성화시키시는 분(our Sanctifier)이라고 불리는 것입니다.

이 삼위일체 교리는 사도들의 시대로부터 오늘날에 이르기까지 유대인들과 이슬람교도들과 어떤 잘못된 그리스도인들과 이단자들에 반해서 참된 교회에서는 항상 주장되었습니다. 마르시온(Marcion)과 마니(Mani)와 프락세아스(Praxeas)와 사벨리우스(Sabellius)와 사모사타의 바울(Paul of Samosata)과 아리우스(Arius)와 거룩한 교부들에 의해서 옳게 정죄된 그와 같은 이단자들에 반대해서 말입니다.

그래서 이 문제에 대해서 우리들은 세 가지 공교회의 신조들인 사도 신경과 니케아 신경과 아타나시우스 신경과 함께 옛 교부들이 이 신조들에 동의하면서 결정했던 것을 기꺼이 받아들입니다.

1 창 1:26-27
2 창 3:22
3 마 3:17
4 마 28:19
5 눅 1:35
6 고후 13:13
7 요일 5:7-8(KJV)

우리들이 삼위일체 하나님을 믿는 이유의 첫째로는 하나님의 말씀인 성경이 삼위일체 하나님을 증언하고 있기 때문입니다. 성경에서 자증(自證)하시는 하나님은 당신님께서 삼위일체 하나님이시라고 스스로 강력하게 증언하십니다. 만일에 성경에서 하나님에 대해서 다르게 말한다면 우리는 하나님에 대해서 성경이 말하는 대로 다르게 믿어야 합니다. 중요한 것은 성경이 말하는 대로 하나님을 믿어야 한다는 것입니다. 여기서 우리가 어떤 것에 대해서 말하는 기본적인 원리가 나타납니다. 참된 그리스도인들은 무엇이든지 성경이 가르치는 대로 배우고 그대로 믿는 사람들이라는 큰 원리 말입니다. 성경에 대해서도 성경이 무엇이라고 말하는지가 우리의 지식과 믿음의 원천이었던 것처럼 우리 하나님에 대한 우리의 지식도 성경이 말하는 것에서 올 수밖에 없습니다. 성경이 말하는 하나님이 우리의 하나님이십니다.

그런데 참된 그리스도인들은 어느 시대에나 성경에서 증언되고 있는 그 하나님이 동시에 이 세상과 특히 우리 안에서 역사하고 계신 분이시라는 것을 알고 느끼고 고백해왔습니다. 그리고 늘 순서는 먼저 성경으로부터, 그리고 이 세상에 나타난 하나님의 사역으로부터 알게 된다는 것이었습니다. 이런 식으로 생각하는 것이 바른 것입니다. 그래서 성경에서 배운 것이 우리의 경험에서 확증되는 것입니다. 성경에서 삼위 하나님을 배운 후에 성자께서 우리에게 미치는 영향이나 성령님께서 우리에게 미치는 영향으로 과연 성자께서도 하나님이시며, 성령님께서도 하나님이심을 확증 받게 됩니다. 그러나 이런 것은 뒤 따라 나오는 것이고, 일차적인 것은 언제나 성경이 가르치는 증언입니다.

성경의 가르침에 의하면 성부와 성자와 성령이 구별되시지만 이 삼위가 결국 한 하나님이시라고 했으니 우리에게는 어떻게 한 하나님께서 성부, 성자, 성령으로 존재하시는지를 성경에 근거해서 배워 가야 합니다.

계시의 점진성을 인정하는 〈벨직 신앙고백서〉 진술의 장점

하나님께서 구약 시대에도 당신님께서 삼위일체이심을 드러내셨다는 것을 분명히 하면서 그러나 신약의 더 밝은 계시와 비교하면서 "구약에서는 우리에게 좀 불명료한 것이(somewhat obscure to us) 신약에서는 아주 분명히 나타납니다."고 말하고 있는 이 놀라운 이해를 유념해 보아야 합니다. 구약 계시와 신약 계시의 연속성과 유기성을 분명히 하면서도 신약 계시의 종국성과 더 명료한 성격을 잘 드러내고 있는 것입니다. 20세기 초에 이르러서야 이런 생각을 더 명료히 하는 현상들을 보면 16세기 중반에 이렇게 성경신학적 사유를 하면서 잘 진술한 것이 놀라울 뿐입니다.

구약 시대에도 하나님 안에 복수성이 있다는 것을 여러 곳에서 시사(示唆)하고 있기에 구약의 여러 부분들으로부터 "열거되기만 할 뿐 아니라 조심성 있게(with discretion) 선택되어져야 합니다."고 말하는 데서도 계시사(啓示史, historia revelationis)를 의식하면서 주어진 계시를 조심스럽게 다루려는 태도가 나타나고 있습니다. 그리하여 예를 들어서, 창세기 1:26에 언급된 "우리"라는 말 같은 데서 하나님의 위격의 복수성이 나타나고 있으나 아직 그 복수가 몇인지를 명확히 나타나 있지 않는데 신약에서 밝히 드러나 있다고 하는 데서 계시의 점진성을 잘 의식함이 나타납니다. 더구나 "비록 이 교리가 인간의 이해를 넘어서는 것이기는 하지만, 하늘에서 이를 더 온전히 알고 즐길 것을 기다리면서 우리는 말씀을 통해서 지금도 삼위일체를 믿습니다."라고 고백하는 데서 주께서 주신 계시는 명료하지만 지금 우리는 이를 부분적으로만 알 수 있어도 우리는 지금도 계시에 근거해서 삼위일체 하나님을 믿고 고백하면서 후에 하늘(heaven)에서 이를 더 온전히 알고 즐길 것이라고 하는 데서 심지어 계시에 대한 인식도 점진적으로 있게 된다는 것을 더 분명히 알게 됩니다.

신약의 밝은 계시에 나타난 삼위일체 하나님

특히 성령께서 마리아에게 임하시고 지극히 높으신 이의 능력이 마리아를 덮으셔서 일어난 독특한 성육신 방식에 대한 언급(눅 1:35), 예수님께서 세례받고 물에서 올라오실 때에 성부의 음성과 성령의 현현 모습, 세례를 베풀 때 성부의, 성자의 그리고 성령의 이름으로 세례를 베풀라고 하신 독특한 표현(마 28:19), 축도의 말씀에 나타난 명백한 삼위에 대한 언급(고후 13:13) 등에 근거해서 "하나의 유일하신 신적 본질을 가진 삼위가 계신다"(three persons in the one and only divine essence)고 고백하며, 성경이 이에 대해서 "온전하고도 충분히 가르치고 있다"고 잘 고백합니다. 그러므로 우리들도 오직 성경의 가르침에 따라서 하나님의 유일하신 한 본질을 분명히 의식하면서 한 하나님을 말하고, 그런 본질을 가진 성부, 성자, 성령님을 말하여 하나님의 독특한 존재를 바로 인식하고 고백해야 합니다.

이때 요한일서 5:8에 대한 다른 사본 상의 기록에 의지하여 "하늘에서 증거하는 이가 셋이니, 아버지와 말씀과 성령이니, 이 셋은 하나니라"고 말하는 것은 이전 시대에 많이 행해진 것이고, 심지어 흠정역(KJV)의 번역도 이런 사본 상의 증거를 따르고 있지만 이것은 상당히 아쉬운 부분입니다. 그러나 아직 우리와 같이 많은 사본 상의 증거를 비교하며 확정된 본문을 가지기 전의 상황이었다는 것을 염두에 두어야 합니다. 오늘날은 우리 말 성경이 잘 번역한 대로 "성령과 물과 피라. 또한 이 셋은 합하여 하나이니라"라고 번역하는 것이 좋다는 것을 일반적으로 인정합니다.[1] 그렇다면 이 구절은 삼위일체에 대한 구절은 아닌 것입니다.

이단들에 대한 배격

〈벨직 신앙고백서〉는 삼위일체에 대한 성경적 견해를 잘 언급한 후에 우

---

1 이에 대해서는 헤르만 바빙크, 『개혁주의 신론』 (서울: CLC, 1987), 388-89를 보십시오.

리가 반대하는 이단자들을 열거합니다. (1) 마르시온(Marcion)과 (2) 마니 (Mani)와 (3) 프락세아스(Praxeas)와 (4) 사벨리우스(Sabellius)와 (5) 사모사타의 바울(Paul of Samosata)과 (6) 아리우스(Arius)와 (7) 거룩한 교부들에 의해서 옳게 정죄된 그와 같은 이단자들.

성도들이 이 신앙을 고백할 때 이런 이단자들을 꼭 알아야 하느냐고 질문할 수도 있습니다. 16세기 중반 우리의 선배들은 여기 언급한 사람들이 무엇을 어떻게 잘못 주장하는지는 알고 우리도 그들을 배격해야 할 것을 염두에 두면서 이렇게 고백했다고 해야 할 것입니다.

(1) 마르시온은 구약의 하나님과 신약의 하나님을 서로 다른 하나님이라고 하고, 특히 바울 서신 일부와 누가복음의 일부만을 인정하면서 자신이 생각하는 하나님을 제시하면서 계시를 제대로 받아들이지 않으니 이단입니다.

(2) 마니는 한때 어거스틴이 그의 가르침에 빠졌다가 다시 기독교로 와서 유명해진 이단의 교주로 영을 중요시하면서 인간의 몸 때문에 죄가 있게 된다고 가르친 영육 이원론을 주장하는 이단을 가르친 사람이었습니다.

(3) 프락세아스는 양태론 이단의 선구자의 한 사람으로 삼위일체에 대한 양태론적인 모든 표현의 선구자입니다.

(4) 사벨리우스는 양태론을 구체적으로 표현하면서 "아들-아버지"(휘오-파테르)라는 표현도 쓰면서, 한 하나님이 처음에는 입법자, 그 후에는 구속자, 그리고 생명을 주시는 이로 나타났다고 주장하고, 하나님 안에 생성의 과정이 있으며 그의 존재의 계시에 역사적 과정이 있다고 하면서 양태론을 제시한 전형적 이단입니다.

(5) 사모사타의 바울은 온전한 사람이신 예수께서 세례받을 때에

하나님의 신 또는 로고스가 그에게 임하였다가 십자가에서 죽기 직전에 그를 떠나갔다고 하여 십자가에서 죽은 것은 오직 인간 예수라고 하면서 후에 다양한 이단의 토대가 되는 주장을 한 사모사타의 감독으로 이단입니다.

(6) 아리우스는 삼위일체론과 관련한 가장 전형적 이단으로 "성자가 아직 있지 않았던 때가 있었다"고 주장하면서, 성자는 창조된 하나님이요, 예배와 기도의 대상이 아니라고 주장한 전형적 이단입니다.

(7) 그 외의 이단은 정통적 견해를 성경을 따라서 말하지 않는 모든 견해들입니다. 그러므로 〈벨직 신앙고백서〉에서 세 가지 공교회의 신조들이라고 한 (1) 〈사도 신경〉과 (2) 〈니케아 신경〉, 그리고 (3) 〈아타나시우스 신경〉, 그리고 옛 교부들이 이 신조들에 동의하면서 결정했던 것을 받아들이지 않는 사람들이 이단입니다.[2]

이에 반(反)해서 정통파는 여기 언급한 정통적 신조들이 성경의 가르침을 요약한 것으로 알고 "기꺼이 받아들이는" 사람들입니다. 삼위일체에 대해서 이런 초기 신조들을 받아들이지 않으면 결국 성경의 가르침을 받아들이지 않는 것이기 때문입니다.

---

2 이상의 이단들에 대해서 이승구, 『교리사』(수원: 합동신학대학원대학교 출판부, 2023)을 보십시오.

제 11 강

예수 그리스도의 신성을 참으로 믿습니까?

지난번에 생각한 삼위일체 하나님에 대한 이해를 분명히 하는 데 필요한 것의 하나는 예수님의 신성(神性, the divinity, the divine nature)과 성령님의 신성을 확언하는 일입니다. 그래서 이번에는 예수님의 신성을 좀 더 분명히 생각해 보도록 하겠습니다. 물론 우리는 예수님께서 참된 인성(人性, the humanity, the human nature)을 가지셨다는 것을 전제로 이 논의를 해야 합니다. 예수님의 인성이 분명히 확립되지 않은 신성에 대한 논의는 또 다른 오해와 이단을 만들기 때문입니다. 우리가 사는 **이 시간과 공간 가운데 계셨던** 예수님께서 분명히 인간적 영혼과 인간적 몸을 가지고 사셔서 마리아의 아들이라고 일컬어지시고(마 13:56; 눅 1:31; 3:23; 4:22; 요 1:45; 6:42), 죽으시고 부활하셔서 그 몸과 영혼의 온전한 인성을 가지고 지금은 "하늘"(heaven)에 계신다고 믿는 것이 예수님의 인성을 믿는 것입니다. 이처럼 예수님께서 이 땅에 계셨던 그때나 하늘에 계신 지금이나 장차 이 땅에 다시 오실 때에도 "참된 인성"(*vere homo*, very humanity)을 가지신 예수님을 참으로 믿는 사람들은 **동시에** 그분이 그저 인간일 뿐이 아니라, "참되신 하나님"(*vere deus*, very God)이시라는 것도 믿어야 합니다.

그리스도의 온전한 신성에 대한 인정

"우리들은 예수 그리스도께서 그분의 신성에 따라서는 독생하신 하나님의 아들이라고 믿습니다."고 고백하는 것이 바른 기독교적 고백입니다. 일단 이 사실을 받아들이지 않고, 고백하지 않는 것은 자신을 기독교 밖에 있도록 하는 것입니다. 우리 시대에 가장 강조해야 할 일은 이 사실을 아주 분명히 천명하는 것입니다. 오늘날에는 기독교 단체라고 하는 곳이나 심지어 교회라고 하는 곳들 중에서 그리스도의 신성을 분명히 믿지 않는 단체나 사람들이 있습니다. 그것은 그 단체나 사람들이 사실은 기독교 밖에 있음을 천명하는 것입니다. 그런 공동체는 그리스도 교회(Christian church)가 아니며, 그런 분들은 그리스도교 신자(Christian)가 아닙니다. 그저 말로만이 아니라, 참으로 그리스도의 신성을 인정해야 교회입니다.

그러나 그리스도께서 참된 인성을 가지셨을 뿐만 아니라, 참된 신성을 가지셨다고 공언한다고 해서 다 기독교 안에 있는 것은 아닙니다. 그리스도의 신성을 참으로 믿고 고백하는 사람들은 성경을 따라서 역사를 넘어 시간과 공간이 존재하기 전까지에 이르러 소위 창세 전에 하나님 안에서 일어난 것도 말할 수 있습니다. 우리는 하나님 안에 있는 것에 대해서는 감히 말할 수 없다고 하는 분들은 매우 겸손한 것처럼 보이지만 사실 자신을 정통적 기독교 밖에 세우는 것이 됩니다. 우리는 성경의 가르침을 따라서, 성자께서는 영원 속에서 "독생하신 분"(요 1:14)이라고 해야 합니다. 이를 "모든 창조물보다 먼저 나신 자"(골 1:15)라고 표현하기도 합니다. 그러나 이 말을 오해해서 그가 피조물이라고 생각하거나 표현하면 또 다른 이단의 길로 가는 것입니다. 이를 아리우스주의(Arian) 이단이라고 했습니다. 예전에 알렉산드리아의 아리우스(Arius)가 그와 같이 생각하고 주장했던, 그러다가 이단으로 선언되었던 대표적 인물이기 때문입니다. 다시 말하지만, 우리는 지금 성경의 가르침에 근거해서, 영원 가운데서 성부 하나님과 성자 하나님 사이에 있었던 일을 말하는 것입니다.

하나님 안의 영원한 관계에 대해서 말할 수 있는가?

이는 참으로 놀라운 일이 아닐 수 없습니다. 이 땅에 있는 우리가 어떻게 영원중에 계신 하나님의 존재 방식에 대해서 말할 수 있을까요? 주께서 친히 이 점에 대해서 계시해 주셨기에 우리는 성경에 따라서 이를 말할 수 있고, 또 반드시 말해야만 합니다. 이는 다음 몇 가지를 함의하는 말입니다.

첫째로, 시간과 공간이 시작되기 전에 우리가 흔히 영원이라고 부르는 그때부터 성부 하나님과 성자 하나님, 그리고 (우리가 다음에 생각할) 성령 하나님께서 "삼위로 계신 한 하나님"이셨다(the One Triune God)는 사실입니다. 창세 전에 삼위 하나님(the Triune God)께서 계셨습니다. 아무것도 없는[무(無)] 중에 참된 존재가 있었으니, 바로 삼위일체 하나님께서 서로 영원히 기쁜 교제를 나누고 계셨습니다. 이것을 삼위 안의 영원한 교제, 영원한 교통이라고 합니다. 삼위(三位)는 서로가 서로 안에 계시며 (perichoresis), 영원히 함께하시며, 깊은 교제를 나누십니다. 성경을 참으로 믿는 사람들은 이것도 생각하고 말해야 합니다.

둘째로, 그런데 그 삼위(三位, three persons) 중에서 성부와 성자의 관계를 말하자면, 성자는 성부의 "독생자(獨生子, μονογενής)"라고 성경의 표현을 따라서 표현합니다(요 1:14). 성경에 이런 표현이 없었으면 우리들은 감히 이런 표현을 할 수 없었을 것입니다. 그런데 **성경이 이 표현을 사용**

하기에 우리는 이 성경적 표현을 따라서 이렇게 말합니다. 이때 오해하지 말아야 할 일이 있습니다. 시간 안에서 우리 아버지께서 우리를 낳으시고, 우리가 우리 자녀를 낳고 하는 것을 성부와 성자의 관계에 넣어서 생각하면 안 됩니다. 그런 오해를 방지하기 위해서 이런 표현을 다 없애자는 의견은 성경에 주어진 표현을 무시하는 것이고 성경을 온전히 따라가지 않는 것이 됩니다. 우리는 하나님에 대해서 우리 마음대로 표현할 수 있는 것이 아니고, **하나님께서 언급하신 대로, 성경의 표현을 따라서만 말할 수 있습** 니다. 여기서 자유 사상가와 성경적 신자의 차이가 나타납니다. 우리들은 모든 점에서 성경에 얽매이는 사람이 되어야 합니다. 타락한 인간의 본성은 시시때때로 성경의 가르침을 따라서 생각하기를 싫어합니다. 그러나 그리하려는 우리의 타락성인 "육체"(σάρξ, flesh)를 극복하고 항상 성경의 가르침을 따라서 하나님의 생각을 따라서 생각해야 합니다.

그리하여 우리는 영원중에 성부께서 성자를 낳으신(eternally begotten) 일이 있었다고 말합니다. 한번도 성부께서 성자 없이 계신 적이 없으며, 성자는 성부와 같이 영원하다는 뜻으로 그렇게 말하는 것입니다. 이 일은 시간 안에서 일어난 일이 아닙니다. 그러므로 이 일 이전에는 성부만 있었고, 이 일 이후에는 성부와 성자가 있게 되었다고 해서는 안 됩니다. 바로 이것이 위에서 언급한 이단자인 아리우스(Arius)와 그를 따르던 분들(Arians)이 주장하던 바였습니다. 그들은 영원중에 "성자가 계시지 않던 때가 있었다"는 잘못된 주장을 한 것으로 아주 악명이 높습니다. 다시 말하지만, 이것은 영원 가운데서 성부와 성자의 **관계성**을 지칭하는 말입니다. 성부께서는 한순간도 성자 없이 계신 적이 없으며, 성자는 한순간도 성부 없이 계신 적이 없습니다. 성부와 성자는 (그리고 후에 언급할 성령은) 항상 같이 계셨습니다. 이것을 비유적으로 표현하면서 예전의 교부들은 "성부께서는 항상 말씀하신다"고 표현한 일도 있습니다. 성자를 가리켜 "말씀"이라고 언급하신 성경 말씀을 따라서(요 1:1), 성부와 성자의 관계가 영원함을 그렇게 표현했던 것입니다.

그 성부와 성자의 관계성은 항상 계속되는 것이니 이는 성부와 성자의 영원한 관계성을 표현하는 말이라고 할 수 있습니다. 눈에 보이는 것만을 인정하려는 오늘날에는 이런 영원 가운데 있는 소위 내신적(內神的) 관계에 대해서는 모르는 것이며 말하지 않으려고 하는 경향이 있지만, 그것들이 다 잘못된 것입니다. 우리는 성경이 말하는 바에 따라서 말해야 합니다. 성경은 성자에 대해서 "독생하신 하나님"(μονογενής θεός)이라고도 표현합니다(요 1:18).

이와 같이 이 땅에 계셨던 그러나 지금은 하늘에 계시다가 장차 이 땅으로 다시 오실 그 예수님을 만나서, 우리들은 성경의 가르침을 따라, 그분의 정체성(identity)이 다른 사람들 같이 어머니 배 속에 존재하게 될 때부터 비로소 있는 것이 아니라, 그분의 신성에 의하면 영원부터 계시던 하나님의 아드님이시라는 것을 알게 됩니다. 이것이 예수님을 "나의 주님과 나의 하나님"으로 인정하며 고백하는 것입니다.

이때 "아들"이라는 호칭 때문에 또 다른 오해를 해서도 안 됩니다. 아들[聖子]이시니 아버지[聖父]보다는 조금 못하실 것이라고 생각하면 안 됩니다. 이는 성부께서 사용하신 용어요(마 2:15; 3:17; 막 9:7; 눅 3:22; 9:35, 벧후 1:17), 그의 수태를 알리던 천사가 사용한 언어요(눅 1:32), 예수님께서 사용하신 언어요(마 11:27; 28:19; 눅 10:22; 요 5:19, 20, 21, 25, 26; 8:36; 17:2), 예수님의 정체성을 증언하는 세례 요한의 언어요(요 1:34), 사도들이 사용한 언어이기에(마 14:33; 16:16; 요 1:49; 3:16, 17; 10:36; 11:27; 14:13; 20:31; 행 9:20; 13:33; 롬 1:2, 3, 4, 9; 롬 5:10; 8:3, 32; 고전 1:9; 15:28; 고후 1:19; 갈 1:16; 4:4; 엡 4:13; 살전 1:10; 히 1:2; 히 3:6; 5:5, 8; 6:6; 10:29; 요일 1:7; 2:22, 24; 3:8, 23; 4:10, 15; 5:5, 10, 11, 12; 요이 1:3, 9) 우리들이 이 "계시적 언어"를 받아서

계속 "아버지"와 "아들"이라는 용어를 사용하는 것입니다. 그는 "아드님" 이시기 때문에 성부보다 조금 못하신 것이 아니라, "성부와 같은 본질을 지니셨고, 성부와 같이 영원하시며"(He is one in essence with the Father, coeternal), "모든 면에서 성부와 같으시다"(being like the Father in all things) 는 것을 바르게 고백해야 합니다. 그는 "시작한 날도 없고 생명의 끝도 없는 하나님의 아들"이십니다.

이 모든 것을 요약해서 우리는 "예수 그리스도께서는 우리와 같은 본성, 즉 인성을 취하실 때부터가 아니라 영원부터 하나님의 아들이시다"(Jesus Christ is the Son of God not only from the time he assumed our nature but from all eternity)고 고백합니다.

그리스도의 신성을 인정하는 것의 실천적 의미

그러나 이렇게 고백하는 것은 그저 추상적으로 그런 관념을 가지는 것이어서는 안 됩니다. 그러면 어떻게 해야 합니까?

첫째로, 우리의 예배와 기도와 찬양에서 이 고백이 참된 것으로 드러나야 합니다. 성자께 참으로 신적인 경배를 하지 않고, 그렇게 높여 찬양하지 않는 것은 그에 대해서 바르게 고백하는 것이 아닙니다. 우리들이 매일 가정으로나 개인적으로 그분에게 사적인 예배(private service)를 하는지, 특히 그가 부활하신 안식 후 첫날인 매주일에 그분에게 공적인 경배(공예배, public service)에 동참하는지를 점검합시다. 더 나아가서 이 세상의 모든 사람들이 다 그 분에게 경배하도록 인도하는 것이 우리의 의무입니다. 그 일이 이루어지기까지 우리는 복음을 전하는 일을 그쳐서는 안 됩니다. 그것의 일차적 목표는 모두 다 함께 삼위일체 하나님께 경배하는 것입니다.

　그리고 둘째로, 우리들의 삶 전반에서, 특히 일상생활에서 예수님을 하나님으로 인정하며 살아야 합니다. 지금도 그가 온 세상을 통치하심을 인정하여 그분에게 의뢰해야 합니다. 그 어떤 일이 있든지, 예를 들어서 코로나 바이러스 사태 속에서도 오직 그분에게 의지해야 합니다. 스스로 우리가 우리의 문제를 해결할 수 있을 것처럼 주장하는 것은 결국 멸망을 자초하는 것입니다. 그리스도에게 의존하는 것은 구원에서도 그러하지만, 사람이 일상생활을 할 때에도 그리해야 합니다. 우리는 우리 주 예수 그리스도를 우리의 삶에서 섬기는 자들입니다. 우리의 일상생활은 주 예수 그리스도를 섬기는 "합당한 섬김"(reasonable service)이어야만 합니다(롬 12:1). 우리 주님께서 과연 무엇이 어떻게 되어야 한다고 생각하시는지를 살펴서 그런 방향으로 자신의 삶을 해나가고, 우리 주변의 모든 것도 할 수 있는 대로 그 방향으로 나아가도록 힘쓰는 삶에서 우리가 과연 예수님의 신성을 참으로 인정하는지의 여부가 드러납니다. 그러므로 이는 그저 추상적인 교리의 문제가 아니라, 매우 구체적인 실천의 문제입니다. 우리는 그리스도의 신성을 믿는다는 것을 우리의 삶으로 드러내야만 합니다.

제 12 강

성령님의 신성을 믿습니까?

예수님을 참으로 믿는 사람들은 성경을 따라서 성령님도 믿게 됩니다. 성경이 성령님에 대해서도 계시해 주고 있기 때문입니다. 그런데 상당수의 사람들은 성령님에 대해서는 "온전히 성경이 가르쳐 주시는 대로" 생각하지 않는 일이 많이 있습니다. 역사적으로도 그랬고(고대의 성령훼손당과 몬타누스주의 등의 이단들을 생각해 보십시오), 지금도 그렇습니다. 유난히 성령님에 대해서는 성경이 가르쳐 주는 대로 생각하지 않으려는 성향들이 많이 나타납니다. 그러므로 우리는 시간을 내어서 과연 성경이 성령님에 대해서 어떻게 가르쳐 주시는지를 살피고, 우리들의 생각 속에 성령님에 대한 생각이 과연 성경의 가르침과 일치하는지를 살펴보고, 가장 중요한 일로 "그 성경적 성령님과 바르게 관계하며 살아가야" 할 것입니다. 이를 위해서 몇 가지 질문을 하면서 논의를 해 보도록 하겠습니다.

질문 1: "성령님을 하나님으로 대하십니까?"

성경대로 믿는 그리스도인이라면 성령님이 삼위일체 하나님의 한 위(位)시라고 합니다. 유대교도나 이슬람교도 같은 타종교인들이나 여호와의 증인이나 미국의 〈크리스천 사이언스〉(Christian Science)라는 이단에 속한 사람들은 성령님을 하나님이라고 하지 않습니다. 〈크리스천 사이언스〉라는 이단에서 유행시킨 것 같이 성령님을 하나님의 능력이나 영향력으로만 생각하는 것은 결국 성경의 계시를 받아들이지 않는 것이며, 바른 삼위일체 교리를 부인하는 것입니다.

그러나 이론적으로 성령님이 하나님이라고 하면서도 실질상 성령님을 하나님으로 대하지 않는 분들이 많습니다. 중요한 것은 실질적으로 성령님과 '하나님과 피조물의 관계'를 가지고 사느냐 하는 것입니다. 예를 들자면, 성령님께 대해서 명령을 한다든지, 자신이 성령님의 사역을 주관하고 통제할 수 있는 듯이 하는 것이 결국 성령님을 온전히 하나님으로 대하지 않는 것입니다. 그럴 의도는 없다고 하지만 이런 것들은 결국 성령님을 모독하는 것이고, 신성모독죄를 범하는 것입니다. 그러므로 우리의 심령 깊은 곳으로부터 과연 성령님을 하나님으로 생각하고, 하나님으로 대하는가 하는 질문을 해야 합니다.

그래서, 무엇보다 먼저, 참으로 신실하신 사역자들이 늘 그리하셨듯이, 용어도 "성령님"이라고 표현하는 것이 좋습니다. 물론 심령으로부터 그렇게 성령님을 온전한 하나님으로 의식하면서 이 용어를 써야 합니다. 그저 용어만 "성령님"이라고 한다고 되는 것은 아닙니다. 〈아따나시우스 신경〉 중에서 표현하듯이, "하나 안에서 삼위가, 또 삼위 안에서 한 하나님이 경배 받으셔야" 하기 때문입니다.[2] 성령님을 참으로 하나님으로 생각하고 그렇게 아뢰고, 경배해야 합니다.

---

1 이 이름과는 달리 이 집단은 기독교적이지도 않고, 과학적이지도 않았는데 19세기 말 미국에서 메리 베이커 에디(Mary Baker Eddy, 1821-1910)의 가르침으로 많은 사람들이 몰려가 1894년 보스톤에서 첫 교회가 시작되었는데 1936년경에는 27만 명까지 성장했으나, 그 후에는 교세가 약화되어 2009년에는 5만 명의 신자가 있다고 합니다.

2 소위 아따나시우스 신경의 이 표현은 다른 곳에도 많이 언급되지만 간편하게 최근에 나온 이남규, 『신조학』(수원: 합신대학원 출판부, 2020), 61을 보십시오.

질문 2: "성부 하나님과 성자 예수님을 존숭하는 것 같이 성령 님을 존숭하십니까?"

둘째로는, 자신의 심령 가운데서 성령님을 성부 하나님과 성자 예수님만 큼 존숭(尊崇)하는지를 심각하게 질문해야 합니다. 성령님을 하나님의 능 력이나 하나님의 영향력 정도로 생각하는 것은 앞서 말한 바와 같이 이교 적이거나 명백한 이단의 길로 나아가는 것입니다. 그러나 그렇게는 아니 라고 해도 성령님이 성부(聖父) 하나님보다는 조금 못 하시다든지, 성자(聖 子) 하나님보다는 못 하시다고 생각하는 것도 성경의 가르침과 다르게 생 각하는 잘못된 입장을 가지는 것입니다. 우리가 과연 어떻게 생각하는지 각자가 자신의 심중에서 깊이 있게 생각해 보아야 합니다.

하나님의 경륜(經綸)상 성자께서 성부에게 죽기까지 복종하셨다고 해도 그것이 성자께서 성부보다 낮은 위격이기 때문에 그런 것이 아니듯 이, 성자 예수님께서 "아버지께로부터 너희에게 보낼 보혜사, 곧 아버지 께로부터 나오시는 진리의 성령이" 오실 것을 예언하시고(요 15:26) 그 말 씀대로 성령님께서 오셨다고 해서 성령님이 성부 하나님이나 성자 예수님 보다 무엇이 부족하거나 낮은 위격(位格)이 아니십니다. 위격상의 동등과 경륜상의 복종을 잘 생각해야 합니다. 하나님의 경륜을 이루기 위해서 어 떤 순종의 형태가 보이지만 그 위격에 있어서 삼위는 동등하십니다.

아나니아와 삽비라 사건(행 5:1-11)에서 이 부부가 한 일은 "성령을 속이고"(행 5:3) 한 것이라고 하면서 이 일이 결국은 "사람에게 거짓말한 것이 아니요 하나님께로다"(행 5:4)라고 선언한 베드로의 말을 우리들은 잘 들어야 합니다. 오순절에 교회 공동체로 임하여 오신 성령님께서 이 교회 공동체 안에 계시기에 이 교회 공동체 안에서 이 세상적인 방식으로 일을 하려고 하는 것은 결국 "주의 영을 시험"하는 것이 된다고(행 5:9) 하는 것입니다. 이 사건 속에서 성령님이 곧 하나님이심이 확연히 드러났고, 그리하여 "온 교회와 이 일을 듣는 사람들이 다 크게 두려워"(행 5:11) 했다고 했습니다.[3]

그때만 그런 것이 아니고, 오늘날도 교회 공동체 안에 계시는 성령님(고전 3:16; 고전 12:13; 엡 2:22)은 하나님으로서 우리 안에 계십니다. 그러므로 우리들은 성령님을 성부 하나님이나 성자 예수님과 같은 정도로 존숭해야 합니다. 성령님은 성부와 성자와 하나의 동일한 본질을 가지신 위격이시기 때문입니다. 이런 성경적 이해를 반영하면서 〈아타나시우스 신경〉에서는 "이 삼위 안에서 아무도 더 먼저 있거나 더 나중 되지 않으며, 아무도 더 크거나 작지 않다. 다만 세 위격 모두가 서로 동일하게 영원하시며 동등하시다"라고 고백했습니다.[4] 여기서 세 번째 질문이 물어질 수 있습니다.

질문 3: "성령님께 순종하십니까?"

이 세 번째 질문이 가장 핵심적 질문입니다. 여기서 우리가 과연 성령님에 대해서 어떻게 생각하는지가 잘 나타나기 때문입니다. 과연 어떻게 하는 것이 성령님께 순종하는 것일까요?

첫째로, **성경이 가르치는 대로** 성령님을 이해하려고 하고, 하나님의 경륜 전체를 이해하려고 해야 합니다. 여기서 다른 것, 특히 자신이 경

---

3 이 사건에서 성령님에 대한 좀 더 자세한 논의를 보려면 이승구, 『성령의 위로와 교회』(서울: 이레서원, 2009), 16–17을 보십시오.

4 이 표현은 다른 곳에도 많이 언급되지만 이남규, 『신조학』, 61을 보십시오.

험한 것을 중심으로 성령님을 이해하고 성령님과 관계하려고 하는 것은 사실상 성령님께 불순종하는 것이 됨을 생각해야 합니다. 성령님에 대해서와 하나님의 경륜 전체에 대해서 성경에 가르친 것을 중심으로 이해하려고 해야지, 여기에 다른 것을 더하면 안 됩니다. 예수님께서 성령님에 대해서 말씀하실 때 "진리의 성령이 오시면 그가 너희를 모든 진리 가운데로 인도하시리니, 그가 스스로 말하지 않고 오직 들은 것을 말하며 장래 일을 너희에게 알리시리라"(요 16:13-14)고 하시고는 "그가 내 영광을 나타내리니, 그가 내 것을 가지고 너희에게 알리시리라 하였노라"(요 16:15)고 하신 뜻이 여기에 있습니다. 일차적으로 성령님은 예수님께서 "내가 너희에게 말한 모든 것을 생각나게 하리라"(요 14:26) 하신 대로, 예수님의 말씀을 생각나게 하고 보존하게 하신다고 했습니다. 그렇게 하시는 것이 성령님께서 "(우리)에게 모든 것을 가르치시는"(요 14:26) 방식입니다. 성령님은 과연 우리에게 오셔서 "그가 나를 증언하실 것이요"(요 15:26)라고 예수님께서 말씀하셨습니다. 또한 성령님은 "스스로 말하지 않는다"(요 16:14)고 하시고, "내 것을 가지고 너희에게 알리시리라"(요 16:15) 말씀하신 것이 이런 뜻입니다. 그러므로 우리들은 성경이 가르치는 대로 성령님과 하나님의 경륜 전체를 알아가야 합니다. 바로 이것이 성령님의 가르치심을 받아 가는 것입니다. 사도들은 이렇게 하면서 그렇게 하는 것이 자신들이 "오직 성령의 가르치신 것으로" 가르친다고 했습니다(고전 2:13).

둘째로, 성령님의 인도하심을 받아 가는 것이 성령님께 순종하는 것입니다. 바울은 성령님의 인도를 받는 것과 성령님을 따르는 것을 동의어로 놓고 논의해 갑니다(롬 8:4-14). 기본적으로 "하나님의 영으로 인도함을 받는 사람은 곧 하나님의 아들이라"(롬 8:14)고 했으니, 중생하여 하나님을 참된 의미에서 아바 아버지라고 부르짖는 사람들은 그 안에 성령님이 계셔서(롬 8:15), "성령이 친히 우리의 영과 더불어 우리가 하나님의 자녀인 것을 증언"하십니다(롬 8:16). 이것은 그저 말로만 하나님을 아버지라고 부르는 것을 말하는 것이 아니라, 참으로 중생하여 영적인 의미의 하나님의 자녀가 된 자들의 부르짖음의 성격을 그렇게 규정하신 것이며, 그렇게 성령님이 내주하셔서 하나님의 자녀가 된 사람들은 반드시 "성령님의 인도하심을 받아 갑니다."[5]

성령님의 가르치심과 인도하심이 우리에게 있고, 우리가 날마다 성령님과의 깊은 교제 가운데서 성경을 통해서 가르치심과 인도하심을 받아 나갈 때 우리는 성령님께 순종하는 것이고, 삼위일체 하나님께 순종하는 것입니다. 다음 질문은 우리가 과연 그렇게 하는지 아니하는 지의 알아보는 한 가지 예 또는 시금석으로 주어지는 질문입니다.

질문 4: "성경이 말하는 대로 성령님에 대해서 말하려고 하십니까?"

우리가 과연 성경의 가르침대로 성령님에 대해서 배우고 그 배운 것을 표현하는지 아니하는지 다음 한 가지 예를 들어 생각해 보겠습니다. 우선 요한복음 15:26 말씀을 읽어보겠습니다. 우리 주 예수님께서 이렇게 말씀하셨습니다. "내가 아버지께로부터 너희에게 보낼 보혜사 곧 아버지께로부터 나오시는 진리의 성령이 오실 때에 그가 나를 증언하실 것이요." 여기 예수님께서 말씀해 주지 않으셨으면 우리로서는 도무지 말할 수 없는 것이 언급되어 있습니다. 우선 성자께서 아버지, 즉 성부로부터 성령님을 보내신다고 했습니다. 요한복음 14-16장에 성령님이 오실 것을 여러 번

---

5 성령의 인도하심에 대해서 이승구, "성령의 인도하심과 성도의 삶", 『개혁신학 탐구』 (수원: 합신대학원 출판부, 2012), 81-96; 이승구, 『성령의 위로와 교회』, 41-46을 보십시오.

언급하시는 중에서 여기서는 성부로부터 성령님이 보내어진다는 새로운 사실을 배우게 됩니다.

더 나아가서, **"아버지께로부터 나오시는** 진리의 성령"이라는 말이 있습니다. 여기서 우리는 이 **성경의 표현을 따라서** 성령님은 성부로부터 **"나오신다"**(proceed)는 말을 하게 됩니다.6 예수님께서 이렇게 표현하지 않으셨으면 우리는 이런 표현을 할 수 없었을 것이요, 또 그렇게 말해서도 안 될 것입니다. 그러나 예수님의 말씀 때문에 우리는 우리로서는 감히 할 수 없는 놀라운 말을 하게 됩니다.

그리고 그것이 그저 현세적 관계를 표현하는 것이 아니라 성부와 성령님 사이의 영원한 관계를 표현하는 것이라고 여겨서 성령님은 "성부 하나님에게서 영원히 나오신다"는 아주 놀라운 말을 하는 것입니다. 이것은 성경의 표현을 따라서 성령님에 대해서 말하는 방식입니다. 〈콘스탄티노플 신조〉(381)에서는 이 요한복음 15:26의 어귀를 따라서 "성부에게서 나오시는 성령님을 믿습니다"라고 고백했습니다. 그 의도는 성부, 성자, 성령의 동등성을 분명히 하면서 성부님과 성령님의 관계성을 표현하기 위해서 그리했던 것입니다.

그런데 이렇게 계속 쓰다 보니 과거 동방 교회에 속했던 사람들이 성자는 성부보다는 좀 못 하신다는 종속설, 즉 성자는 성부에게 종속하신다는 견해, 즉 성부가 좀 더 높으시다는 견해를 자꾸 생각하는 문제가 발생했습니다. 이런 종속설을 극복하도록 하기 위해서 스페인의 톨레도(Toledo)에서 모인 〈톨레도 공의회〉(589)에서 성령님은 "성부와 **성자로부터도**(*filioque*) 나오신다"고 표현하여 "성자로부터도"라는 어귀를 콘스탄티노

---

6 우리말의 "나오신다"(proceed), "나오심"(procession)는 말을 유지해야 합니다. 이를 발출(發出) 등으로 쓰면 안 됩니다. 특히 고대적 상황에서는 그렇게 쓰면 고대교회의 대표적 이단인 영지주의(Gnosticism)의 발출설과 혼동되기 때문에 그런 용어를 쓰지 않아야 합니다. 이런 번역어의 중요성을 Herman Bavinck, 『개혁주의 신론』(서울: CLC, 1988), 451-54을 보면서 느껴 보십시오.

플 신조에 더 넣었습니다. 왜 그랬다고 했습니까? 성자가 더 못한 분이시다는 종속설을 막고, 성경을 따라 성령님이 성부에게서 나오신다고 표현하는 본래의 의도에 충실하기 위해서 그리한 것입니다.[7] 이것을 흔히 서방 교회의 전통이라고 표현하는데, 이런 의도가 성경이 가르친 가르침의 진정한 의도를 잘 보존하기 위한 것이었음을 잘 생각해야 합니다.

이러한 성경적 이해를 반영하면서 〈벨직 신앙고백서〉 제12항에서는 성령님에 대해서 다음과 같이 고백하고 있습니다.

> 우리들은 또한 성령님이 성부와 성자에게서 영원히 나오신다고 믿고 고백합니다.
> (성령님은) 만들어지신 것도 아니고, 피조된 것도 아니고,
> 성부와 성자에게서 나오시는 것입니다.
>
> 질서에 있어서는 성령님이 삼위일체의 세 번째 위격이시지만
> 성령님은 성부와 성자와
> 하나의 동일한 본질을 가지고 계시며(of one and the same essence),
> 권위와 영광이 동등하십니다.
>
> (성령님은) 성경이 우리에게 가르쳐 주시는 대로
> 참되고 영원하신 하나님이십니다.

우리들도 성령 하나님에 대해서 과연 성경이 가르친 대로 여러 면에서 정확하게 표현하려고 하는지를 묻고, 더 나아가서 그 성령님께 과연 순종하는지를 심각하게 질문해야 할 것입니다. 우리 시대의 모든 문제는 결국 성령 하나님께 순종하지 않는 데서 나오기 때문입니다.

---

7 이에 대해서 다른 논의와 함께 Bavinck, 『개혁주의 신론』, 462를 보십시오.

제 13 강

창조를 믿습니까?

이전에는 성경을 믿는 사람들은 창조를 믿는 사람들이었고, 성경을 믿지 않는 사람들은 창조를 믿지 않던 사람들이었습니다. 이렇게 단순한 것에 진리가 있습니다. 그런데 오늘날에는 이 문제에 대한 여러 대답들이 나오고, 그렇게 그저 "창조를 믿는다"고 말하는 것으로는 문제를 다 말할 수 없다고 생각되는 것은 지금 우리에게 무엇인가 잘못되고 있다는 증거일 수 있습니다. 17세기까지는 거의 대부분의 신자들이 "나는 창조를 믿는다"(I believe in creation)고 말했고, 적어도 성경을 믿는다고 하는 사람들은 20세기 초까지도 이렇게 말했습니다. 그러므로 넓게 말하면 지난 300년 동안, 그리고 좀 좁히면 지난 100년 동안에 사람들의 생각이 매우 교묘해 졌다고 할 수 있습니다. 할 수 있으면 이전 시대의 순진함으로 돌아가기를 바라면서, 우리가 제2의 순진성이라도 가질 수 있기를 바라면서 창조에 대한 기본적 논의를 해 보기로 합시다.

신조들과 신앙고백서의 관점에서

고대교회의 신조들과 종교개혁 당시의 신앙고백서들을 제시하신 분들이

"창조에 대해서 믿는다"고 할 때는 기본적으로 다음과 같은 의미를 말하는 것이었습니다.

(1) 삼위일체 하나님께서 천지와 그 안에 있는 모든 것들을 무로부터 창조하셨다.

(2) 모든 것을 말씀으로 창조하셨다. 이것을 설명하면서 대부분의 교부들과 개혁자들은 성자를 통해서 이 세상을 창조하셨다고 합니다.

(3) 하나님께서는 모든 피조물들에게 결국에는 창조주를 섬기게 하기 위해서, 그 존재와 형태와 외관과 다양한 기능들을 부여해 주셨다.

(4) 섭리와 연결시키면서 하나님께서는 이렇게 창조하신 모든 것들을 그의 영원하신 섭리와 무한한 능력으로 유지시키시며 통치하셔서, 인간들을 위해 있게 하시며, 다시 그 인간들이 하나님을 섬길 수 있도록 하신다.

여기까지는 창조를 인정하는 모든 사람들이 다 받아들일 것입니다. 그런데 고대 신조들과 종교개혁기의 신앙고백서에서는 (5) 이를 성경이 말하고 있는 대로 받아들이는 것이 참으로 창조를 믿는 것이고, 성경이 말하는 대로 이를 받아들이지 않는 것은 참된 의미에서 창조를 받아들이지 않는 것이라고 말할 것입니다. 왜냐하면 그들은 네 가지를 성경에서 이끌어낸 창조에 대한 가르침이라고 여겼기 때문입니다.

창조를 인정한다는 것의 함의

우선 위의 1-4까지를 받아들이는 사람들은 과연 무엇을 믿고 주장하는 것이지를 먼저 같이 생각해 보도록 하겠습니다.

첫째로, 이런 의미의 창조를 참으로 받아들이는 사람들이라면 하나님의 창조 이전에는 오직 하나님께서만 존재하셨다고 단언해야 합니다. 만일에 창조를 믿는다고 하면서도 하나님께서 창조하시기 전의 상태가 없다고 한다든지, 이론적으로만 가능하지 실질적으로는 없는 것이라고 하든지, 창조자와 피조계는 이를테면 능산(能産)적 자연(*natura naturans*)과 소산 (所産)적 자연(*natura naturata*)으로 모두가 자연이라고 한다든지(Baruch Spinoa) 하는 것은¹ 진정으로 하나님에 의한 창조를 믿는다고 하기 어렵습니다. 그러므로 피조되지 않으셨으며 온 세상을 창조하신 삼위일체 하나님께서 창조 이전에 홀로 삼위일체적 교제를 나누며 계셨고, 삼위일체 하나님께서 자신의 작정에 따라서 그 자신이 적당하다고 생각하시는 때에 하늘과 땅과 그 안에 있는 모든 것을 창조하셨다고 하는 것이 기독교 유신론적 창조 이해입니다.²

우리들의 언어의 한계 때문에 말로 표현하기는 어렵지만 "창조 이전"이 있었으며, 그때는 오직 삼위일체 하나님의 무한하고 깊은 사랑의 교제만이 있었다고 해야 합니다. 이것을 인정하지 않는 것은 결국 성경이 말하는 창조를 인정하지 않는 것이 됩니다.

그러므로 흔히 성경에서 "하늘과 땅"[天地]이라고 언급되는 것은

---

¹ Cf. Baruch Spinoza, *Ethics*, part I, Prop. 29, *Scholium*, trans. Edwin Curley (London: Penguin, 1996).

² 이 하나님에 대해서 아직 삼위일체 하나님으로 생각하지 말자는 것이 전통적인 서구 철학적 유신론(the classic theism)인데, 이를 말하면서 사실은 삼위일체 하나님을 생각하시는 분들도 있고, 아직 삼위일체 개념을 생각하지 말자고 하는 분들도 있습니다. 그런 분들 중의 상당수는 끝까지 삼위일체 개념을 넣지 말고 생각하자고 합니다. 그래서 우리는 처음부터 삼위일체 하나님을 분명히 하는 유신론을 기독교 유신론(the Christian theism)이라고 합니다.

오늘날에는 이렇게 하는 것을 조심스러워하거나 지나치게 멀리 나아간다고 생각하는 분들이 많습니다. 그런 접근은 창조에 대해서도 다양한 잘못된 이해를 이끌어 내며, 결국 하나님 이해도 왜곡하게 된다는 것을 먼저 말하지 않을 수 없습니다. 우리는 이미 삼위일체 하나님을 믿음을 분명히 하였으므로 삼위일체 하나님의 창조를 명백히 해야 할 것입니다.

그저 하늘과 땅만이 아니라 하늘과 땅과 그 안에 있는 모든 것, 즉 온 세상 모든 것을 뜻합니다. 하나님께서 창조하실 때 그 모든 것을 다 창조하셨다고 믿는 것이 창조를 인정하는 것입니다. 심지어 시간과 공간도 처음 창조하실 때 창조하신 것으로 보아야 합니다. 그렇지 않으면 시간과 공간은 피조계 밖에 있는 것이 되어 하나님이 창조하시기 전에 이미 있는 것이 됩니다. 그러므로 시간과 공간을 우리의 오성(悟性)의 형식이므로 그저 사유의 틀일 뿐 사물 밖에 존재하지 않는 것으로 보면서 사유하려고 할 때는 항상 시간과 공간이라는 틀을 가지고 사유하게 되는 것이라고 보는 칸트적인 틀보다는 하나님께서 이 세상을 시간과 함께(cum tempore) 창조하셨다는 어거스틴적인 이해를[3] 유지하는 것이 더 나을 것입니다. 삼위일체 하나님의 무로부터의 창조(creatio ex nihilo)를 진정 인정하는 것이 기독교적 창조 신앙의 출발점입니다.

둘째로, 이미 삼위일체 하나님의 창조에 대해서 말했지만, 창조 사역에서의 성자와 성령 하나님의 역사하심을 분명히 해야 합니다. 이것을 줄여서 말할 때, 사도신경에서 "전능하신 아버지께서 창조하셨다"고 표현하고 있다는 것을 기억해야 합니다. 이 말을 가지고 성부께서만 창조하신 것으로 생각하면 안 됩니다. 성경은 분명히 성부와 함께 성자께서 창조의 과정에 함께하셨음을 말합니다. 예를 들어서, 요한복음서에서는 "만물이 그[즉, 요 1:1이 말하고 있는 로고스, 말씀으로 언급된 성자]로 말미암아 지은 바 되었으니 지은 것이 하나도 그가 없이는 된 것이 없느니라"(요 1:3)고 말합니다. 또한 10절에서는 "세상은 그로 말미암아 지은 바 되었으되"라고 합니다. 또한 바울은 그리스도를 언급한 후에 "만물이 그에게서 창조되되 하늘과 땅에서 보이는 것들과 보이지 않는 것들과 혹은 왕권들이나 주권들이나 통치자들이나 권세들이나 만물이 다 그로 말미

---

[3] Augustine, *The City of God*, Book 11, chapter 6, Loeb Classic Library 413: 448-49.

암고 그를 위하여 창조되었고"(골 1:16)이라고 명확히 말하고 있습니다.

또한 성령님께서도 창조에서 매우 중요한 역할을 하였음을 "주의 영을 보내어 그들을 창조하사 지면을 새롭게 하시나이다"(시 104:30)는 말씀으로부터도 시사(示唆)받을 수 있고, 창세기 1장에 언급되고 있는 "하나님의 신"(창 1:2)은 대부분의 사람들이 성령님을 가르키며 창조에서의 성령의 역사를 생각합니다. 그래서 전통적으로 말씀으로 언급된 성자를 창조의 객관적 원리라고 하고, 성령님은 창조의 주관적 원리라고 표현해 왔습니다.

셋째로, 이 세상 모든 것들은 결국 창조주이신 삼위일체 하나님을 섬기게 하기 위해서 피조된 것임을 분명히 해야 합니다. 궁극적 목적이 하나님입니다. 이때 우리가 언급할 만한 유명한 구절이 "만물이 주에게서 나오고 주로 말미암고 주에게로 돌아감이라. 영광이 그에게 세세에 있으리로다. 아멘."(롬 11:36)이라는 말씀입니다. 모든 것은 주에게서 기원하였으며, 주를 통해서 이 땅에 있게 되었으며 결국 주에게로 돌아가는 것입니다. 이 구절을 잘못 해석하여 일종의 범신론(汎神論, pantheism)이나 그것을 현대적으로 보충한 만유재신론(萬有在神論, panentheism)으로 오해하면서 그와 같은 것을 발전시키는 사람들이 있습니다. 그러나, 다시 말하지만, 이는 잘못된 해석에 근거한 것입니다. 이 세상에 있는 모든 것은 그 자체가 본래적으로는 있지 않았던 것입니다. 하나님의 창조에 의해서 있게 된 것입니다.

그래서 하나님의 존재의 필연성과 비교하면서 이 세상 모든 것의 우연성(偶然性)을 강조합니다. 이 말은 이 세상에 있는 것들이 우연히 있게 되었다는 말이 아니라, 하나님은 필연적 존재(必然的 存在)이신데 비해서 우리들은 하나님의 작정과 창조에 의해서 있게 된 존재이니 필연적 존재가 아니라는 말을 옛날부터 그렇게 표현해 온 것입니다. 또한 이 세상에 있는 것들이 잠시 이 세상에 있다가 다 하나님께로 돌아간다는 말은 그들이 신에게 속하게 된다는 뜻으로 해석하면 안 됩니다. 후에도 하나님은 하나님이고 피조물은 피조물인 것입니다. 피조물들이 하나님에게 들어가서 합류하는 것 같은 것은 없습니다. 그러므로 우리는 그 어떤 형태의 만유재신론도 인정해서는 안 됩니다.[4]

이 세상에서 다양한 형태와 존재와 양상을 지닌 존재들은 그 다원성과 다수성과 독특성이 다 인정되나, 특히 사람들은 하나님 앞에서 책임져야 하는 존재로서 이해되어야 합니다. (여기서 하나님께서 우리를 창조하신 의도에 비추어 우리의 당위를 찾는 방식의 윤리적 논의가 가능한 것입니다). 그리고 이 모든 것이 다 하나님께로 간다는 것은 결국 하나님에 의해 판단받고 평가되어야 한다는 것을 함의하는 말입니다. 그래서 바울은 이 말을 한 후에 "영광이 그에게 세세에 있으리로다. 아멘."이라고 말합니다. 우리를 비롯하여 이 세상에 있는 존재들이 과연 하나님께 영광을 돌리느냐에 의해 그것이 제대로 기능하였는지가 나타나게 됩니다.

넷째로, 창조된 것들을 하나님께서 섭리하신다는 것을 제대로 인정해야 기독교적 창조론을 말하는 것이라고 할 수 있습니다. 창조만 하시고 그냥 자연법칙을 따르게 하셨다는 이신론(理神論, deism), 즉 자연신론(自然神論)은 기독교적인 창조론을 받아들인 것이라고 하기 어렵습니다. 또한 섭리가 창조의 과정이라고 하면서 최초에 하나님께서 창조하신 어떤 과정이 있지 않았다고 하는 것도 기독교적인 창조론은 아닙니다.

나가면서

최소한 이 네 가지를 바르게 인정해야 기독교적 창조론을 말하는 것입니

---

4 그러므로 만유재신론을 용인하는 신학이나 그런 운동은 엄밀한 의미의 기독교 신학이라고 하기 어렵습니다. 그래서 우리는 헤겔적 접근이나 신헤겔주의적 접근의 반 기독교적 성격을 지적하면서 비판하는 것입니다.

다. 이것이 이론적으로 창조를 참으로 인정하는 것입니다. 그리고 (1) "그 창조의 하나님께 참으로 경배하며, 그 하나님과 깊은 교제를 하여 나가는 가?" (2) "하나님께서 피조하신 피조계를 참으로 잘 돌보면서 하나님의 의도를 잘 드러내어 나가는가?"라는 두 가지 질문에 우리의 존재 자체로 답해 나감을 통해서 우리가 **과연 창조를 실천적으로 인정하는지가 드러나는 것**입니다. 전능하신 하나님의 창조를 말하면서 그 하나님의 전능성을 나와는 관련 없는 것으로 생각하든지, 배제하려 하든지 하는 것은 참으로 창조를 인정하는 것이 아닙니다. 창조를 인정하는 사람들은 참으로 이 세상을 하나님의 뜻대로 다스려 나가려는 책임을 가지게 됩니다. 참으로 창조를 인정하는 사람들은 하나님의 자녀들인데 여기 하나님의 자녀들의 책임이 나타납니다. 따라서 창조를 참으로 인정하는 사람들은 피조계를 잘 보호하고 돌보아야 할 책임을 가집니다.

제 14 강

하나님의 섭리를 믿습니까?

하나님의 섭리는 온 세상을 창조하신 "선하신 하나님께서 모든 것을 창조하신 후에 그것들을 우연이나 운에 맡겨두신 것이 아니고, 그의 거룩하신 뜻에 따라 온 세상을 인도하시고 통치하셔서 이 세상에서 일어나는 그 어떤 일이라도 하나님의 질서 있는 관여 없이 일어나지 않게 하시는" 일입니다. 성경을 따라서 하나님을 믿는다고 하는 사람들은 다 이런 의미의 섭리를 믿어야 합니다. 이런 성경적 섭리 이해는 기본적으로 몇 가지를 배제합니다.

성경적 창조와 섭리 이해를 가질 때 배제되는 사상들

첫째로, 이 복잡한 세상이 그저 있게 되었고, 이를 창조하시고 섭리하시는 하나님이 없다는 무신론이 배제됩니다. 성경적으로 판단할 때, 하나님이 없다는 생각은 어리석은 자들의 생각과 말일 뿐입니다(시 14:1). 이 세상에서 가장 합리적이고 가장 과학적이라고 하는 사람들이 무신론적인 생각을 하는 것으로부터 우리들은 이 세상이 말하는 "합리적"이라는 말이 심각하게 왜곡되어 있음을 알 수 있습니다. 성경적으로 조정된 합리적인 판단에 의하면 "창세로부터 그의 보이지 아니하는 것들 곧 그의 영원하신 능력과 신성이 그가 만드신 만물에 분명히 보여 알려졌나니"(롬 1:20)라고 합니다. 그러니 "그러므로 그들이 핑계하지 못할지니라"(롬 1:20)는 바울의 말이 심각한 말입니다. 결국 모든 문제는 "마음에 하나님 두기를 싫어한" 것으로부터 나오는 것입니다(롬 1:28). 사실 여기서 "마음에"라고 번역된 말은 우리 말 성경 난하 주에서도 잘 밝히고 있듯이 "지식에"(ἐν ἐπιγνώσει)라고 번역하는 것이 더 일반적인 것입니다. 그러니 "지식에서 하나님을 분별하거나 인정하거나 생각하기를 싫어하매"라는 뜻입니다. 그러므로 로마서 1:28-32 말씀은 이론적 무신론과 실천적 무신론이 인간의 모든 악의 근원이 됨을 잘 지적하고 있는 구절이라고 할 수 있습니다.

둘째로, 하나님께서 창조하셨으나 그 후에는 그 피조계를 그냥 내어 버려두셨다는 생각이 배제됩니다. 특히 물론 그 이전에도 비슷한 생각이 있었으나 17세기 말에 시작해서 18세기에 만연해 나간 소위 이신론(理神論, deism)이 배제된다는 말입니다.[1] 대개 기독교권(Christendom) 안에서 자라나서 하나님과 그의 창조를 아주 자명한 것으로 받아들이게 된 사람들 가운데, 창조 이후에는 일종의 자연 법칙이 주어져서 이 세상의 모든 것이 그 자연 법칙에 따라 돌아가는 것이지 매순간 하나님께서 관여하시는 일은 없다는 생각이 나타나기 시작했는데,[2] 이런 것이 구체화된 것이 이신론이

---

[1] 록크(John Locke, 1632-1704)와 뉴톤(Isaac Newton, 1642-1727)의 영향을 받아 출현한 이신론은 영국의 콜린스(Anthony Collins, 1676-1729), 미들튼(Conyers Middleton, 1683-1750), 톨랜드(John Toland, 1670-1722), 틴달(Matthew Tindal, 1656-1733), 첩(Thomas Chubb, 1679-1747), 그리고 울스톤(Thomas Woolston, 1669-1731), 허버트(Lord Herbert of Cherbury), 프랑스의 볼테르(Voltaire, 1694-1778), 독일의 라이마루스(Hermann Samuel Reimarus, 1694-1768), 렛싱(Gotthold Lessing, 1729-1781), 그리고 칸트(Immanuel Kant, 1724-1804), 미국의 벤저민 프랭클린(Benjamin Franklin, 1706-1790), 워싱턴(George Washington, 1732-1799), 제퍼슨(Thomas Jefferson, 1743-1826), 그리고 페인(Thomas Paine, 1737-1809) 등이 그 대표자들입니다.

[2] 이런 생각에 가장 큰 영향을 미친 사람이 아이작 뉴톤(Isaac Newton, 1642-1727)이라고들 논의합니다. Cf. Peter Gay, *Deism: An Anthology* (Princeton: D. Van Nostrand Company, Inc., 1968), 24; Robert H. Hurlbutt, III, *Hume, Newton, and the Design Argument* (Lincoln: University of Nebraska Press, 1965), 77.

라고 할 수 있습니다. 그래서 자연적인 과정을 중요시하니 이를 자연신론(自然神論)이라고도 합니다. 성경을 따라서 생각하지 않고, 스스로 생각하는 합리성(그러므로 잘못된 합리성)을 따라서 생각하다가 나타난 잘못된 생각입니다. 이신론의 아이러니는 섭리는 부인하는 사람들이 창조와 창조자의 의도와 그 창조자의 존재는 인정하고 변호한다는 것입니다. 대개 이신론은 초자연을 거부하면서 자연만을 인정하는 자연 종교(natural religion)와 구속과 이적과 기도 등을 거부하고 도덕률 중심으로 종교를 이해하는 도덕 종교(moral religion)를 참된 종교로 제시하려고 했습니다.

　　셋째로, 이 세상이 신과 동일시될 수 있다는 고전적 범신론(汎神論)과 이 세상의 과정이 하나님의 전개 과정이라는 헤겔적인 범신론, 그리고 이런 생각들에 대한 많은 공격과 비판을 감안하면서 근자에 나오는 이 세상의 과정이 하나님 자신은 아니지만 이 세상의 전개 과정 중에서 신도 영향을 받을 수 있다고 하는 만유재신론(萬有在神論) 또는 범재신론(汎在神論)이 배제됩니다. 근자의 만유재신론은 이 세상에 넓게 퍼진 생각이고 점점 더 영향력을 확대해 가기에 우리의 주의를 요합니다. 참으로 하나님의 섭리를 성경적으로 믿는 사람은 만유재신론적 생각을 할 수 없습니다.

성경적 섭리론의 의미

이런 잘못된 사상들이 배제되고 성경이 말하는 대로 나아갈 때 우리는 다음 세 가지를 말하게 됩니다.

　　첫째로, 창조 이후에 하나님께서 이 세상을 보존하심을 인정해야 합니다. 한순간도 하나님께서 보존하지 아니하시면 이 세상은 있지 않습니다. "그의 능력의 말씀으로 만물을 붙드시며"(히 1:3)라는 이 말씀의 의미를 잘 생각해야 합니다. 매순간 하나님께서 모든 것을 주관하여 이 세상의 모든 것이 유지됩니다. 한순간도 하나님께서 이 세상을 붙드시지 아니하시면 이 세상은 사라집니다. 예를 들어 말하자면, 시편 기자와 같이 다음과 같이 말할 수 있습니다: "여호와께서 샘을 골짜기에서 솟아나게 하시고 산 사이에 흐르게 하사, 각종 들짐승에게 마시게 하시니, 들나귀들도 해갈하며 공중의 새들도 그 가에서 깃들이며 나뭇가지 사이에서 지저귀는도다. 그가 그의 누각에서부터 산에 물을 부어 주시니 주께서 하시는 일의 결실이 땅을 만족시켜 주는도다"(시 104:10-13) 이 하나하나가 다 하나님께서 보존하시므로 있게 되는 것입니다. 이 세상의 그 어떤 것도 스스로 존재하거나 유지해 갈 수 있는 것이 없습니다. 바울이 아테네의 아레오바고에서 선언한 바와 같이, 우리들도 "우리가 그를[즉, 하나님을] 힘입어 살며 기동하며 존재하느니라"(행 17:28)고 해야 합니다.

둘째로, 하나님께서는 이 세상의 과정을 그저 보존하기만 하시는 것이 아니라, 그 모든 것을 하나님께서 인도하여 정하신 목적지로 이끌어 가시고, 모든 것을 통치하심을 인정해야 합니다. 하나님께서 원하시는 바대로 온 세상을 통치하여서 하나님의 뜻을 성취해 가는 것입니다. 하나님께서는 "모든 일을 그의 뜻의 결정대로 일하시는" 분이십니다(엡 1:11). 온 세상이 그의 기쁘신 뜻대로 통치되는 것입니다. 전통적으로 이것을 "권능의 왕국"(regnum potentiae)이라고 해 왔습니다. 이 세상에서 일어나는 모든 일은 숨겨져 있지만 결국은 하나님께서 당신님의 뜻을 이루어 가십니다. 그래서 옛날에 이것을 "하나님의 보이지 않는 손"(the hidden hands of God)이라고 표현한 일도 있습니다. 우리는 하나님의 통치하심을 참으로 인정해야 합니다.

결국 하나님께서는 하나님 나라가 이 땅 가운데서 온전히 이루어지는 것을 위해 온 세상을 통치하십니다. 그것을 에베소서에서는 "하늘에 있는 것이나 땅에 있는 것이 다 그리스도 안에서 통일되게"(엡 1:10)라고 표현하기도 합니다. 이것이 궁극적 목적이기에 이 목적을 이루시려는 그 계획은 이미 창세 전부터 있었던 것입니다(엡 1:3). 이 계획이 이루어지는 것이 하나님의 경륜이고, 그 경륜의 목적이 이루어지는 것이 이 세상 역사입니다. 이 세상의 그 어떤 것도 하나님의 이 목적을 떠나서 발생하지 않습니다. 우리로서는 그 모든 것을 능히 다 미루어 살필 수 없지만, 이 세상의 모든 것은 "모든 일을 그의 뜻의 결정대로 일하시는 이의 계획을 따라" 이루어지는 것입니다(엡 1:11).

셋째로, 때로는 하나님께서 직접 역사하시지만, 대개는 이 세상의 과정과 함께, 그러므로 소위 제2의 원인들(causa secunda)과 함께 섭리가 이루어집니다. 우리는 이 두 가지, 즉 비상섭리와 일상적 섭리를 모두 다 인정해야 합니다. 하나님의 직접적 역사를 비상섭리(extra-ordinary providence), 즉 이적이라고 합니다. 이것을 부인한 것이 앞서 말한 이신론이나 이신론을 향해 나가는 생각입니다. 필요하면 하나님께서 제2의 원인이 없이 또는 이 세상의 일상적 과정에 역행해서 하나님께서 어떤 일이 일어나도록 할 수 있습니다. 예수님의 경우에 아버지가 없이도 마리아에게 수태되도록 놀랍게 역사하신 것입니다. 또한 예수님과 사도들의 놀라운 이적들이 하나님의 역사하심으로 일어날 수 있습니다. 모든 것은 하나님께서 그것을 원하시느냐 하는 것에 달려 있습니다. 이적은 우리의 필요나 우리의 열심이나 우리의 노력으로 일어나는 것이 아니라, 하나님께서 그 일이 일어나는 것을 원하시느냐에 달려 있는 것입니다.

이런 비상섭리(非常攝理)를 제외하면 구체적인 과정이 이 세상의 제2의 원인들과 함께 일어나는 것입니다. 이를 일상적 섭리(日常攝理, ordinary providence)라고 합니다. 그러므로 성경적 입장은 제2의 원인을 배제하지 않습니다. 우리 부모님이 있어야 우리가 태어납니다. 우리의 존재에 있어서 부모님이 제2의 원인이라고 할 수 있습니다. 심지어 이적도 제2의 원인을 사용해서 일어나기도 합니다. 예를 들어서, 홍해를 가르신 사건도 다음과 같이 일어난 것입니다: "모세가 바다 위로 손을 내밀매 여호와께서 **큰 동풍이 밤새도록 바닷물을 물러가게 하시니** 물이 갈라져 바다가 마른 땅이 된지라"(출 14:21). 그러니 비상섭리가 아닌 일들은 어떻게 되는 것인지를 우리는 잘 알 수 있습니다.

섭리를 참으로 믿는가?

이제 중요한 것은 이런 섭리를 과연 믿는가 하는 것입니다. 하나님의 섭리가 없이는 그 어떤 일도 일어날 수 없습니다. 그러므로 섭리를 참으로 믿지 않는다면 아무것도 할 수 없는 것이 됩니다. 그러므로 모든 것은 섭리를 참으로 믿는가에 달려 있습니다.

이 복잡한 상황 속에서도 하나님께서 섭리하심을 믿어야 합니다. 사실 모든 것이 잘 될 때 하나님의 섭리를 말하고 믿는다고 하기는 비교적 쉽습니다. 물론 그런 순경(順境) 가운데서도 하나님의 섭리를 부인하는 이신론적 사고가 나타나고 한 것을 보면 순경 가운데서도 섭리를 믿고 말하는 것은 어렵다는 것을 잘 보여 줍니다.

그런데 지금과 같은 역경(逆境) 가운데서 하나님의 섭리를 말한다는 것은 그야말로 믿음의 행위입니다. "우리가 믿는 고로 말하였다"고 한 선배들처럼 우리는 모든 정황 가운데서 하나님의 섭리를 믿으면서 그 안에 있음을 인정하고, 하나님께 의존해 가야 할 것입니다. 여기에 신앙이 있습니다. 이런 상황이야말로 참으로 우리의 믿음이 있는지 없는지가 드러나는 위기(crisis)의 하나라고 할 수 있습니다. 이 모든 위기는 종국적인 위기(the final crisis)를 바라보며 우리에게 있음을 잊지 말아야 합니다. "위기"라는 말이 "판단하다, 심판하다"는 뜻을 지닌 헬라어 "크리노"(κρίνω)에서 왔음을 잘 생각하면서 이 위기의 순간에도 우리가 하나님을 믿음을, 하나님의 섭리를 믿음을 드러내야 할 것입니다.

제 15 강

섭리에 대해서 생각할 때의 바른 태도

온 세상이 하나님의 섭리 아래 있다고 말하는 것은 매우 중요한 일입니다. 그런데 소위 믿는다는 많은 사람들은 그 정확한 함의를 다 생각하지 않고 섭리에 대해서 말하기 쉽습니다. 그래서 우리 신앙의 선배들은 섭리에 대해서 말할 때 먼저 사람들이 자칫 잘못하면 빠져 들어 갈 수 있는 잘못된 태도들에 대해서 말하고, 그것을 피하면서 바르게 생각하고, 그런 바른 생각에 따라서 참으로 섭리 아래서 사는 성도들의 바른 모습을 제시하려고 노력했었습니다. 그에 따라서 우리들도 먼저 섭리에 대해서 생각할 때에 있을 수 있는 잘못된 말과 태도들에 대해서 생각해 보기로 합시다.

잘못된 태도들

사람들이 잘못 생각하는 대표적인 것으로 모든 것이 하나님의 섭리 가운데 있으니 하나님이 죄를 만든 분이라고 단선적으로 생각하며 말하는 일을 들 수 있습니다. 그런 사람들은 흔히 하나님이 "죄의 조성자이다"(the author of sin)라고 표현합니다. 그렇게 생각해서 그러니 자신은 하나님을 믿을 수 없다고 말하는 사람이 있는가 하면, 하나님은 죄를 비롯해 모든 것을 다 만드신 분임을 강조해야만 하나님의 주권을 분명히 할 수 있다고 하면서 거의 결정론이나 운명론과 비슷한 입장을 주장하는 사람들도 있습니다. 이렇게 생각하는 사람들은 외국에도 있고 우리나라에도 있어서 항상 많은 사람들을 오도합니다.

그러나 이런 생각은 그야말로 잘못된 태도를 지닌 대표적인 예라고 할 수 있습니다. 어떤 방향으로 가든지(즉, 불신의 모습으로 가든지, 결정론적 입장으로 가든지), 이런 생각은 생각이 너무 단선적입니다. 이런 입장을 가지는 분들은 타락도 결국은 인간을 구원하는 선한 결과를 낳았으니 그것이 적극적 의미를 지닌 것이라고 하면서 타락이 결과적으로 좋은 것이었다는 함의를 전하려고 합니다.[1]

섭리에 대해서 생각할 때 잘못 생각하는 또 다른 예는 이 세상의 모든 것을 우리들이 다 설명할 수 있다는 태도를 가지면서 말하는 것입니다. 우리 나름대로 소위 "모든 것에 대한 이론"을 만들 수 있고 그것을 가지고 이 세상 모든 것을 설명할 수 있다고 하는 것입니다. 이런 입장도 모든 것을 다 설명한다고 하면서 결국은 이상한 결론을 내는 경우가 있습니다. 이런 입장의 궁극적 문제는 우리가 모든 것을 다 헤아릴 수 있고, 심지어 다 설명할 수 있는 듯한 모습을 보이는 것입니다. 자신이 모든 것에 대한 전지적 관점을 가지고 있는 듯이 할 때 사람들은 이에 대해 저항하지 않을 수 없습니다.

이를 피한다고 하면서 결국 하나님도 전지적 관점을 가질 수 없는

---

[1] 이런 결정론적 이해를 드러내는 분들이 소위 초칼빈주의자(Hyper-Calvinism) 그룹에 속하는 분들입니다. 이들에 대한 좋은 소개와 비판으로 Peter Toon, *The Emergence of Hyper-Calvinism in English Nonconformity, 1689-1765* (London: The Olive Tree, 1967; reprint, Eugene, Oregon: Wipf and Stock, 2011); Curt Daniel, "Hyper-Calvinism and John Gill," Ph. D. dissertation (The University of Edinburgh, 1983); Herman Hoeksema와 Henry Danhof 등의 견해에 대한 소개와 비판으로 Cornelius Van Til, *Common Grace and the Gospel* (Philadelphia: Presbyterian and Reformed, 1972), 12-13, 18; 이승구, 『코넬리우스 반틸』 (서울: 살림, 2007), 98-103를 보십시오. 엄밀하게 말하면 초칼빈주의자들은 칼빈주의자들이 아닙니다.

듯이 하는 것도 또 다른 심각한 문제를 지닌 태도입니다. 자신들이 겸손한 것은 좋으나 하나님께서도 영원의 관점에서 모든 것을 보실 수 있음을 부인하는 것은[2] 하나님을 제한하며, 하나님에 대해서 성경이 계시한 대로 생각하지 않는 것입니다.

섭리에 대해서 생각할 때의 바른 태도

이런 잘못된 생각의 태도에 반(反)해서, 성경적으로 바르게 생각하시는 분들은 누구든지 이 세상의 모든 것을 그의 기쁘신 뜻대로 계획하시고 경영하시는 하나님께서 결코 "죄를 만드신 분이 아니며, 죄를 일으킨 분이라는 혐의를 받아서는 안 된다"고 단언해 왔습니다. 이는 이 세상의 모든 일의 발생이 하나님과 관련되어 있음을 부정하는 말이 아닙니다. 후대의 용어로 표현한다면, 이 세상에서 악한 일이 일어나는 것도 하나님의 허락 가운데서 일어나는 것이기는 하나, 하나님이 이런 악한 일을 만드신 분이거나 하나님께서 악한 일을 일으키신 분이라고 말해서는 안 된다고 말했습니다. 이 세상에서 하나님에 대적하는 사탄과 그 수하에 있는 "악한 영들과 악한 사람들이 불의하고 공정하지 않게 일을 할지라도 하나님께서는 그의 일을 잘 하시고 정의롭게 하실 정도로 하나님의 권능과 선하심은 크고 우리들로서는 헤아리기 어렵다"고 한 것입니다. 결국 우리들로서는 모든 것을 정확히 파악하여 모든 것을 다 묘사할 수 없어도, 하나님께서는 악한 일들도 선으로 변용시켜서 결국 하나님의 선하신 목적을 이루신다고

---

2 하나님의 사랑을 강조하면서 하나님께서 스스로 어떤 것은 알지 않기로 하셨고, 결정하신 것이 없다는 입장을 말하는 소위 열려진 유신론, 개방된 유신론(Open Theism)도 이런 문제를 지니고 있다고 할 수 있습니다. *Openness of God*의 저자들 중의 한 사람인 클락 피녹에 대한 비판적 논의로 이승구, "복음주의적 내포주의자 클락 피녹의 신학과 그 문제점," 『우리 이웃의 신학들』 (서울: 나눔과 섬김, 2014), 141-51; 개방된 유신론 전반에 대한 좋은 비판적 논의로 John Frame, *No Other God: A Response to Open Theism* (Presbyterian & Reformed, 2001)을 보십시오.

하나님을 무한히 믿는 마음을 표현한 것입니다.

그러므로 바른 태도는 "하나님께서는 언제나 옳으시다"는 것을 참으로 믿고 그것을 모든 정황에 적용하는 것입니다. 그러나 이런 말을 하는 사람들이 이 세상의 악한 일들과 도덕적인 악인 죄가 발생하는 그 모든 것을 다 옳다고 하거나 그 모든 일이 어떻게 설명될 수 있다고 하는 것이 아님을 잘 파악해야 합니다. 그저 우리들은 구체적인 정황은 잘 모르지만, 이 모든 과정 가운데서 하나님께서는 당신님의 모든 뜻을 다 온전히 이루시고야 만다는 것을 "믿고 말하는" 것입니다.[3]

이런 태도는 결국 우리가 호기심을 가지고 모든 것을 다 탐구하여 모든 설명을 다 할 수 있다는 입장을 포기하는 것입니다. 그래서 성경에 따라서 바르게 생각하는 사람들은 "무모한 호기심을 가지고 우리가 이해할 수 있는 것을 넘어서는 하나님께서 행하시는 바를 탐구하려고 하지 않습니다." 이것은 (1) 이 세상에서는 우리가 가히 파악할 수 없는 일들이 있다고 우리의 생각의 한계, 정당한 이성의 작용의 한계를 인정하는 것이며, (2) 하나님께서 파악하라고 한 것까지만 우리가 파악할 수 있다는 것을 인정하는 것이고, (3) 그것을 넘어서는 것에 대해서는 그저 하나님께 맡기는 태도를 가지는 것입니다. 이것이 하나님을 참으로 믿는 것입니다. 이럴 때에 하나님께서 우리에게 주신 생각하는 기능인 이성이 제대로 기능하는 것의 한 측면이 드러납니다.[4]

---

3 이런 입장에서 하나님의 섭리를 잘 설명한 것으로 표준적인 좋은 조직신학 신론의 섭리 부분을 보십시오. 단권으로 이를 잘 설명한 책으로 Paul Helm, *The Providence of God*, 이승구 역, 「하나님의 섭리」(서울: IVP, 2004)를 보십시오.

4 이를 이성의 한계를 분명히 하는 것이라고 말할 수 있습니다. 이것은 칸트와 그를 따르는 사람들이 생각한 "이성 비판", 즉 "이성의 한계를 분명히 함" 이상의 함의를 지니는 것입니다. 이런 칸트주의자들은 이성의 한계 내에서는 마치 이성이 주권자이며 모든 것을 판단할 수 있는 능력을 가진 것처럼 하여서 그 한계 내에서는 겸손하지 않게 합니다. 그리하여 칸트는 종교도 "이성의 한계 내에서의 종교"가 되어야 한다고 생각했고, 그 결과 구속 종교를 피하려고 하면서 그저 도덕 종교로 기독교를 변용시키고 말았습니다. 그러나 제대로 하면 오히려 이성이 "신앙의 한계 내에서" 작용해야 합니다.

이성이 제대로 작용할 때 드러나는 또 다른 측면은 이성이 하나님의 계시를 잘 정리하는 도구 이것을 다른 말로 표현하면 하나님께서 그의 말씀 가운데서 계시하신 것만을 배우고, 그 한계를 넘어가지 않는 것입니다. 즉, "우리에게 감춰어진 것들이 있음을 인정하고, 겸손과 존숭의 태도로 하나님의 공정한 판단을 높이고 찬송하는" 것입니다. 이것이 "그리스도의 제자가 되는 것으로 만족하는" 것입니다.

그러므로 그리스도의 제자가 된다는 것에는 이렇게 하나님만을 높이고 겸손히 그의 의로우심을 인정하면서 우리의 한계와 하나님의 일하심을 인내로 기다리는 것이 포함됩니다. 이렇게 생각하면서 생각만 그렇게 하는 것이 아니라, 실제 삶에서 매일 매일 그리스도로부터 배우며 겸손히 그의 뜻을 따라 사는 일을 계속하는 것이 그리스도의 제자로 만족하는 것입니다. 섭리를 생각하며, 섭리를 참으로 인정하는 사람은 이렇게 그리스도의 참된 제자로 살아갑니다.

여기서 나름대로 섭리를 강조면서 자연의 이법(理法)에 순응하며 살 것을 권하던 세네카나 마르크스 아우렐리우스 같은 로마 시대의 스토아 철학자들과 성경적 섭리를 말하며 믿는 진정한 섭리론자들의 근본적 차이가 드러납니다. 물론 근본적으로 섭리를 하시는 분이 우리가 믿는 것과 같이 인격을 가진 분이냐 아니면 무인격적인 자연의 이법이냐 하는 차이도 있습니다. 그러나 그 자명한 것 이상으로 "섭리를 참으로 믿는" 자들은 참으로 겸손하게 생각하고, 사는 일에서 기꺼이 그리스도의 제자가 되려고 하며, 그리스도의 제자인 것으로 만족합니다.

역할을 제대로 하는 이성의 "도구적 사용"이라고 할 수 있습니다. 이에 대해서는 Cornelius Van Til, 『개혁주의 조직신학 서론』 (서울: CLC, 1995)을 참조하여 보십시오.
　이 두 측면이 "신앙하는 이성", 소위 "중생한 이성"의 모습을 잘 드러내는 것입니다. 이런 입장에서라야 섭리에 대해서도 바르게 생각하며 살도록 합니다.

우리 상황에 적용하며 나가면서

다시 한번 자문해 보십시다. 우리에게 코로나19 같은 상황에서 하나님께 대하여 조금이라도 불평이 있다면 우리들은 바르게 생각하며 느끼고 사는 것, 즉 참된 그리스도의 제자의 모습을 드러내는 것이 아닙니다. 그렇게 하는 것은 오히려 이 세상을 따라가는 것입니다. 또한 우리가 이 모든 사태를 스스로 다 설명할 수 있다고 오만한 모습을 드러내는 것도 겸손하게 그리스도로부터 배우려는 사람의 모습을 보이는 것이 아닙니다. 지금의 상황 같은 복잡한 상황의 한 가운데서 우리들은 하나님께서 우리를 불쌍히 여기시기를 간절히 바라면서 하나님에게서만 해결책을 찾으려고 하며, 우리에게 해결의 열쇠가 없음을 분명하게 선언하고 하나님만을 바라보아야 합니다. 이 사태는 타락한 우리의 삶은 그 자체로는 그야말로 "출구가 없음"(no exit!)을 잘 드러내어 보여 주는 대표적인 예가 됩니다. 타락한 우리의 삶 자체는 그야말로 닫혀진 세계(closed world)일 뿐입니다. 오직 하나님에게만 이 세상의 문제를 해결하고 열려질 가능성이 있습니다. 우리는 모든 것을 다 설명할 수 없어도 하나님은 이런 죄와 악들의 조성자가 아니시며 이런 죄와 악들을 조성하신 분이 아니십니다. 물론 이 모든 것이 다 하나님 통제 하에 있음은 분명합니다. 하나님께서는 이런 악들을 선으로 변하게 하시는 것을 믿어야 합니다. 그 하나님을 믿으면서 **생각도 겸손하게 하고, 살 때도 참으로 겸손하게 하나님을 의존해 사는 것**이 하나님을 믿는 것이며, 그것만이 우리의 살 길입니다.

여기 먼저 믿는다고 하는 우리들이 모든 정황 가운데서 그렇게 할 수 있기를 원합니다. 그리고 아직도 믿지 않는 분들이 우리 모두가 살 수 있는 이 유일한 길을 받아들여서 우리와 같이 이렇게 생각하면서 하나님을 찬양하고 하나님께 경배하며, 그 하나님의 뜻을 수행하는 사람들이 되시기를 청유합니다. 진정 그리스도의 제자가 되는 것만이 코로나19 상황에서도 가장 바르게 나아가는 우리의 유일한 길입니다. 다른 길은 없습니다(No other way!). 구원 문제에서만 그런 것이 아니고, 모든 문제에서 그리스도의 제자가 되어 참으로 그를 그의 의도대로 따라가는 것만이 유일한 해결책입니다.

제 16 강

섭리에 대한 바른 이해의 유익:

섭리를 바로 이해하는 것은 우리에게 참된 위안과 안식을 준다.

하나님께서 섭리하심에 대해서 바르게 말하는 것은(즉, 바른 섭리론은) 결국 하나님의 섭리를 바르게 인정하고 우리가 그 과정과 의미를 다 이해하지 못해도 그것을 받아들이는 것을 뜻합니다.

섭리를 받아들인다는 것은 무엇인가?

다시 한번 더 강조하면, 하나님의 섭리하심을 바르게 이해한다는 것은 다음과 같은 것이 아닙니다. 섭리를 받아들인다고 하는 것은 (1) 우리가 잘못되고 과도한 호기심을 가지고 하나님께서 행하시는 바를 탐구해 들어가는 것을 뜻하는 것이 아닙니다. 하나님께서 행하시는 바는 우리의 이해를 초월하며, 우리가 온전히 다 알 수 있는 것을 초월해 있기 때문입니다. 타락하기 전의 인간도 하나님께서 행하시는 것의 모든 것을 다 안다고는 할 수 없을 것이니, 타락한 사람이 그것을 어찌 다 알 수 있겠습니까? 따라서 (2) 섭리에 대해서 안다고 하는 것은 우리가 주어진 정황에 대한, 따라서 어떤 특정한 장소와 시기의 역사와 역시 전체의 시시비비를 다 알 수 있다고 하는 것이 아닙니다.

그러므로 **섭리를 바로 이해하는 것**은 우리의 호기심을 가지고 우리가 알 수 없는 것을 스스로 탐구하는 것을 뜻하지 않고, 오히려 "모든 겸손과 경건으로 모든 것에 대한 하나님의 바르고 공정한 판단을 존중하며 높이는" 것입니다. 하나님의 바르고 공정한 판단은 때로는 우리에게 잘 보이지 않고 숨겨져 있는 경우들이 많습니다. 이번에 우리들이 경험하는 코로나19 상황 같은 것이 아주 대표적인 예가 됩니다. 이 상황에서 모든 것을 다 아는 것처럼 하는 것이 어리석은 일이듯이, 이와 같은 상황 속에서 섭리 같은 것은 없다고 하는 것은 더 심각한 문제입니다. 우리들은 우리가 잘 이해하지 못하는 이런 상황에서도 하나님의 섭리하심이 있음을 경건하게 그리고 모든 겸손함으로 받아들이는 것입니다. 그러므로 우리들은 모든 정황에서 예수 "그리스도의 제자로 있는 것으로 만족하는" 것입니다. 그래서 "하나님께서 그의 말씀 가운데서 우리들에게 보여주신 것들을 배우고, 그 한계 이상으로 나아가지 않으려고" 해야 합니다.

오래 전(1561년)에 〈벨직 신앙고백서〉로 자신들의 신앙고백을 하던 분들은 그리스도의 제자로 있는 것과 하나님께서 당신님의 계시 가운데서 "우리들에게 보여 주신 것을 배우려고 하고, 그 한계를 넘어 가지 않는" 것을 동일한 것으로 여겼습니다. 그리스도의 제자는 하나님의 섭리를 참으로 바르게 이해하고 받아들이는 사람들이라고 한 것입니다. 항상 옳은 말이지만 그 이상으로 나아가기를 즐겨하며 자신들의 이해를 자랑하는 오늘날의 사람들에게 이는 매우 적실하고 중요한 생각입니다. 이분들은 비판 이전 시기에 살던 사람들이니 그럴 수 있었지만, 우리들은 그럴 수 없다고 한다면 여러 면에서 우리들은 교만한 것이 됩니다. 16세기에도 하나님께서 당신님의 말씀 가운데서 드러내어 보여 주신 것으로 만족하지 않으려 하면서 이 한계를 넘어 가고자 하는 사람들이 많았기에 이런 말을 신앙고백서 가운데서 했던 것입니다. 그러므로 어느 시대든지 타락한 인간들이 자신들의 그 타락성에 따르면 항상 주어진 말씀 안에 머무는 것으로 만족하지 않습니다. 그 한계 밖으로 나아가려고 하는 것은 우리네 타락한 인간성을 만족시키기는 하지만, 항상 잘못된 길로 나아가는 것입니다.

그러므로 우리는 항상 하나님의 말씀이 드러내 주는 한계 내에 있는 것으로 만족해야 합니다. 그것이 고루해 보이고 진취적이지 않으며, 탐구 의욕을 꺾는 것처럼 보이지만, 그것은 타락한 인간의 문제성과 피조물의 한계성을 참으로 인정하는 참으로 겸손한 것이며 그것이 경건입니다.

이런 겸손과 경건을 가진 사람들은 이 세상의 모든 것이 그저 우연히 되는 것이라고 예전 에피쿠로스학파에 속한 사람들(the Epicureans)이나 그와 비슷한 생각을 하는 사람들처럼 생각할 수 없습니다. 이는 하나님의 섭리를 인정하지 않는 것으로 결국 모든 것이 우연히 있게 되었다고 하는 것이 됩니다.

또한 참으로 겸손한 사람들은 인격적인 하나님의 존재를 정확히 생각하지 않은 채 그저 기계적인 섭리 과정을 있다고 하면서 그것에 우리가 노예적으로 순응해야 한다고 이전에 스토아학파 사람들처럼 생각할 수도 없습니다. 여기 아테네의 아레오바고에서 참 하나님과 그가 온 세상 구원을 위해 주신 복음을 전하는 바울에 마주해서 논쟁하던 에피쿠로스와 스토아 철학자들의 생각이 있습니다(행 17:18). 바울이 그분들의 생각이 옳지 않다고 했던 것처럼 우리들도 이 분들의 철학적 사유가 옳지 않다는 것을, 그리고 그들과 직간접으로 연관된 이 세상의 사유들이 옳지 않음을 분명히 하면서 참으로 하나님께서 우리에게 가르쳐 주신 것을 분명히 천명하면서 그 말씀이 가르치는 한계 내에서 사유하는 것을 기뻐해야 합니다. 진정한 모든 것은 다 말씀의 한계 내에(within the Limits of the Word of God) 있는 것입니다. 종교와 모든 것을 "이성의 한계 내에서만"(within the limits of Reason alone) 생각하려고 하는 것이 심각한 문제의 근원이 됩니다.[1] 그러므로 그리스도의 제자들은 항상 모든 것에 대해서 말씀의 한계 내에서 생각합니다.

말씀의 한계 내에서 섭리 과정을 보면 나타나는 놀라운 결과

말씀의 한계 내에서 하나님의 섭리에 대해서 생각하면 섭리 교리야말로 "우리에게 말할 수 없는 위로를 주는 교리"입니다. 왜냐하면 말씀의 한계 내에서 생각하면 이 세상의 그 어떤 것도 우연히 일어나는 것이 아니라는 것을 잘 생각할 수 있기 때문입니다. 이것을 말하는 것이 "하나님의 섭리"라는 말입니다. 오히려 예수 그리스도의 구속 덕분에 우리의 아버지되시는 은혜로우신 하늘 아버지의 관리하심과 돌보심에 의해 이 모든 일이 일어나는 것이라고 고백하게 됩니다.

구속함을 받은 그리스도인들을 하나님께서 아버지 같이 돌보십니다. 그래서 그리스도인들은 "하늘에 계신 우리 아버지"라고 하나님을 불러 왔습니다.[2] 모든 것이 잘되는 순조로운 환경[옛 사람들의 이른바 순경(順境)] 중에는 이것을 인정하기가 비교적 쉽습니다. 그러나 죄와 악이 횡행하는 세상에서 우리에게 닥치는 어려움 가운데서는 어떻게 생각해야 할까요? 예를 들어서, 모든 시대의 순교자들이나 6 · 25 전쟁 등의 상황에서, 그리고 이 코로나19 상황에서 이렇게 말할 수 있을까요?

---

1 이 말이 임마누엘 칸트의 "이성의 한계내의 종교"(Religion within the Limits of Reason Alone, 1793)의 인유라는 것은 누구나 의식할 것입니다. 최근 번역으로는 Allen W. Wood and George di Giovanni, trans., *Religion within the Boundaries of Mere Reason*, in *Immanuel Kant: Religion and Rational Theology*, volume 6 of The Cambridge Edition of the Works of Immanuel Kant (Cambridge: Cambridge University Press, 1998), 55-215를 보십시오.

2 이 어귀의 풍성한 의미에 대해서는 이승구, 『하나님께 아룁니다』 (서울: 말씀과 언약, 20202), 97-117을 보십시오.

그러나 바로 이런 데서 섭리 신앙의 묘미(妙味)가 나타납니다. 우리가 물리적으로 죽는다고 해도 우리의 존재 자체는 하나님에 의해 보호되어 일단 그 영혼은 하나님과 함께 그리고 우리 주 예수 그리스도와 함께 하늘에 있다가, 우리 주께서 다시 오시는 날 몸이 부활하여 영육간의 온전함을 회복하여 영원토록 하나님을 찬양하면서 하나님께서 원하시는 일을 영원토록 몸과 영의 전인(全人)으로 힘 있게 수행하게 될 것입니다. 그러므로 이 세상의 사람들이 불행한 일이라고 하는 것 자체가 우리의 본질적 존재 자체에는 아무런 영향도 미치지 못합니다. 그리스도인인 우리에게는 하나님과의 풍성한 교제가 본질적으로 중요한 것이기 때문입니다.[3] 그러나 이것이 물리적인 죽음 같은 것을 우리가 무시한다는 말은 아닙니다. 이 세상의 어려움과 죽음은 심각하고 큰 일이지요. 그러나 그것이 하나님과의 교제라는 우리의 근본적 본질에 아무런 손상도 주지 못합니다. 그저 사랑하는 사람들을 잠시 보지 못하게 되는 안타까이 있을 뿐입니다. 물론 그것도 심각한 문제이고 그것을 우리는 중요하게 여깁니다. 그래서 우리는 사람들의 고난과 죽음의 문제를 심각하게 다룹니다. 그렇기에 이 세상의 가장 위협적인 것이 사망과 음부이고, 이 세상의 가장 큰 권세가 음부의 권세(음부의 門)라고 하는 것입니다. 그러나 그것도 다 하나님의 섭리의 과정 속에 있음을 말하면서, 고난과 물리적 죽음이 모든 것의 마지막 말이 아니라는 것을 우리는 성경을 통해서 잘 배우는 것입니다.

우리가 무엇을 마지막 말이라고 생각하느냐는 것은 매우 중요한 문제입니다. 하나님을 참으로 아버지로 모시지 않는 사람들은 물리적 죽음 뒤에 더 심각한 영혼의 고통이 따르고, 예수님의 재림 후에는 그리스도의 심판대 앞에서 그들의 죄악에 대해 정죄받고(condemnation), 그에 상

---

3 이것을 매우 중요하게 생각해야 합니다. 우리의 정체성을 검토할 수 있는 좋은 것이 바로 이 주제입니다. 과연 우리에게 가장 중요한 것이 무엇이라고 생각하는지가 여기서 드러납니다. 그러나 이것이 물리적인 것을 무시하고 그저 영적인 것 위주로 가는 것이 아님을 잘 생각해야 합니다.

당한 형벌을 선고받아(sentence) 영원히 몸과 영혼의 고난을 받게 된다고 성경은 가르쳐 줍니다. 수없이 많은 사람들이 그것을 인정하지 않으려고 하고, 심지어 성경이 그런 가르침을 가르친다는 것을 없애 버리려고 노력하지만, 그래도 성경이 명백히 가르치는 것을 무시할 길은 없습니다. 그런데 그리스도의 십자가와 부활에 동참하여 그리스도와 같이 죽고 그리스도와 같이 살아난 사람들(갈 2:20)은 우리의 정죄(condemnation)를 그리스도께서 나의 자리에 서시어 나 대신에 받으셨다는 이 복음의 선언에 대해서 깜짝 놀라면서 황송해 하면서 이 선언을 감사함으로 받아들입니다. 최후의 심판대에서 내가 받아야 할 형벌을 그리스도께서 십자가에서 나 대신에 받으시고 내가 받을 저주를 그가 받으셨음을 인정하면서 "그리스도께서 우리를 위하여 저주를 받은 바 되사 율법의 저주에서 우리를 속량하셨다"고(갈 3:13) 바울과 같이 선언하는 것입니다.

이렇게 그리스도와 함께 죽고 그와 함께 살아난 이 그리스도인들은 모든 삶의 과정을 그리스도의 부활의 능력 안에서 살아갑니다. 그래서 이 세상에서 큰 고난이 있고, 심지어 자신이 물리적 죽음에 처해도 그것이 자신의 본질에 전혀 영향을 미치지 않는 것을 알 뿐만 아니라 그런 실재(reality)를 삶으로 실제로 드러내며 사는 것입니다. 이것이 섭리를 믿는 사람들의 삶입니다. 물론 이것은 하나님의 백성들에 대한 섭리인 소위 "아주 특별한 섭리"(providentia specialissima)에 대한 말이지만,[4] 이것도 섭리의 과정의 하나인 것입니다. 하나님께서는 당신님의 나라와 그 백성들을 위해서 온 세상에 대한 주재권을 행사하시기 때문입니다. 하나님 나라의 "이미와 아직 아니"의 구조 속에서는 하나님의 나라, 즉 "은혜의 왕국"(regnum gratiae)을 위해 온 세상에 대한 하나님의 주재권인 "권능의 왕

---

[4] "아주 특별한 섭리"에 대해서는 Louis Berkhof, *Systematic Theology*, 4th edition (Grand Rapids: Eerdmans, 1949), 168; 이승구, 『사도신경』 (서울: SFC, 2013), 54; 이승구, 『하나님의 진정한 위로』, 최근판 (서울: 나눔과 섬김, 2015), 175 등을 보십시오.

국"(*regnum potentiae*)이 있는 것입니다. 그러므로 하나님 나라의 백성들은 모든 정황 가운데서 하나님의 아버지로서의 돌보심 가운데 있음을 분명히 해야 합니다.

따라서 하나님 나라 백성인 우리는 "이런 생각 가운데서 참으로 안식하게" 됩니다. 사탄과 그 휘하의 악한 영들과 우리의 그 어떤 원수들이라도 하나님의 허락하심이 아니고는 우리를 해할 수 없음을 우리는 잘 알기 때문입니다. 혹시 하나님께서 허락하셔서 욥이 당한 고난과 비슷한 고난이나 그에 훨씬 미치지 못하는 고난이 우리에게 올 때 우리들은 그 모든 것을 능히 다 이해할 수 없어도 그런 상황에서도 하나님의 섭리를 인정하면서 마음의 안식을 가지고 고난을 감당해 나가야 합니다. "오직 하나님은 미쁘사 너희가 감당하지 못할 시험 당함을 허락하지 아니하시고 시험 당할 즈음에 또한 피할 길을 내사 너희로 능히 감당하게 하시느니라"(고전 10:13)는 말씀을 믿기 때문이며, 때로 그 고난이 이해할 수 없고 큰 것일수록 그 과정을 통해서 "그가 나를 단련하신 후에는 내가 순금 같이 되어 나오리라"(욥 23:10)고 욥과 같이 고백합니다. 그리하여 참된 성도는 결국 "고난당한 것이 내게 유익이라 이로 말미암아 내가 주의 율례들을 배우게 되었나이다"(시 119:71)라고 같이 고백합니다. 이것이 하나님의 섭리를 참으로 인정하는 자들의 태도입니다.

Belgic
Confession
of Faith

제 3 부

인간의 창조와
타락과 죄의 문제

제 17 강   하나님께서 사람을 창조하신 것을 믿습니까?

제 18 강   창조된 상태에서 인간은 어떻게 했습니까? 인류 최초의 죄

제 19 강   원죄와 자범죄, 인간의 근원적 문제

제 20 장   타락한 우리들이 어떻게 하나님을 믿게 되었습니까?

제 17 강

하나님께서 사람을 창조하신 것을 믿습니까?

하나님께서 온 세상을 창조하셨고 그의 거룩하신 뜻에 따라 섭리하신다는 것에 이미 포함된 것이지만 인간의 창조와 그들에 대한 섭리를 따로 말하는 것은 매우 자연스러운 일입니다. 그래서 이전 신앙고백서들도 하나님의 창조 일반에 대해서 말한 후에 다시 인간의 창조에 대해서 말합니다. 〈벨직 신앙고백서〉에서는 창조와 섭리에 대한 고백 후에 "우리는 하나님께서 땅의 흙으로부터 사람들을 창조하시되 하나님의 형상과 모양대로 선하고, 의롭고, 거룩하게 만드셔서, 그들의 의지로 모든 일에서 하나님의 뜻에 따를 수 있도록 하셨습니다"(제14항 앞부분)라고 인간의 창조에 대해서 따로 언급합니다. 다른 신앙고백서들도 대개 그렇게 합니다. 여기 그리스도인들이 인간 창조를 과연 어떻게 믿는가 하는 것이 잘 나타납니다. 과거 신앙의 선배들의 진술을 생각해 보면서 지금 우리가 과연 이 문제를 어떻게 믿고 있는지와 비교해 보겠습니다.

창세기 기록에 따라서 인간 창조를 이해함

가장 두드러진 특징은 과거의 진정한 신앙인들은 인간 창조를 창세기 기록에 따라서 믿고 고백했다는 것입니다. 인간들을 땅의 고운 흙으로부터 만드셨다는 말이나 하나님의 형상과 모양대로 만드신다는 말은 모두 창세기에 기록된 말입니다. 창세기 기록을 믿지 않으면 인간 창조에 대해서 이렇게 말할 수도 없고, 그렇게 말한다는 것은 무의미한 말이 됩니다. 하나님께서 창조하신 땅의 고운 흙을 사용하셔서 성경 가운데서 유일하게 하나님의 형상이라고 언급되는 인간을 만드신 것은 참으로 놀라운 일입니다. 과학이 발달한 현대에 우리들은 인간의 몸을 구성하는 그 구성 요소들이 결국 땅에 있는 모든 요소들과 같다는 것을 확인하면서 과연 창세기가 말하고 있는 것이 매우 정교하다는 것을 다시 확인합니다. 그 화학적 구성 물질만 계산하면 참으로 아무것도 아닌 것을 아주 정교하고 놀랍게 만드셔서 하나님의 형상인 사람으로 만드시는 하나님의 창조는 매우 놀랍습니다.[1]

최초의 남녀가 창조의 여섯째 날 맨 마지막 피조물로 만들어졌음을 창세기 1장에서 배운(27절, 31절) 우리는 그 마지막 창조의 과정의 구체적인 모습을 창세기 2장에서 배우게 되는데, 먼저 땅의 고운 흙으로 남자(아담)을 지으시고(창 2:7) 그로 하여금 동물들과 새들의 이름을 짓는 일을 하게 하시고(창 2:18-20), 그 가운데서 자신이 홀로 있음과 "그에게 상응하는 돕는 자"(개정개역의 "돕는 배필의 더 정확한 표현)의 필요성을 느끼게 하시고, 깊이 잠들게 하신 후에 갈빗대 하나를 취하여 여자를 만드셔서(21-22절) 그 남자(아담)에게 이끌어 와(22절) 그들이 혼인하게 하시고, 이를 기점으로 하여 이후로는 "남자가 그 부모를 떠나 그 아내와 연합하여 둘이 한 몸을 이룰지로다"라고 선언하여(창 2:24) 혼인 제도도 하나님께서 만드셨음을 창세기 2장에서 배우는 것입니다.

---

1 이 점을 잘 지적하면서 논하고 있는 Francis Nigel Lee, *The Origin and Destiny of Man* (Memphis: Christian Studies Center, 1978), 이승구 역, 『성경에서 본 인간』 (서울: 엠마오, 1984; 개정역, 도서출판 토라, 2006), 제2장을 보십시오.

이 땅에 성자께서 성육신하여 오셨을 때 사람들의 이상한 질문에 대해 예수님께서는 대답하시면서 이 구절을 인용하시면서 "사람을 지으신 이가 본래 그들을 남자와 여자로 지으시고 말씀하시기를 '그러므로 사람이 그 부모를 떠나서 아내에게 합하여 그 둘이 한 몸이 될지니라' 하신 것을 읽지 못하였느냐?"라고 질문하신 일이 있습니다(마 19:4–5). 예수님께서 창세기 1장의 남자와 여자로 만드셨다는 말씀과 2장의 말씀을 다 그대로 받아들이신 것이지요. 그러므로 우리들도 예수님을 따라서 창세기 1장과 2장의 기록을 그대로 받아들이면서 하나님께서 여기서 말씀하신 대로 본래 사람을 지으셨다는 것을 말하는 것입니다.

하나님께서 인간을 창조하셨음을 믿는다는 것은 이렇게 창세기의 기록을 그대로 믿는다는 것과 같이 갑니다. 더 놀라운 것은 최초의 사람들만 그렇게 놀랍게 만드시는 것이 아니라, 그 사람들을 사용하셔서 오늘도 창조하시는 새로운 사람들도 하나님의 형상으로 만드시는 그 놀라운 인간 창조의 일이 계속된다는 것입니다. 최초의 남자(아담)과 여자를 창조하시고 그들을 혼인하게 하신 하나님께서는 "생육하고 번성하여 땅에 충만하라, 땅을 정복하라, 바다의 물고기와 하늘의 새와 땅에 움직이는 모든 생물을 다스리라 하시니라"(창 1:28)는 말로 명령(creation mandate)하시면서 복을 주셨습니다(the benediction of God). 이 명령과 복 주심에 따라 남자와 여자가 혼인하여 생육할 때에 새롭게 창조되는 아기들도 모두 하나님께서 친히 창조하시는 것입니다. 최초의 창조 때에 땅의 고은 흙을 사용하셨던 것처럼, 이제는 더 인격적인 존재들인 부모될 이들을 사용하시지만 그들이 제2의 원인으로 작용해도 결국 개별적인 인간 생명은 다 하나님께서 친히 창조하시는 것입니다. (그러므로 우리들은 정자와 난자가 합하여지는 그때부터를 인간 생명의 시작으로 보며, 결국 자궁 외 임신처럼 어머니와 자녀의 생명 모두가 위태로운 때 외에는 모든 낙태가 있을 수 없는 일이라고 주장하는 것입니다).[2] 그래서 우리들은 인간 영혼은 다 하나님께서 직접 창조하신다고 보는 견해가 가장 적절합니다. 하나님은 참으로 "모든 영의 아버지"(히 12:9)이십니다.

하나님의 형상을 따라 인간을 창조하셨음을 인정함

그와 같이 놀랍게 창조된 사람을 기독교 전통에서는 하나님의 형상(*imago Dei*)이라고 합니다. 이것도 창세기에서 "하나님의 형상을 따라" 창조하셨다고 하신 말씀을 따라 생각하고 말하는 것입니다. 창세기에서 하나님께서 "우리의 형상을 따라 우리의 모양대로"라고 하신(창 1:26) 말을[3] 따라 기독교에서는 우리들이 하나님의 형상을 따라 창조되었다고 말합니다. 이 때 형상과 모양이라는 말을 이전 교부들이나 천주교회처럼 각기 다른 것을 지칭하는 것으로 보지 않고, 일종의 병행법적인 표현으로 보면서 같은 것을 지칭하는 것으로 보는 것이 창세기에 대한 유대인 해석자들을 따르는 종교개혁의 전통입니다.[4] 그리고 다른 존재가 그렇게 고귀한 명칭으로 불린 일이 없고 오직 사람만이 이런 식으로 창조되었음을 확인하고서 우리들은 오직 사람이 하나님의 형상이라고 합니다.

이는 이 세상에서 흔히 말하는 대로 단순히 인간은 고귀한 존재라고 말하는 것 이상의 의미를 지닙니다. 오직 기독교 전통에서만 그 인간의 고귀성을 하나님의 형상에서 찾습니다. 엄밀히 말하면 인간을 하나님

---

2 이 문제에 대하 더 상세한 논의를 보려면 이승구, 『인간 복제, 그 위험한 도전』 (서울: 예정, 2006), 27-47; 이승구, 『위로받은 성도의 삶』 (2015, 최근판, 서울: 말씀과 언약, 2020), 203-209와 그에 인용된 문헌들을 보십시오.

3 이 용어들의 의미에 대해서는 이승구, 『성경신학과 조직신학』 (서울; SFC, 2018), 29-33, 특히 30, n. 28을 보십시오.

4 이 문제에 대한 논의로 Seung-Goo Lee, "Calvin and Later Reformed Theologians on the Image of God," *Unio cum Christo* 2/1 (Aril, 2016): 135-47을 보십시오.

의 형상이라고 할 때만 인권(人權)을 제대로 말할 수 있습니다. 이 세상에서와 같이 인간을 진화된 존재로 말하면 아무리 인간의 존귀함과 고귀성을 말한다고 해도 진정한 인권의 토대를 말하기 어렵습니다. 그러므로 이 세상의 인권운동은 언제나 한계를 드러내고 어떤 경우에는 오히려 진정한 인권을 말살하는 결과를 냅니다. 이 세상에는 사람들을 위한다고 하면서 그 미명하에 사람들을 어렵게 하고 심지어 억압하며 죽이는 일들도 많이 있었습니다. 그러므로 이 시대에 우리는 진정한 인권의 토대로서 하나님 형상 개념이 회복되어야 함을 강하게 주장하지 않을 수 없습니다.

본래 이 형상(imago)이라는 이 말은 결국 '반영'이라는 뜻을 지닙니다. 여기 피조물인 사람이 있는데, 그들이 창조주이신 하나님을 반영하도록, 그럴 수 있는 모든 능력을 부여받아 지음을 받았다는 놀라운 의미가 있는 것입니다. 그렇게 생각하면 인간은 하나님을 반영할 때 가장 정상적인 사람인 것입니다. 하나님께서 어떤 분인지를 성령님의 인도하심 가운데서 성경에 근거해 잘 궁구해서 그 하나님의 어떠하심을 그의 존재 전체로 드러낼 때에 참사람의 모습이 드러나는 것입니다. 이것이 기독교회가 말하는 참 인간화입니다.

그렇게 하지 않는 사람들은 하나님의 어떠함을 제대로 반영하지 않고 잘못 반영하는 것이니 하나님의 형상을 왜곡하는 "왜곡된 하나님의 형상"(deformed image of God)이라고 할 수 있습니다. 나중에 자세히 살펴보겠지만, 이를 다시 회복하는 일이 온전한 참 하나님의 형상으로 오신 예수 그리스도의 구속 사건에 의해서 일어나게 됩니다.

하나님을 잘 반영한다는 것이 무엇인지를 궁금해하는 분들은 성경 전체를 더 주목하게 됩니다. 그 과정에서 그리스도 안에서 그것이 회복된 상태를 표현하는 바울 사도의 말이 "창조하신 자의 형상을 좇아 지식에까지 새롭게 되는 것"(골 3:10)이라고 하고, "하나님을 따라 의와 진리의 거룩함으로 지으심을 받은"(엡 4:24)으로 표현되고 있음을 주목하게 되었습니다.[5] 이것이 본래 사람이 창조된 모습을 표현하면서, 동시에 인간들이 제대로 하지 못한 하나님을 반영하는 일이 그리스도의 구속으로 새롭게 되었을 때 아주 잘 이루어진다고 바울이 말하는 것을 중요시하면서 보는 것입니다. 이미 오래전에 바울이 이를 말했지만 다른 분들이 별로 주의를 기울이지 않던 것을 칼빈을 위시한 개혁파 사람들이 주로 이를 강조하여 말한다고 해서 이를 하나님의 형상에 대한 개혁파의 해석이라고 합니다. 이 신약 구절의 빛에서 이제 우리들은 더 확실하게 말할 수 있게 되었다고 하면서 개혁파 사람들은 "의롭고, 거룩하게 만드셔서, 그들의 의지로 모든 일에서 하나님의 뜻에 따를 수 있도록 하셨습니다"라고 말했습니다.

이렇게 하나님 앞에서 의롭고 거룩하며 하나님의 뜻을 잘 알 수 있는 것이 그리고 그 하나님의 뜻에 자신들의 의지를 부합시키는 것이 하나님을 따라 생각하며, 있고, 사는 것입니다. 하나님께서 계시해 주시는 것을 따라서 하나님의 생각을 따라 생각하며, 그 계시에 나타난 하나님의 뜻을 의식적으로 따라서 자신들도 그런 의지를 가지고, 하나님께서 선하다고 하는 것을 자신들도 선하다고 하며 사는 것이 하나님을 반영하는 것이지요. 이렇게 제대로 하는 것을 본래적인 의[原義, original righteousness]라고 해 왔고, 이를 좁은 의미의 하나님의 형상이라고 했습니다. 이것이 본래 창조된 인간의 상태였습니다. 이런 내용물이 채워질 수 있도록 그렇게 할 수 있는 기능을 넓은 의미의 하나님의 형상이라고 하기도 했습니다. 본래 사람은 이렇게 폭넓게 하나님의 형상으로 창조된 것입니다.

---

5 이 작업을 시작한 분이 요한 칼빈이라고 생각합니다. 이 문제에 대한 좋은 논의로 Seung-Goo Lee, "Calvin and Later Reformed Theologians on the Image of God," *Unio cum Christo* 2/1 (Aril, 2016): 135-47을 보십시오.

오늘날 우리들은?

이것을 다 인정하면 참으로 기독교적인 인간 창조 이해를 가진 것입니다. 근본적으로 안타까운 일은 인간들이 이런 고귀한 창조 상태[원상태]에서 떨어진 타락한 상태에 이르렀다는 것이고, 따라서 인간들이 본래 이런 식으로 하나님의 형상으로 창조되었다는 것을 인정하지 않는다는 것입니다. 타락한 인간의 근본적 문제가 바로 여기 있습니다. 지금 여기에 있는 타락한 인간은 끊임없이 하나님을 제대로 반영하지 못하는 방식으로 그래도 동물이 아니고 사람이므로 잘못된 식으로 하나님을 반영합니다. 여기 인간의 고귀성과 명확히 대조되는 인간의 비참한 모습이 있습니다. 그러므로 우리네 인간의 유일한 희망은 오직 그리스도 예수뿐입니다. 그 외에는 다른 길이 없습니다. 하나님의 참 형상으로 오셔서 구속을 이루셔서 우리로 창조의 그 모습을 다시 보면서 이제 다시는 타락하지 않는 상태에 이르게 하시는 그분과 연합하여 있기를 간절히 바랍니다.

제 18 강

창조된 상태에서 인간은 어떻게 했습니까?
인류 최초의 죄

우리는 성경을 통해서 사람이 하나님의 형상으로 지어졌다는 것을 잘 알게 됩니다. 그러나 또한 하나님의 형상으로 하나님의 뜻을 잘 알고 하나님이 원하시는 것이 무엇인지를 알 수 있었던 사람들이 그런 고귀한 위치를 잘 지키지 못했다는 것도 알게 됩니다. 그런데 상당히 많은 사람들은 성경이 말하는 이런 정보에 관심을 가지지 않을 뿐만 아니라, 혹 관심을 가져도 인간이 하나님의 형상으로 지어졌다는 것은 받아들이는 척하면서도, 그 뒤에 나오는 인간이 그 지위를 지키지 못한 사실에 대해서는 눈 감아 버리려고 합니다. 자신들에게 유리한 것만 취하는 정보 선택의 오류를 이 중요한 문제에 대해서도 적용하려는 것입니다. 그러나 우리는 성경이 명백하게 이야기하는 인간 창조와 인간의 타락이라는 두 사실을 다 받아들이고, 그 함의를 충분히 생각해야 합니다.

인류 최초의 죄라는 사실 자체

"선과 악을 알게 하는 나무를 먹지 말라"고 하신 하나님의 말씀이 있었고 (창 2:16-17) 그것을 먹어서 하나님의 명령에 불순종하는 것은 죽는 길이라고 하셨는데, 이 하나님의 말씀보다는 "너희가 결코 죽지 아니하리라. 너희가 그것을 먹는 날에는 너희 눈이 밝아져 하나님과 같이 되어 선악을 알 줄 하나님이 아심이니라"(창 3:4, 5)는 뱀을 통해 말하는 사탄의 말에 더 귀를 기울이면서 "여자가 그 나무를 본즉 먹음직도 하고 보암직도 하고 지혜롭게 할 만큼 탐스럽기도 한 나무"(창 3:6)로 보였습니다. 이런 생각과 마음의 움직임에 따라 여인은 결단하고 "여자가 그 열매를 따먹고 자기와 함께 있는 남편에게도 주매 그도 먹었습니다"(창 3:6). 그들은 자원해서 (willingly) 이 길로 나갔습니다. 이로써 그들은 그들이 이전에 하나님에게서 받은 "생명의 계명을 어긴 것입니다."[1] 그러므로 인류 최초의 죄는 하나님의 말씀을 고의로 어긴 것이고, 하나님을 불순종한 것이며, 하나님께 반역한 것이고, 자신들의 길을 스스로 해결해 갈 수 있다고 생각하면서 자기 의지를 주장해 가는 것입니다. 이것이 죄입니다.

여기서 우리들은 하나님께서 주신 말씀이 매우 의미심장하다는 것을 생각해야 합니다. 그 말씀 하나하나가 장중한 의미를 담고 있는 것이었습니다. 그저 "동산 중앙에 있는 선과 악을 알게 하는 나무의 실과를 먹지 말라" 또 "먹는 날에는 반드시 죽는다"고 하신 것이 아니었다는 말입니다. 사람들은 하나님께서 왜 이렇게 말씀하시는지, 그 의미를 깊이 생각했어야만 했습니다. 그러나 이 말씀들의 그 장중한 의미를 생각하지 않고 자신들의 생각대로 이를 지키기 위한 방도를 마련했습니다. 그래서 "동산 중앙에 있는 나무의 실과는 하나님 말씀에 너희는 먹지도 말라"는 말을 하면서 여기에 "만지지도 말라"는 말을 덧붙이고 있는 것입니다(창

---

[1] "they transgressed the commandment of life, which they had received,"라는 〈벨직 신앙고백서〉의 이 표현은 매우 의미심장한 표현입니다. 그 고백자들이 얼마나 성경의 말씀의 의미를 깊이 생각하였는지를 잘 보여 주는 것입니다.

3:3). 자신들 나름대로는 이 명령을 잘 지킬 방도를 마련한 것인데, 그것은 하나님의 말씀이 아닌 말을 덧붙이는 것으로 나타났습니다.

인류 최초의 죄를 통해 살펴본 '죄에 빠지는 과정'

이 인류 최초의 죄로부터 우리는 사람들이 죄에 빠지는 과정을 추론해 볼 수 있습니다. 여기에 다음과 같은 과정이 나타나고 있는 것을 봅니다. 첫째는, 하나님의 말씀을 하나님의 의도대로 생각하지 않고 자신들의 수준으로 낮추어 생각하는 것입니다. 그리하여 하나님께서 왜 이 금령을 주셨는지 왜 이 금령이 과연 생명의 계명인지를 생각하려고 하지 않고 그저 어떻게 하면 이를 어기지 않을까 정도를 생각하여 나름대로의 방책을 찾는 것입니다.

그리하여 둘째로 "만지지도 말라"는 자신들의 말을 하나님의 말씀에 더하여 넣었습니다. 단순하고 좋은 의도에서 시작된 것이지만 이것은 심각한 결과를 내고, 결국 하나님의 말씀을 잘 지키지 못하게 하는 것으로 전락했습니다. 말씀을 지키기 위해 자신들의 말을 넣었는데 결국 그것으로 말미암아 하나님의 말씀 자체를 전락시키는 결과를 가져 왔습니다. 마치 예수님 당시에 하나님께서 이전에 모세를 통해 주신 율법을 잘 지키기 위해서 장로들의 유전을 더하여 생각한 바리새인들의 문제와 상당히 비슷한 일이 일어난 것입니다. 또한 성경이 완성된 후에 자신들이 하나님의 계시라고 하면서 덧붙여 놓은 모든 이단들에서의 문제가 바로 이것입니다. 그러므로 진실한 성도들은 성경 자체가 항상 경고하는 것과 같이 하나님의 말씀에 다른 것을 계시라고 하면서 덧붙이거나 제거하려고 해서는 안 됩니다(계 22:18, 19). 그리하는 길은 항상 죄에 빠지는 길이기 때문입니다.

셋째는, 하나님께서는 명백히 "먹는 날에는 반드시 죽는다"(창 2:17)고 하셨고, 사탄은 "너희가 결코 죽지 아니하리라"(창 3:4)고 했는데, 이렇게 명백한 반립(反立, anti-thesis)이 시간의 흐름을 따라 점차 드러났다는 점에 주의해야 합니다. 모든 죄는 결국 이렇게 하나님 말씀에 반대되는 것임이 드러나도록 되어 있습니다. 이렇게 명백히 하나님의 말씀에 반립하는 것인데도 그것을 그대로 유지하고 그것과 함께 가는 것이 죄에 빠지는 길입니다. 그러므로 모든 상황 속에서 여기서 하나님의 말씀에 대립하는 것이 드러나고 있는지를 잘 생각해 보면 여러 면에서 유익을 얻을 수 있습니다.

넷째는, 하나님의 말씀보다는 사탄의 말에 더 의미를 주면서 죄의 계기가 되는 것에 주의를 기울이고 자기 나름의 생각을 하여 나가는 것입니다. 최초의 죄의 경우에는 사탄의 말을 염두에 두고서 "여자가 그 나무를 본즉 먹음직도 하고 보암직도 하고 지혜롭게 할 만큼 탐스럽기도 한 나무인지라"(창 3:6)는 식으로 이것이 나타났습니다. 보고 생각을 할 때에 과연 어떤 말씀을 마음에 두고 생각하는지가 매우 중요합니다. 여기 묵상의 중요성이 있습니다. 첫째는, 누구의 말을 묵상하는가 하는 것이 제일 중요합니다. 이 경우는 하나님의 말씀을 가지고 묵상한 것이 아닌 경우의 대표적인 예가 됩니다.

다섯째는 자신들을 하나님께서 얼마나 고귀한 위치에 있게 하셨는지를 바로 생각하지 않는 것이 문제였습니다. 그리하여 결국 사탄이 유혹하는 대로 "하나님과 같이 되어"(창 3:5)에 신경을 쓰게 되었습니다. 하나님께서 주신 고귀성을 중시하지 않고, 스스로 고귀하게 되려고 하다가 망한 것입니다.

인류 최초의 죄의 결과

이렇게 고의적으로 범과함으로써 사람들은 죽음과 저주에 빠졌습니다. 하나님께서 처음에 원칙을 선언하셨던 대로 되었습니다. 죄에는 항상 죄에 대한 책임[죄책(罪責), guilt], 즉 '형벌받아 마땅함'이 발생하기에 이런 죽음과 저주가 오게 된 것입니다. 하나님의 원칙이 적용된 것입니다. 이 세상을 사는 것에 저주의 그림자가 늘 드리워져 있는 그런 삶을 살고, 결국에는 물리적인 죽음에 넘겨지며, 그 이후에는 영원한 죽음이 인간을 기다리고 있는 그런 사망과 저주의 상태에 빠지게 된 것입니다. 죽음과 저주라는 비참한 상황에 빠진 것이 매우 심각한 결과이지만, 그것만이 문제는 아니었습니다.

또한 그들의 본성 전체가 다 부패하게 되었습니다. 따라서 그들이 사악하고 왜곡되었으며 하는 일이 모두 잘못 되었습니다. 하나님께서 인간들에게 부여해 주신 모든 선한 것들과 뛰어난 것들이 그 흔적만 남기고는 다 사라져 버렸다고 할 정도가 되었습니다. 인간 본성의 부패성이 얼마나 심각한지 성경을 따라서 그 의미를 말할 때 '전적 부패'(total depravity)라고 표현할 정도가 되었습니다.

더 나아가서 이 첫째 죄로써 인류는 참 생명이신 하나님으로부터 스스로를 분리시킨 것입니다. 하나님으로부터의 소외라는 이 문제는 가장 큰 문제입니다. 사실은 그로부터 다른 모든 문제가 온 것입니다.

하나님의 구원 약속과 그것을 믿음의 중요성

만일에 하나님께서 오셔서 이 삼중의 난제로부터 인간을 구원할 말씀을 전해 주지 않으셨다면 우리들은 다 같이 저주와 죽음 가운데 영원히 있게 되었을 것입니다. 그러나 성경은 인간의 타락 이후에 곧바로 하나님께서 오셔서(창 3:8) 그의 죄를 드러내시며 형벌을 선언하시면서도(창 3:14-19) 그 안에서 그들을 구원하실 것이라는 약속을 주시고(창 3:15), 그 구원의 약속을 역사의 과정 속에서 점점 구체적으로 주셨으며(언약 역사의 진전 과정), 급기야는 약속된 것을 우리 주 예수 그리스도에게서 성취하셔서 우리에게 구원을 주신다는 것을 명백히 선언합니다. 최초의 죄인들인 아담과 하와가 그들이 타락한 상황에서 하나님의 구원의 약속의 말씀을 그대로 믿었듯이, 우리들도 예수 그리스도를 유일한 구주로 믿고 그를 따르라는 하나님의 말씀을 참으로 믿으면 이 저주와 죽음의 참상으로부터 구원받습니다. 부디 많은 사람이 이 복음의 소식을 참으로 믿었으면 합니다.

제 19 강

원죄와 자범죄, 인간의 근원적 문제

지난 강의에서 밝히 말한 바와 같이, 아담과 하와가 처음 범한 죄가 "인류 최초의 죄"입니다. 이 최초의 죄는 아담과 그의 부인이 범한 "불순종의 죄"입니다. 하나님께서 먹지 말라고 하신 나무의 열매를 하나님의 교훈적 의지와 명백한 명령에도 불구하고 불순종하여 따먹은 것이 이 죄의 핵심입니다. 죄는 언제 어디서나 고의적으로 하나님의 뜻을 어기고, 하나님의 명령을 범하는 것입니다. 이로써 인간은 하나님의 명령과 그 배후에 있는 하나님의 의지에 대해서 반기를 든 것이고, 그 배후에 있는 하나님의 본성을 침해한 것이며, 또 그 배후에 있는 하나님의 존재를 침해한 것입니다. 때때로 사람들은 그렇게까지 생각하지 못하지만, 실질상 죄는 이렇게 무서운 것입니다. 죄를 가볍게 취급하려는 현대적 경향과 달리 성경은 죄를 아주 무거운 것으로 여깁니다. 따라서 이런 중한 죄에 대해서 하나님의 형벌이 있을 수밖에 없습니다. 죄에는 "반드시 형벌 받아 마땅함"이라는 그 죄에 대한 "죄책"(罪責, guilt, *reatus*)이 따라오고, 그와 동시에 그 죄를 범한 사람의 본성의 부패성(corruption, *corruptio*)이 따라오게 되어 있습니다.

　　인류 최초의 죄도 마찬가지였습니다. 그 최초의 죄 때문에 원죄(原罪, original sin, *peccatum originale*), 즉 최초의 죄에 대한 죄책(original guilt, 그 최초의 죄에 대한 벌을 받아 마땅함)과 최초의 죄에서 기원한 부패성인 '근원적 부패성'(original corruption)이 있게 되었습니다. 최초의 죄에 대한 죄책과 부패성을 "원죄"(original sin)라고 합니다.[1] 우리는 이런 용어의 사용을 주의해 보아야 합니다. 때때로 사람들이 잘못 말하듯이 최초의 죄를 원죄라 하지 않습니다. 최초의 죄의 결과로 나타난 "최초의 죄에 대한 죄책과 그로 말미암아 온 본성의 부패성"을 원죄라고 합니다. 아담과 그의 부인이 창조 받았을 때는 있지 않았던 이 "근원적 죄책과 근원적 부패성"이 타락한 아담과 그의 부인에게 있게 되었습니다. 이를 원죄가 있게 되었다고 표현합니다. 그러므로 아담과 그의 부인이 창조되었을 때는 그들에게 원죄, 즉 "최초의 죄에 대한 책임과 그로 인한 부패성"을 가지고 있지 않았습니다. 그들이 처음으로 범죄하여 타락했을 때 원죄가 생긴 것입니다. 즉, 아담과 그의 부인의 최초의 죄가 "원죄"(근원적 죄책과 근원적 부패성)를 있게 한 것입니다.

그런데 성경을 제대로 읽는 사람들은 아담과 하와에게만 이 근본적 죄책과 근본적 부패성이 있는 것이 아니라 그들의 후손들에게도 이 근원적 죄책과 근원적 부패성이 있게 된다는 것을 직감하게 됩니다. 그래서 그 이전에도 그런 생각들이 나타났지만, 〈벨직 신앙고백서〉을 작성한 귀도와 그와 함께 고백하던 사람들은 "우리는 아담이 불순종함을 통하여 원죄가 모든 인류에게로 전가된 것을 믿습니다."라고 선언하였습니다(15항 시작 부분).

원죄와 원죄의 전가

---

1 이를 종교개혁 당시에 가장 잘 설명한 것이 칼빈의 『기독교 강요』, 2. 1. 5입니다. 1536년의 초판 뿐 아니라 최종판이 1559년 판이므로 이 모든 것을 염두에 두어져야 합니다. 1561년에 〈벨직 신앙고백서〉를 고백할 때 이 모든 생각이 그 배후에 있었다고 해야 할 것이다.

위의 설명에 나와 있는 "원죄"라는 말의 뜻을 정확히 이해해야 합니다. 원죄는 아담과 그의 부인의 "최초의 죄에 대한 죄책과 최초의 죄에서 온 본성의 부패성"을 말합니다. 아담의 부인에게만 최초의 죄에 대한 형벌로 잉태하는 수고와 고통이 크게 더해진 것이 아니고, 모든 여인들이 잉태하는 수고와 고통을 가지게 되었고(창 3:16), 아담만 얼굴에 땀이 흘려야 땅의 소산을 먹을 수 있는 것이 아니라 이 땅의 모든 남자들이 수고해야 하는(창 3:17-19상) 것에서, 그리고 모든 사람들이 다 죽게 된 것(창 3:19하)에서, 그리고 최초의 죄를 범한 후에 아담과 그의 부인뿐만 아니라 그들의 후손인 모든 사람들이 부패한 본성을 가지고 있어서 계속해서 죄를 범하는 것을 보면서 성경을 제대로 읽는 사람들은 아담과 그의 부인의 "이 근원적 죄책과 그 부패성"이(즉, "원죄"가) 아담과 그의 부인에게만 있게 된 것이 아니라, 그 후손들에게 "전가되었다"는 것을 알고 이렇게 고백한 것입니다.

여기서 "전가되었다"는 표현을 사용한 것은 매우 뛰어난 신학적 통찰이라고 할 수 있습니다. 전에는 대개 "유전되었다"라고 많이 사용하던 것에 대해서 성경에 근거해서 상황을 좀 더 정확하게 표현하면서 "전가되었다"고 한 것이기 때문입니다. 개혁파 사람들만 이 용어를 쓰는 것은 아니지만 개혁파 사람들이 주로 이 용어를 씁니다. 천주교회와 정교회와 심지어 루터파 교회는 "유전되었다"는 용어를 더 많이 사용합니다. 물론 우리도 그런 용어도 사용하지만,[2] 그것을 더 정확히 설명하면서는 "원죄가 전가되었다"고 합니다. 마치 후에 우리들의 죄에 대한 형벌이 그리스도에게 전가되어 그가 우리를 대신해서 우리의 자리에 서시어 우리를 대신해서 형벌을 받으셨다고 하고, 예수 그리스도의 온전하신 의가 우리에게 전가되어 우리가 당당하게 하나님 앞에 나아갈 수 있다고 표현하는 것과 잘 연관

---

2 예를 들어서, Calvin, 『기독교 강요』, 2. 1. 5 (물려받은 오염, *haereditaris corruptio*). 또한 〈벨직 신앙고백서〉 15항에서 이어서 나오는 표현들도 보십시오: "유전되는 악으로서 심지어 태중에 있는 아이들까지도 전염이 되는 것입니다."

시킬 수 있도록 그렇게 한 것입니다. 루터가 "놀라운 교환"(wonderful exchange)이라고 표현한 그리스도와 우리 사이에서 일어난 "이중 전가"를 생각할 때, 아담과 그의 부인의 최초의 죄에 대한 죄책과 근원적 부패성이 우리에게 전가되었다고 표현한 것은 매우 좋은 표현입니다.

이 전가 때문에 모든 인류, 즉 아담의 후손들은 "하나님의 정죄를 받기에 충분하다"고 하는데서 원죄에 죄책이 포함되어 있음을 잘 표현했습니다. 우리들은 참으로 하나님의 정죄를 받을 만큼 죄책이 있는 것입니다. 그뿐만 아니라 타락 이후에는 인간성 전체가 타락한 것입니다. 이것을 근본적 부패성이라고 했습니다. 그래서 타락 이후의 모든 인류는 하나님 보시기에 "참으로 더럽고 혐오스러운" 존재가 되었습니다.

원죄와 자범죄의 관계

타락한 인류는 그렇게 혐오스러운 존재가 되었을 뿐 아니라 타락한 존재들로서 계속해서 모든 죄를 범하게 됩니다. 이에 대해서 〈벨직 신앙고백서〉는 "원죄는 뿌리로서 사람 안에서 모든 종류의 죄를 만들어 냅니다."는 말로 원죄와 자범죄의 관계를 아주 명확히 표현했습니다. 본성의 부패성 때문에 또 새로운 죄들이 나타난다는 것을 이렇게 표현한 것입니다. 이것을 다른 말로 표현하면서는, "마치 물이 샘에서 솟아나듯이 죄는 이 두려운 원천으로부터 솟아나기 때문입니다."라고도 표현했습니다. 이것도 원죄와 자범죄의 관계를 잘 표현하는 〈벨직 신앙고백서〉 15항의 좋은 표현의 하나입니다. 후에 다른 항목에서는 타락한 인간은 구원함을 받기 전에는 죄를 범하지 않을 수 있는 가능성이 전혀 없다고까지 표현합니다. 타락하기 전에 가지고 있던 (신학적 의미의) 자유의지가 사라지고, 우리의 의지가 죄에게 노예가 되어 죄를 범하지 않을 수 없게 되었다고까지 말합니다.

심지어 구속함을 받아 살고 있는 사람들조차도 우리의 본성의 부패성을 생각하면서 마치 바울이 그렇게 했던 것처럼, "오호라 나는 곤고한 사람이로다. 이 사망의 몸에서 누가 나를 건져내랴"(롬 7:24)는 탄식을 하면서, "이러한 부패함을 깨달아 앎으로써 이 사망의 몸에서 구원받기를 간절히 기다리며 종종 탄식합니다"(〈벨직 신앙고백서〉, 15항 마지막 부분).

그러면 어떻게 할 것입니까?

〈벨직 신앙고백서〉, 15항의 가장 뛰어난 부분은 "심지어 세례로도 원죄를 말소하거나 제거할 수 없습니다."라고 고백하는 부분입니다. 이는 천주교회에서 세례로 원죄가 제거될 수 있다고 가르치는 것을 의식하면서 그것을 명확히 반박(反駁)하는 것입니다. 원죄도 제거되지 않으니 자범죄도 세례로 제거되는 것이 아니라는 것을 말하는 것이기도 합니다. 이와 같이 어떤 의식(儀式, ritual)에 의해서, 이 경우에는 세례(洗禮)라는 의식을 행함으로 물리적인 방식으로 원죄가 제거되지 않습니다. 이와 같이 개혁파는 모든 의식주의(rutualism)를 배격합니다. 그 뒷부분에서 잘 표현하면서 고백하고 있듯이, 참으로 예수님의 공로를 믿고 의지하는 우리들은 "하나님의 은혜와 자비에 의하여 죄 사함을 받습니다."(15항) 이것만이 우리의 유일한 희망입니다. 하나님께서 불쌍히 여겨주지 아니하신다면 타락한 우리에게는 희망이 없습니다. 오직 하나님의 불쌍히 여기심, 그 자비만이 희망인데, 그 자비로 베푸신 그리스도의 공로에 근거해서 하나님께서 우리의 원죄와 모든 죄를 용서하십니다.

물론 "그렇다고 해서 신자들이 자기 죄 가운데서 평안하게 잘 수 있다는 뜻이 아닙니다." 우리는 예수님을 믿은 후에도 우리 안에 작용하는 부패한 인간성, 즉 성경이 때때로 "육체"(flesh)라고 말하는 것 때문에 죄를 범하니, 믿는 우리들은 결코 나태하거나 편안히 잠잘 수 있지 않고, 다시 말하지만 "오히려 이러한 부패함을 깨달아 앎으로써 이 사망의 몸에서 구원받기를 간절히 기다리며 종종 탄식합니다."(15항 마지막 부분). 그러니 우리 주께서 다시 오셔서 종국적으로 주께서 우리를 온전하게 해주시는 것에만 우리의 희망이 있습니다.

제 20 강

타락한 우리들이 어떻게 하나님을 믿게 되었습니까?

인간들이 다 아담의 후예들이고, 아담의 첫 번째 범죄로 말미암아 인간성 전체가 오염되어서 그 스스로의 능력으로는 도무지 하나님을 향해 나가지도 않으며, 진리의 빛이 비쳐도 그것을 깨달을 수 없고(요 1:5, 10), 더구나 그 빛을 향해 나오지 않는다(요 3:20)는 이 무서운 타락의 현실을 생각할 때, 빛으로 이 세상에 오신 예수님을(요 12:46) 믿는 사람들이 이 세상에 있다는 것은 우리들로 하여금 "우리들은 과연 어떻게 예수님과 하나님을 믿게 되었습니까?"라고 질문하게 합니다. 타락하여 모든 사람들이 죄를 범하여 하나님의 영광에 이르지 못할 뿐만 아니라(롬 3:23), 심지어 "깨닫는 자도 없고 하나님을 찾는 자도 없는"(롬 3:11) 이 현실을 성경의 가르침을 통하여 제대로 파악한 참 성도들인 우리들이 과연 어떻게 예수님을 믿고, 하나님을 추구하게 되었습니까? 이 질문이 참으로 진지한 것일 때, 그동안 사람들이 잘못 대답해 온 생각들은 점차 배제되고, 결국 성경이 가르치는 바른 대답을 하게 됩니다. 먼저 사람들이 그동안 해 왔던 잘못된 생각들을 몇 가지 정리해서 그것들을 철저히 극복하고, 성경이 가르치는 바른 생각으로 나가 봅시다.

잘못된 생각들 극복하기

첫째로, 인간이 타락하지 않았거나 타락했어도 그 영향력은 적어서 하나님을 알고 추구하며 하나님의 뜻을 순종해 가는 일에 별 지장이 없다는 생각이 있었습니다. 이런 생각에 의하면, 사람들은 이제 좀 부족해지기는 했지만 하나님의 뜻을 순종해 갈 수 있고, 그렇게 스스로의 힘으로 하나님의 뜻을 수행하여 구원을 얻을 수 있다고 합니다. 안타깝게도 오늘날은 이런 생각과 이것의 변용이 온 세상을 지배하고 있다고 해도 과언이 아닙니다. 이 세상의 사람들은 스스로의 힘으로 이루는 구원을 추구합니다. 인간이 별 문제가 없거나 혹 문제가 있어도 스스로의 힘으로 극복해 갈 수 있다는 것입니다. 그런 것들이 인간이 궁극적으로 의지할 수 있는 것이 못 된다는 것이 곳곳에서 번번히 나타나고 있는데도 불구하고, 과학기술의 발전과 인간의 합리성과 합리적 의사 소통 방식을 의지하는 것으로부터 인간이 가진 모든 문제를 인간 스스로 극복할 능력이 있다는 것을 강조하는 인본주의적 상담학에 이르기까지 오늘날 사람들은 스스로, 아니면 적어도 집단 지성과 우리의 힘을 다 같이 합치면 우리들의 문제는 능히 극복해 갈 수 있다고들 생각하는 듯합니다. 혹시 안 되어도 그런 방향으로 가는 것이 인간들이 할 수 있는 유일한 길이라고 생각하는 일이 매우 보편화되어 있습니다. 이런 사고방식에 의하면, 인간이 하나님을 믿는 것도 자신들이 스스로 할 수 있는 일이라고 합니다. 이와 같이 스스로의 의지와 능력으로 하나님을 선택해서 믿고, 순종하면 구원을 얻게 되고, 그렇지 않으면 구원받지 못한다고 생각하는 것을 펠라기우스(Pelagius)를 따라가는 사고라고 합니다(Pelagianism). 이것은 타락의 사실과 그 심각한 결과를 말하는 성경의 명백한 선언과 너무나도 대조되어 오래전부터 이단적이라고 선언되었지만, 역사 안에서 계속 이런 사고는 나타나고, 현대에는 성경을 그대로 철저히 믿어 가려는 사람들 밖에서는 이런 사고가 거의 승리하고 있다고 해도 과언이 아닙니다. 심지어 성경에 충실하지 않으려는 신학들도 대개 이런 방식으로 나아가니 다른 영역에서는 얼마나 더하겠습니까?

둘째는 인간의 타락을 상당히 인정해서 인간은 스스로의 힘으로는 하나님을 순종할 수 없지만, 그래도 하나님께서 예수님의 십자가 사건으로 우리의 원죄와 그 결과를 극복해 주시는 은혜를 주시면, 예수님의 순종이라는 그 근본적 구원 방식에 더하여 하나님께서 주시는 은혜에 근거해서 우리들이 하는 순종도 우리 구원에 조금의 도움이라도 되리라고 생각하는 사유 방식이 있습니다. 예전에는 천주교회(Roman Catholic Church)가 이런 생각을 널리 펼쳤습니다. 그래서 종교개혁 시기에 이런 천주교적 사유 방식과 이런 천주교적 구원 이해를 반(半)쯤은 펠라기우스를 따르는 사유 방식(semi-Pelagianism, 반[半]-펠라기우스주의)이라고 지적하면서 인간의 순종이 우리의 구원에 조금이라도 기여하는 공로가 된다는 이런 생각이 얼마나 성경의 명백한 가르침에 어긋나는 것인지를 개혁자들이 강하게 지적해 왔습니다.[1] 그 결과, 타락을 어느 정도 인정하면서도 타락을 아주 철저하게 인정하지 않아서 구원에서의 인간의 노력과 공로를 조금이라도 인정하려는 천주교회와 이를 전적으로 부인하는 개신교회가 현저하게 대립하게 되었습니다. 이 대립은 어떤 의미에서 오늘날까지도 계속되고 있습니다. 그리하여 천주교회는 그리스도의 구속에 근거하되 은혜에 근거한 인간의 힘씀과 노력이 구원을 위한 일종의 보조적 공로가 될 수 있음을 지금도 강조합

---

1 거의 모든 사람들이 이를 말하지만 칭의 이해에서의 개혁자들의 의견의 일치에 대한 논의로 이승구, "개혁자들의 칭의론의 일치성", 『가난하나 부요케: 조병수 박사 은퇴기념논총집』 (서울: 가르침, 2020), 415-36을 보십시오.

니다. 이에 비해서 성경이 말하는 타락의 그 심각성을 그대로 받아들이는 철저한 개신교회는 믿기 이전은 물론이거니와 믿은 후에 우리가 나름대로 열심히 주님의 뜻에 순종하는 바라도 그것은 늘 부족하고 흠이 많아 그것으로는 우리가 하나님 앞에 도무지 설 수 없고, 우리는 오직 그리스도의 온전한 순종의 공로만을 의지할 뿐이라는 것을 강조합니다.

안타까운 것은 오늘날 이런 철저한 개신교의 입장에 충실하지 않으면서 그저 교파적으로 개신교 안에 머물러 있는 사람들이 늘어 가고 있는 것입니다. 이런 일부 인사들은 예수님의 구속 행위를 강조하고, 하나님의 은혜를 강조하면서도 이전과 오늘날의 천주교회에서 주장하는 것과 유사하게 성령님의 능력 가운데서 우리가 하나님께 순종하는 순종도 다 고려해서 마지막 날에 우리에 대한 최종적 칭의를 하실 것이라고 주장합니다. 이분들은 미래적 칭의를 좀 더 강조하는 경향이 있고, 그때에 성령님의 능력 안에서 우리가 행하는 행위들을 포함한 우리의 삶 전부를 고려해서 하나님께서 칭의하실 것이라고 합니다.[2] 그리하여 개신교 내의 분열이 나타나고 있습니다. 이는 결국 천주교회의 전통적 가르침에 좀 더 가깝게 가려는 분들과 성경의 원리에 충실했던 개신교의 본래적 칭의 이해를 고수하는 분들 사이의 내적인 분열입니다. 종교개혁이 일어난 근본적 이유를 부정하는 이와 같은 일이 개신교 내에서 일어나고 있는 것은 매우 심각한 일이 아닐 수 없습니다.

또한 이미 오래전부터 개혁자들이 주장한 것을 따르면서 타락한 인간은 참으로 하나님의 뜻에 순종할 수 있는 능력은 상실하였지만, 그래도 예수님께서 구속을 이루셨다는 복음이 선포되면 인간들 스스로 그 복

---

[2] 오늘날 신학의 흐름을 조금이라도 아시는 분들은 이것이 소위 "바울에 대한 새로운 관점"을 주장하시는 분들의 견해라는 것을 아실 것입니다. 이런 견해에 대한 비판적 고찰로 이승구, 『톰 라이트에 대한 개혁신학적 반응』 (수원: 합신대학원 출판부, 2013)과 김병훈 편, 『행위로 구원?: 바울에 관한 새 관점을 비평하다』 (수원: 합신대학원출판부, 2017)의 여러 논문들과 이에 언급된 여러 책자들을 참고해 보십시오.

음이 옳다고 판단하고 스스로의 능력으로 그 복음을 믿을 수는 있지 않는가 하는 견해도 나타났었습니다. 타락한 인간은 하나님의 뜻에 순종은 하지 못하지만 (그래서 이 주장을 하시는 분들도 펠라기우스적인 사상을 전적으로 배격합니다), 또한 회심 이후에 인간이 행하는 바는 중요하기는 하지만 하나님 앞에 별로 큰 의미는 없다고도 합니다(그래서 이 주장을 하시는 분들도 전통적인 의미의 천주교 사상에 동의하지 않고, 이를 배격합니다). 그러나 타락한 인간도 복음의 빛이 비쳐질 때는 스스로의 힘으로 적어도 그것이 옳다고 하여 그 빛을 향하여 가는 믿음을 발휘할 수 있다고 하는 생각이 나타났습니다.[3] 이는 모든 사람들을 구원해 보려고 하지만 결국은 한 사람도 구원하지 못하는 결과를 낸다는 이런 생각에 대한 워필드의 강한 반론을 깊이 새겨야 할 것입니다. 그렇다면 우리는 과연 어떻게 생각해야 진정 바르게 생각하는 것일까요?

우리들이 과연 어떻게 믿게 사람이 되었는가에 대한 성경적인 생각

결국 성경의 가르침을 토대로 해서 철저히 생각해 보면, 그저 **하나님의 자비**(the mercy of God) 때문에 타락한 우리가 하나님을 믿게 된 것입니다.[4] 우리에게 믿을 수 있는 어떤 능력이 있어서가 아니라 순전히 하나님의 자비 때문에 우리가 지금 여기서 하나님을 믿는 것입니다. 그러므로 우리는

---

3 이런 생각에 대한 성경적 반박의 대표적인 예로 다음 책들을 보십시오. B. B. Warfield, *The Plan of Salvation* (1915, 가장 최근 판, Bowker, 2017), 특히 제3부; Cornelius Van Til, *The Case for Calvinism* (Phillipsburg, NJ: Presbyterian and Reformed, 1979); Michael Horton, *For Calvinism* (Grand Rapids: Zondervan Academic, 2011).

4 이런 생각은 성경을 철저히 따른 모든 사람이 하지만 특히 〈벨직 신앙고백서〉, 제16항이 이를 잘 표현하며 고백하고 있습니다. 이를 따라서 진술해 보도록 하겠습니다.

하나님의 자비에 대해서 감사하지 않을 수 없습니다. 타락한 우리는 그 어떤 상황에서도 하나님을 믿고 따르지 않을 사람들인데 하나님께서 그의 자비로 우리를 믿게 해 주신 것입니다. 그러므로 우리는 우리들로 하여금 하나님을 믿게 하신 하나님의 그 놀라운 자비에 대한 찬양과 감사를 하지 않을 수 없습니다.

하나님의 자비는 어떻게 드러났습니까? 첫째로, 영원 전에 우리들을 선택하심에서 드러났습니다. 〈벨직 신앙고백서〉 제16항에서는 이를 다음과 같이 고백하고 있습니다.

> 하나님께서는
> 영원하고 불변하는 신적 작정 안에서
> 우리 주 예수 그리스도 안에서 선택하신[5] 사람들을
> 이 타락 가운데서 구해 내시는데,[6]
> 그들의 행위를 전혀 보지 않으시고
> 순전히 당신님의 선하심으로
> 구원하심에서 자비하십니다.[7]

〈벨직 신앙고백서〉의 작성자였던 귀도 드 브레는 어떻게 이렇게 말할 수 있었을까요? 바로 성경이 그렇게 말하고 있기 때문입니다. 사도 바울은 이렇게 말했었습니다.

---

[5] 원문에서는 이를 "elected and chosen"이라고 두 단어를 써서 표현하고 있음에 유의하십시오. 그만큼 강조했던 것입니다.

[6] 원문에서는 이를 "withdrawing and saving"이라고 두 단어를 써서 표현하고 있음에 유의하십시오. 그만큼 강조했던 것입니다.

[7] *Belgic Confession of Faith*, article 16: "God is merciful in withdrawing and saving from this perdition those who, in the eternal and unchangeable divine counsel, have been elected and chosen in Jesus Christ our Lord by his pure goodness, without any consideration of their works."

창세 전에 그리스도 안에서 우리를 택하사, 우리로 사랑 안에서 그 앞에 거룩하고 흠이 없게 하시려고 그 기쁘신 뜻대로 우리를 예정하사, 예수 그리스도로 말미암아 자기의 아들들이 되게 하셨으니, 이는 그가 사랑하시는 자 안에서 우리에게 거저 주시는 바 그의 은혜의 영광을 찬송하게 하려는 것이라. 우리는 그리스도 안에서 그의 은혜의 풍성함을 따라 그의 피로 말미암아 속량 곧 죄 사함을 받았느니라(엡 1:4-7).

이런 성경의 가르침을 그대로 받아들이는 사람들은 누구든지 (1) 창세 전에 하나님께서 그리스도 안에서 우리들을 그의 기쁘신 뜻대로 선택하셔서, (2) 예수 그리스도의 피로 말미암아 구속, 즉 죗값을 치름 받고 자유한 사람이 되어(=贖良 받아) 하나님의 자녀들이 되게 하셨는데, (3) 그 목적은 우리에게 거저 주시는 그의 은혜의 영광을 찬송하며, 사랑 안에서 그 앞에 거룩하고 흠이 없게 하시려는 것이라는 것을 믿고 고백해 왔습니다. 그러므로 (1) 하나님의 기쁘신 뜻대로 창세 전에 선택된 사람들이 (2) 역사의 과정 속에서 일어난 그리스도의 십자가의 속죄 사건에 참여하여 하나님의 자녀들이 되는데, (3) 우리들을 이렇게 선택하신 목표는 이를 이루시는 하나님의 은혜의 영광을 찬송하면서, 그 앞에서 거룩하고 흠이 없는 것을 향해 나가게 하려는 것입니다. 그러므로 성경을 통해서 창세 전에 우리를 선택하셨음을 알게 된 사람들은 지금 여기서 우리가 예수님의 십자가의 구속을 믿는 것이 한편으로는 (1) 창세 전에 있었던 선택에 근거하고 있고, 또 한편으로는 (2) 십자가 구속의 효과에 근거해 있으며, 또 한편으로는 (3) 십자가의 구속을 우리에게 적용하시는 성령님의 사역의 유효성 때문임을 말하며, 우리들은 우리들의 믿음과 구원의 이런 삼중의 근거를 성경에 의지하여 제시하게 됩니다.

바울이 비시디아 안디옥에서도 복음을 전할 때에 누가는 "영생을 주시기로 작정된 자는 다 믿더라"(행 13:48)고 말하였습니다. 그런 사람들은 반드시 십자가의 구속을 믿는다는 것을 우리들은 성경과 역사를 통해서 확인할 수 있습니다. 그 작정이 이루어진 것이 창세 전임을 이미 에베소서 1장에서 배운 우리들은 이에 근거하여 다른 것들도 잘 정리할 수 있게 됩니다. "그가 먼저 우리를 사랑하셨다"(요일 4:19)고 하셨고, "사랑은 여기 있으니 우리가 하나님을 사랑한 것이 아니요 하나님이 우리를 사랑하사"(요일 4:10)라고 하신 말씀에 언급된 그 하나님의 사랑도 이미 창세 전부터 있었음을 배우면서 우리는 참으로 감사하게 되고, 과연 우리들도 사랑하는 자들이 되고 이 큰 은혜와 사랑을 영원히 찬양하면서, 우리들은 "그 앞에서 거룩하고 흠이 없는" 것을 향해 나가게 됩니다. 그러므로 과거의 좋은 신앙의 선배들과 함께 지금 여기에서 나타나는 우리의 믿음이 창세 전에 있던 선택의 증거라고 말하게 됩니다.[8]

그러므로 우리가 어떻게 과연 어떻게 믿는가에 대해서 하나님께서 우리에게 자비를 베푸셔서 창세 전에 우리를 선택하여 주신 것 때문에 하나님을 믿게 되었다고 하면서 하나님의 자비와 하나님의 선택을 말하고 찬송하지 않을 수 없습니다. 그리고 이를 참으로 찬송하는 사람은 그 앞에서 거룩하고 흠이 없음을 향해 나아갈 것입니다.

---

[8] Cf. John Calvin, *The Institutes of the Christian Religion*, 3. 24. 5: "만일에 우리가 그리스도와 교제 가운데 있다면 우리가 생명책에 기록되어 있다는 아주 분명하고 강한 증거를 가지는 것이다."; *Comm.* John 6:40

제 4 부

성육신의 신비와 결과,
그 의미

제 21 강   기독교와 성육신의 신비

제 22 강   성육신의 결과: 그리스도의 양성

제 23 강   예수 그리스도 안에서 하나님이 하신 것은 무엇입니까?

제 24 강   십자가와 속죄(1)

제 25 강   십자가와 속죄(2)

제 26 강   그리스도의 중보기도

제 21 강

기독교와 성육신의 신비

타락한 사람들을 위해서 구원자를 보내주신다고 우리의 첫 부모인 아담과 하와(창 3:15)와 거룩한 선지자들을 통해 약속하신 하나님께서 그 약속을 이루기 위해 "때가 찼을" 때에(갈 4:4) 참으로 그 "구원자"를 보내주셨다고 믿는 것이 기독교입니다. 그 약속의 성취자로 오신 분이 그리스도[基督]이기 때문입니다. 그래서 기독교는 구약의 약속을 중요시하고 구약의 약속들과의 연속성을 강조하면서 그 약속의 성취를 말합니다.

놀라운 것은 다른 분이 아니라 하나님의 아들, 즉 "성자"(God the Son)께서 이 일을 이루기 위해 오셨다는 것입니다. 성자를 때로 "말씀"(Logos)이라고 부르기도 하는데, 말씀이 인간성을 취하신 일을 우리들은 전통적으로 "성육신(成肉身, incarnation)"이라고 부릅니다(요 1:14 참조). 성육신하신 분이 영원부터 계셨던 하나님의 아들이신데, 그가 성육신하여 이 땅에 오셔서 나사렛 예수로 사시고, 십자가에 달려 죽으셔서 하나님의 구속 사역을 이루시고 부활하고 승천하여서 "하늘"에 계시다가(행 3:21) 다시 오셔서 구속을 온전히 하실 것임을 믿는 것이 기독교입니다. 이 "그리스도"가 없다면 기독교는 이 세상에 있지 않습니다. 그러므로 그리스도께서 성육신하여 이 세상에 오신 것이 기독교에서는 아주 토대적이고, 핵심적인 일입니다. 그가 이 땅에 오신 것을 성육신이라고 했습니다. 이번에는 과연 이 성육신에서 어떤 일이 이루어진 것인지를 생각해 보겠습니다.

성육신에서 이루어진 일

성육신에서 성자께서는 참된 인간성(a real human nature)을 취하셨습니다 (assumes). 성자는 영원하신 신격(神格)을 가지고 계십니다. 신격(神格)이라 는 말은 구체화된 신성, 즉 신성이 구현된 인격체를 뜻합니다. 그래서 성 부, 성자, 성령이라는 삼위(三位, three persons)의 위격성을 신격이라고 합 니다. 그중에서 "성자"께서 그가 영원부터 가지신 신성(the divine nature=the divinity)에 더하여 인간성(the human nature= the humanity)을 취하 셨다는 말입니다. 이것이 놀라운 일이 아닐 수 없습니다. 영원하신 성자 께서 유한한 인성을 취하는 놀라운 일이 일어난 것입니다. 성부나 성령님 께서는 이렇게 인성을 취하지 않으셨고, 또 그렇게 하지 않으실 것입니 다. 오직 성자께서만 그가 본래 가지신 신성에 더하여 인성을 취하시는 놀라운 일을 하신 것입니다.

그것도 아담이 타락하기 전의 그 강하고 순수한 인간성이 아니고, 아담의 타락으로 인해 연약해진 인간성을 취하셨는데, 죄는 없으신 존재 로 이 세상에 오셨고, 일정한 기간 동안 이 세상을 사시어도 죄가 없는 분 이셨다는 것이 성육신의 신비입니다.

그러므로 기독교는 어떤 의미에서 성자의 신성으로부터 시작한다 고 할 수도 있습니다. 역사 가운데서 때때로 성자의 신성을 믿지 않는 형 태의 생각과 모임들이 있어 왔는데 그 모든 생각과 모임들은 기독교의 한 부분이 아닙니다. 그런 점에서 기독교는 성자의 신성에서 출발한다고 해 도 과언이 아닙니다.

그런데 성자께서 성육신에서 인성을 취하셨으니 성자는 그 성육신 이후로는 신성과 함께 인성을 가진 분으로 계십니다. 그가 이 땅에 오실 때부터 그렇습니다. 그 일을 위해서 성관계 없이, 즉 남성의 관여가 없이 **성령의 능력으로** 복된 동정녀 마리아의 태에 수태되셨습니다. 이런 일을 생각할 수 있는 사람은 아무도 없습니다. 그래서 마리아에게 천사 가브리엘이 나타나서 이런 일이 그녀에게 일어날 것이라고 했을 때에 마리아는 "나는 남자와 성관계를 하지 않았는데 어찌 이런 일이 있을 수 있느냐?" 고 물을 정도였습니다(눅 1:34: "나는 남자를 알지 못하니 어찌 이 일이 있으리이까?"). 그러므로 사람은 생각지도 못할 일을 하나님께서 하시어, 성자께서 하나님이심을 중단하지 아니하시어 영원하신 신성을 그대로 가지고 계시면서 동시에 인간성을 취하시는 일을 동정녀가 성령님의 능력으로 수태되는 방식으로 한 것입니다. 이와 같은 방식으로 그는 참으로 인간성을 취하셨습니다. 그래서 성경은 그가 여자에게서 나셨다는 것(갈 4:4), 그것도 동정녀에게서 나셨다는 것(마 1:23, 25, 눅 1:27, 29, 사 7:14)을 강조합니다.

그러므로 우리들도 영원하신 신성을 가진 분이 그 신성을 그대로 가진 채로 진정한 인간성을 취하셨음을 분명히 해야 합니다. 히브리서 기자는 "그가 범사에 형제들과 같이 되심이 마땅하도다"(히 2:17)고 합니다. 그것이 기독교라고 했습니다. 그러므로 나사렛 예수께서 죄를 제외하고서는 우리와 같은 인간성을 취하셨음을 명확히 받아들여야 합니다. 이렇게 인간성을 취하셨으므로 그는 목마르기도 하셨고(요 19:28, 4:7 참조), 주무시기도 하셨습니다(마 8:24; 막 4:38). 신성으로는 "졸지도 아니하시고 주무시지도 아니하시"는(시 121:4) 하나님의 아드님이 인성으로는 졸기도 하시고 주무시기도 하신 것입니다. 우리는 상상하기 어려운 성육신의 신비의 한 측면이 여기 있습니다.

이때 성자께서는 인간의 몸만을 취하신 것이 아니라 참된 인간의 영혼(a real human soul)도 취하시어 참 사람(a real human being)이 되셨습니다. 그러므로 거기 그곳에 신성을 가지신 한 사람이 있게 된 것입니다. 오직 나사렛 예수만이 그런 분입니다. 오직 그만이 신인(神人, the God-man)이십니다. 이 신인(the God-man)을 인정하고 그 앞에 있을 때만 기독교가 있습니다.

성육신과 관련하여 기독교가 아닌 것들

그러므로 성자께서 하나님이심을 온전히 부인하면서 예수님은 그저 온전한 사람이고 우리의 좋은 선생님이시요 모범이기만 하시다는 소시니우스주의(Socinian)나 유니테리언(unitarian)이나 여호와의 증인이 기독교가 아니듯이, 성자의 온전한 신성을 부인하면서 "성부보다는 조금 못하신 하나님", "피조된 하나님", "하나님이 되신 하나님"이라고 말하는 아리우스주의(Arianism)도 기독교가 아닙니다.

또한 성자는 온전히 하나님이시니 졸지도 아니하셨다고 하는 생각이 비기독교적이고, 성자께서는 그의 어머니로부터 **인간의 몸만을 취하셨다고 하면서** 그가 인간의 영혼을 취하셨다는 것을 부인하는 분들도 이단인 것이고 기독교적 가르침을 따르는 것이 아닙니다.

그리고 그리스도의 신성과 인성이 따로 인격을 가지고 있어서 결국 그는 신성의 인격과 인성의 인격 – 두 인격을 가졌다고 하는 것도 이단적 가르침입니다. 이런 것을 네스토리우스(Nestorius, c. 386–450/451)를 따르는 이단이라고 합니다(Nestorian). 또 그것의 변형으로 예수님께서 부활 승천하셨을 때는 더 이상 인간성이 필요하지 않아서 이제는 그가 다시 신성만 가지고 있다고 생각하는 것도 옳은 것이 아닙니다.

그리고 성육신에서 신성과 인성이 한 인격에 있다는 바른 견해를 잘못 이해해서, 그러나 이제는 그 인성과 신성의 혼합(confusion)이 일어나 인성도 아니고 신성도 아닌 제 3의 성질로 변하여(change) 신성화된 인성을 가지고 계셨다는 식으로 생각하는 것도 이단적 생각입니다. 이런 생각을 유티케스(Εὐτυχής, c. 380 – c. 456) 또는 유티쿠스(Eutychus)라는 분이 하셔서 이를 유티쿠스 또는 유티케스를 따르는 분들이라고 합니다. 이 모든 것이 칼케돈 공의회(451년)에서 이단으로 정죄되었습니다.

그뿐만 아니라 나사렛 예수 외에 어떤 사람에게 이와 같은 방식으로 신성이 같이 있는 일이 있다는 것을 말하든지, 인류 전체의 역사가 결국은 신성과 하나가 될 것이라고 하거나 결국인 신적인 인간(homo deus)이 되어가야 한다고 하는 것도 모두 잘못된 생각들입니다.

"우리들은 과연 예수님을 바르게 믿고 있습니까?"

그러므로 이 질문, 즉 "우리들은 과연 예수님을 바르게 믿고 있습니까?"라는 질문은 매우 중요합니다. 오늘도 주님은 우리들에게 "너희는 나를 누구라고 하느냐"(마 16:15)라고 질문하실 것입니다. 우리들도 12사도의 대표자로 베드로가 잘 대답하여 칭찬을 들었던 것과 같이, "당신님은 그리스도시요, 살아계신 하나님의 아들"이라고 바르게 고백했으면 합니다. 나사렛 예수께서 "신적인 메시아"(the divine Messiah)시라는 것을 제대로 고백하는 그곳에 기독교가 있습니다. "예수는 메시아, 즉 그리스도다"는 것이 최초의 기독교적 선포(kerygma)였고, 우리의 본래적 신앙고백(credo)입니다.

이 대답이 중요한 이유는 타락했을 때 우리의 몸과 영혼이 다 같이 타락했기에 그리스도께서 우리의 몸과 영혼을 다 취하셔서 십자가에서의 구속과 그의 부활에 동참함을 통해서 우리의 몸과 영혼을 다 구하시어 영혼과 몸 전체로서의 온전한 인간이 구속되도록 하신 것이기 때문입니다. 그래서 우리들은 그가 인간성의 몸과 영혼을 다 취하셨음을 분명히 해야 합니다. 그래서 그리스도께서는 인간의 영은 취하지 않으셨다고 주장하던 라오디게아의 감독이었던 아폴리나리우스(Apollinarius, c. 310-c. 390)를 비판하면서, 그와 같이 생각하면서 예수님께서 인간의 영을 취하지 않으셨다고 생각하거나 말하는 것도 이단적이고, 그리스도께서 온전한 인간성 전체를 취하셨음을 강조해야 한다고 우리 선배들이 주장했던 것입니다. 히브리서 기자도 "자녀들은 혈과 육에 속하였으매 그도 또한 같은 모양으로 혈과 육을 함께 지니셨다"고 했습니다(히 2:14). 우리의 몸과 영혼을 다 구하시려고 그리스도께서 우리의 인간성 전체, 즉 인간의 몸과 영혼을 취하셨으나 죄는 없으시다고 믿는 것이 성육신을 바로 믿는 것입니다.

이와 같은 방식으로 그리스도께서는 참으로 우리들에게 "임마누엘"이 되셨습니다. 그가 참으로 "하나님께서 우리와 함께 계시는" 것입니다(마1:23). 이것을 바로 이해하지 않으면 우리가 이 땅에서 기독교를 없애는 것입니다. 그와 함께 있을 때 참으로 하나님께서 우리와 함께하심을 인정해야 합니다. 그렇게 하지 않고, 매일 매일의 삶 가운데서 그와 함께하는 삶을 살지 않는다면 우리는 그리스도께서 이 세상에 오신 것을 부인하는 자들이 되는 것입니다. 또한 그리스도 없이는 하나님과 함께 있는 것이 아닙니다. 그리스도가 없어도 참 인간됨이 가능한 것처럼 하는 것도 잘못입니다. 우리는 오직 그리스도에게서만 유일한 참 사람됨이 있음을 천명하고 우리가 그리스도와 함께 하나님 앞에서 참 사람됨을 구현하여 나가고, 다른 분들을 그리스도와 함께 하도록 하는 일에 최선을 다해야 합니다.

제 22 강

성육신의 결과: 그리스도의 양성

예수님을 참으로 믿는다고 하는 사람들은 모두 다 성육신을 믿었습니다. 그런데 그렇게 믿는다고 하는 사람들도 성육신에서 과연 어떤 일이 일어나는 것이고, 그 성육신의 함의에 대해서는 잘 생각하지 않는 경향이 있었습니다. 그중에 너무 지나치게 나아가면 성경에서 벗어난 이단(異端)이 되는 것이고, 지나치지는 않지만 깊이 있게 생각하지 않으면 비성경적으로 잘못 생각하는 것이 됩니다. 우리들은 이런 점에 주의해서 이단이 되지도 말고, 이단은 아니지만 성경적으로 잘못된 생각을 하지도 말아야 합니다. 예수님과 관련한 이런 생각은 다른 문제들에 대해서도 적용될 수 있는 일종의 범례적인 것(the paradigmatic case)이라고 할 수 있습니다. 예수님에 대한 이 문제를 정확히 생각하여 다른 문제들에서도 비슷한 우(愚)를 범하지 않도록 노력해 갔으면 합니다.

성육신에서 일어난 일에 대한 재정리와 그 함의

성육신은 영원하신 성자의 인격이 인성(人性, human nature)을 취하여 들이신 일이니, 그 결과 신성(神性)과 인성(人性)이 신성의 한 인격 안에서 "나눌 수 없게 연합된"(inseparably united and joined together) 것입니다. 중요한 것은 신성과 인성이라는 서로 상반되어 보이는 양성(兩性, two natures)이 "한 인격 안에서 연합되어 있다"(united in a single person)는 사실입니다. 이것이 성육신의 결과입니다. 여기서 몇 가지를 강조해야 합니다.

첫째로, 이 일은 오직 예수 그리스도에게서만 일어난 일입니다. 이와 꼭 같은 것이나 비슷한 것이 다른 존재나 사람에게서 나타난 일도 없고, 다시 반복될 수도 없습니다. "하나님께서 어느 때에 천사 중 누구에게 너는 내 아들이라 오늘 내가 너를 낳았다 하셨으며 또다시 나는 그에게 아버지가 되고 그는 내게 아들이 되리라 하셨느냐?"(히 1:5)고 하는 히브리서 기자의 말을 잘 들어야 합니다. 오직 성육신하신 그리스도만이 영원하신 하나님으로서의 성질(divinity)도 가지시고, 참된 인간성(humanity)도 가지신 것입니다. 이를 특정성의 걸려 넘어지게 하는 것(the scandal of particularity)이라고 할 수 있습니다. 이것을 제거하면 기독교가 사라지게 됩니다.

둘째로, 오직 예수님에게만 일어난 이 일로 예수님 안에 신성과 인성이 변화됨 없이, 혼합됨 없이, 그리고 완전히 나뉨 없이, 분리 불가능하게 한 인격 안에 연합되었습니다.

셋째로, 그러므로 성육신 이전과 이후에 성자의 신성의 변화가 조금도 없고, 역시 그리스도께서 취하신 인성이 신성이 되거나 하는 것이 아닙니다. 그래서 그가 참된 인간성을 취하셨다고 말하는 것입니다.

이 요점들을 잘 기억하는 것이 중요합니다. 이 요점을 잊게 되면 생각하는 과정에서 지나친 경우에는 이단이 되고, 그렇게는 아니어도 잘못된 생각을 하게 되는 경우가 많이 있습니다.

성육신 이해와 관련된 이단들과 그 극복

다시 말합니다. 이 점에서 지나치게 잘못 생각하면 그리스도에 대한 이해에서 이단[기독론에 관한 이단]이 됩니다. 먼저 이렇게 지나치게 성경 밖으로 나가서 이단적 주장을 하는 것이 어떤 것인지 생각해 보겠습니다.

첫째로, 예수님의 신성을 온전히 인정하지 않고 예수님은 그저 사람이었다고 생각하는 것은 이단입니다. 그전에도 이런 문제가 있었고, 계몽주의 이후의 사람들은 중 상당수는 바로 이런 문제를 드러내고 있기에 계몽주의(the Enlightenment) 이후에 살면서, 또한 계몽주의가 무슨 주장을 하는지를 잘 아는 우리들은 예수님의 온전한 신성을 분명히 주장해야 합니다. 또한 예수님의 신성을 부분적으로만 인정하는 것도 이단입니다. 예수님은 성부 하나님보다는 조금 못 하시다고 하든지, 그 권위와 영광에 있어서 차등이 있다든지, 본래는 하나님이 아니었다가 하나님이 되신 분이라든지 등의 생각은 다 이단적인 생각입니다.

둘째로, 예수님의 인성을 인정하지 않는 것도 이단입니다. 1세기 신약 성경이 기록될 때에도 이런 이단적 주장을 하는 사람들이 있었습니다. 그래서 사도 요한은 "예수 그리스도께서 육체로 오신 것을 시인하는 영마다 하나님께 속한 것이요, 예수를 시인하지 아니하는 영마다 하나님께 속한 것이 아니니 이것이 곧 적그리스도의 영이니라"(요일 4:2-3)라고 말한 바 있습니다. 이 말의 문맥 전체를 보면 "예수를 시인하지 아니하는" 것은 그 앞에서 말하는 "예수 그리스도께서 육체로 오신 것을 시인하지" 아니하는 것을 뜻합니다. 예수님의 신성을 강조하면서 그와 같이 고귀하고 거룩하신 분은 인간성을 실제로 취하실 수 없다고 주장하던 초기 영지주의자들의 주장이라고들 생각합니다. 그러나 이 세상에 오셨고 성경이 잘 기록하고 있는 예수님은 참으로 인간의 인간성, 즉 인간의 영혼과 몸을 가지신 분이셨으나 죄는 없는 분이셨습니다. "자녀들은 혈과 육에 속하였으매 그도 또한 **같은 모양으로 혈과 육을 함께 지니셨다**"(히 2:14, 강조점은 덧붙인 것임)고 하는 히브리서 기자의 말을 잘 생각하면서 받아들여야 합니다. 또한 "우리에게 있는 대제사장은 우리의 연약함을 동정하지 못하실 이가 아니요 모든 일에 우리와 똑같이 시험을 받으신 이로되 **죄는 없으시니라**"(히 4:15, 강조점은 덧붙인 것임)라는 말을 유념해야 합니다.

셋째로, 예수님에게는 신성과 인성이 있기에 두 분의 하나님의 아들이 있는 것이 아니며, 신성의 인격과 인성의 인격이 나뉘어져 있는 것이 아닙니다. 우리말의 한계 때문에 이 점을 이해하는 일에서 어려움을 겪는 분들이 있습니다. 잘 생각해서 언어의 한계에 감금당하지 않도록 해야 합니다. 언어의 한계 속에 있는 분들 중에는 인성을 취하셨으면 당연히 인간의 인격을 가진 것이 아닌가 하고 생각하는 분들이 있습니다. 그러나 신약 교회는 처음부터 신성의 인격으로부터 생각해 왔습니다. 그래서 신성의 위격이 성육신할 때에 인간성을 "취하셨다"(assumed)고 표현하고, "취하심"(assumptio, assumption)이라는 말을 강조했습니다. 그래서 신성과 인성이 있어도 성육신하신 그리스도에게 "두 인격"(two persons)이 있는 것이 아니라, 영원부터 계셨던 신성의 한 인격 안에 인성이 취하여지는 일이 발생했다고 했던 것입니다.

이를 잘 표현하고자 조금 어려운 말들이 동원되기도 했습니다. 예를 들자면 그리스도께서 취하신 인성은 그 자체로 인격을 지닌 것은 아니었다, 즉 비인격적(anhypostasis)이었다고 하였습니다. 그렇다고 해서 그 인성이 비인격적인 것은 아니니, 그 인성은 영원하신 신성의 인격, 즉 로고스의 인격 안에, 즉 내인격적(enhypostasis)으로 취해진 것이기 때문이라고 했습니다. 이렇게 조금 어려운 말이 사용되었지만 그러나 잘 생각해 보면 성경적 가르침을 잘 유지하려는 분들이 이런 용어를 사용해서 성경적 진리를 정확히 표현하기 위해 한 것임을 참으로 믿는 분들은 잘 알 수 있게 됩니다. 그러므로 사태를 정확히 이해하면서 예수님을 믿는 사람들은 이런 용어들을 불편해하지 않고, 참으로 유용하게 사용하여 이단적 가르침을 방지하는 것이라고 여기면서 신성과 인성이 한 인격 안에 계신 그 예수님을 참으로 믿고, 섬겨 가게 됩니다.

넷째로, 예수님 안에 신성과 인성이 한 인격에 있으나 성육신 이후에도 그 신성이 인성에 영향을 미쳐서 인성을 조금이라도 변화시키거나, 역으로 예수님의 인성이 신성에게 영향을 미쳐서 그 신성의 성격을 변화시키지 않고, 성육신 상황에서도 각 성은 그 자체의 독특성을 그대로 유지한다(each nature retaining its own distinct properties)는 것을 분명히 하지 않으면 이단이 됩니다. 유티케스(Εὐτυχής, c. 380-c. 456)가 생각한 것처럼 성육신 이후에 그리스도의 인성은 신적인 인성(the divine human nature)이 되는 것은 아니기 때문입니다.

이 모든 점에 대해서 우리들은 예수님에 대해서 이단적으로 생각하지 않도록 하며, 예수님께서 드러내신 대로 그분 자신과 그의 뜻을 잘 배워 나가야 합니다. 과거 교회도 그렇게 하기 위해서 여러 차례 공의회를 열어서 예수님에 대해서 잘못 생각하려고 하는 사람들에게 그렇게 생각하지 말고 성경이 말하는 바른 가르침을 따르도록 촉구하였습니다. 이 문제를 다룬 대표적인 공의회 중의 하나가 (이스탄불의 아시아 지역의 한 구역인 오늘날 카디쾨이[Kadiköy]라고 불리는) 칼케돈(Χαλκηδών, Chalcedon)에서 열린 칼케돈 공의회(451)입니다. 여기서 520명의 대표자들이 함께 모여 5세기 기독교의 최선의 노력이 집중되어 그리스도의 신성과 인성이 혼합 없이(ἀσυγχύτως, inconfuse, inconfusedly), 변화됨 없이(ἀτρέπτως, immutabiliter, unchangeably), 분리됨 없이(ἀδιαιρέτως, indivise, indivisibly), 나뉘어질 수 없게(ἀχωρίστως, *inseparabiliter,* inseparably) 신성의 한 인격 안에 있는 것이라고 선언하였습니다. 이것을 칼케돈 정의(the Chalcedonian Definition)라고도 부릅니다. 이것은 성경의 가르침을 잘 따라가려는 노력의 일환이었고, 이렇게 하여 기독교의 정통적 교의가 선언되고, 모든 교회가 예수님의 인격에 대해서는 이를 기준으로 판단하게 되었습니다. 그 이후로 정통파 사람들은 항상 이와 같이 생각하고 자신들이 믿는 바를 표현하여 왔습니다.

성경적으로 좀 더 철저하게 생각하기

종교개혁이 일어났을 때 개혁자들도 역시 그리스도에게는 양성이 혼합 없이, 변화됨 없이, 분리됨 없이, 그리고 나누어질 수 없게 신성의 한 인격 안에 있다고 칼케돈 정의에 충실하게 믿었고, 그렇게 표현하였습니다. 루터파도 개혁파도 정통파에 속한 사람들은 다 그리스도의 양성이 한 인격 안에 있으며, 그때 신성과 인성은 그 고유성을 유지하고 있다고 고백합니다.

그런데 이 문제에 대해서 구체적으로 생각하면서는 달리 생각하는 일도 발생했습니다. 이 모든 논의는 이미 칼케돈 정의를 받아들인 사람들 사이의 의견의 교환이므로 어떤 쪽으로 생각해도 이단이 되는 것은 아닙니다. 그러나 어떤 것이 좀 더 성경에 충실한 것인지에 대해서 생각해 보아야 합니다. 이하에서 나는 복잡한 논쟁점들은 생략하고, 내가 생각하기에 좀 더 성경적이라고 생각하는 개혁파적인 견해를 요약해서 제시해 보려고 합니다.

신성과 인성이 변화됨 없이 혼합 없이 그리스도의 한 인격 안에 있으므로, 그리스도의 인성은 그 인성의 특성들(its properties)을 상실하지 않고 인성인 한 피조물의 특성을 여전히 유지합니다. 그래서 그리스도의 인성은 시작이 있고, 유한성을 지니며, 인간의 영혼과 인간의 몸에 속하는 성질을 가집니다. 인성을 취하셨기에 그는 실제로 죽으실 수 있었고 그가 죽을 때 몸을 떠난 자신의 영혼(a real human spirit which left his body)을 성부에게 부탁하실 수 있었습니다(눅 23:46). 또한 부활로 말미암아 그의 인성이 불멸성을 얻은 후에라도 그의 인성의 성질은 변하지 않습니다.

그런데 그의 신성은 항상 창조되지 않은 신성으로 있고(Thus his divine nature has always remained uncreated), 시작도 없고 끝도 없으며, 항상 하늘과 땅을 가득 채우며 있습니다(filling heaven and earth). 심지어 그가 죽어 무덤에 계실 때조차도 그의 신성은 그 안에 함께하기를 그만두지 아니하셨으므로(〈벨직 신앙고백서〉, 19항, "even when he was lying in the grave; and his deity never ceased to be in him") 죽음에 의해서도 신성과 인성이 분리되지 아니하였다(they are not even separated by his death)고 표현하기도 합니다. 동시에 그 신성은 하늘에 계시며 또한 온 세상을 가득 채우며 있었습니다.

많은 사람들이 이 점에 잘 유의하지 아니하는 경향이 있습니다. 성육신 이후에 그리스도의 신성이 인성 안에 있다고 생각하는 경향이 있는 것입니다. 그러나 정확히 생각해 보면, 신성이 인성 안에 있을 수 없습니다. 그래서 그 유명한 "그리스도의 인성 밖에서도"(extra humaum) 작용하시는 신성에 대한 주장, "인성은 인성이고 신성은 신성이다"는 주장, 그리고 "유한은 무한을 받을 수 없다"(finitum non capax infiniti)는 주장이 나온 것입니다. 신성이 불변함을 생각하면 당연한 주장입니다. 다만 우리들의 제한된 사고가 이를 잘 따라가지 않으려고 하는 문제점을 드러낼 뿐입니다. 성경을 잘 따라가는 사람들은 그로부터 제대로 추론해 낼 수 있는 것도 잘 따라가게 됩니다. 여기 성경을 따라 가는 사람들의 사유가 어떻게 작용하는지의 좋은 사례가 나타난 것입니다. 그러므로 우리는 이와 같이 성경에 좀 더 충실해서 그리스도의 신성은 그의 인성 안에서만 작용하는 것이 아니라 인성 밖에서도 작용하였다고 말해야 할 것입니다.

그리스도께서는 그의 전능한 능력으로 죽음을 정복하기 위해서 참 하나님이셨으며(true God in order to conquer death by his power), 몸의 연약성을 갖고 우리들을 위해 죽으실 수 있기 위해서 참 사람(truly human that he might die for us in the weakness of his flesh)이 되신 것이라고 성육신의 필요성을 말하면서 그 신성과 그 인성의 독특성이 계속 유지됨도 분명히 말하여 성경에 충실하려던 칼케돈 정의에 좀 더 충실하려고 했던 개혁파의 강조를 이해하고 따라가는 것이 좋을 것입니다.

제 23 강

예수 그리스도 안에서
하나님이 하신 것은 무엇입니까?

여러 번 이야기하였지만 성탄절은 그 날 예수님께서 이 세상에 태어나신 날은 아닙니다. 그저 **우리 주 예수 그리스도께서 우리가 사는 이 시간과 공간 안으로 실제로 들어오셔서 모든 활동을 하신 것을 기념**하면서 성자께서 이 땅에 오신 **그 역사적 사건**을 생각하도록 하기 위해 로마 시대의 교회 때부터 한 날을 정해서 그리스도의 오심을 생각하고 기념해 온 것입니다. 종교개혁 시대에 이 날이 역사적 근거가 없다는 이유에서 특별히 이 날을 지키지 않고 매 주일을 성탄과 부활의 의미를 다 생각하면서 지키도록 한 일이 있었습니다. 이것도 매우 좋은 태도의 하나입니다. 우리들은 매 주일을 성탄과 부활의 의미로 가득 채워서 감사하며 삼위일체 하나님께 경배해야 합니다. 그리고 그렇게 경배한 자들답게 한 주간 동안 하나님의 백성으로 살다가 다시 주일에 함께 모여서 성탄과 부활의 의미로 가득 찬 주일 예배를 드리면서 평생을 살아야 합니다. 그렇다고 오늘날 모든 사람들이 예수님과 연관된 날로 생각하는 12월 25일을 **구태여 없애는 운동을 할 필요는 없습니다.** 이 날을 공휴일로 지정하지 않아 다른 날과 같이 계속해서 일하는 일본이나 북한 같은 나라와 같이 된다면 그것이 과연 무엇이 좋겠습니까? 우리는 온 나라가 공휴일이고 믿지 않는 분들도 다들 그 날을 예수님과 관련해서 생각하는 12월 25일을 사용해서 영원하신 성자께서 인간성을 취하셔서 이 세상에 오신 의미를 잘 설명하고 복음을 전하는 계기로 삼는 것이 좋을 것입니다. 10여 년 전에 베트남에서 성탄절을 보내면서 이런 생각을 더 하게 된 적이 있었습니다.

또한 그와 관련해서 예수님의 이 세상에서의 사역 전체를 생각하면서 "과연 예수 그리스도 안에서 하나님께서 하신 것은 무엇인가?"를 묻는 것도 매우 좋은 일입니다. 기독교 신앙고백서의 하나인 〈벨직 신앙고백서〉에서는 성경 전체로부터 "우리가 믿는 하나님이 가장 자비로우시며 또한 가장 공의로우시다"는 것을 배운 것을 전제로 하면서, 예수님께서 인간성을 취하셔서 이 세상에 오신 것의 의미를 물은 적이 있습니다(20항). 1561년의 우리 신앙의 선배들의 생각을 토대로 하여, 하나님께서 그리스도 안에서 하신 일이 무엇인지를 생각해 보기로 합시다.

성육신 사건 자체

영원하신 성자는 영원하신 신성을 가지신 분이십니다. 영원 전에도, 지금도, 또한 영원토록 말입니다. 성자께서는 한 번도 안 계신 적이 없습니다. 그런데 그가 어느 한순간에 "인간성"(humanity, human nature)을 취하셨는데, 그것도 그 인간성을 가지고 하나님께 대항해서 아담과 그의 부인이 "불순종한 바로 그 인간성"(the nature in which the disobedience had been committed), 더구나 타락 전의 아담과 그의 부인과는 달리 그 불순종의 결과로 "연약해진 인간성"을 취하셨습니다. 이는 로마서에서 "죄 있는 육신의 모양으로 보내어"(롬 8:3)라고 말한 바를 바른 교회가 이해하고 표현하는 방식입니다. 이는 예수님에게 죄가 있다는 말이 결코 아니고, 인간의 타락과 죄 때문에 연약해진 인간성을 성자께서 "취하셨다"(assumes)는 말입니다.

또한 이런 인간성을 취하셨기에 "그가 받으신 심한 수난과 죽음(his most bitter passion and death)에서 그 인간성으로 죄에 대한 형벌을 감당할 수 있도록 하신 것(in order to bear in it the punishment of sin)"이라고 표현하였습니다. 성자는 신성(神性)으로는 수난을 받으실 수도 없고, 죽으실 수도 없습니다. 만일 그리하신다면 그것은 신성이 아닙니다. 영원한 신성을 가지신 성자께서 인간성을 취하신 이 놀라운 신비의 한 이유가 여기에 잘 나타납니다.

또한 여기서 인간성을 취하신 성육신과 그의 생애 전체, 특히 십자가의 죽으심과의 관계성이 잘 표현되었습니다. 성육신이 없으면 그의 삶도 없고, 성육신이 없으면 예수님의 죽음도 없고, 따라서 구속도 없는 것입니다. 성육신 사건, 즉 성자께서 인간성을 취하신 사건과 그리스도의 생애 전체와 십자가 사건을 연결시켜 이해해야 합니다.

복음 사건에서 나타난 하나님의 어떠하심

이 성육신 사건과 그 결과로 있게 된 그리스도의 삶과 죽으심으로 있게 된 복음 사건에서 하나님께서는 과연 무엇을 하셨습니까? 첫째로, 성부께서는 성육신하신 성자에 대해서 정의를 시행하시고 그것을 잘 드러내어 주셨습니다. 성육신하신 성자를 죄 있다고 정죄하셨는데, 사실 그 정죄는 우리가 받아야만 하는 정죄(condemnation)였습니다. "우리의 심각한 죄에 대해서 성육신하신 성자께서 정죄받으셨습니다(was charged with our sin)."

그리고 죄책 있고 정죄받아 마땅한 "우리들에게 하나님의 선하심과 자비를 쏟아부어 주셨습니다(poured out his goodness and mercy on us)." 이것이 복음 사건의 두 측면이고, 복음의 본질입니다.

이 두 측면을 하나로 합하여 표현하자면, 성부께서 성자를 우리에게 주셨습니다. 특히 우리를 위해, 그리고 우리의 자리에서 정죄받아 죽도록 우리에게 주셨습니다. 하나님의 가장 온전한 사랑으로(by a most perfect love) 그리하신 것입니다. 그리고 이렇게 죽으신 예수님을 우리의 칭의를 위해 다시 살아나게 하셔서 우리들이 불멸성과 영생(immortality and eternal life)을 얻도록 하셨습니다. 이것이 복음입니다.

이와 같이 복음 사건을 일어나게 하셔서 그리스도 안에서 하나님께서 우리에게 공의와 자비를 드러내어 주셨습니다.

그 함의

공의를 일반화하여 생각하면 언제나 오해가 발생합니다. 우리가 공의가 무엇인지 아는 것처럼 하면 안 됩니다. 타락한 인간은 공의가 무엇인지 모르고 단지 그에 대한 희미한 관념만을 가지고 있습니다. 어두움 가운데서 나름대로 공의를 추구하고 있는 것[공의에 대한 암중모색(暗中摸索)]이 타락한 인간의 참된 모습[眞相]입니다. 그런데 그리스도께서 달려 죽으신 십자가에서 공의가 무엇인지가 잘 드러났습니다. 십자가를 통해 구속함을 받은 인간들의 죄에 대한 모든 형벌과 그 죄에 대한 저주가 쏟아 부어진 십자가에서(갈 3:13, cf. 신 21:23) 우리들은 비로소 하나님의 공의가 무엇인지 알게 되고, 우리 죄가 얼마나 심각한 것인지 알게 됩니다.

십자가를 바로 이해하기 전까지는 인간들은 대개 죄를 사소한 것으로 생각합니다. 그러나 십자가에 쏟아 부어진 저주를 영적인 안목으로 바로 볼 때 인간의 죄가 얼마나 무서운 것인지 제대로 알게 됩니다. 여기서 우리는 하나님의 말씀과 법을 순종하지 않고 어기는 것이 그 법을 내신 하나님의 의지(the will of God)를 침해하는 것이며, 그 의지 배후에 있는 하나님의 어떠하심(the nature of God)을 침해하는 것이며, 그 어떠하심 배후의 하나님의 존재(the being of God, God Himself)를 침해해 가는 것이니, 우리의 죄가 정말 심각하고 저주가 쏟아 부어져야 할 무서운 것임을 제대로 알게 됩니다.

또한, 십자가에서 이런 죄에 대해서 무한한 형벌을 내리시는 공의를 바로 알게 됩니다. 이렇게 죄에 대한 형벌을 정확하게 이해하기 전에는 우리가 공의를 제대로 이해했다고 할 수 없습니다. 공의는 **손상받으신 하나님의 영예에 합당한 형벌이 내려져서 손상된 하나님의 영예에 대한 최소한의 회복이 이루어지게 하는 것입니다. 하나님을 고려하지 않은 공의란 엄밀하게는 공의가 아닙니다.** 하나님의 영광과 영예를 위해 하나님께서 규정하신 모든 것이 제대로 지켜지고, 깨어진 법칙에 대해서 그에 상응하는 형벌이 내려지도록 하는 것이 공의입니다. 하나님의 의도가 잘 지켜지는 것이 공의의 시행이며, 사람과 사람 사이의 제대로 된 관계에 대해서 하나님께서 의도하신 모든 것이 그대로 지켜져서 하나님께서 창조하신 의도가 잘 드러나도록 하는 것이 공의가 드러나는 것입니다. 그 모든 관계와 관계에 대한 하나님의 의도와 규정을 깨는 것이 공의를 손상시키는 것이며, 이 모든 손상은 그에 상응하는 형벌을 요구합니다. 죄에 대한 형벌은 하나님의 공의의 요구입니다.

이와 동시에 십자가는 하나님의 자비를 드러내어 보여 줍니다. 우리가 받아야할 벌을 하나님의 아드님께서 받으셨다는 것, 그가 우리의 자리에서 우리가 마땅히 받아야할 형벌을 다 받으셨다는 것에서 우리는 하나님의 자비와 가장 큰 사랑을 발견합니다. 이것에 대해서 로마서에서 사도 바울은 이렇게 말합니다.

> 우리가 아직 연약할 때에 기약대로 그리스도께서 경건하지 않은 자를 위하여 죽으셨도다. 의인을 위하여 죽는 자가 쉽지 않고 선인을 위하여 용감히 죽는 자가 혹 있거니와 우리가 아직 죄인 되었을 때에 그리스도께서 우리를 위하여 죽으심으로 하나님께서 우리에 대한 자기의 사랑을 확증하셨느니라 (롬 5:6-8).

과연 십자가에서 하나님의 사랑과 자비가 나타났습니다. 우리가 연약할 때라는 말은 후에 밝히 드러나듯이 그저 연약할 때를 뜻하는 것이 아니라, 우리들이 죄인들이 되고 죄로 가득 차(sinful) 있고 경건하지 않은 때를 지칭하는 말입니다. 그렇게 불경건한 우리를 위하여, 그리고 우리를 대신해서 그리스도께서 우리의 죄에 대한 형벌을 받아 죽으심으로 우리의 죄 문제를 해결하고 구속을 이루셨습니다. 그리고 이 과정에서 하나님의 사랑이 가장 잘 드러났습니다.

그러므로 십자가는 하나님의 공의와 하나님의 자비가 모두 나타난 곳입니다. 모든 진정한 그리스도인들은 십자가를 그렇게 이해하였습니다. 십자가에서 공의, 즉 하나님의 무서운 형벌의 시행만 보는 사람이나 오직 사랑만 보는 사람들은 십자가를 제대로 이해한 것이 아닙니다. 전자에 해당하는 사람들은 많지 않았습니다. 그러나 십자가에서 하나님의 사랑도 바라보지만 주로 공의만을 보고서 십자가를 무섭고 끔찍한 사건으로서 생각하는 분들은 종종 있었습니다. 그 대표적인 예로 쇠얀 키에르케고어(S. Kierkegaard, 1813-1855)의 아버지였던 미카엘 키에르케고어(Michael Pedersen Kierkegaard, 1756-1838)를 들 수 있습니다. 그의 죽음 이후에 있는 "하늘"(heaven)에서는 이런 오해를 벗어났지만, 이 땅에 있을 때 그에게 십자가와 하나님은 무서운 공의의 표현일 뿐이었습니다.

후자의 오해, 즉 십자가에서 사랑과 자비만 보려고 한 사람들은 비교적 많았고 그들 중의 상당수는 매우 이단적 생각으로 발전해 갔습니다. 중세에 십자가에서 죄 문제에 대한 객관적 구속의 의미를 배제하고 그저 하나님의 사랑의 표현으로만 보면서 도덕 감화설을 제시한 Abelard(1079-1142)나 후대 자유주의적 이해를 전개한 호레이스 브쉬넬 (Horace Bushnell, 1802-1876) 같은 미국의 회중교회 목사나 해스팅스 래쉬달 (Hastings Rashdall, 1858-1924, *The Idea of Atonement in Christian Theology* [London: Macmillan, 1919]) 같은 영국 성공회 사제요, 옥스퍼드의 교수 같은 분들은 참으로 십자가에서 하나님의 자비와 사랑만을 보려고 하였습니다.

그러므로 십자가에서 하나님의 공의와 사랑을 동시에 보고 배우는 것이 참된 기독교입니다. 그 하나만을 찾는 것은 참된 기독교를 추구하는 것이 아닙니다. 우리는 오직 십자가에서 공의를 보고, 사랑을 보아야 합니다. 그리고 여기서 공의가 무엇인지 배우고, 사랑이 무엇인지를 배워야 합니다. 하나님께서 성육신과 십자가에서 공의와 사랑 모두를 드러내셨기 때문입니다.

제 24 강

십자가와 속죄(1)

우리가 믿는 바의 가장 기본적인 내용을 하나하나 점검해가는 중입니다. 지난번에 성육신은 그다음에 오는 모든 일의 토대가 된다는 것을 분명히 하였습니다. 성육신의 결과로 있게 된 것 중의 가장 대표적인 것이 십자가에서 이루진 일입니다. 우리 신앙의 선배들이 진술한 말에 따라서 이것에 대해서 생각해 봅시다.

십자가 사건 자체

〈벨직 신앙고백서〉는 이에 대해서 다음과 같이 진술하는 것으로 시작하고 있습니다(21항).

> 예수 그리스도께서는
> 맹세하신 대로 멜기세덱의 반차를 따른 영원한 대제사장이시고,
> 십자가의 나무 위에서 자신을 드리심과
> 선지자들이 예언한 바와 같이
> 우리의 죄를 씻기 위하여
> 그의 보혈을 쏟아부어 주심으로

온전한 만족을 이루어
성부의 진노를 유화시키시기 위하여,
우리들의 이름으로 성부 앞에 자신을 제시하셨다고
우리들은 믿습니다.
왜냐하면 "그가 찔림은 우리의 허물 때문이요.
그가 상함은 우리의 죄악 때문이라.
그가 징계를 받으므로 우리가 평화를 누리고,
그가 채찍에 맞으므로 우리는 나음을 얻었도다."
라고 기록되었기 때문입니다.
그는 마치 도수장으로 끌려가는 어린 양 같이 끌려갔으며,
본디오 빌라도는 처음에 그가 죄가 없다고 선언하였으나
범죄자들 중의 하나로 헤아림을 받았으며,
본디오 빌라도에 의해 정죄를 받았습니다.

물론 이 진술에는 사건과 의미가 같이 설명되어 있습니다. 우선 그 사건 자체를 생각해 봅시다. 이 땅에 메시아로 오신 예수님께서 그의 생의 마지막에 본디오 빌라도에게서 "정죄함을 받으시고, 십자가 나무에 달려 죽으셨습니다." (1) 메시아가 (2) 정죄함을 받고 (3) 나무에 달려 죽었습니다. 이 사건을 신약 성경이 기록하고 있는 대로(마 26:6-27:61; 막 14:3-15:41; 눅 22:7-23:56; 요 18:1-19:42) 아는 것이 십자가 사건 자체를 아는 것입니다.

유대인들에게는 이 세 가지가 다 걸림이 될 만한 사건이었습니다. (1) 메시아가 죽다니, 그것도 (2) 정죄함을 받고 죽다니, 더구나 (3) 나무에 달려 죽다니(신 21:23) – 유대인들은 십자가 사건 자체가 그들이 그것에 대해서 걸려 넘어질 만한 형태로 일어났습니다.

십자가 사건의 의미(1): "한 영원한 제사"

이제 이 사건의 의미가 무엇인지를 생각해 봅시다. 다음과 같이 믿는 데서 기독교가 이 땅에 있게 됩니다. 다음과 같은 믿음이 없으면 이 세상에 기독교는 없는 것이 됩니다. (이 말을 우리가 믿는 것이 어떤 기여를 하는 것으로 오해하지 않도록 해야 합니다. 하나님께서 믿게 하셔서 당연히 다음과 같이 믿는 사람이 이 땅에 있게 되기 때문입니다.)

기본적으로, 십자가는 예수님께서 그리스도, 즉 메시아로서 감당하신 일입니다. 특히 그는 영원한 대제사장으로 이 일을 하셨습니다. 예수님은 유다 지파에 속한 사람이고 레위 지파 중에서 아론의 후손에 속한 분이 아니기에 아론의 후손들이 24반차(class)에 따라 섬기는 제사장이 아니십니다. 그런데 유대인들의 머릿속에 아론 계열이 아닌 제사장으로 이미 각인된 존재가 있었습니다. 그는 "살렘 왕"이자 "지극히 높으신 하나님의 제사장"으로 아브라함을 축복하고, 마치 후에 제사장이 받듯이 십분의 일을 받은 멜기세덱입니다(창 14:17-20; 히 7:1, 6). 더구나 시편 110편에서는 이미 다윗이 성부 외에 "내 주"라고 부른 분에게 하나님 오른쪽에 앉아 계실 것임을 분명히 하시면서(시 110:1), 다시 맹세하시기를 "너는 **멜기세덱의 서열을 따라** 영원한 제사장이라"고 선언하기도 하셨습니다(시 110:4).

이를 생각하면서 히브리서 기자는 예수님의 역사에서 "멜기세덱과 같은 별다른 한 제사장이 일어난 것을" 본다고 하면서(히 7:15), "레위 계통의 제사 직분으로 말미암아 온전함을 얻을 수 있었으면 … 어찌하여 아론의 반차를 따르지 않고 멜기세덱의 반차를 따르는 다른 한 제사장을 세울 필요가 있느냐"(히 7:11)고 논의합니다. 또한 시편 110:4의 말씀을 언급하면서 "네가 영원히 멜기세덱의 반차를 따르는 제사장이라"고 말하고 있습니다(히 5:6; 히 7:17). 따라서 히브리서 기자는 매우 자연스럽게 예수님은 "하나님께 멜기세덱의 반차를 따른 대제사장이라 칭하심을 받으셨느니라"(히 5:10)고 말합니다. 또한 성소와 지성소를 막은 휘장을 생각하면서 "그리로 앞서 가신 예수께서 멜기세덱의 반차를 따라 영원히 대제사장이 되어 우리를 위하여 들어가셨느니라"(히 6:20)고 말합니다.

이와 같이 창세기 기록에 근거하여 시편 110:4에서 하신 말씀을 히브리서 기자가 자연스럽게 사용한 것 때문에 기독교회 안에서는 예수님이 멜기세덱의 반차를 따른 제사장이시라는 것이 아주 일반적으로 자연스럽게 인정되었습니다. 그는 우리의 "큰 대제사장"이십니다(히 3:1; 4:14; 5:5; 10:21).

이와 같이 참 기독교회는 예수님께서 우리들의 영원한 대제사장으로서 자신을 제물로 삼아 하나님께 제사를 드렸다고 말합니다. 역시 히브리서에서 "예수 그리스도의 몸을 단번에 드리셨다"(히 9:26, 28, 10:10)고 선언합니다. 예수님께서 원형의 대제사장으로서 자신을 제물로 하나님께 드렸으니 여기서 구약의 모든 제사가 온전히 성취되었습니다. 이 문제 역시 히브리서에서 가장 명료하게 진술되고 있습니다. "오직 그리스도는 죄를 위하여 한 영원한 제사를 드리시고 하나님 우편에 앉으사"(히 10:12). 이와 같이 메시아가 오셔서 한 영원한 제사를 드렸으니, 이제는 다시 하나님께 희생 제사를 드릴 일이 없게 되었습니다(히 10:18).

십자가 사건의 의미(2): "속죄"

왜 이런 한 영원한 제사를 하나님께 드렸습니까? 〈벨직 신앙고백서〉는 모든 그리스도인들과 함께 "우리의 죄를 씻기 위하여 그의 보혈을 쏟아부어 주심으로 온전한 만족을 이루어 성부의 진노를 유화시키시기 위하여, 우리들의 이름으로 성부 앞에 자신을 제시하셨다"고 믿는다고 고백합니다.

일단 이 일이 "우리의 자리에서 우리를 위해" 이루어진 것임을 "우리의 이름으로" 자신을 성부에게 제시하셨다고 하였습니다. 형벌을 받으실 때 그의 잘못 때문에 형벌을 받으신 것이 아니라는 것입니다. 본디오 빌라도가 공식적으로 예수님을 정죄했을 때, 결국 예수님은 우리가 받아야 할 정죄를 받으신 것이라고 한 것입니다. 이것이 당연한 것은 우리들은 죄를 범했지만, 예수님은 죄를 범한 것이 하나도 없었기 때문입니다. 실로 "그는 강포를 행하지 아니하였고 그의 입에 거짓이 없었습니다" (사 53:9).

예수님은 과연 우리의 죄를 씻기 위하여 형벌을 받으셨습니다. 여기 우리의 죄가 예수 그리스도에게 전가되었다는 인식이 분명히 드러납니다. 그래서 오래전에 이사야가 예언적으로 잘 말한 바와 같이 "그가 찔림은 우리의 허물 때문이요. 그가 상함은 우리의 죄악 때문이라. 그가 징계를 받으므로 우리가 평화를 누리고, 그가 채찍에 맞으므로 우리는 나음을 얻었습니다"(사 53:5). "그가 살아 있는 자들의 땅에서 끊어짐은 마땅히 형벌 받을 [자기] 백성의 허물 때문이었습니다"(사 53:8). "그는 실로 우리의 질고를 지고 우리의 슬픔을 당하였습니다"(사 54:4).

물론 이 세상에서 성령님의 깨닫게 하심으로 이를 깨닫지 못하는 사람은 누구나 다 '그는 징벌을 받아 하나님께 맞으며 고난을 당한다'고 생각합니다(사 53:4). 다메섹 도상에서 하늘에 계신 주님의 현존 앞에 서기 전에 바울이 정확히 그렇게 생각하였습니다. "우리도 그를 귀히 여기지 아니하였습니다"(사 53:3 하).

그러나 실상은 그가 우리의 죗값을 자신이 짊어지고 형벌을 당하셔서 우리의 죄과를 "동이 서에서 먼 것 같이" 멀리 치워버렸습니다(시 103:12). 역사의 복잡한 과정에 관여되지만 궁극적으로 이 일의 주체는 여호와이셨습니다. 그래서 우리는 선지자와 함께 "여호와께서는 우리 모두의 죄악을 그에게 담당시키셨다"(사 53:6)고 말할 수 있습니다. 다시 표현하여, "여호와께서 그에게 상함을 받게 하시기를 원하사 질고를 당하게 하셨다"(사 53:10)고 말합니다. 후에 이를 깨닫게 된 베드로도 "친히 나무에 달려 그 몸으로 우리 죄를 담당하셨으니, 이는 우리로 죄에 대하여 죽고 의에 대하여 살게 하려 하심이라. 그가 채찍에 맞음으로 너희는 나음을 얻었다"(벧전 2:24)고 고백합니다. 여기 온전한 구속이 있습니다.

이것을 예전에 하나님 앞에 "온전한 만족"을 이루시는 것이라고 표현했습니다. 하나님의 공의가 요구하는 바를 다 이루셨다는 것입니다. 그래서 오랫동안 이를 "만족(滿足, satisfactio)"이라고 표현하였고, 그것이 하나님의 공의를 이루는 것이기에 하나님의 공의에 대한 만족이라고 표현했었습니다.

그것을 후대에는 죄에 대한 모든 형벌을 다 받아 만족을 이룬 것이라는 뜻에서 "속죄(贖罪)", 즉 죄에 대한 "죗값을 치름"이라고 하였고, 그 만족케 하심 자체는 '속상'(贖償)이라고 하거나 우리를 구하는 의미의 "속죄"라는 뜻에서 "구속"(救贖)이라고 표현하였습니다. 그리고 죄를 지은 우리들이 마땅히 받아야 할 것을 그리스도께서 대신 받으심으로 이런 속죄가 이루어진다는 뜻에서 대리(代理) 속죄(贖罪), 또는 이를 줄여서 "대속"(代贖)이라고 표현하는 일이 더 일반화되었습니다.

우리의 죗값을 다 치르셨으므로 죄에 대해서 진노하시는 하나님의 진노가 극복된 것인데 이는 그리스도께서 그 진노와 저주를 자신이 감당하셨기 때문입니다. 그래서 바울은 "그리스도께서 우리를 위하여 저주를 받은 바 되사 율법의 저주에서 우리를 속량하셨다"(갈 3:13)고 말합니다. 그렇기에 믿는 사람들에게는 이제 "다시 저주가 없으며" 예수님의 재림 후에는 "하나님과 그 어린 양의 보좌가 그 가운데에 있어서 … 그의 종들이 그를 섬기며" 살 것입니다(계 22:3).

그러므로 십자가에서 이루어진 일이 우리의 죗값을 치르고 우리를 하나님 앞에 설 수 있게 만드는 구속사건이고, 하나님의 마음이 우리에게 대하여 유화되게 한 사건입니다. 그렇게 하도록 드리는 제물을 "화목제물"이라고 하던 것을 반영해서 바울은 "이 예수를 하나님이 그의 피로써 믿음으로 말미암는 화목제물(ἱλαστήριον)로 세우셨으니"(롬 3:25)라고 말하고, 요한은 화목을 위한 제물(ἱλασμός)이라고 말합니다(요일 2:2; 4:10).

나가면서: 십자가의 의미를 잘 생각해야

이렇게 그리스도인인 우리들에게는 십자가 사건 자체와 그 의미가 다 중요합니다. 십자가 사건을 무시하는 일부 이슬람교도들도 문제거니와 그런 일이 성경에 기록된 대로 일어난 것을 생각하지 않는 사람들도 문제입니다. 그와 함께 예수님의 십자가는 당시 십자가형을 당하던 다른 사람들의 십자가와는 달리 하나님에 대한 우리들의 죄에 대한 형벌을 메시아이신 예수님께서 다 지고 가셔서 담당하셨으므로 우리 죄를 씻으셔서 깨끗하게 하시고, 우리 죗값을 다 치룬 메시아의 죽음으로 그 십자가에서 속죄가 이루어지는 **대리 속죄**, 즉 대속의 자리라는 것을 분명히 믿어야 합니다.

제 25 강

십자가와 속죄(2)

지난 강에서 생각한 그리스도의 십자가와 그 의미를 계속해서 생각해 봅시다. 이번에는 그의 십자가 죽음의 사실을 그 의미와 함께 생각해 봅시다. 〈벨직 신앙고백서〉 21항이 잘 표현하는 바와 같이 "그는 그 자신이 빼앗지 아니한 것도 물어 주셨고(시 69:4 참조), '의로운 자로서 불의한 자를 위해서'(벧전 3:18) 그의 몸과 영혼의 고난을 당하셨습니다."

그리스도의 고난과 관련한 두 가지 강조

여기서는 두 가지가 특히 강조됩니다. 첫째는, 지난번에 살펴본 것과 같이, 이것이 불의한 우리를 위해 그가 대신 당하신 고난이라는 것, 따라서 그는 잘못한 것이 없으시고 그는 의로우신데 우리의 불의와 잘못 때문에 고난을 당하신 것이라는 점입니다. 우리가 잘못한 것을 대신해서 그가 형벌을 받아서 우리가 그 죄에서 벗어나는 대리 속죄, 즉 대속(代贖)의 가르침이 아주 분명하게 가르쳐집니다.

둘째는, 그의 고난이 그의 인성이 당한 고난임을 아주 분명히 합니다. 여기에는 몇 가지를 같이 언급해야 합니다. 첫째로, 신성은 고난을

당하지 않으신다는 거의 공리에 가까운 사실의 천명이 필요합니다. 하나님께서는 인간들이 당하는 고난이 과연 어떤 것인지를 그 어떤 인간보다 더 잘 아십니다. 그러나 하나님 자신은 고난을 당하지 아니하십니다. 일본 사람의 영향으로 하나님에게도 고난이 본질인 것처럼 말하는 것이 온 세상에 널리 유행하게 되었습니다. 일본 구마모토 출신으로 동경연합신학교(Tokyo Union Theological Seminary, 1930년 개교, 1946년에 대학교가 됨) 동경신학대학(東京神学大学)의 교수(1949-1984)였던 키타모리 가조(北森 嘉蔵, Kitamori Kazō, 1916-1998)가 1946년에 일본어로 낸 『하나님의 고난의 신학』(神の痛みの神學)이 여러 나라 말로 번역되어 이런 생각이 국제적으로 유명해지기 시작했습니다.[1] 특히 유르겐 몰트만이 그의 책 『십자가에 달리신 하나님』에서 키타모리 가조를 인용하면서 그리스도의 고난 가운데서 "하나님이 고난당하셨다"고 주장하여[2] 이런 생각을 널리 유행시켰습니다. 오늘날은 이와 같은 식으로 표현하며 하나님의 고통을 말하는 것이 아주 일반화되었습니다.[3] 그러나 성경에 충실하려고 하며 그런 입장에 선 정통적 사람들은 하나님과 신성은 고난받지 않으신다(the impassibility of God)는 것을 아주 분명히 합니다. 기본적으로, 하나님은 우리와 같은 성정(性情)을 가지신 분이 아니십니다. 또한 이런 논의가 가진 심각한 문제는 그 과정에서 하나님이 이 세상의 영향을 받으신다는 것을 조금이라도 허용하면 곧바로

---

[1] Kitamori Kazoh, *Theology of the Pain of God* (Richmond, VA: John Knox Press. 1965). 우리나라 말로는 이전에도 번역되었었으나 근자에 나온 판으로는 이원재 옮김, 『하나님의 아픔의 신학』(서울: 새물결플러스, 2017)을 보십시오.
이에 대한 논의들로 다음을 보십시오. Richard Meyer, "Toward a Japanese Theology: Kitamori's Theology of the Pain of God," *Concordia Theological Monthly* 33/5 (May 1962): 261-72; 이동영, "기타모리 가조의 신 고난 담론에 대한 비판적 고찰: 그의 저서 『하나님의 아픔의 신학』을 중심으로", 「한국개혁신학」 62 (2019): 218-70; 시미즈 마사유키(淸水正之), "기타모리 가조 『하나님의 아픔의 신학』에 나타난 인간론적 측면을 중심으로", 「제9회 한일신학자학술회의 자료집」 (2019. 11. 8): 7-20.

[2] Jürgen Moltmann, *The Crucified God* (London: SCM Press, 1974), 47.

[3] 심지어 다음 저자들도 보십시오. Richard Bauckham, "'Only the Suffering God can Help': Divine Possibility in Modern Theology," *Themelios* 9/3 (1984): 6-12; Paul Fiddes, *The Creative Suffering of God* (Oxford, 1990).

많은 문제가 발생한다는 점에 있습니다. 그래서 과거 정통적 신앙고백서의 작성자들은 하나님과 신성이 고통을 받으시는 것이 아님을 아주 분명히 하였습니다.

〈벨직 신앙고백서〉도 그리스도의 영혼과 몸의 고난을 받으셨다는 것을 밝혀서 이것이 그리스도께서 취하신 '인성이 당한 고난' 임을 명백히 합니다. 위에서 말한 바와 같이 신성은 그 자체로 고난을 당할 수 없거니와, 인간들이 마땅히 받아야 하는 고난을 대신해서 받으시는 것이니, 그 고난을 인성이 받는 것은 매우 당연한 일입니다. 그가 당하신 고난은 전인적 고난, 그러니 몸과 영혼이 다 당하는 고난입니다.

그중에서 성경은 그의 영혼이 당하신 고난을 강조하고 있음을 주목할 필요가 있습니다.[4] 그리스도께서 이 잔이 내게서 지나가기를 바란다고 했을 때 그는 몸의 고난보다도 그 영혼의 고난 때문에 그렇게 말하셨음을 잘 생각해야 합니다. 또한 이 영혼의 고통 때문에 그는 이 문제를 앞에 놓고 "힘쓰고 애써 더욱 간절히 기도하시니 땀이 땅에 떨어지는 핏방울같이 되더라"(눅 22:44)고 할 정도였습니다. 그 고난의 핵심은 그가 십자가에서 하셨던 일곱 가지 말씀 중 제 구시 즈음에 크게 소리 질러 말씀하신 "엘리 엘리 라마 사박다니," 즉 "나의 하나님, 나의 하나님, 어찌하여 나를 버리셨나이까?"라는 말에 담겨 있습니다. 물론 이 말은 여러 가지로 해석될 수 있습니다.[5] 그러나 어떻게 보든지, 죽음의 그 순간은 인성이 신성으로부터 떨어지는 고난을 경험한 것입니다. 성육신 이래로 늘 신성과 함께하여 신인(神人, the God-man)으로 계셨던 그분께서 죽음에서 그 몸과 영혼이 분리되시고, 아주 순간적이라 할지라도 그 인성이 하나님과 함

---

[4] 성경 전체를 살피면서 이 점을 잘 관찰하고 지적한 Leon Morris, 『신약의 십자가』 (서울: CLC, 1988), 해당 부분을 보십시오.

[5] 그 중의 하나로 예수님께서 이 시점에 시편 22편 전체를 묵상하신 것이라는 좋은 해석으로 Morris, 『신약의 십자가』, 해당 부분을 보십시오.

께하는 위로에서 분리되었었다고 할 수 있습니다.

죄악에 익숙한 우리들은 이 '하나님으로부터의 분리'를 별문제가 아닌 것으로 생각할 수 있습니다. 그런데 그런 우리들이 조금의 신앙만 있어도 '하나님으로부터의 분리'가 무시무시하고 끔찍한 것이라고 정신 차려서 생각하게 됩니다. 그러니 가장 온전하신 인간성을 지닌 그리스도에게는 그것이 얼마나 심각한 영혼의 고난이었겠는지 생각해 보십시오. 그것을 바라보면서 그리스도께서는 제자들에게 "내 마음이 매우 고민하여 죽게 되었으니 너희는 여기 머물러 나와 함께 깨어 있으라"(마 26:38)고 하시며, 기도를 부탁하셨습니다.

그리스도의 고난 종합

그러므로 그리스도께서 받으신 고난은 이런 지속적인 영혼의 고난과 그에 따라온 몸의 고난이었습니다. 다시 말하면, 우리가 강조한 인성이 받으신 고난이었습니다. 그리고 그 고난은 우리가 마땅히 받아야만 하는 죗값으로 우리가 받아야 하는 고난을 그가 대신 지신 것입니다. 그것이 그가 그의 생 전체에서와 특히 겟세마네 동산과 십자가에서 감당하신 고난입니다. 그중에 십자가에서의 죽음을 생각하면서 우리는 계속해서 그가 '영단번에 이루신 희생 제사'라고 하였습니다. 이런 희생 제사를 통해서 그리스도께서는 우리를 죄로부터 자유롭게 하셨습니다. 첫째는, 그가 우리 대신에 우리의 자리에 서시어 죄의 형벌(the punishment of Sin), 즉 죄의 결과로 우리의 것이 된 저주와 죽음을 담당하셨습니다. 여기서 대리 속죄의 의미가 현저하게 드러납니다. 또한 둘째로 그는 죄의 권세(the power of sin)에서 원칙적으로 우리를 구해 내셨습니다. 그를 믿는 우리들은 이제 원칙상 그의 것이 된 것입니다.

이런 의미를 다 담아서 그를 구주(Savoir)라고 하는데, 이는 그가 나시기 전에 이미 그의 수태를 예고한 천사가 사용하고, 후에 천사가 요셉에게도 한 말입니다. "아들을 낳으리니 이름을 예수라 하라. 이는 그가 자기 백성을 그들의 죄에서 구원할 자이심이라"(마 1:21). 이 말씀이 그가 마리아 태 속에 있을 때 하신 말씀이라는 것을 기억해야 합니다. 구약에서 예언할 때부터 함의된 것을 분명히 하는 이 말씀의 의미를 잘 생각해야 합니다.

먼저 이 말씀은 하나님의 계획 가운데서 "그에게 속한 백성"이 있음을 분명히 합니다. 하나님의 계획 속에서도 그렇고, 구약 시대에 메시아에 대한 예언이 있을 때도 그렇고, 마리아에게 초자연적으로 수태된 그분에게 대해서도 그렇습니다. 그는 계속해서 아직 눈에 보이지도 않는 자기 백성을 위한 분이셨습니다. 그리고 그는 참으로 "자기 백성을 그들의 죄에서 구원할 자"이셨습니다. 이 세상의 근원적 문제를 해결하여 죄의 문제를 영원히 해결하는 분으로 오셨습니다. 그것이 그분이 "구주"라는 말의 뜻입니다.

오늘날 곳곳에서 다른 구주를 생각하고, 다른 의미의 구주를 생각하는 이 시대에도 이것은 분명한 사실로 서 있습니다. 그만이 인간의 근원적 문제인 죄의 문제를 해결하는 유일하신 구주이십니다. 우리들도 1세기의 사도들과 함께 "다른 이로써는 구원을 받을 수 없나니, 천하 사람 중에 구원을 받을 만한 다른 이름을 우리에게 주신 일이 없음이라"(행 4:12)고 선언해야 합니다.[6]

---

6 여기서 소위 만민이 다 구원받는다는 만인 구원론(universalism), 구원받을 수 있는 길이 여럿 있다는 종교다원주의(religious Pluralism), 다른 길로도 구원받는데 그들이 모두 자신들은 몰라도 이미 그리스도의 십자가에 포함되어 있다는 포괄주의 또는 내포주의(inclusivism)와 같은 생각들이 기독교의 가르침에서 배제되어야 한다는 것이 분명해져야 합니다. 이런 문제들에 대해서 데니스 옥콜름, 티모디

참으로 믿는다면 어떻게 하는 것인가?

이제까지 언급한 '십자가 사건을 통한 구속'을 참으로 믿는다면, 이 단번에 이루어진 구속을 참으로 믿으면 이 일이 한 번의 온전한 희생 제사를 드리신 것임을 생각하면서 이것이 우리를 "영원히 온전하게"(perfect forever) 하셨음을 믿어야 합니다(〈벨직 신앙고백서〉, 21항). 여기에는 두 가지 의미가 들어 있습니다.

첫째로, 십자가에서 이루신 구속이 죄 문제를 영원히 해결한 것임을 확신해야 합니다. 그리스도께서 죄를 용서하셨으나 우리가 어떻게 하는지를 보면서 후에 달리 될 것이라는 생각이 조금도 틈타서는 안 됩니다. 구원은 처음부터 끝까지 하나님의 전능하신 힘으로 이루시는 것입니다. 그가 시작하셨고, 그가 지금도 이 일을 이루시고, 그가 후에 온전하게 하실 것입니다. 바울이 빌립보 교우들을 향해서 "너희 안에서 착한 일을 시작하신 이가 그리스도 예수의 날까지 이루실 줄을 우리는 확신하노라"(빌 1:6)와 같이 한 말이 우리의 확신이 되어야 합니다. 이런 사람은 방종의 길로 나갈 수 없습니다. 오히려 주께서 무엇을 바라시는지를 늘 바라보며 그가 이루실 것을 기대해야 합니다.

따라서 둘째로, 이 "영원히 온전하게"(perfect forever) 하셨다는 것이 원칙적으로(in principle) 그렇게 하셨다는 말임을 주의해야 합니다. 즉, 우리에게 그렇게 못한 부분이 있음을 인정하면서, 그러나 우리들은 그것에도 불구하고 주께서 이 일을 끝까지 이루실 것임을 믿으면서 계속 주께

R. 필립스 편, 『다원주의 논쟁』, 이승구 옮김 (서울: CLC, 2001); 이승구, 『우리 이웃의 신학들』 (서울: 나눔과 섬김, 2014), 특히 103-90을 보십시오.

서 원하는 길로 나아갈 것입니다.

　그러므로 이런 사람들은 바울과 함께 "예수 그리스도와 그가 십자가에 못 박히신 것 외에는 아무것도 알지 아니하기로 작정"하였습니다(고전 2:2). 이 말에는 그리스도와 그의 십자가만을 자랑하겠다는 의미가 담겨 있습니다. 다른 것들은 이와 비교하면 정말 아무것도 아니기 때문입니다. 그래서 또다시 바울과 함께 "모든 것을 해로(as loss) 여김은 내 주 그리스도 예수를 아는 지식이 가장 고상하기 때문이라."(빌 3:8)고 고백하게 됩니다. "그리스도를 위하여 모든 것을 잃어버리고", 그를 위하여 삽니다. 다른 것은 "배설물로 여김은 그리스도를 얻고 그 안에서 발견되려 함"입니다. 이와 같이 진정한 그리스도인들은 그리스도와 함께 있는 것만이 모든 것입니다. 자기들만이 아니라 다른 모든 사람들도 마땅히 그런 상태에 이르는 것을 바랍니다. 이것이 그리스도의 십자가 구속을 참으로 믿는 것입니다.

　이런 사람들은 그리스도께서 우리를 대신하여 받으신 "상처에서 우리의 모든 위로를 발견합니다"("find all comforts in his wounds")(〈벨직 신앙고백서〉, 21항). 다른 위로를 다른 곳에서 발견하려고 하지 않습니다. 이런 사람은 그리스도도 얻고 그와 함께 다른 것도 얻는 방향으로 나가지 않습니다. 참으로 믿는 사람은 **오직 그리스도에 머무르는 사람입니다.** 특히 앞서 말한 "유일한 영단번에 이루어진 희생 제사 외에 우리 자신을 하나님과 화목시킬 다른 방도를 추구하거나 창안해 낼 이유가 없습니다"(〈벨직 신앙고백서〉, 21항). 십자가 구속에 더하여 우리가 더 하나님께 화목되거나 가까워지기 위해 할 일이 있다고 하거나 십자가를 더 현실화하기 위해 다른 일을 해야 한다고 말하지 않습니다. 중세 때 미사에 대해서 그와 같이 말한 것을 생각하면서 이와 같은 것을 추구해 가는 것은 참으로 그리스도의 십자가만을 믿는 것이 아님을 분명히 해야 합니다.

오늘날 십자가를 믿는다고 하면서도 다른 구원의 길도 용인하려 하거나 십자가 구속 이후에도 계속해서 제사를 드려야 하는 것처럼, 또는 그와 비슷한 일을 해야 하는 것처럼 하는 것은 참으로 십자가를 믿지 않는 것임을 21세기에 사는 우리들도 분명히 천명해야 합니다. 그리스도와 그가 달리신 십자가만이 우리의 유일한 자랑이어야 합니다.

제 26 강

그리스도의 중보기도

이 땅에서 이루신 그리스도의 사역(그리스도의 지상 사역)은 그의 온전한 삶과 가르치심과 그의 십자가 죽음과 부활로 이루신 구속입니다. 이 모든 일을 이루신 그리스도께서는 부활 후 40일 동안 제자들에게 때때로 나타나셔서 부활을 확증하시고, 구약 성경과 연관하여 자신의 사역의 의미를 잘 설명하시고 하늘로 승천하셨습니다. 그리하여 그는 지금도 그러하고, 이 땅에 다시 오시기까지 하나님께서 계신 "하늘"에 계십니다(행 3:21). 하늘에 계신 그리스도께서 하시는 사역을 "그리스도의 천상 사역"(the heavenly works of Christ)이라고 합니다. 그리스도의 지상 사역에 근거하여 이루어지는 이 천상 사역의 결과로 이 땅의 교회가 존재하고 보존됩니다. 그리스도께서는 그의 영적인 몸된 교회 공동체를 세우시고 보존하시고 돌아보시고 통치하시며 인도해 가십니다. 그와 함께 이 교회를 위해 기도하십니다(요 17:20-21). 이를 그리스도의 중보기도(the intercession of Christ)라고 합니다. 이번에는 이 "그리스도의 중보기도"에 대해서 생각해 보기로 합시다.

그리스도의 중보기도의 토대: 그리스도의 중보자 되심과 구속 사역

그리스도의 중보기도의 토대는 그리스도의 중보자 되심과 그가 이루신 구속 사역입니다. 하나님께서 예수 그리스도를 하나님과 사람 사이의 유일한 중보자로 세우셨습니다. "하나님과 사람 사이에 중보자도 한 분이시니, 곧 사람이신 그리스도 예수라"(딤전 2:5). 그리스도께서 신성과 인성을 연합하시어 성육신하실 때 그는 신성도 손상시키지 않으시고, 인성의 가장 온전한 모습을 잘 드러내셨습니다. 이는 우리네 인간들이 하나님의 엄위에 접근할 수 있도록 하기 위한 것이었습니다. 그리스도께서 이렇게 하지 않으셨으면 우리들은 감히 엄위하신 하나님 앞에 도무지 가까이할 수 없습니다. 그는 "근본 하나님의 본체이시나(he was "in the form of God")"(빌 2:6) "오히려 자기를 비워 종의 형체("the form of a slave")를 가지사 사람들과 같이 되셔서(taking "human form")"(빌 2:7) "범사에 형제들과 같이 되셨습니다"(히 2:17). 이렇게 참 하나님 되심(신성)과 참 인간됨(인성)이 한 위격 안에 있기에 그는 하나님과 사람 사이의 중보자가 될 수 있는 유일한 분이십니다. 그는 그의 크심으로 우리를 두렵게 하여 다른 것을 추구하게 하지 않으십니다. 더구나 "하늘과 땅의 그 어떤 피조물도 예수 그리스도처럼 우리를 사랑하신 분은 없습니다."(〈벨직 신앙고백서〉, 26항). 그는 인간성을 취하셔서 우리들 가운데로 들어와 인간성을 높은 수준으로 끌어 올리셨습니다.

그러나 (순전히 가정이지만) 그리스도께서 성육신만 하시고 구속 사역을 이루지 않으셨으면[1] 실질적으로는 아무런 일도 발생하지 않습니다. 그러나 성육신하신 그리스도께서는 우리를 위하여 십자가에서 그 놀라운 구속을 이루어 주셨습니다. 그리하여 그는 "우리가 원수 되었을 때에"(롬 5:10) 우리를 위해 그의 생명을 주실 정도로 우리를 사랑하셨습니다. 그처

---

[1] 물론 실제로 성육신하신 그리스도께서는 구속 사역을 하셨습니다. 그리고 그의 성육신이 구속 사역을 위해 일어난 것임을 항상 명심해야 합니다. 칼빈은 이것을 늘 강조하였습니다.

럼 우리를 사랑하신 분이 누가 있습니까? 그가 우리의 자리에서 우리를 대신하여 "죽으심으로 말미암아 하나님과 화목하게 되었습니다."(롬 5:10). 이것이 그가 이루신 구속 사역의 핵심입니다.

그러므로 우리들은 "유일하신 중보자요 중보 기도자"이신 "의로 우신 예수 그리스도"(요일 2:1)를 통하지 않고서는 하나님께 나아갈 수 없음을 인정하고, 따라서 오직 그리스도의 중보자로서의 사역과 그의 중보 기도에 근거해서만 하나님께 나아갑니다.

그리스도의 중보기도의 의미

구속 사역을 마치신 그리스도께서는 그의 영원한 성자의 자격으로서는 물론이거니와 이제 인간성을 취하신 분으로서 또한 구속 사역을 마치신 그리스도(메시아)로서 "하늘과 땅의 모든 권세를" 부여받으셨습니다(마 28:18). 즉, "그리스도는 죄를 위하여 한 영원한 제사를 드리시고"(히 10:12), 그리하여 죄를 정결케 하는 구속 사역을 완성하신 후에 "높은 곳에 계신 지극히 크신 이의 우편에 앉으셨습니다"(히 1:3; 10:12). 그래서 그는 이 세상에 다시 오실 때까지 계속해서 "하나님 우편에 계신 자"(롬 8:34)로 언급됩니다.

그 권능의 자리에서 그는 "우리를 위하여 간구하십니다"(롬 8:34). 참으로 "그는 항상 살아 계셔서 [자기를 힘입어 하나님께 나아가는 자들을] 위하여 간구하십니다"(히 7:25). 이를 그리스도의 중보기도라고 하고, 이것이 그리스도의 천상 사역의 한 부분입니다.[2] 하나님 자신의 사랑하시는 아들의 간구, 더구나 우리를 위해서 자기 생명까지 주신 분의 간구보

---

2 위에서 시사한 것과 같이 그의 천상 사역의 또 다른 부분은 (1) 그가 피를 흘려 사신 교회를 지속적으로 불러 모으시고, (2) 그 교회를 보호하시고, 통치하시며, 인도하시며, (3) 교회를 위해 온 세상을 다스려 온 세상이 정하신 목적에 이르도록 하시는 것입니다.

다 하나님께 더 잘 전달될 간구가 있겠습니까? 따라서 그의 간구는 반드시 성취되는 간구입니다.

그리스도께서 우리를 위하여 간구하신다는 것에 대해서 루터파 신학자들은 이를 그가 입을 열어 "소리를 내어서 하는"(vocalis) 기도로 해석하려는 경향이 있었습니다. 그리스도께서 하늘에서 우리의 이름을 일일이 부르며 기도하신다고 생각하는 것에 은혜로운 측면이 있습니다. 그러나 모든 점을 생각할 때 이는 구속에서 그가 성취하신 바가 그가 피 흘려 사신 지체들에게 온전히 적용될 수 있도록 그들을 위한 모든 것을 공적으로 청구하는 것이라는 개혁파의 이해가 더 사실과 부합할 수 있습니다. 물론, 이 두 가지를 다 같이 생각해도 좋은데 그때 후자의 이해가 토대가 되어 전자로 나아가야 합니다. 그리스도의 중보기도는 이미 그가 다 이루신 구속 사역의 결과를 청구하는 것입니다. 따라서 그는 "자기를 힘입어 하나님께 나아가는 자들을 온전히 구원하실 수 있습니다"(히 7:25). 그래서 그가 우리를 "영원히 온전케 하셨다"(히 10:14)고 당당하게 선언할 수 있습니다.

그리스도의 중보기도를 참으로 믿는다면 해야 할 일은 무엇입니까?

이를 참으로 믿는다면 우리들은 날마다 하나님께 가까이 나아가야 합니다. 그것도 소심한 마음으로가 아니라 담대함을 가지고 말입니다. 그리스도의 중보기도는 우리의 기도와 섬김의 근거가 됩니다. 왜냐하면 히브리서 기자는 다음과 같이 선언하고 있기 때문입니다.

우리에게 큰 대제사장이 계시니 승천하신 이 곧 하나님의 아들 예수시라. 우리가 믿는 도리를 굳게 잡을지어다. 우리에게 있는 대제사장은 우리의 연약함을 동정하지 못할 이가 아니요 모든 일에 우리와 똑같이 시험을 받으신 이로되 죄는 없으시니라. 그러므로 우리는 긍휼하심을 받고 때를 따라 돕는 은혜를 얻기 위해 은혜의 보좌 앞에 담대히 나아갈 것이니라(히 4:14-15).

그러므로 형제들아! 우리가 예수의 피를 힘입어 성소에 들어갈 담력을 얻었나니… 참 마음과 온전한 믿음으로 하나님께 나아가자(히 10:19, 22).

그러므로 그리스도를 참으로 믿는 사람들, 따라서 그리스도의 구속과 중보기도를 믿는 사람들은 우리도 은혜의 보좌 앞에 나가 기도하며, 하나님을 섬기는 일로 담대하게 나가야 합니다.[3] 날마다 기도로 삼위일체 하나님과 교제하며, 하나님의 뜻을 수행하는 삶을 사는 것이 우리에게 주어진 벅찬 특권과 사명입니다.

그리스도의 중보기도를 참으로 믿는다면 하지 말아야 할 것은?

그렇다면 이것을 바르게 믿는 사람으로서 하지 말아야 할 것은 무엇입니까?

첫째로, 다른 중보자를 필요로 해서는 안 됩니다. 우리는 그래야 할 이유가 도무지 없으니, 우리의 유일하신 중보자이신 그리스도께서 친히 말씀하시기를 "내가 곧 길이요 진리요 생명이니, 나로 말미암지 않고는 아버지께로 올 자가 없느니라"(요 14:6)고 선언하시고 있기 때문입니다. 이 유일하신 중보자 앞에서 다른 것을 중보자로 찾는 것은 우리의 중보자이신 그리스도와 그의 구속 사역을 무시하는 무시무시한 죄악입니다.

---

3 보좌로 나아가는 것이 이 두 가지를 다 포함한 것이라는 논의로 이승구, 『개혁신학에의 한 탐구』 (서울: 웨스트민스터 출판부, 1995), 27-48, 특히 41-46을 보십시오.

둘째로, 우리는 다른 중보 기도자(another intercessor)를 필요로 하지 않습니다. 우리를 위해서 기도하시는 그리스도가 계신데 무슨 다른 중보 기도자가 필요합니까? 〈벨직 신앙고백서〉 26항에서는 이렇게 말합니다. "하나님께서 당신님의 아드님을 우리의 중보 기도자로 주셨으니, 그를 떠나 다른 중보 기도자에게로 가거나 찾을 수 없는 것을 추구하지도 맙시다." 종교개혁 시기에 이런 말을 할 때 그때 개혁자들은 천주교회에서 마리아나 성자들을(saints) 우리를 위한 중보 기도자들로 존숭하는 것을 염두에 두면서 이런 말을 한 것입니다. ⑴ 온전하신 중보 기도자인 그리스도께서 계신데 다른 중보 기도자가 있을 필요가 없음을 가장 강조하고, ⑵ 천주교에서 소위 성자들이라고 하는 분들이 실제로는 자신들이 그리할 수 없음을 분명히 하면서 그들 자신이 일관성 있게 이를 거부합니다. 천주교회가 말하는 성자(聖者)들은 그렇게 하지도 않았고, 그렇게 할 수도 없는 것입니다.

그리고 대개 이런 다른 중보 기도자를 추구하는 것이 우리들은 무가치하기에 우리보다 더 가치 있는 분들이 위해서 기도해 주면 효과가 있지 않느냐는 생각에 대해서, 기도하는 것은 우리 자신의 공로와 위엄에 근거해서 하는 것이 아니라 오직 예수 그리스도의 덕과 공로와 엄위에 근거해서 하는 것인데, 그리스도의 의는 믿음으로 우리의 것이 된다는 것을 밝히 지적하면서, 오직 그리스도의 공로에 의지하는 기도의 성격상 그리스도 외의 다른 중보 기도자를 필요로 하지 않는다는 것을 천명합니다. 마리아가 우리를 위해 간구해 주는 것이 아닙니다. 다른 성자(聖者)들이 우리를 위해 간구하거나 그것이 효과를 내는 것이 아닙니다.

"그러므로 그리스도의 명령을 따라 우리들이 우리의 유일하신 중보자이신 그리스도를 통하여(즉, 그의 이름으로) 하늘 아버지를 불러 아뢸 때, 우리가 주께서 가르치신 기도에서 가르침을 받는 것과 같이, 우리는 그리스도의 이름으로 천부께 간구한 모든 것을 다 받을 줄을 확신하면서 기도하는 것입니다."(〈벨직 신앙고백서〉, 26항)

　　물론 성도들은 성경의 가르침을 받아(특히 딤전 2:1-2) 서로를 위해서도 기도합니다. 사도들도 성도들을 위해 기도하였고(모든 서신의 문안 인사와 마지막 기도들 외에도 롬 9:1-3, 15:33, 16:20; 고후 13:9; 엡 1:15-19, 3:15-21; 빌 1:9-11; 골 1:9-12; 살전 3:11-13, 5:23; 살후 2:16-17, 3:3, 16; 히 13:18), 또 때로는 성도들의 기도를 요청하기도 하였습니다(롬 15:30-32; 엡 6:18-20; 골 4:2-3; 살전 5:25; 살후 3:1-2). 그리스도인인 우리들은 성도들을 위해 기도하는 사람들입니다(약 5:16). 심지어 우리를 핍박하는 사람들을 위해서도 복을 빌도록 부름을 받고 있습니다(롬 12:14). 그러나 그런다고 우리가 중보 기도자(intercessor)가 되는 것이 아닙니다. 다른 형제, 자매를 위한 우리의 기도가 효과를 내는 것은 오직 그리스도의 구속과 그의 중보기도 덕분입니다. 다시 강조합니다. **오직 그리스도만이 우리의 유일한 중보 기도자(Intercessor)이십니다. 우리는 다른 중보 기도자들을 필요로 하지 않습니다. 물론 우리는 서로를 위해 열심히 기도합니다.** 그러나 우리가 중보 기도자가 되는 것이 아닙니다.

제 5 부

기독교 신앙에 대하여

제 27 강   "기독교 신앙"이란 무엇입니까?

제 28 강   그리스도와 그의 의를 의지하는 신앙

제 29 강   이신칭의: "믿는 자를 의롭다고 선언하심"

제 30 강   신앙과 성화(1): 죄인들을 거룩하게 하심

제 31 강   신앙과 성화(2): 영적인 선을 행함

제 32 강   그리스도와 율법의 관계

제 27 강

"기독교 신앙"이란 무엇입니까?

삼위일체 하나님과 하나님께서 하시는 모든 일을 참으로 믿는 일을 기독교 신앙이라고 합니다. 차차 드러나겠지만, 그 내용은 매우 풍성합니다. 그런데 일단은 우리를 구원하시는 그리스도와 그가 이루신 구속(redemption)을 믿는 것으로 기독교 신앙이 시작됩니다(구속에 대해서는 앞에서 두 번에 걸쳐서 논의한 바를 참조하십시오).

성령 하나님께서 일으키시는 신앙

그런데 "이 큰 신비에 대한 참된 지식을" 얻기 위해서는 "성령님께서 우리의 심령에 참된 신앙을 일으키셔야 합니다"(the Holy Spirit kindles in our hearts a true faith). 이와 같이 〈벨직 신앙고백서〉는 성경의 일반적 가르침을 따라서 타락한 인간이 스스로 자유의지를 발휘해서 믿는 것이 아니라, 성령님께서 우리의 심령에 역사하셔야 한다는 것을 분명히 합니다(22항). 그것도 직역하면, 성령님께서 우리의 마음에 참된 신앙의 불을 일으키시는(kindles) 것이라고 표현했습니다. 이는 아주 중요하고 성경적인 이해입니다. 성경을 전체적으로 살펴보면 누구나 우리가 스스로 믿는 것이 아니라 성령님께서 이 신앙을 주신다고 말하게 됩니다.

이 점을 아주 묘(妙)하게 표현하는 구절 중의 하나가 "너희는 그 은혜에 의하여 믿음으로 말미암아 구원을 받았으니, 이것은 너희에게서 난 것이 아니요 하나님의 선물이라"(엡 2:8)는 말씀입니다. 이 본문에서 "이것"이 무엇을 뜻하는가에 대해서 많은 논의가 있어 왔습니다. 그것이 구원을 지칭합니까,[1] 아니면 믿음을 지칭합니까?[2] 이에 대해서 많은 논의들이 있었는데 사실 그런 모든 논의는 의미 있지만 결국 불필요합니다. 바울이 둘 다를 생각하면서 이렇게 말했을 수 있기 때문입니다. 즉, 믿음이 하나님의 선물이요, 그러므로 결국 구원이 하나님의 선물이라고 할 수 있기 때문입니다. 그래서 중성 대명사로 나온 "이것"이 구원 전체를 지칭한다고 해석하시는 분들도 신앙을 배제하지는 않는다고 말할 정도입니다.[3] 구원 과정 전체로 해석하시는 분들도 여기서 바울의 의도를 설명하면서 인간이 스스로 믿을 수 없다고 강조하면서 논의합니다.[4]

그러므로 타락한 인간들이 스스로 믿는 것이 아닙니다. 타락한 인간은 그렇게 할 수 없습니다. 성령님께서 인간 심령에 역사하신 후에라야 인간은 참된 신앙을 가질 수 있습니다. 성령님의 역사하심이 있으면 그런 사람이 예수님을 믿습니다. 그러므로 기독교적 신앙은 성령님의 역사하심으로 "예수 그리스도와 그의 모든 공로를 받아들이고, 그를 정확하게 이해하여 그를 떠나서는 더 이상 아무것도 추구하지 않는 것"으로 시작됩니다. 이제 그 내용을 하나하나 생각해 봅시다.

---

[1] 이런 견해를 드러내는 분들로 John Calvin, H. Schlier, Alfred Martin, F. F. Bruce 등이 있습니다.

[2] 이를 강조하는 Chrysostem, Theodoret, Augustine, Beza, Estius, Bengel, Charles Hodge, Westcott, Staab, E. K. Simpson 등이 있습니다.

[3] 대표적인 예로 Bruce, *The Epistle to the Colossians, to Philemon, and to the Ephesians*, NICNT (Grand Rapids: Eerdmans, 1984), 290을 보십시오.

[4] 이 점을 강조하면서 설명하는 Ralph Martin, Harold W. Hoehner, Richard J. Erickson도 보십시오.

기독교 신앙의 출발점으로서 "구속에 대한 믿음"의 내용

무엇보다 먼저 "예수 그리스도와 그의 모든 공로를 받아들이는" 것으로 시작합시다. 이것은 성경이 말하는 대로의 예수님을 그대로 받아들이고, 특히 그의 모든 공로를 받아들이는 것입니다. 이것은 예전에 멜랑흐톤 (Philip Melanchthon, 1497-1560)이 "그리스도와 그의 모든 부요"(Christ and His riches)를 받아들인다고 표현한 것과 비슷한 것을 말합니다. 여기에는 결과적으로 다음 두 가지가 포함됩니다.

첫째는 그리스도께서 특히 십자가에서 우리의 자리에 서시어 우리가 받아야 할 형벌을 다 담당하신 공로를 받아들이는 것입니다. 이 구속의 공로가 없으면 그 누구도 하나님 앞에 서지 못합니다. 이것을 16세기 말과 17세기 이후로 그리스도의 "수동적 순종"(obedientia passiva Christi)의 공로라고 불러 왔습니다. 그리스도께서 우리 대신에 우리의 자리에 서시어 우리가 받아야 하는 모든 형벌을 다 받으신 그 공로가 우리에게 전가됨을 믿는 것입니다. 그리스도의 수동적 순종의 공로도 전가됩니다. 우리가 이를 받아들이는 것이 신앙입니다.

또한 둘째로, 그리스도께서 이 세상에 사시면서 하나님께서 요구하신 모든 요구를 다 성취하셨습니다. 창조하실 때 하나님께서 인간들에게 기대하신 모든 요구를 그리스도께서 다 이루셨습니다. 이것을 전통적으로 "그리스도의 능동적 순종"(혹은 그리스도의 적극적 순종, obedientia activa Christi)이라고 불러 왔습니다. 사람이 마땅히 해야 하는 하나님께 대한 순종을 다 이루신 것이라는 뜻으로 이런 용어를 써 왔습니다.[5]

---

5 이에 대한 자세한 설명으로 김병훈 외 4인, 『그리스도의 순종과 의의 전가』 (수원: 합신대학

구약 시대에 하나님의 요구는 율법으로 주어졌으므로 우리는 이것을 "율법의 요구를 다 이루신" 것이라고도 표현합니다. 그런 뜻에서도 그리스도께서는 "율법을 다 이루셨고," 이런 풍성한 의미에서 그는 율법의 목적지에 이르셨으므로 율법이 지향하도록 하는 바를 다 성취하셨다는 의미에서 "율법의 완성자"요 "율법의 성취자"이십니다. 이와 같이 율법을 마치셨다는 것이 사실은 율법이 지향하는 바를 다 이루셨다는 뜻입니다. 그러므로 이로부터 율법폐기론으로 나아가는 것은 예수님께서 율법의 완성이 되셨다는 것을 오해한 것입니다.

이와 같이 기독교 신앙은 예수님과 그의 공로를 모두 받아들이는 것으로 시작합니다. 이때 그리스도와 그가 하신 모든 일을 제대로 이해하는 것이 출발점입니다. 그것은 성경이 가르친 대로 예수님이 '성경이 말하는 의미의 그 자신이 되도록' 하는 것의 하나입니다. 여기에도 두 가지가 포함된다고 할 수 있습니다. 첫째는 성경이 말하는 대로의 예수님을 받아들여야 합니다. 성경이 말하는 것이 아닌 것을 받아들이거나 생각하면 안 됩니다. 그러므로 예수님을 그저 다음과 같은 분으로만 생각하는 것은 참 신앙이 아닙니다.

- 그저 하나님을 순종하는 일에 있어서 가장 완전한 모범이 되신 분(5세기의 펠라기우스주의자들, 16세기의 소시니우스주의자들, 그리고 19세기 말부터의 유니테리언);
- 도덕적으로 가장 온전한 인간성의 원형(the "archetype of perfect humanity," Immanuel Kant);
- 참된 인간성의 상징(F. Hegel);
- 인류의 위대한 선생님(Mahatma Gandhi);
- "유대적 신비가"로 "은유적인 메시아"(Marcus J. Borg);

원출판부, 2022, 근간)을 보십시오.

- 보편적 그리스도 중의 하나(S. J. Samartha, R. Panikkar);
- 성육신한 이들 중의 한 범례(John B. Cobb, Jr.);
- "일종의 견유학파 철학자" 같은 지혜를 전하는 현자(the "wisdom sage," John Dominic Crossan, Burton L. Mack, Stephen J. Patterson, Robert Funk);
- "지중해 농부의 하나"(John Dominic Crossan);
- "묵시문학적 선지자"(Bart Ehrman, Paula Fredriksen, Gerd Lüdemann, John P. Meier, E. P. Sanders);
- "사회 혁명가"(Jesus the social revolutionary, Russian Marxism, Richard Horsley, Hyam Maccoby, Gerd Theissen, Crossan, Peter McVerry);
- 또는 "종교적 우상 파괴자"(Jesus the religious iconoclast, Don Erickson).

예수님을 있는 그대로 받아들이는 것은 성경에 나타난 대로, 동시에 "하나님이시요 사람이신"(the God-man) 예수님을 받아들이는 것입니다. 그리고 그리스도께서 하신 것만이 우리의 구원에 필요한 것이라고 하는 것입니다.

핵심적 질문: "과연 '오직 그리스도만' 인가?"

다시 말해서, 신인이신 그리스도께서 우리의 구원을 다 이루셨다고 믿는 것이 기독교 신앙입니다. 따라서 참 신앙은 "그 외에는 더 이상 아무것도 추구하지 않는 것"입니다. "오직 그리스도"(*solus Christus*)가 여기서 분명히 천명되어야 합니다.[6] 구원에 대한 이론에서도 그리고 일상생활에서도 진

---

6 이를 잘 강조하면서 천주교회의 (그리스도+다른 것)을 추구하는 문제를 잘 지적하는 Robert

정한 신앙인은 그리스도에 더해서 다른 어떤 것을 더 추구하지 않습니다.

그러므로 참된 기독교 신앙은 다음의 '이것이냐/저것이냐'(either/or)를 명백히 합니다. "우리의 구원을 위해 필요한 모든 것이 그리스도 안에 다 있는가?, 아니면 그리스도 외에도 우리의 구원에 필요한 것이 있는가?"

만일에 그리스도로 충분하지 않다고, 즉 구원을 위해서 그리스도 외에 다른 어떤 것이 필요하다(something else is needed as well)고 주장한다면, 그들이 그리스도를 온전한 구주라고 아무리 강조한다고 해도 실상 그리스도가 "단지 반쯤의 구원자"(only half a Savior)가 되고 맙니다. 그러므로 그것은 기독교 신앙이 아닐 뿐만 아니라, "하나님에 대한 가장 심각한 신성 모독"(a most enormous blasphemy against God)입니다.[7]

그러므로 진정한 기독교 신앙은 "구원에 필요한 모든 것이 그리스도 안에 다 있다"(all is in Christ)고 주장하는 것입니다. "그렇다면 신앙으로 그리스도를 가진 사람은 구원을 온전히 가진 것입니다"(then those who have Christ by faith have his salvation entirely). 여기서 다시 그리스도께서 이루시는 구원이 얼마나 강력하며 유효한 것인지가 분명히 드러납니다. 그리스도께서 혼자의 힘으로 구원에 필요한 모든 일을 다 하셨습니다(redemption accomplished!). 그 결과로 성령님께서 그리스도께서 이루신 구속을 우리에게 적용하시는 일이 시작되었습니다(redemption applied). 그리하여 성령님께서 우리의 심령에 역사하셔서 우리가 하나님을 믿게 하십니다. 그러므로 우리가 "사람이 의롭다 하심을 얻는 것은 율법의 행위에 있지 않고 믿음으

L. Reymond, *A New Systematic Theology of the Christian Faith* (Nashville, TN: Thomas Nelson, 1998), xix, xxi를 보십시오.

7 이것은 다른 것과 함께 구원을 위해 그리스도 하신 일 외에 우리가 은혜에 근거해서 노력하는 어떤 것이 필요하다는 입장들에 대한 강한 논박이라는 것을 기억해야 합니다. 그 함의를 다 보려면 이승구, "톰 라이트를 어떻게 읽을 것인가?"『우리 이웃의 신학』(서울: 나눔과 섬김, 2014), 322-32를 보십시오.

로 되는 줄 우리가 인정하노라"(롬 3:28)고 선언하는 바울과 함께 "오직 믿음만으로"(by faith alone), 또는 "행함과 상관없이 믿음으로"(by faith apart from works) 칭의(稱義) 받는다고 정당하게 말할 수 있습니다.

그리스도와 함께하는 무한한 탐구

성령님의 역사하심으로 우리가 이 땅에서 섬기는 그리스도는 "나사렛 예수"이시면서 (그 외에 다른 그리스도나 다른 구원자가 있지 않습니다!, 행 4:12), 동시에 "우주적 그리스도"(cosmic Christ)이시므로 그는 무한하셔서 그에 대한 우리의 탐구는 끝을 모릅니다. 그러므로 참된 기독교 신앙을 가진 사람들은 그리스도 한 분만으로 만족하면서 그와 교제하면서 성경에 근거해서 하나님의 피조계 전체와 역사를 탐구하면서 날마다 풍성한 추구를 계속해 나갑니다. 그래서 참된 신앙은 이해를 추구하는 신앙(*Fides Quaerens intellectum*)이고, "믿고 이해합니다. 혹은 이해하기 위해서 믿습니다"(*credo ut intelligam*).[8] 온 세상에 모든 문제에 대해서 성령님과 함께 생각하는 일을 시작하는 것입니다. 이것이 계시의존 신앙과 계시의존 사색입니다. 우리의 기독교 세계관적 모든 활동, 특히 기독교 학문이 여기서 시작됩니다.

---

8 어거스틴(Augustine)과 안셀름(Anselm)이 이런 입장을 취했고, 종교개혁 시기에 칼빈(Calvin)이 이를 강조했으므로 나는 이를 "A-A-C 전통"이라고 부르고자 합니다.

제 28 강

기독교 신앙은 무엇입니까?(2): 그리스도와 그의 의(義)를 의지하는 신앙

그리스도와 그가 이루신 구속을 믿는 것으로부터 시작하는 기독교 신앙은 **그 대상과 믿음의 내용**으로 삼위일체 하나님과 그리스도께서 이루신 구속을 믿는 것에서 출발하여 삼위일체 하나님과 함께 무한히 많은 내용에 대한 탐구로 나간다고 했습니다. 그러므로 주관적으로는 믿음이 매우 강조됩니다. 믿음이 없으면 구원이 없습니다. 이렇게 믿음을 강조하면서, 성경대로 믿는 우리는 **동시에** "그러나 신앙이 우리를 의롭게 하는 것은 아닙니다."는 것도 강조합니다. 성경을 따라서 믿는 바에 의하면 이것은 매우 당연한 것입니다. 그럼에도 불구하고 역사적으로 이 문제를 오해한 사람들이 너무 많이 있기에 이를 다시 강조해야 합니다. **신앙을 가장 강조하는 우리들은 동시에** "그러나 신앙이 우리를 의롭게 하는 것은 아닙니다."는 것을 강조합니다.

도구로서의 신앙

신앙은 그 자체가 무슨 기여를 하는 것이 아닙니다. 신앙은 그저 구원하시는 삼위일체 하나님, 특히 구속을 이루신 그리스도에게 의존하고 그를 믿는 것일 뿐입니다. 그리스도께서 우리를 위해 이루신 구속이 **우리에게 적용된다는 것을 드러내는 것이 우리의 신앙**입니다. 그러므로 참된 기독교는 신앙은 그저 도구일 뿐임을 강조합니다. 이런 신앙은 여러 기능을 합니다. 여기서 말하는 신앙은 "기독교 신앙"(the Christian faith)입니다. 사실 기독교계에서 신앙이라는 말을 쓸 때는 항상 기독교 신앙을 의미합니다. 계속해서 "기독교 신앙"이라고 반복해서 말하지 않아도 "신앙"이라고 하면 "기독교 신앙"을 의미하는 것으로 알아들어야 합니다.

기본적으로, "(기독교) 신앙으로 그리스도를 끌어안아(embrace) 오직 그만을 우리의 구원자라고 하고 그가 이루신 모든 것을 다 받아들이는" 것입니다. 그리스도와 우리의 신비한 연합의 의식적인 결과로 처음 나타나는 것이 바로 이렇게 그리스도를 꼭 붙잡는(embrace) 것입니다. 그가 없이는 우리가 아무것도 아니라는 것을 분명히 하면서 그만을 끌어안는 것이 신앙입니다. 그러므로 우리가 말하는 신앙은 우리의 모든 것의 출발점입니다. 신앙은 다른 것들과 함께 인간이 하는 것의 한 요소가 아닙니다.

오히려 이 신앙에 근거해서 다른 모든 것이 시작됩니다. 그렇게 생각하지 않는 것은 참 신앙이 아니든지, 아직 온전한 것이 아닌 참으로 연약한 신앙입니다. 그러므로 이런 신앙이 있기 전에는 결국 불신앙에 근거해서 다른 모든 활동을 하는 것입니다. 타락한 인간들은 다 그렇게 삶을 살아갑니다. 그런데 그리스도와의 신비한 연합을 의식한 사람은 신앙에 근거해서 다른 모든 것을 하며, 그전에 그리하지 않던 모든 것을 죄라

---

1 이렇게 말하는 이유는 그리스도와의 신비한 연합(unio mistica cum Christo)은 우리가 그것을 의식할 때 비로소 시작되는 것이 아니기 때문입니다. 그리스도와의 연합의 온전한 의미를 위해서 "이상적 연합, 객관적 연합, 주관적 연합"을 모두 말하는 Louis Berkhof, *Systematic Theology* (Grand Rapids: Eerdmans, 1942), 447-49를 보십시오.

고 선언합니다. 따라서 참 신앙을 가진 사람은 자신이 (기독교) 신앙에 근거해서 하지 않던 모든 것을 죄라고 합니다. 여기서 이런 신앙을 가진 사람들은 바울이 "믿음을 따라 하지 아니하는 것은 다 죄니라"(롬 14:23)라고 선언하는 그 의미를 알고 그에 전적으로 동의하게 됩니다.

그러므로 자신이 믿기 이전에 행하는 모든 것이 다 죄라고 할 뿐만 아니라, 믿는다고 하면서도 자신이 이 기독교 신앙의 성격에 부합하게 (즉, 성경의 가르침과 성령님의 인도하심과 성령님께서 주시는 힘으로 하지 않는 방식으로) 하는 것은 다 죄라고 여기는 사람이 그리스도인입니다. 그러므로 우리들은 항상 자신을 살펴서 혹시 우리에게 그리스도와의 관계성에서 나오지 않는 것이 있는지를 살펴야 합니다. 이는 이 세상 사람들이 생각하는 것처럼 피곤하고 지루한 삶이 아니라, 그리스도와 항상 함께하는 참으로 역동적인 삶입니다. 그렇게 참으로 느끼고 사는 것이 생동력 있는 신앙을 드러내는 것입니다.

따라서 둘째로, 신앙은 우리들이 그리스도와 교제하는 수단입니다. 아니 (기독교) 신앙은 그저 "그리스도와의 교제"(communion with Christ)라고 할 수도 있습니다.[2] 매 순간 그리스도와 교제하지 않는 것은 신앙이 아닙니다. 이렇게 신앙은 역동적이고 살아 있는 것입니다. 그리스도를 받아들인 사람이 그리스도와 교제하지 않고 살 수는 없습니다. 또한 그리스도와 교제한다고 하면서 계속해서 자신의 고집을 부리고 자신의 의지를 강요하는 것은 그리스도와의 교제가 아닙니다. 혹시 아주 어려서 그런 모습을 가진다 할지라도 정상적 신앙은 그런 모습에 머무르지 않고 성장합니다. 아무데서나 소리치면서 몸부림치는 어린 아기들을 생각해 보십시

---

[2] 그리스도와의 교제에 대한 좋은 글의 하나로 다음을 보십시오. B. B. Warfield, "Communion with Christ," in *Faith and Life: Conferences in the Oratory of Princeton Seminary* (New York: Longmans, 1916).
(available at: https://www.monergism.com/communion-christ-b-b-warfield).

오. 그러나 조금 성장하면 그렇게 하지 않습니다.

물론 요즈음 "성인 아이"(adult baby)들이 점점 많아지는 기현상을 봅니다. 그러나 이것이 정상적이지 않다는 것은 누구나 직감합니다. 그런데 신앙의 영역에서는 이와 같은 "성인 아이"들이 너무 많습니다. 일반적으로 그런 사람들에게 "성장하라"(grow up)고 외치는 모습을 보면서 신앙 영역에서도 성장이 필요함을 절실히 느껴야 합니다. 그리스도와의 교제는 결국 그를 주님(the Lord)으로, 그리고 왕(the King)으로 모시는 교제이지, 그를 자기 마음대로 부리거나 그저 마음의 위안으로만 삼는 그런 것이 아닙니다. 진정 그리스도와 교제하는 사람들은 점점 더 그분의 뜻을 배우려 하고, 그분의 뜻에 따라가려고 성령님에 의지해서 애쓰게 됩니다.

그런데 이렇게 참으로 애쓰는 그 애씀(the striving)이 우리를 의롭게 하는 것이 아니라는 것이 (기독교) 신앙입니다. 이것은 그저 그분에게 의존하는 사람의 정상적 모습이지 이 애씀을 통해서 우리가 의롭게 되는 것이 아니라는 것을 아주 분명히 해야 합니다. 이것이 천주교의 가르침과 개신교의 성경적 이해의 차이입니다. 천주교의 가르침에 의하면, 우리들은 은혜에 근거해서 하나님의 뜻을 수행하려고 애쓰게 되는데 그것이 결국 하나님께서 공로로 인정하시거나(congruent merit, *meritum inadœquatum sive de congruo*)[3] 급기야는 지당한 공로(condign merit, *meritum adœquatum sive de condigno*)가[4] 된다고 합니다. 그러나 참으로 성경적 가르침에 충실하려는 개신교도들은 우리가 은혜에 근거해서 애쓰는 그 애씀으로도 우리가 도무지 하나님 앞에 설 수 없음을 겸손히 인정합니다. 이것이 참된 기독교 신앙입니다. 따라서 우리들은 오직 그리스도만이 우리의 의라는 것을 다시 강조합니다.

---

3 천주교회에서는 이를 "재량 공로"라고 번역하여 제시합니다.
4 천주교회에서는 이를 "적정 공로"라고 번역하여 제시합니다.

"예수 그리스도는 우리의 의이시다."

겉으로는 천주교인들도 이 말을 할 수 있고 이렇게 주장하기도 합니다. 그러나 결국 그들은 "오직 그리스도만이 우리의 의"라는 것에 동의하지 않습니다. 만일에 우리들도 이에 동의하지 않으면 우리들은 진정 기독교 신앙을 가진 것이 아닙니다. 진정한 기독교 신앙은 "그리스도의 의"+"우리의 의"가 구원을 이룬다고 하지 않고, 그렇게 생각할 수도 없습니다. 그 동안 역사 가운데 이런 식으로 처음에 우리가 거부한 우리의 의를 뒷문으로 은밀히 이를테면 밀수해 들인 일들이 많이 있었고 지금도 그런 일들이 일어나고 있습니다. 그래서 우리들은 이와 같은 일들이 일어나지 않도록 늘 조심해야 합니다.

모든 것을 근본적으로, 즉 뿌리에까지 내려가서[5] 생각하면 이런 이상한 일을 하지 않게 됩니다. 그렇게 모든 것에 대해서 근본적으로 생각할 수 있는 방도는 성경의 가르침에 근거해서 성령님과 함께 생각하는 것입니다. 성경의 가르침에 의하면, 타락한 사람에게서는 선한 것이 전혀 나오지 않습니다. 예수님께서도 다음과 같이 말씀하셨습니다.

> 사람에게서 나오는 그것이 사람을 더럽게 하느니라. 속에서 곧 사람의 마음에서 나오는 것은 악한 생각 곧 음란과 도둑질과 살인과 간음과 탐욕과 악독과 속임과 음탕과 질투와 비방과 교만과 우매함이니, 이 모든 악한 것이 다 속에서 나와서 사람을 더럽게 하느니라(막 7:20-23).

---

[5] "근본적"(radical)이라는 말이 이렇게 뿌리(*radix*)라는 말로부터 왔다는 것은 누구나 인정하는 말입니다. 가장 대표적인 예로 레온 모리스, 『그리스도의 십자가』, 이승구, 조호영 역 (서울: 바이블리더스, 2013), 1장을 보십시오.

바울도 이에 동의하면서 여러 곳에서 이와 같은 방식으로 말합니다.

기록된 바 "의인은 없나니 하나도 없으며, 깨닫는 자도 없고 하나님을 찾는
자도 없고, 다 치우쳐 함께 무익하게 되고 선을 행하는 자는 없나니 하나도
없도다. 그들의 목구멍은 열린 무덤이요 그 혀로는 속임을 일삼으며 그 입술
에는 독사의 독이 있고, 그 입에는 저주와 악독이 가득하고, 그 발은 피 흘
리는 데 빠른지라. 파멸과 고생이 그 길에 있어 평강의 길을 알지 못하였고
그들의 눈앞에 하나님을 두려워함이 없느니라" 함과 같으니라(롬 3:10-18).

육체의 일은 분명하니 곧 음행과 더러운 것과 호색과 우상 숭배와 주술과
원수 맺는 것과 분쟁과 시기와 분냄과 당 짓는 것과 분열함과 이단과 투기
와 술 취함과 방탕함과 또 그와 같은 것들이라. 전에 너희에게 경계한 것 같
이 경계하노니, 이런 일을 하는 자들은 하나님의 나라를 유업으로 받지 못할
것이요(갈 5:19-21).[6]

구약 시대에도 인간의 타락한 정황을 정확히 인식하면서 "우리의 의는 다
더러운 옷 같으며 우리는 다 잎사귀 같이 시들므로 우리의 죄악이 바람
같이 우리를 몰아가나이다"(사 64:6)라고 고백하였습니다. 우리의 의가 다
더러운 옷 같다면 우리의 의롭지 못한 것은 얼마나 더하겠습니까?

그러므로 시편 기자는 "여호와여 주께서 죄악을 지켜보실진대 주
여 누가 서리이까?"(시 130:3)라고 정확하게 고백했습니다. 우리 스스로는
제대로 할 수 있는 것이 하나도 없습니다. 믿기 전에는 물론이거니와 믿
은 후에도 그러합니다. 우리가 잘했다고 하는 것도 하나님의 정결하신 판

---

6 이외에도 성경에 나타나는 모든 죄의 목록들은 타락한 우리의 문제를 잘 드러내어 줍니다.
성경에 근거하여 죄의 목록들을 전체적으로 정리한 문서의 예로 다음을 보십시오.
https://truediscipleship.com/official-list-sins-new-testament/.

단에 의하면 옳은 것이 아닙니다. 수아 사람 빌닷이 말하고 있는 것과 같이 "하나님 앞에서 사람이 어찌 의롭다 하며, 여자에게서 난 자가 어찌 깨끗하다 하랴? 보라! 그의 눈에는 달이라도 빛을 발하지 못하고 별도 빛나지 못하거든, 하물며 구더기 같은 사람, 벌레 같은 인생이랴?"(욥 25:4-6). 그러니 우리가 열심히 제대로 한다고 한 것으로 어찌 하나님 앞에서 의롭다 함을 받을 수 있겠습니까?

그리스도께서 하신 일, 그것만이 우리의 의

바로 이런 상황에서 그리스도께서 "우리를 위해서, 그리고 우리의 자리에 서시어"(for us and in our place) 우리가 받아야 할 형벌을 다 받으시고, 우리의 자리에서 우리가 마땅히 해야 할 일들을 다 행하셨습니다.[7] 그가 우리를 위해서 우리의 자리에서 행하신 모든 거룩한 일들과 그의 공로를 모두 우리에게 주셨으니, 우리는 오직 그리스도만을 우리의 의(義)라고 합니다. 다른 것도 의라고 하는 것은 결국 그리스도의 온전한 필요성을 부인하는 것이며, 그리스도께서 이루신 구속의 충족성(sufficiency)을 부인하는 것입니다. 이와 같이 온전히 그리스도의 공로와 그가 행하신 것만을 받아들이는 사람은 우리가 그를 믿는 믿음조차도 그것이 칭의의 원인이거나 우리를 의롭게 하는 것이 아니고, 오직 주께서 우리를 구속하심을 **받아들이는 수단일 뿐이라는 것을 처음부터 끝까지** 인정하지 않을 수 없습니다. 여기에 참 신앙이 있습니다. 이런 기독교 신앙의 성격상 우리의 신앙은 매우 적극적이면서도, 동시에 스스로를 내세우는 것이 아니라 뒤로 숨는

---

7 〈벨직 신앙고백서〉, 22항뿐만 아니라 〈하이델베르크 요리문답〉, 37문-43문, 52문에서도 이를 아주 분명히 선언하고 있습니다. 이를 설명하는 이승구, 『진정한 기독교적 위로』, 재개정판 (서울: 말씀과 언약, 2022), 229-58도 보십시오.

성격을 지닙니다. 신앙은 그 자체가 주인공이 아니고 그 내용인 삼위일체 하나님과 구속자이신 그리스도께서 하신 일을 앞에 내세웁니다. 신앙이 없이는 구원함을 받지 못합니다. 그러나 참된 신앙은 그 자체를 드러내어 자랑하지 않습니다. 이것이 기독교 신앙의 성격입니다.

제 29 강

기독교 신앙은 무엇입니까?(3):
이신칭의: "믿는 자를 의롭다고 선언하심."

기독교 신앙의 내용을 하나하나 점검해 가는 중입니다. 이미 전체적으로 "하나님께서 계시하신 대로 삼위일체 하나님과 그가 하시는 일 전부를 성경 계시를 따라서 믿는 것"이 기독교 신앙이라고 했습니다. 그런데 그 내용을 살필 때 이번에 이야기하는 것이 기독교 신앙의 **출발점**이라고 할 수 있습니다. 1561년에 선언된 〈벨직 신앙고백서〉 23항은 이렇게 고백하는 일로 시작합니다.

> 우리들은 우리의 복됨은 예수 그리스도 때문에 우리의 죄를 용서하심에 있다고 믿습니다. 또한 행위가 없어도 의롭다고 선언하심을 받은 사람들이 복되다고 다윗과 바울이 가르친 대로(시 32:1; 롬 4:6) 예수 그리스도로 말미암은 죄 용서에 하나님 앞에서의 의가 포함되어 있다고 믿습니다. 또한 사도 바울은 우리들이 "예수 그리스도 안에 있는 구속으로 값없이 은혜로 의롭다 함을 받았다"고 말씀합니다(롬 3:24).

이것을 간단히 말하여 "이신칭의"(justification by faith)를 믿는 것이라고 합니다. 루터가 여러 곳에서 시사하고 모든 개신교인들이 동의한 바와 같이,

이것을 믿으면 하나님을 믿는 것이고 이것을 믿지 않고 다른 식으로 변경하는 것은 실질적으로 하나님을 믿는 것이 아닙니다. 그러므로 우리의 신앙은 이신칭의를 믿는지 아닌지에 달려 있다고 해도 과언이 아닙니다.

이신칭의의 내용

(1) 이신칭의라는 말이 거부하는 것

이신칭의를 믿는다는 것은 우선 우리가 행하는 것으로 하나님으로부터 의롭다 함을 받지 못함을 받아들이고, 스스로 의롭다 함을 받으려는 시도를 거부하는 것입니다. 성경적 가르침은 사람이 스스로 하나님의 뜻을 행할 수 있고, 그렇게 하나님의 뜻을 행함으로 하나님께 나아가며 구원을 얻을 수 있다는 생각을 모두 거부합니다. 전통적으로 이런 자력 구원(auto-soteric)의 생각을 펠라기우스주의(Pelagianism)라고 하였고, 이런 펠라기우스주의는 천주교회에서도 이단적이라고 배제한 것입니다. 그런데 근대 이후에는 거의 대부분의 사람들이 스스로의 힘으로 하나님 보시기에 최소한의 선이라도 행하여 그것으로 구원을 받을 수 있는 것이라는 생각으로 나아가고 있습니다. 우리의 문제를 우리 스스로 넉넉히 해결할 수 있다고 하고, 혹시 그것이 잘 안 되어도 그런 노력의 과정이 의미 있는 것이라고 하는 분위기 속에서 우리들이 살고 있습니다. 그러므로 우리들은 이신칭의가 등장하지도 못하게 하는, 그야말로 이신칭의에 대해서 적대적인 분위기 가운데 살고 있습니다. 이런 상황에서 오직 예수님께서 행하신 것만이 우리의 구원의 길이라고 믿는 것이 기독교입니다.

또한 이신칭의를 믿는다는 것은 그렇게 타락한 사람이 스스로 구원을 얻을 수 없기에 예수님의 십자가 구속을 믿는다고 해도 십자가에서 이루어진 구속을 믿고 주께서 주시는 은혜에 근거해서 우리가 행하는 어떤 것이 우리의 구원에 최소한의 기여가 된다는 생각을 거부합니다. 중세의 천주교와 현대 천주교가 이런 생각을 하고, 근자에는 예수님의 구속에 자신의 행위가 함께 있어야 구원이 주어진다고 하는 이단들이 이렇게 생각하며, 형식적으로는 개신교 안에 있으나 구속에 더하여 성령님께 의존하여 산 삶의 내용을 고려하여 최종적 칭의가 주어진다고 주장하는 '바울에 대한 새 관점주의자들'도 이와 같은 사고방식을 고집합니다. 이런 것이 이신칭의를 참으로 믿지 않는 것입니다.

(2) 이신칭의의 적극적 내용

이신칭의를 믿는다는 것은 인간의 전적인 타락(total depravity)을 성경을 따라서 온전히 인정하면서 이렇게 전적으로 타락한 사람은 자신의 능력으로 자신을 구원할 수 있는 능력이 전혀 없기에(전적인 무능력, total inability), 모두가 하나님의 영광에 이르지 못하고(롬 3:23) 다 치우쳐 죄인이 되었는데(롬 3:10), 이들을 위해서 예수 그리스도께서 자신을 속죄 제물로 주셔서 이들의 죄에 대한 형벌을 다 감당하시고(그리스도의 수동적 순종), 그 자신이 하나님의 율법의 요구를 다 이루셔서 이루신(그리스도의 적극적 순종) 온전한 의(적극적 순종의 의)를 우리에게 전가해 주셔서(적극적 순종의 의의 전가), 그 의를 보시고 하나님께서 우리를 의롭다고 선언해 주셨다는 참으로 "복된 소식"[복음]을 믿는 것입니다.

그래서 이때 사용하는 용어를 하나님께서 "의롭다고 선언하신다"고 하고, 우리 선배들은 하나님께서 믿는 우리를 "의롭다고 칭하신다"는 뜻으로 justification을 "칭의(稱義)"라고 잘 번역하여 주셨습니다. 이런 잘된 번역에 많은 것이 이미 포함되어 있으니, 우리들은 그것에 충실해야 합니다. 이것은 그저 같은 단어를 천주교회에서는 의화(義化)라고 번역하고 개신교회에서는 칭의(稱義)라고 번역하는 정도의 차이가 아니고, 이 번역에 천주교와 개신교의 신학의 차이가 잘 담겨져 있는 것입니다. 그러므로 이것은 단순한 번역의 차이가 아니라, 두 가지 완전히 다른 입장과 세계관의 차이와 대립입니다.

그러므로 칭의에서 고려되는 의는 우리가 행한 의가 아니요, 우리 안에 있는 의도 아니고, 우리에게 주어진 그런데 우리에게 낯선, 다른 사람의 의, 즉 "그리스도의 의"입니다. 그러니 이신칭의에서는 오직 그리스도께서 행하신 것에 근거한 "그리스도의 의"만이 고려됩니다. 오직 그것만이 온전한 의이기 때문입니다. 그래서 우리는 "오직 그리스도"(*solus Christus*)를 말합니다.

그리스도의 이 값비싼 행위와 의를 하나님께서 우리에게 거져(*gratia*), 즉 값없이 주셨으니 우리는 "오직 은혜"(*sola gratia*)라고 말하고, 이것이 우리의 것이 되도록 믿으라고 하시고, 믿으면 그리스도의 온전하신 순종의 의가 온전히 우리의 것이 된다고 하셨기에 우리 편에서는 "오직 믿음으로"(*sola fide*) 구원받는다고 말합니다. 이렇게 믿는 것이 이신칭의를 믿는 것입니다. 우리가 이것을 믿는 이유는 "오직 성경"(*sola scriptura*)이 이렇게 말하기 때문입니다. 그래서 오직 성경을 종교개혁의 형상적 원리(the formal principle)라고 하고, 그 성경의 내용인 "이신칭의"-즉 〈오직 그리스도〉, 〈오직 은혜〉, 〈오직 믿음〉을 종교개혁의 내용적 원리(the material principle)이라고 부릅니다.[1]

---

[1] 멜랑흐톤 때부터 "오직 성경"과 "오직 신앙"에 대해서 이렇게 표현해 왔는데, 특히 다음 글에서 이를 강조한 후에 더 일반화되었습니다. August Twesten (1789-1876), *Vorlesungen ber die Dogmatik der evangelisch-lutherischen Kirche* (Hamburg: Perthes, 1826); Albrecht Ritschl, *Die christliche Lehre von der Rechtfertigung und Vers hnung* (Bonn: A. Marcus, 1870); F. W. C. Meyer, "The Formal Principle of the Reformation," *The Old and New Testament Student* 15/1-2

이신칭의를 믿는 태도와 그 결과

〈벨직 신앙고백서〉 고백자들은 이신칭의를 모든 것의 토대(foundation)라고 하면서 "우리들은 이 토대를 붙듭니다"(we cling to this foundation)고 하였습니다.

(1) 이때 (즉, "이신칭의를 믿는다"고 할 때), 이 사실과 가르침이 "영원히 확고하다"(firm forever)고 믿어야 합니다. 아마도 그럴 것 같다고 하든지, 다른 방식일 수도 있다고 하는 것은 실상 이 토대를 붙드는 것이 아닙니다.

(2) 그리고 이신칭의를 믿는 것은 결국 하나님께만 모든 영광을 돌리는 것이라고 인식했습니다. 기본적으로 이신칭의를 온전히 믿는 것 자체가 하나님께만 모든 영광을 돌리는 것입니다. 후에 논의되겠지만, 자신이 하는 것에 그 어떤 공로가 있다고 하는 것은 하나님께만 모든 영광을 돌리는 것이 아닙니다.

그리고 우리의 구원이 오직 하나님께서 하신 것에만 의존한다는 것을 참으로 믿는 사람은 그의 삶 전체를 다른 것을 위해서가 아니라 오직 하나님의 영광을 위해 삽니다. 이런 삶은 이신칭의를 믿는 것의 결과이기도 하고, 이를 믿는다는 태도가 과연 어떤 것인지를 잘 드러내는 것입니다. 오직 하나님께서만 구원하심을 믿는다고 하는 사람이 아무 목적 없이 살 수 없고, 또한 다른 것을 위해 살 수도 없습니다. 이신칭의를 믿는 사람은 오직 하나님의 영광을 위해 살며, 하나님을 영화롭게 하기 위

(Jul. Aug., 1892): 31-39; Justin Taylor's blog article, available at: https://www.thegospelcoalition.org/blogs/justin-taylor/why-do-we-call-them-the-formal-and-material-principles-of-the-reformation/.

해 삽니다.

(3) 이신칭의를 믿는 것은 결과적으로 우리를 겸손하게 합니다. 이 말은 겸손한 척하는 것이 아니고, 겸손하려고 노력하는 것도 아니라, 우리의 현실 자체가 낮고 비참한 것일 뿐임을 그대로 인정하는 것입니다. 우리 자신을 있는 그대로 인정하는 것입니다. 이사야처럼 "나는 입술이 부정한 사람이요 나는 입술이 부정한 백성 중에 거주하면서"(사 6:5)라고 말하며, "무릇 우리는 다 부정한 자 같아서 우리의 의는 다 더러운 옷 같으며"(사 64:6)라고 고백해야 합니다. 그것이 우리의 현실이기 때문입니다. 그러므로 교만한 말투와 태도와 그런 분위기를 가지는 사람은 실질적으로 이신칭의를 믿는 것이 아닙니다.

(4) 반복하는 말이지만, 이신칭의를 믿는 것은 우리 자신의 그 어떤 것도 주장하지 않는 것, 특히 우리의 공로를 전혀 주장하지 않는 것입니다. 하나님께서 하신 일을 인정한다고 하면서 그에 더하여 우리가 행한 것도 어느 정도 우리의 구원에 최소한의 기여라도 하는 듯이 생각하거나 표현하는 것도 이신칭의를 믿지 않는 것입니다.

이신칭의를 믿는 사람은 "오직 십자가에 못 박히신 그리스도의 순종만을" 의존할 뿐입니다. 복음의 말씀에 그것을 믿으면 그 그리스도의 의가 우리의 것이 된다고 했음을 온전히 믿는 것입니다. 그리스도의 순종만이 우리의 죄를 다 가릴 수 있다고 믿으면서 그리스도의 순종을 확신하는 것입니다. 그리스도를 믿으면서 그리스도의 순종만으로 우리를 과연 구원할 수 있을지를 반신반의하거나 이것에 다른 것이 더하여져야만 한다고 하는 것은 참으로 그리스도를 믿는 것이 아닙니다.

(5) 그러므로 이신칭의를 믿는 것은 "하나님께 가까이할 때 있게 되는 두려움과 불안과 공포로부터 우리들을 자유롭게" 합니다. 타락한 아담과 하와는 떨면서 무화과나무의 잎으로 자신들을 가리며, 하나님을 피

하려 숨었습니다. 그러나 그렇게 해도 하나님 앞에서 피하여질 수 없음을 깨닫고 그리스도의 의를 온전히 의존하는 사람들은 비록 자신들이 죄악된 사람들이지만 그리스도에게 의존하여 하나님께 나아갈 때 두려움과 불안과 공포를 가지고 가는 것이 아니라 그 모든 것으로부터 해방되어 "담대하게" 나아갑니다.

만일 우리가 "우리들 자신이나 다른 어떤 피조물에 의존하여 하나님 앞에 있게 된다면, 우리는 [두려움과 불안과 공포에] 온전히 사로잡히게 됩니다." 그러므로 모든 사람은 다윗과 같이 "주의 종에게 심판을 행하지 마소서 주의 눈앞에는 의로운 인생이 하나도 없나이다"(시 143:2)라고 말하지 않을 수 없습니다. 또한 "여호와여 주께서 죄악을 지켜보실진대 주여 누가 서리이까?"(시 130:3)라고 울부짖을 수밖에 없습니다.

그러나 그리스도의 온전한 의를 믿고 의지하는 사람들은 감사함으로 주께 나아가며 하나님의 용서하심과 보호하심과 인도하심을 신뢰하기에 오히려 따뜻함과 평온함을 느껴서, 더욱 힘써 날마다 하나님께로 나아가기를 힘씁니다. 그래서 시편 기자와 함께 "주의 궁정에서의 한 날이 다른 곳에서의 천 날보다 나은즉 악인의 장막에 사는 것보다 내 하나님의 성전 문지기로 있는 것이 좋사오니"(시 84:10)라고 하면서 하나님께로 나아갑니다. 그래서 "주께 힘을 얻고 그 마음에 시온의 대로가 있는 자는 복이 있나이다"(시 84:5)라고 고백하게 됩니다.

제 30 강

기독교 신앙은 무엇입니까?(4):
신앙과 성화(1): 죄인들을 거룩하게 하심

키에르케고어(S. Kierkeggard)는 이 세상에서 가장 놀라운 일이 죄인들 (sinners)을 성화시켜 성자들(saints)로 만드는 일이라고 말한 바 있습니다. 어쩌면 이것이 창조보다 더 놀라운 일이라고도 말하였습니다. 기독교 신앙의 내용을 다루면서 그 출발점으로서의 칭의를 생각한 후에는 성화(聖化)를 다루는 것이 매우 자연스러운 일입니다. 성령님의 역사하심으로 하나님의 말씀을 들을 때 발생하는 흔히 "칭의하는 믿음"이라고 언급되는 참된 믿음은 우리들로 하여금 새로운 삶을 살게 합니다. 그것이 점점 성화되는 삶입니다.

단정적 성화와 점진적 성화의 관계

믿음으로 단번에 칭의된 사람은 이제 일생 전체를 거쳐서 점점 성화되는 과정[즉, 점진적 성화의 과정]에 있게 됩니다. 물론 그리스도 안에서 우리가 거룩하게 되었다고 말하는(예를 들어서, 고전 1:2; 히 2:11, 10:14 등) 성경의 용례가 있어서 우리들은 또한 칭의와 함께 곧바로 오는 "단정적 성화"(definitive sanctification)를 인정하고 말해야 합니다. 그것이 성경의 표현을 따라서 표현하는 것입니다. 단정적 성화는 우리가 그에게 속해 있는 그리스도의 거룩하심 때문에 성화되었다고 말하는 것입니다. 그리스도와 신비하게 연합된 우리에게 그리스도의 온전하신 의가 전가되었으니 우리는 그리스도 때문에 의롭다고 선언[칭의]될 뿐만 아니라, 그리스도의 거룩하심 때문에 "이미 거룩합니다"[단정적 성화]. 이 단정적 성화에 근거해서 성도들의 "점진적 성화"가 있게 됩니다. 단정적 성화는 주로 (우리가 그에게 속하는) 그리스도 때문에 하는 말이고, 이는 칭의와 함께 또는 논리적으로 그 직후에 단번에 주어진다고 할 수 있습니다. 이에 비해서 점진적 성화는 칭의와 단정적 성화에 근거해서 우리 안에서 평생에 걸쳐 이루어지는 오랜 과정입니다.

성화는 우리를 어떻게 만드는가?

성화는 우리들로 하여금 심령 깊은 곳으로부터 "경건하고 거룩한 방식으로 사는 일에 열심 있게" 합니다. 이는 성령님의 역사하심으로 우리 내면에서 우리의 심령 깊은 곳으로부터 시작하여 결국 우리 존재 전체와 삶의 방식의 변화를 만들어 냅니다. 그리하여 우리가 경건하고 거룩한 방식으로 살게 합니다.

그것을 다른 말로 표현하면, 오직 "하나님에 대한 사랑에서" 하나님께서 그의 말씀에서 명령하신 일들을 하는 것입니다. 성화의 과정 속에 있는 사람들은 하나님께서 그의 말씀 가운데서 명령하신 것을 행해 갑니다. 이것이 우리가 추구하고 행하는 내용입니다. 성경에서 하라고 하는 것을 하나님께서 친히 우리에게 주시는 명령으로 여기며 그것을 수행하는 것에서 우리의 점진적 성화가 이루어집니다.

또한 그렇게 성경에 있는 것을 힘써 행하는 동기와 원동력이 그저 하나님에 대한 사랑입니다. 이 세상 사람들이나 그런 방식으로 사는 사람들은 그저 자신에 대한 사랑에서 어떤 일을 하며 정죄받아 벌을 받지 않으려고 어떤 일을 피하는 일이 다반사(茶飯事)입니다. 그러나 참된 그리스도인들은 그렇게 이 세상 사람들이 사는 방식에서 벗어나서 점차 오직 하나님에 대한 사랑에서 모든 일을 하게 됩니다. 이것이 우리가 성화되고 있는지를 알 수 있는 아주 명료한 시금석입니다. 매 순간 자신의 내면을 들여다보면서 우리가 이 일을 과연 무엇 때문에 하는지를 살펴야 합니다. 많은 경우에 하나님에 대한 사랑에서 하는 것과 자신에 대한 사랑에서 하는 것이 뒤섞여 있는데, 그것을 면밀하게 의식하면서 자신에 대한 사랑에서 하는 것을 극복하고 순전히 하나님에 대한 사랑에서 하는 것을 향해 나아가는 과정이 성화의 과정입니다.

이것을 또 다른 식으로 표현하면, 하나님에 대한 온전한 신앙이 그 열매를 내는 것이라고 할 수 있습니다. 그러므로 성화는 열매입니다. 칭의하는 믿음의 열매가 점진적 성화입니다. 이를 바울은 "사랑으로 역사하는 믿음"(갈 5:6)이라고 합니다.

동일한 구절을 천주교회와 개신교회는 서로 다르게 강조합니다. 천주교회는 이 "사랑으로 역사하는 믿음"(갈 5:6)을 칭의, 즉 그들이 의화(義化)라고 부르는 것과 연관시킵니다. 그들에 대해서 개신교회에서는 천주교회는 칭의와 성화를 섞어서 의화라고 주장하는 것의 문제를 강하게 지적합니다. (이전에 살펴본 바와 같이) 성경의 가르침에 의하면, 우리는 우리의 행위로 의롭다 함을 받을 수 없기 때문입니다. 그러므로 우리는 "우리 밖에 있는"(extra nobis) 오직 그리스도의 의에 근거해서만 칭의함을 받을 수 있습니다. 이것이 기독교회의 주장입니다. 그러므로 기독교는 "오직 그리스도만"(solus Christus)을 믿습니다. 그리스도의 공로만을 주장하고 자랑하며, 그리스도의 의를 우리에게 전가하셔서 우리를 구원하시는 "오직 하나님의 은혜만"(sola gratia)을 높이고, 이를 "믿음으로만"(sola fide) 구원받을 수 있다고 선언합니다. 이것을 오직 성경에서 배워서 "오직 성경"(sola scriptura)에 의존해서 믿고 그에 의존해서 살기를 원합니다. 여기에 참된 기독교의 주장이 있습니다. 이를 참으로 믿는 칭의하는 믿음은 "사랑의 역사(役事)"(works of love)라는 열매를 낸다는 것이 개신교회의 이해입니다. "사랑의 역사" 때문에 구원을 얻거나 그것이 최소한의 공로를 가지는 것이 아니고, 오직 그리스도만 믿은 신앙은 당연히 사랑의 역사를 낸다고 믿는 것입니다. 이것이 바울의 의도에 충실하게 믿는 것입니다.

우리의 이런 "사랑의 역사"는 믿음이라는 선한 뿌리에서 나오는 것이니, 이는 선하고 하나님께서 받으실 만한 것입니다. 하나님의 은혜로 거룩하게 되었기 때문입니다. 그러나 이는 성령님의 역사하심과 성령님께서 주시는 힘으로 수행된 것이라는 의미이고, 그 자체만 따지면 부족한 것이 많으나 그것을 그리스도의 온전한 의로 감싸시고 덮으신다는 뜻입니다. 결국 전체적으로 보면 하나님께서 친히 사랑의 역사(役事)가 이루어지게 하십니다. 따라서 사랑의 역사는 우리의 칭의에 전혀 기여하는 바가 없습니다(they do not count toward our justification). 우리들은 우리가 그 어떤 사랑의 역사를 하기도 전에 그리스도 안에서 그의 공로의 적용을 받아 칭의되었다고 성경이 선언합니다. 성경의 가르침을 따라서 루터와 여러 개혁자들이 강조한 바와 같이, 먼저 선한 나무가 되어야만 선한 열매를 맺을 수 있습니다. 에라스무스와 천주교회가 주장하는 것처럼 선한 열매를 맺다 보면 선한 나무가 되는 것이 아닙니다! 먼저 우리 존재가 바뀌어야 합니다. 중생이 먼저 있어야 하고 중생에서 나오는 믿음으로 칭의함을 받아야 사랑의 역사라는 열매를 낼 수 있습니다.

성화되는 우리는 어떻게 하는가?

이 문제에 대해서 정확하게 답하려면 "너희 안에서 행하시는 이는 하나님이시니 자기의 기쁘신 뜻을 위하여 너희에게 소원을 두고 행하게 하시나니"(빌 2:13)라는 말의 의미를 잘 생각해 보아야 합니다.

우선 **우리가 하는 것을 중심으로 생각**해 봅시다. 하나님의 원하시는 바를 이루기 위해서 **우리가 간절히 원하는 바가 있어야** 합니다. 가장 기본적인 형식은 우리는 다른 것은 바라지 않고 삶에서 **하나님께서 원하시는 바를 이루겠다는 기본적 태도**가 있어야 합니다. 앞서 말한 자기 사랑이 아닌 하나님에 대한 사랑에서 하나님께서 명령하신 바를 추구하고 행한다는 것과 연관되는 기본적 태도입니다.

이런 기본적 태도를 가지고 과연 하나님께서 원하시는 바가 무엇인지를 알려고 성경 공부를 해야 합니다. 진지한 성경 공부를 통해서 하나님 나라를 그가 이루어 가시며 우리가 하나님 나라 백성으로 이 땅에서 살도록 하신다는 것을 배워야 합니다. 그리고 성령님과 깊게 교제하면서 그 하나님 나라 백성으로서 우리가 우리의 생애를 통해서 이루어야 하는 것이 무엇인지를 찾아 나가야 합니다. 그렇게 하나님의 뜻이라 생각하는 바가 우리 일생의 사명이 되고, 그 일을 제대로 이루어 나가기 위해서 순간순간 하나님께서 원하시는 바가 무엇인지를 성경의 교훈에 비추어 판단하여 그 일에 힘쓰는 것이 우리가 마음에 소원을 가지고 행하는 것입니다.

그러므로 순전히 인간적인 측면만 생각하면 우리가 어떤 일을 이루기 위해 소원을 가지고 최선을 다해서 애쓰는데, 나름대로는 그것이 하나님의 뜻을 이루는 것이라고 생각하면서 그 소원을 가지고 애쓰는 것이 됩니다. 따라서 하나님의 뜻과 전혀 상관없는 것을 자신이 이루겠다고 애쓰지 않습니다(이것이 시편 131편의 진정한 의미입니다!). 또한 실상은 자신이 원하는 것을 바라는데 그것을 하나님의 뜻이라고 우격다짐하면서 스스로를 속이지 않아야 합니다. 항상 자신을 돌아보면서 자신이 원하는 바가 과연 하나님께서 원하시는 것인가를 늘 점검하며 성찰하게 됩니다. 이것이 넓은 의미의 "자아 성찰"(self-examination)의 한 부분입니다. 그리하여 자신으로서는 최선을 다해 하나님께서 원하시는 바를 원하여 추구하여 나갑니다. 각자가 소원을 두고 행하는 것입니다.

이것을 **하나님의 관점에서 보면**, 우리가 부족하고 때때로 잘못 판단하고 잘못된 일도 행하지만 그래도 하나님을 의존하면서 하나님의 뜻을 향해 나가는 사람들에게 성령님으로 하나님의 선하시고 기뻐하시고 온전하신 뜻이 어떤 것인지 분별하게 하여 바른 소원을 가지고 나아가게끔 하나님께서 힘주시고 인도하시는 것입니다. 하나님께서 우리들로 하여금 소원을 가지고 행하게 하십니다. 사실 "행하게 하신다"는 말은 "그렇게 힘을 주신다," "그렇게 하게 하신다"는 뜻입니다.

이런 과정이 우리의 성화의 과정입니다. 이런 의미에서 하나님께서는 "자기의 기쁘신 뜻을 위하여 … 소원을 두고 행하게"(빌 2:13) 하십니다. 그러므로 우리가 삶의 과정에서 하나님의 뜻에 어긋난 어떤 것을 하였음을 발견하면 속히 그것이 하나님 앞에서 큰 죄임을 인정하고 하나님께서 우리로 그것을 깨닫게 하셔서 "책망하시고 바르게 해 주시는"(딤후 3:16 참조) 일이 있도록 해야 합니다. 그리고 그런 일이 있으면 그에 대해서 감사해야 합니다. 이렇게 책망받고 바르게 고쳐 주시는 과정을 통해서 우리는 온전하게 되고 모든 선한 일을 행할 능력을 갖추게 됩니다(딤후 3:17).

이때 사용되는 것이 하나님의 말씀인 성경입니다(딤후 3:15-17). 물론 이런 책망하심(rebuking)과 바르게 하는 것(correction)뿐 아니라 지속적으로 우리를 가르쳐 주심(teaching)과 의로 훈련하는(the training in the righteousness) 과정이 모두 다 성령님께서 성경을 사용하셔서 하시는 성화의 수단들입니다.

나가면서

그러므로 우리는 오직 그리스도의 온전한 의를 힘입어 오직 성령님을 의지해서 성경 가운데서 가르쳐 주시는 것을 부지런히 배우면서 그 말씀에 근거해서 우리의 세계관과 사상을 형성하면서 잘못된 모든 것들을 고쳐가는 일을 지속해가야 합니다. 매일매일 이런 성화의 길에서 사는 것이 그리스도인의 삶입니다. 그리하여 우리가 죽을 때 우리의 영혼이 온전히 성화되며(히 12:23로부터의 합리적 추론), 우리의 몸은 그리스도께서 재림하실 때에 온전히 성화된 모습을 드러내게 될 것입니다. 우리의 부활을 "몸의 구속"이라고(롬 8:23) 표현하신 진정한 의도가 여기에 있습니다. 이미 구속함을 받은 우리의 몸이 "온전히 성화되는" 것은 부활 때라는 말입니다.

따라서 그리스도인에게는 점차 성화되어 가는 "지금 여기서의 삶"(the life here and now)도 의미가 있고, 우리의 영혼이 하나님께서 계신 그 "하늘"에서 온전히 성화된 영혼으로 사는 그 "하늘에서의 삶"(the life in heaven)도 의미가 있고, 우리의 몸까지 온전히 성화된 부활한 몸으로 사는 "새 하늘과 새 땅에서의 삶"(the life in 'the new heaven and new earth')도 의미가 있습니다.

제 31 강

기독교 신앙은 무엇입니까?(5):
신앙과 성화(2): 영적인 선을 행함

지난번에 성화(聖化)의 기본적 내용을 정리하였습니다. 성화는 그리스도를 믿을 때 주어지는 칭의와 단정적 성화에 근거해서 평생에 걸쳐 이루어지는 점진적 과정이라고 하였습니다. 그것은 성령님의 감화와 역사하심의 결과로 하나님께서 원하시고 명령하신 바를 우리가 소원을 두고 행하는 것이라고 했습니다. 하나님께서 명하신 바를 성령님의 힘으로 행하는 이 "영적인 선"(spiritual goodness)에 대해서 좀 더 생각해 보기로 하겠습니다.

성화되는 사람들의 선행의 성격

성화되는 사람들은 선행(good works)을 한다고 했습니다. 그런데 그들은 그로 인해 어떤 공로를 주장하지 않습니다. 그 이유를 여러 가지로 들 수 있지만 기본적으로 두 가지 이유를 생각할 수 있습니다.

첫째로, 우리가 그런 선행을 할 수 있었던 이유와 근거가 온전히 하나님께 있기 때문입니다. 기본적으로 하나님께서 주신 구속에 동참한 사람들만이 이 영적인 선을 수행할 수 있다는 것 외에도 그런 선행을 하는 과정 전체에 있어서 우리들은 하나님께 의존합니다. 하나님께서 할 수 있게 하지 않으시면 우리는 한순간도 그런 일을 할 수 없습니다. 그러므로 선행을 했을 때 하나님께서 우리에게 빚지는 것이 아니라 오히려 우리가 하나님께 빚을 지는 것입니다. 따라서 선행을 하면 할수록 우리는 하나님께 더 많이 빚지게 됩니다. 그런데 그 빚은 갚아 버리기 원하지 않고 날마다 더 그런 빚을 지기 원합니다.[1] 그러므로 우리가 영적인 선을 행할 때 우리는 자신들에게 공로가 있다고는 전혀 생각할 수 없습니다.

둘째로, 우리가 한 선행이라는 것조차도 죄와 부패성으로 물들지 않은 것, 따라서 형벌 받기에 합당하지 않은 것이 하나도 없기 때문입니다. 이사야 선지자가 잘 말하고 있듯이, "무릇 우리는 다 부정한 자 같아서 우리의 의는 다 더러운 옷 같으며 우리는 다 잎사귀 같이 시들므로 우리의 죄악이 바람 같이 우리를 몰아가나이다"(사 64:6)고 말할 수밖에 없습니다. "작은 죄에 대한 기억만으로도 주께서 그것을 받지 않으시기에 충분합니다."(〈벨직 신앙고백서〉, 24항).[2] 그런데 우리의 모습은 한없이 부족하고 흠이 많으니 그런 것으로 어찌 우리에게 공로가 있다고 할 수 있습니까? 공로(meritum)는 고사하고 우리가 행한 것만으로는 하나님의 형벌을 받기에 합당한 것일 뿐입니다. 그러므로 우리는 모든 정황에서도 공로가 있다고 할 수 없습니다.

그렇다면 우리가 성화의 과정에서 행하는 것이 과연 선행인가에 대한 질문이 제기될 수 있습니다. 과거에 좀 더 극단적 입장을 지닌 분들

---

[1] 그리스도인들의 이런 생각을 잘 표현한 S. Kierkegaard, *The Works of Love* (Princeton: Princeton University Press, 1994), 176-91을 보십시오. 이에 대한 좋은 분석으로, Seung-Goo Lee, *Kierkegaard on Becoming and Being a Christian* (Zoetermeer: Meinema, 2006), 83f.를 보십시오.

[2] *Belgic Confession*, Article 24: "memory of a single sin is enough for God to reject that work."

은 인간은 아무런 선행을 하지 못하고 그저 죄만 생산해 낼 뿐이라고 생각한 분들도 있었습니다. 그러나 이 세상의 중생하지 않은 사람들도 소위 시민적인 선(civil righteousness, *iustitia civilis*), 즉 외적인 일들(*opera externa*)은 행할 수 있으니 중생한 사람들은 당연히 이런 시민적인 선을 행할 뿐만 아니라, 성령님께서 그의 심령에 역사하여 오직 하나님께서 명하신 것을 행하려 합니다. 그러니 성화된 사람들이 일종의 선행을 한다는 것을 부인할 필요는 없습니다.

이렇게 (1) 하나님께서 명하신 것만을 (2) 하나님의 뜻을 이루려는 소원을 가지고, (3) 성령님의 역사(役事)하심에 의해서 행하는 것을 영적인 선(spiritual goodness)이라고 합니다. 그러므로 중생한 사람들은 이런 의미의 "영적인 선"을 행합니다.[3] 그러나 그들이 행하는 것도 죄와 부패성으로 물들어 있음을 생각할 때, 또한 이런 영적인 선을 향해 가는 것이 성령님의 능력 안에서 주어지는 것임을 생각할 때 이런 영적인 선도 전혀 공로가 되지 않습니다. 우리가 행하는 영적인 선을 **그리스도의 온전하신 의가 덮으시기에** 이를 선(善)이라고 할 수 있는 것입니다.

종국적으로 보상(상급)을 주시는가?

따라서 우리가 행하는 것으로는 그 어떤 상급(reward)을 받을 만하지 않다는 것도 아주 명확합니다. 그런데 성경에서는 이렇게 힘쓴 자들에게 상급을 주신다고 했으니 우리는 또한 그것을 부인해서는 안 됩니다. 성경의 여러 곳이 가르치지만, 특히 다음과 같은 말씀들을 보십시오.

---

3 이는 거의 모든 바른 신자들의 의식입니다. 예를 들어 〈웨스트민스터 신앙고백서〉, 16장, 1, 2를 보십시오.

믿음이 없이는 하나님을 기쁘시게 하지 못하나니, 하나님께 나아가는 자는 반드시 그가 계신 것과 또한 그가 자기를 찾는 자들에게 상 주시는 이심을 믿어야 할지니라(히 11:6).

여호와께서 내 공의를 따라 상 주시며 내 손의 깨끗함을 따라 갚으셨으니 (삼하 22:21; 시 18:20).

여호와께서 나를 위하여 보상해 주시리이다. 여호와여 주의 인자하심이 영원하오니 주의 손으로 지으신 것을 버리지 마옵소서(시 138:8).

너희가 수치 대신에 보상을 배나 얻으며 능욕 대신에 몫으로 말미암아 즐거워할 것이라. 그리하여 그들의 땅에서 갑절이나 얻고 영원한 기쁨이 있으리라(사 61:7).

여호와께서 네가 행한 일에 보답하시기를 원하며 이스라엘의 하나님 여호와께서 그의 날개 아래에 보호를 받으러 온 네게 온전한 상 주시기를 원하노라 하는지라(룻 2:12).

그러므로 우리들은 주께서 열심히 일하는 주의 백성들에게 종국적으로 상을 주심을 분명히 믿어야 합니다.

그러면 우리가 행한 것으로는 상을 받을 만하지 않는데 우리가 종국에 상을 얻는다는 이 난제를 어떻게 해결할 것입니까? 성경을 제대로 믿는 우리 선배들은 그러므로 우리가 보상을 얻는 것이 우리가 행한 것 때문이 아니고 **오직 은혜로 되는 것**이라는 생각을 할 수밖에 없었습니다.[4] 〈벨직 신앙고백서〉도 오직 은혜로만 상이 주어진다고 명백히 말하니

---

[4] 루터와 칼빈의 이런 견해를 잘 소개하는 J. Theodore Mueller, "The Saint's Reward and God's Grace," *Christianity Today* (January 5, 1959)도 보십시오.

다.[5] 선배들의 글을 읽어 보지 않아도 제대로 생각하는 분들은 다 그런 결론에 이르게 될 수밖에 없습니다. 이것은 모든 진정한 그리스도인들이 모든 것을 다 제대로 생각했을 때 이르게 된 공통된 결론입니다. 우리를 구원하시는 것도 오직 은혜로 하신 것인데, 우리에게 상을 주시는 것도 오직 은혜로만 됩니다. 참된 성도는 이런 이중의 은혜를 받습니다.

그러므로 이런 영적인 선을 행하는 진정한 성도들은 그런 방향으로 가면서 더욱더 감사하게 됩니다. 성도는 자신이 더 힘쓸수록 더 감사합니다. 이것이 기독교적 의식(意識)의 특징입니다. 우리에게 그 어떤 공로의식이나 우월감 같은 것이 있을 수 없고, 더 노력하면 할수록 주께서 더 많은 것을 내려주셔서 우리가 이 길로 나가는 것에 대해서 더 깊이 감사하게 됩니다. 따라서 성화의 삶은 날마다 성령님께 의지해서 노력하는 삶이며, 또한 날마다 주께서 놀라운 은혜를 주시는 것에 대해 감사하는 삶입니다.

상급의 성격

그런데 주께서 종국에 주시는 상급에 대한 오해가 너무 많아서 간단히 상급의 성격을 밝히는 것이 좋을 것입니다. 주께서 종국적으로 주시는 상급을 우리가 물질화하지 않도록 주의해야 합니다. 그런 물질적 이해에 대해서 옛사람들은 "유대인들의 물질적 오해"라고 하였고, 이슬람교도들이 그런 물질적 오해를 많이 하므로 "이슬람적 오해"라고 할 만도 합니다. 한국 그리스도인들에게도 그런 물질적 오해가 많으니, 이를 "한국적 오해"라고도 할 수 있습니다.

---

[5] *Belgic Confession*, Article 24: "it is by grace that God crowns these gifts."

이를 잘 규명하기 위해서 먼저 종국적 상을 주시는 때를 분명히 하는 것이 필요합니다. 성경을 잘 살펴보면 다 "최후의 심판"을 말하고 그 후에 온전한 형벌과 온전한 상을 말하고 있습니다. 그 이전에 "역사 안에서의 형벌"이라는 것이 있으나 온전히 다 주어지지 않으므로 최후의 심판이 필요합니다. 마찬가지로 역사의 과정에서 주께서 갚아 주시는 것이 분명히 있으나 기계적으로 그리고 온전히 다 이루어지는 것이 아니기에 모든 것을 바로잡고 귀정(歸正)하는 최후 심판의 날이 있습니다. 그래서 바울은 "이제 후로는 나를 위하여 의의 면류관이 예비되었으므로, 주 곧 의로우신 재판장이 그 날에 내게 주실 것이며, 내게만 아니라 주의 나타나심을 사모하는 모든 자에게도니라"(딤후 4:8)라고 말하고 있습니다. 여기서 "그 날에"라는 것이 최후 심판의 날이라는 것은 문맥상 누구나 알 수 있고, 모든 사람들이 잘 지적하는 바입니다.

성경이 말하는 상급은 기본적으로 영적인 것이고, 또한 영원상태에서 할 일과 관련된 것이라고 할 수 있습니다. "주의 나타나심을 사모하는 모든 자에게" 주어질 "의의 면류관"은 결국 참된 성도들을 승리자로 인정하여 **승리자로 인정하는 일을 하신다는 말입니다.** 바울이 고대의 방식을 따라서 "월계관을 씌워주는" 일로 표상한 것을 영어에서는 "the crown of righteousness"로, 우리말에서는 "의의 면류관"으로 번역한 것입니다. 그러므로 이는 우리에게 영원상태에 부합한 "의"를 상으로 주신다는 뜻입니다. 다른 곳에 언급된 "영광의 면류관", "생명의 면류관"(약 1:12)도 같은 의미로 생각하며 해석해야 합니다. 그러므로 이는 **영원상태에 부합한 영광과 의와 생명을 우리에게 부여해 주시는 것**을 뜻합니다. 이는 "극치에 이른 하나님 나라"를 우리에게 주시는 것과 동일한 것입니다. 영원상태인 그 "극치의 천국"에 들어감을 주께서 넉넉히 우리에게 주실 것입니다. 바로 이것이 바울이 "그의 천국에 들어가도록 구원하시리니"(딤후 4:18)라고 말한 것의 의미입니다. 그리고 그런 뜻에서 바울이 "우리가 하나님의 나라에 들어가려면 많은 환난을 겪어야 할 것이라"(행 14:22)고 말했습니다. 이 모두 다 "극치에 이른 천국"을 의도해서 한 말입니다.

영원상태에서 우리는 주님을 위해, 주님의 영광을 위해 여러 가지 일을 할 것인데 그런 것을 할 수 있는 능력이 우리게 주어지고 그리하여 주를 위해 효과적인 사역을 하게 될 것입니다. 그것이 각자 다르기에 각기 다른 영광이 있다고도 할 수 있고, 어떤 이는 더 많은 일을 감당할 수도 있습니다. 아마 그것이 달란트 비유에서 "네가 적은 일에 충성하였으매 내가 많은 것을 네게 맡기리니"(마 25:21, 23)라고 하신 말의 의미일 수 있습니다. 이런 말의 함의를 잘 생각하면서 말하자면, 어떤 사람들은 "극치에 이른 천국"에서 더 많은 일을 하게 될 것입니다.

나가면서 하는 정리

그러므로 성화의 과정 속에 있는 그리스도인들은 열심히 선행을 하나 그 선행은 그저 시민적인 선이나 자연적인 선을 행하는 것이 아니라, 하나님께서 명령하신 것에 대해서 그 명령에 순종하는 마음으로 선행을 합니다. 또한 오직 성령님이 주시는 힘으로만 하기에 이를 영적인 선이라고 합니다. 이런 사람들은 자신들이 행하는 것에 구원을 근거시키지 않습니다. 자신들이 행하는 것에 의존하는 것은 결국 진정한 의미의 성화와 관련이 없음을 드러내는 것입니다.

따라서 진정 성화 과정 속에 있는 사람들은 오직 그리스도의 수난과 죽음의 공로에만 의존합니다. 그리스도에만 의존하지 않으면, 우리들은 항상 의심하게 되어 확실성이 없이 이리저리 밀려 요동하게 되고, 우리들의 가련한 양심은 끊임없이 가책을 받게 됩니다. 그러나 그리스도의 수난과 죽음에만 의존하는 사람들은 진정한 성화의 길로 나아갑니다.

제 32 강

기독교 신앙은 무엇입니까?(6):
그리스도와 율법의 관계

기독교 신앙의 성격을 생각하는 6번째 시간으로 이번에는 "그리스도와 율법의 관계"에 대해서 생각해 보려고 합니다. 이 관계 설정을 어떻게 하느냐에 따라 상당히 다른 신앙의 형태가 드러나기 때문입니다. 먼저 단순하게 성경에 가장 충실한 "그리스도와 율법의 관계"를 제시해 보고, 그것이 과연 역사 중에 제시된 어떤 신앙 형태에서 가장 잘 표현되었는지를 살펴보도록 합시다.

1. 율법은 그리스도를 지향합니다.

율법은 인간들이 죄를 범했음을 아주 분명히 드러내 주고 그 죄의 결과는 결국 폭넓은 의미의 죽음이라는 것을 아주 분명히 드러내 줍니다. 그래서 율법의 중심에는 희생 제물의 죽음이 있습니다. 인간의 죄가 없었다면 희생 제물은 다른 의미를 지닐 수 있지만, 타락한 상태에서 희생 제물은 결국 인간의 죄 문제를 밝히 드러내고 이 죄 문제를 인간들 스스로 해결할 수 없음을 드러내면서 인간 대신에 다른 것이 대신 죽어야 한다는 '대리 속죄의 원리'를 나타냅니다. 구약은 다른 것이 우리의 죄를 대신해 우리의 자리에서 죽는다는 원리를 드러내고 있습니다.

그러나 신약 성경이 밝히 선언하는 바에 의하면, 구약 율법에 따라 드리는 "황소와 염소의 피가 능히 죄를 없이 하지 못합니다"(히 10:4). 또한 "제사장마다 매일 서서 섬기며 자주 같은 제사를 드리되 이 제사는 언제나 죄를 없게 하지 못합니다"(히 10:11).[1] 구약에 황소와 염소의 피는 결국 장차 올 다른 것을 지향하게 하며 그것을 향하여 손을 내밀고 있습니다. 바로 그런 의미에서 히브리서 기자는 "율법은 장차 올 좋은 일의 그림자일 뿐이요 참 형상이 아니므로 해마다 늘 드리는 같은 제사로는 나아오는 자들을 언제나 온전하게 할 수 없느니라"(히 10:1)고 선언하였습니다. 구약의 율법은 그 자체가 목적이 아니고 "장차 올 좋은 일의 그림자"입니다. 여기 그림자와 모형으로서의 구약 율법의 의미가 드러납니다. 신약에 이루어질 장차 올 좋은 것이 '원형'(archtype)이고 구약에 있는 것이 '모형'(type)이라는 말입니다. 성경이 말하는 모형의 의미를 잘 드러내면서 원형을 명확히 밝히는 작업을 좋은 의미의 모형론(typology)이라고 합니다. 이는 잘못된 의미의 모형론이 있다는 것을 함의하고, 과거에 많이 시도된 잘못된 모형론을 극복하고 바른 모형론을 분명히 정립하고 드러내는 것이 교회의 큰 과제입니다.

예를 들어서, 라합의 집에 내려놓은 붉은 줄(수 2:15-21)을 그리스

---

[1] 정확히 말할 수 없지만 60-96/100년 경우로 추론되는 히브리서 기록 연대가 만일에 주후 70년 예루살렘 성전 파괴 전이라면(F. F. Bruce, *Hebrews*, [Grand Rapids: Eerdmans, 1964], 220-22; George Wesley Buchanan, *To The Hebrews*, AB [Garden City, N.Y.: Doubleday, 1972], 261; Philip E. Hughes, *A Commentary on the Epistle to the Hebrews* [Grand Rapids: Eerdmans, 1977], 30-32; Donald Hagner, *Hebrews*, GNC [San Francisco: Harper, 1983], xviii-xix; 그리고 D. A. Carson, Douglas J. Moo, and Leon Morris, *An Introduction to the New Testament* [Grand Rapids: Zondervan, 1992], 400), 이 말의 의미는 과거 제사장들이 섬기는 것에 대해서 뿐만 아니라 당시 예루살렘 성전에서 제사장들이 매일 서서 섬기며 제사하는 것이 얼마나 무용(無用)한 것인지를 아주 명확히 지적하는 것이 됩니다.

도의 보혈에 대한 모형으로 본다든지, 심지어 야곱이 끓인 붉은 색의 죽(팥죽)이 보혈의 모형이라고 보는 것으로부터 시작해서, 예루살렘 성문 중의 하나인 양문(洋門)에서 어떤 의미를 찾아내려 하는 등 수없이 많은 잘못된 모형론이 시사된 바 있습니다. 성경해석의 중요한 기능의 하나가 이런 잘못된 모형론을 극복하는 것입니다.

바른 모형론은 구약에 있는 것들 가운데 그리스도를 지향하고 있는 것을 검토하면서 그것들이 어떻게 그리스도를 지향하는지를 잘 드러내는 것입니다. 예를 들어서, 구약의 희생 제사가 결국 그리스도를 지향하고 있다는 것을 교회는 믿고 잘 설명해 왔습니다. 이때 히브리서를 비롯한 신약의 문서들이 매우 중요한 역할을 하였습니다. 이와 같이 신약 성경에 명백히 시사가 있는 것이 바른 모형론의 좋은 토대가 됩니다. 이로부터 우리는 다음과 같은 명제를 강하게 말할 수 있게 되었습니다.

2. "구약의 율법은 그리스도에게서 성취되었다."

이것은 신약과 구약의 관계를 가장 잘 설명할 수 있는 중요한 주장입니다. 율법이 지향하던 바가 그리스도 안에서 성취되었다는 것입니다. 그런 뜻에서 교회는 바울과 함께 "그리스도는 모든 믿는 자에게 의를 이루기 위하여 **율법의 마침**(τέλος νόμου)이 되시니라"(롬 10:4, 강조점은 덧붙인 것임)고 고백했습니다. 이 "마침"이라는 말은 그때까지 지향해 오던 것, 그 목적(τέλος)의 성취라는 의미와 그리하여 그 기능을 다한 마침(end)이라는 이중의 의미를 가진 말입니다. 이 모든 것은 "성취"에 달려 있습니다. 그리스도 안에서 율법의 의식과 상징들이 성취되었습니다. 그리스도께서 이를 가장 잘 의식하고 계셨습니다. 그래서 그는 이런 자의식을 담아 "내가 율법이나 선지자를 폐하러 온 줄로 생각하지 말라 폐하러 온 것이 아니요, 완전하게 하려 함이라(πληρῶσαι)"(마 5:17)고 하셨습니다. 이 완전하게 한다는 것이 성취와 완전하게 함이라는 의미입니다. 그 지향하던 바가 이루어져서 그 풍성한 뜻이 다 이루어졌다는 말입니다.

이는 무엇보다 먼저, 구약에서 장차 메시아에게서 이루어진다고 한 것이 다 이루어진다는 뜻이니, 그런 바른 뜻에서 부활하신 후에 엠마오 마을로 가는 제자들에게 나타나서 "미련하고 선지자들이 말한 모든 것을 마음에 더디 믿는 자들이여, 그리스도가 이런 고난을 받고 자기의 영광에 들어가야 할 것이 아니냐?"고 야단치시면서, "모세와 모든 선지자의 글로 시작하여 모든 성경에 쓴 바 자기에 관한 것을 자세히 설명"하셨고 (눅 24:25-27), 또한 그 후에 다시 나타나서 친히 말씀하시기를 "내가 너희와 함께 있을 때에 너희에게 말한 바 곧 **모세의 율법과 선지자의 글과 시편에 나를 가리켜 기록된 모든 것이 이루어져야 하리라** 한 말이 이것이라"(눅 24:44) 하시면서 설명하기도 하셨습니다. 구약에 메시아에게서 이루어진다고 말한 것이 다 이루어졌다는 의미입니다.

또한 구약이 지향하던 그것이 다 이루어졌다는 의미입니다. 바로 그런 의미에서 예수님은 율법의 종국적 성취였고, 십자가에서 "다 이루었다"(요 19:30)라고 하신 말씀에서 율법이 지향하던 풍성한 뜻이 다 이루어졌다는 것입니다.

이런 성취를 잘 의식하였기에 히브리서 기자는 "그러므로 형제들아 우리가 예수의 피를 힘입어 성소에 들어갈 담력을 얻었나니, 그 길은 우리를 위하여 휘장 가운데로 열어 놓으신 새로운 산 길이요 휘장은 곧 그의 육체니라"(히 10:19-20)라고 선언할 수 있었습니다.

3. 율법 성취의 함의

〈벨직 신앙고백서〉를 처음 작성한 분과 같이 고백한 분들도 "우리들은 율법의 의식들과 상징들이 그리스도의 오심으로 **그쳐졌고**, 그 모든 미리 보여 줌이 **그쳐졌다**고 믿습니다"고 고백했습니다(〈벨직 신앙고백서〉 25항, 강조점은 덧붙인 것임). 구약 시대에 율법의 의식들과 상징들이 해 오던 그 역할이 이제 그쳐졌다는 말입니다. 따라서 율법의 의식들과 상징들의 사용은 그리스도인들이 사용하면 안 됩니다. 그래서 기독교에서는 더 이상 할례를 하지 않으며, 유월절도 지키지 않고, 구약 율법이 먹지 말라고 했던 돼지고기 같은 것을 자유롭게 먹습니다. 그리스도께서 다 성취하셨기 때문입니다.

더구나 예수 그리스도의 십자가 사건에 근거해서 하나님께서 우리의 죄를 다 사하셨으니, 이제 신약 교회는 "다시 죄를 위하여 제사 드릴 것이 없느니라"(히 10:18)는 말씀을 신약 교회는 참으로 믿고 순종합니다. 그러므로 신약 교회는 **제사를 하지 않는 교회**가 되었습니다. 그리스도께서 십자가에서 하신 것이 우리의 제사임을 분명히 하면서 우리가 하는 예배를 "제사"라고 하지 않습니다. 종교개혁을 한 교회가 참으로 이런 성경의 가르침에 충실한 것임이 여기서 분명히 드러납니다.

따라서 예배당을 "성전"이라고도 하지 않고, 예배당 앞부분을 제단이라고도 하지 않습니다. 종교개혁을 하면서 "제단에서 성찬상"으로 개념을 전환하였습니다.[2] 그리고 좀 더 충실한 분들은 예배당 안에서 촛대

---

[2] 그중에 영국 교회에서의 논쟁의 한 측면을 논의한 John Campbell, "The Quarrel over the Communion Table," *Historical Magazine of the Protestant Episcopal Church* 40/2 (June 1971): 173-83을 보십시오. 1979년에 영국 교회의 공동 기도서에서 table에서 다시 altar로 바꾼 것은 심각한 문제라고 여겨집니다.

와 십자가도 제거하고 영적으로 하나님께 접근하는 일에 전념하도록 하였습니다. 율법에 언급된 것들을 신약에 그대로 가져와서 계속하려고 하는 것을 극복한 것입니다.

따라서 그리스도에 의해서 성취된 유월절을 다시 지키자고 하는 분들이나 그리스도의 십자가와 부활도 성취되어 "이미와 아직 아니의 구조 속에 있는 안식일"을 생각하지 않고[3] 그리스도의 십자가와 부활 이후인 지금도 안식일을 지키자고 하는 안식교는 십자가와 부활의 성취를 제대로 인정하는 않는 것임이 분명합니다.

4. 그리스도인에 대한 율법의 의미

그렇다면 신약 성도들은 구약과는 전혀 관계가 없습니까? 그렇지 않으니 일단 구약의 많은 것이 신약의 토대로 있고, 특히 위에서 언급한 그리스도를 지향하게 하는 것이 구약의 의식 속에 있으니 우리는 구약을 존중합니다. 특히 율법과 선지자로 일컬어지는 구약에 나타난 증언들 가운데 복음 안에서 더 분명히 선언된 것들을 잘 연결시킵니다.

둘째로, 구약의 율법에 있는 규례들 가운데 그 정신은 하나님의 영광을 위해 구원받은 자들의 삶에 대한 규례(rule of life) 또는 삶의 원리(the principle of life)로서 중요한 기능을 합니다. 그래서 칼빈을 따르는 사람들은 구약의 "율법의 제3의 용도", 즉 "중생자를 위한 용도"를 강조해 왔습니다. 이때 가장 쉬운 것은 신약 성경에서 구원함을 받은 사람으로 어떻게 살아가야 하는지를 규정해 주는 원리들입니다. 이런 데서 성경의

---

3 이 말의 의미를 자세히 보려면 이승구, 『위로 받은 성도의 삶』 (서울: 말씀과 언약, 2020), 제4계명 부분을 보십시오.

지침을 따라가는 삶의 모습이 잘 드러납니다. 구약에 있는 것들도 그 법의 정신을 잘 생각해서 그것이 구약적 배경에 있는 것을 넘어서 입법자의 "법 제정의 정신"을 생각하면서 그 법의 정신이 우리의 삶 가운데서도 그대로 나타나도록 하는 것이 중요합니다.

그러므로 "율법의 제3의 용도"와 관련해서 가장 중요한 것은 주어진 규정에 대한 입법자의 의도입니다. 이것을 찾아내는 데에도 성령님께서 깊이 관여하십니다. 주어진 규례의 역사적 상황을 살피면서 그런 식으로 규례를 주신 의도를 드러내려고 해야 합니다. 그 기준은 하나님의 뜻입니다. 구약과 신약에 있는 규례의 진정한 의도가 하나님의 뜻으로 확인되어야 합니다.

둘째는 그것을 행해 나가는 동기입니다. 그것은 오직 하나님의 영광을 위해 구속된 자답게 살려는 것입니다.

셋째는 그렇게 행해갈 수 있는 힘이신 성령님입니다. 성령님께서 함께하지 않으시면 하나님의 뜻을 행할 수 있는 능력이 우리에게는 없으니, 성령님의 힘주심과 함께하심으로 온전함(integrity)을 가진 하나님의 의도에 부합하는 삶이 나타나도록 해야 합니다. 이 모든 것이 성령님의 함께하심으로만 가능합니다.

나가면서: 이런 성경적 이해를 가장 잘 표현하는 신앙의 체계는?

중요한 것은 여기서 제시한 이 원칙을 따라서 율법과 그리스도의 관계를 **이해하고, 이에 근거해서 사는** 것입니다. 그런 길로 나아가고자 하면 우리는 그것을 진정한 기독교적 신앙의 표현이라고 할 수 있습니다. 이렇게 성경을 바로 해석하면서 성경적 방향으로 나아가는 것은 다 의미가 있습니다. 그런 사람들은 그리스도 안에서 "형제와 자매"로 서로를 받으면서 서로 격려하면서 더욱 그런 방향으로 나아가도록 해야 합니다.

그러면서 교회가 걸어온 길을 좀 더 자세하게 생각해 보면, 과거 역사 속에서 그리스도의 십자가와 부활에서 율법을 다 성취하셨음을 온전히 인정하지 않는 분들이 잘못했다고 생각하게 됩니다. 그래서 십자가 사건 이후에도 일종의 율법주의를 주장하는 분들과 또 이제는 그 어떤 법도 우리를 규제하지 않는다고 하는 반법주의 주장도 잘못임을 말해야 합니다. 참된 기독교는 율법주의도 반법주의도 아닙니다. 성령님께 의지해서 하나님의 의도를 실현해 나가기 위해 성경에 나타난 하나님의 뜻을 잘 추구하고 이것을 이루어 가려고 애쓰는 입장입니다. 그러므로 율법의 제3의 용도를 강조하시던 분들이 이를 말하지 않으려고 하는 분들보다 좀 더 바른 방향으로 나가고 있음을 잘 알 수 있습니다.

또한 교회의 예배 의식을 제사와 가깝게 이해하여 여러 용어를 사용하는 것이 건강한 것이 아님을 잘 알게 됩니다. 그래서 이제는 예배당을 성전이라고 하지 않고, 그 앞부분을 제단이라고 하지 않으며, 그 위에 십자가나 촛대를 놓지 않으려 하는 분들이 성경의 정신을 제대로 깨달아 나가는 분들이라는 것을 알게 됩니다. 그러므로 어느 시대에든지 그리스도인들은 **정신을 차리고** 늘 바른 방향으로 가기를 힘써야 합니다. 우리 모두 함께 이런 방향으로 나가면서, 이런 신앙의 양태를 과연 누가 잘 드러내고 있는지를 잘 생각해 보십시오.

제 6 부

교회에 대하여

제 33 강   교회에 대한 역사적 이해를 잘 드러낸 〈벨직 신앙고백서〉 27항.

제 34 강   교회 지체들의 의무(28항)

제 35 강   참된 교회의 표지들

제 36 강   교회의 정치 형태

제 33 강

교회에 대한 역사적 이해를 잘 드러낸
<벨직 신앙고백서> 27항

교회에 대한 고백을 하는 〈제27항〉에서 〈벨직 신앙고백서〉는 교회에 대한 역사적 이해를 잘 드러내고 있습니다. 다소 긴 〈제27항〉을 그대로 옮겨 놓고 논의를 시작하는 것이 좋을 것입니다.

> 제27항: 그 거룩한 보편적 교회
>
> 우리들은
> 하나의 단일한 보편적 교회(one single catholic or universal church)를
> 믿고 고백합니다.
> 그것은 참된 기독교 신자들의 거룩한 회중과 모임인데,
> 그들은 예수 그리스도의 피로 씻어지고,
> 성령님에 의해 성화되고 인(印)쳐져서
> 예수 그리스도 안에 있는 온전한 구원을 기다리는 사람들입니다.
>
> 이 교회는 세상의 처음부터 존재해 왔으며
> 끝까지 있을 것이니,
> 이는 영원한 왕이신 그리스도께서는 그의 시민들 없이

있을 수 없다는 사실로부터 분명히 드러납니다.

그리고 이 거룩한 교회는 온 세상의 분노에 대항하여
하나님에 의해 보존되어 왔으니,
잠시 동안 인간의 눈으로 볼 때는 아주 작게 보이고,
심지어 거의 꺼진 것처럼 보일 때에도
(하나님에 의해 보존되어 온 것입니다).

예를 들어서,
  아합이 통치하던 매우 위험한 시기에
  주님께서는 바알에게 무릎 꿇지 않은 사람들
  7,000명을 당신님을 위해 보존하셨습니다.

그러므로 이 거룩한 교회는
  특정한 곳의 특정한 사람들에
  한정되거나, 묶여지거나, 제한되지 않습니다.

오히려 교회는 세계 전체에
  퍼져 나가고 퍼져 있는 것입니다.
  (그렇게 온 세상에 퍼져 있어도
  이 거룩한 교회는)
한 분의 같은 성령님 안에서
신앙의 힘으로
한 마음과 한 뜻으로
연결되어 있고 연합해 있는 것입니다.

이 고백으로 〈벨직 신앙고백서〉는 교회의 속성을 셋으로 언급하면서 역사 과정 가운데 있는 교회를 명확히 이해하는 입장을 분명히 하였습니다. "하나의 거룩한 보편적인 교회"(one single catholic or universal church) 또는

"그 거룩한 보편적인 교회"(the holy catholic church)라고 교회에 대해서 고백하고 그 내용을 설명하여, 전통적으로 교회의 속성을 사도성과 함께 통일성, 거룩성, 보편성으로 언급하는 틀을 〈벨직 신앙고백서〉는 바꾸어 제시하였습니다. 이후에 〈벨직 신앙고백서〉의 이런 표현에 주의하는 사람들은 교회의 속성을 언급할 때 '사도성'을 언급하지 않습니다.[1] 아마도 이것은 사도성을 그 내용상 사도적 가르침에 대한 충실성으로 이해하는 개신교적 전통을 따라서 그것은 이미 우리가 다룬 "하나님 말씀의 순수한 선포"에서 언급된 내용이라고 생각하였기 때문일 것입니다.

그래서 후에 개혁파 교회론에서는 이런 의미로 사도성을 이해하면서 사도성을 따로 언급하며 넣기도 하고,[2] 이를 교회의 표지에서 다룰 것임을 분명히 하면서 교회의 속성에 대해서 말할 때에는 이 사도성을 언급하지 않은 채 통일성, 거룩성, 보편성으로 제시하기도 합니다. 따라서 이렇게 교회의 속성을 셋으로 제시한 것은 아마도 〈벨직 신앙고백서〉의 전통을 따른 것이라고 여겨집니다. 물론 그 이전에 1536년에 나온 〈제1 스위스 신앙고백서〉 제14조에서 교회에 대해서 고백하면서 "이 살아 있는

---

[1] 그 대표적인 예가 Louis Berkhof입니다. 그의 *Systematic Theology* (Grand Rapids: Eerdmans, 1941), 교회의 표지 부분을 보십시오.

[2] 그 대표적인 예가 Hermann Bavinck의 교회론(*Reformed Dogmatics*, 4, section, 496=『개혁교의학 4』, 379-85)과 G. C. Berkouwer의 『개혁주의 교회론』 (서울: CLC, 2006)입니다. Michael Horton도 사도성을 따로 언급하고 있습니다(*Pilgrim Theology* [Grand Rapids: Zondervan, 2011], 410-19).
바빙크는 세 가지 외에 사도성과 무결점, 무오류까지를 교회의 속성으로 언급하면서 해석을 천주교회의 해석과 달리 제시합니다.
바우웬(C. Bouwen) 목사는 〈벨직 신앙고백서〉를 강해하면서도 교회의 속성을 넷으로 언급합니다. Cf. Notes to the Belgic Confession, available at: http://spindleworks.com/library/bouwman/belgic/ART27.htm.
사실 이런 전통은 천주교 교회론에서 비롯되었다고 할 수 있습니다. 천주교 교회론이 이 4 속성을 언급한다는 표현으로 Bavinck, *Reformed Dogmatics*, 4, section, 493=『개혁교의학 4』, 364, n. 124를 보십시오. 벨라르민은 15개의 교회의 속성을 언급하기도 했다고 합니다(Bavinck, *Reformed Dogmatics*, 4, section, 493=『개혁교의학 4』, 363f.: 가톨릭 교회라는 이름 자체, 고대성, 지속 기간, 신자들의 다수성과 다양성, 주교들의 계승, 고대 교회와의 교리의 일치성, 지체 상호간 그리고 머리와의 일치, 교리의 거룩성, 교리의 유효성, 초대 교부들의 유효한 삶, 영광스런 기적들, 예언의 빛, 반대자들의 고백, 교회를 반대한 자들의 불행한 종말, 현세적 행복).

반석 위에 세워진 살아 있는 돌들로부터 하나의 거룩하고 보편적인 교회가 세워지고 모여진다고 우리들은 주장합니다"라고 고백한 일도 있었습니다.[3] 또한 이것은 1563년에 공표된 〈하이델베르크 요리문답〉이 교회를 지칭하는 방식이기도 합니다. 〈하이델베르크 요리문답〉도 교회를 지칭하면서 그저 "거룩한 공교회"(the holy catholic church)라고 말하고 있습니다 (제54문답).[4] 물론 〈하이델베르크 요리문답〉이 이렇게 말하는 이유는 이것이 그저 사도신경에 있는 "거룩한 공교회"를 설명하는 맥락에서 나왔기 때문입니다. 따라서 사도신경을 중심으로 설명할 때는 교회의 통일성, 거룩성, 보편성을 교회의 속성으로 제시합니다. 이에 비해 〈니케아 신조〉를 좀 더 친근히 따르려고 하는 사람들은 이에 더하여 사도성도 언급하는 경향이 강합니다.

그러나 교회의 속성을 말하면서 사도성을 언급하느냐 아니냐 하는 것이 사실 그렇게 중요한 것은 아닙니다. 사도성을 제대로 이해하고 제시하기만 한다면 별 문제는 없기 때문입니다. 제대로 된 개신교회는 '사도성'을 "사도적 가르침의 계승"으로만 이해합니다. 우리들이 사도들의 가르침을 그대로 계승해 가야 함을 강조하는 것입니다. 이것은 "사도적 지위의 계승"이나 사도적 권좌가 있는 자리의 계승을 주장하는 천주교회의 가르침과 대척(對蹠)적인 것입니다.[5] 사도적 지위의 계승을 말하지 않고 그저 사도적 가르침의 계승을 강조한다면, 우리들도 바빙크처럼 기꺼이 교회의 '사도성'을 인정하고 말할 수 있습니다. 그래서 우리들의 교회도

---

[3] The Fist Helvetic Confession of 1536, Article, 14, in Cochrane, ed., *Reformed Confessions of the Sixteenth Century*, 105: "We hold that from living stones built upon this living rock a holy, universal church is built and gathered together."

[4] 이에 대해서 〈하이델베르크 요리문답〉, 54문답과 이에 대한 여러 강해서들의 해당 부분과 함께 이승구, 『성령의 위로와 교회』, 275f.과 이에 대한 설명으로 69-84도 보십시오.

[5] Cf. Bavinck, *Reformed Dogmatics*, 4, section, 496=『개혁교의학 4』, 384: "개신교도들은 '위치와 인물의 계승'이 아니라, '교리의 계승'이 참된 교회의 속성이라고 올바르게 말했다."

사도적 교회(apostolic church)라고 언급하기도 합니다.[6] 그러나 이런 의미, 즉 사도적 가르침의 계승만을 강조하려는 것이라면 〈벨직 신앙고백서〉나 〈하이델베르크 요리문답〉과 같이 굳이 사도성을 따로 언급하지 않고, 교회의 속성으로 교회의 통일성, 거룩성, 보편성을 언급하는 것으로 족(足)할 것입니다.

〈벨직 신앙고백서〉는 이전의 다른 신앙고백서들 특히 〈스코츠 신앙고백서〉(1560)나 〈치리서들〉(1560, 1578)과 함께 교회는 "참된 기독교 신자들의 거룩한 회중과 모임"이라고 제시합니다.[7] 사실 교회를 하나님의 백성(people of God)으로 이해하는 것은 천주교회도 그리합니다. 그러나 그들의 가르치는 교회와 가르침을 받는 교회의 구별 등으로 인해 하나님 백성으로 교회를 이해하는 것이 상당히 퇴색된 것과 같이, 오늘날 개신교회도 교회에 대한 현실적 오해가 난무하는 상황에서 1561년에 "교회"를 "참된 기독교 신자들의 거룩한 회중과 모임"이라고 언급한 것이 상당히 신선하다고 여겨질 정도입니다. 이것은 우리들이 그만큼 교회에 대한 성경적 이해로부터 멀어져 있다는 표라고 하지 않을 수 없습니다. 그러나 교회는 〈벨직 신앙고백서〉가 잘 말하고 있듯이 "예수 그리스도의 피로 씻어지고, 성령님에 의해 성화되고 인쳐져서, 예수 그리스도 안에 있는 온전한 구원을 기다리는 사람들"입니다.

여기에 "이미와 아직 아니"의 구조가 나타나고 있는 것을 관찰할 수 있습니다.[8] 교회는 이미 "예수 그리스도의 피로 씻어지고, 성령님에

---

[6] Cf. 이승구, 『기독교 세계관으로 바라보는 21세기 한국 사회와 교회』 (서울: SFC, 2007), 302-305를 보십시오.

[7] 이에 대한 논의로 다음을 보십시오. 이승구, "〈스코틀랜드 신앙고백서〉(1560)의 독특성," 김병훈 편, 『노르마 노르마타』, 409-34, at 422; 이승구, "스코틀란드 교회 〈제 2 치리서〉(1578)에 나타난 장로교회의 모습", 김병훈 편, 『노르마 노르마타』, 449-78, at 453.

[8] 〈하이델베르크 요리 문답〉이 말하고 있는 구원 이해와 그리스도인의 삶에 대한 이해에 이런 구조가 있다는 논의로 이승구, 『하이델베르크 요리문답 강해 3: 위로받은 성도의 삶』 (서울: 나눔과 섬김, 2015), 28-39를 보십시오.

의해 성화되고 인쳐진" 사람들입니다. 그러나 그들의 온전한 구원이 아직 다 나타난 것은 아니어서 그들은 동시에 "예수 그리스도 안에 있는 온전한 구원을 기다리는 사람들"이기도 합니다. 이 두 측면 모두를 잘 이해하는 것이 매우 중요합니다.

그러므로 교회는 그리스도의 십자가 사건으로 구속된 사람들입니다. 그러나 그렇다고 해서 교회가 신약 시대에 비로소 존재하게 된 것은 아니고, 이미 그 이전부터 있었음을 〈벨직 신앙고백서〉는 아주 분명히 말합니다. "이 교회는 세상의 처음부터 존재해 왔으며, 끝까지 있을 것"이라고 말하기 때문입니다. 이것은 이미 구약 시대에 그 시대의 용어로 선포된 복음이 있었고 그것을 믿는 사람들이 있었고, 그들도 하나님의 경륜 가운데서 "예수 그리스도의 피로 씻어지고, 성령님에 의해 성화되고 인(印)쳐져서, 예수 그리스도 안에 있는 온전한 구원을 기다리는 사람들"이라고 이해될 수 있습니다. 물론 그들은 아직 일어나지 않은 그리스도의 십자가 사건은 알지 못합니다. 그러나 그들은 그 시대에 하나님께서 구원의 계획에 대해서 선포하신 바를 믿었고, 그런 의미에서 믿는 사람들로 여겨진 것이었음을 함의해서 전달하는 것입니다.

이 하나님의 백성들은 스스로의 힘으로 존재하는 것이 아니라는 인식도 분명히 하며, 때로는 이 세상의 큰 세력들에 의해서 거의 없어져 가는 것 같이 될 수도 있음을 말합니다. 이는 〈벨직 신앙고백서〉가 처음 고백될 때의 정황을 언급하는 표현이기도 합니다. 많은 사람들이 자신들의 방식으로 하나님을 예배하고 하는 일이 프랑스와 이탈리아와 스페인에서 계속되어 왔고, 그들의 예배 방식과 믿는 바를 "저지대"(low countries)의 사람들에게 요구하여 성경을 따라 바르게 하나님을 섬기고 예배하는 사람들을 핍박하여 그들이 거의 없어져 가는 것처럼 보이는 그 상황에서도, 이 소위 "십자가 아래 교회"를 하나님께서 보존하셨고 보존하실 것이라는 그들의 믿음을 다음과 같이 고백합니다.

> 그리고 이 거룩한 교회는 온 세상의 분노에 대항하여
> 하나님에 의해 보존되어 왔으니,
> 잠시 동안 인간의 눈으로 볼 때는 아주 작게 보이고,
> 심지어 거의 꺼진 것처럼 보일 때에도
> (하나님에 의해 보존되어 온 것입니다).(27항)

"꺼져 가는 불길도 *끄*지 아니하신다"는 그 구약의 말씀을 자신들의 정황에 적용하면서 주님에 대한 신앙을 고백한 것입니다. 북 이스라엘이 아합과 이세벨의 통치 가운데서 참 여호와 신앙이 사라져 가는 상황 가운데서도 바알에게 무릎 꿇지 않은 사람 7,000명이 있다고 선언하신 성경 말씀을 확실히 믿으면서 자신들이 살고 있는 그 시대에도 참 하나님의 백성은 있다고 선언하는 것입니다.

따라서 "이 거룩한 교회는 특정한 곳의 특정한 사람들에게 한정되거나, 묶여지거나, 제한되지 않는다"고 선언합니다(27항). "오히려 교회는 세계 전체에 퍼져 나가고 퍼져 있는 것"이라고 이를 적극적으로 표현하기도 합니다(27항). 이것이 교회의 보편성에 대한 선언입니다. 보편성은 선교로 표현된다고 말한 바와 같이,9 〈벨직 신앙고백서〉도 참된 교회는 "세계 전체에 퍼져 나간다"고 하여 일종의 선교적 의식을 표현하고 있습니다. 그리고 현실적으로 또 온 세상에 퍼져 있다고도 표현했습니다. 여기에도 일종의 "이미와 아직 아니"의 구조에 대한 인식이 있습니다. 온 세상에 퍼져 나가서 결국 온 세상에 퍼져 있는 것이 된다는 것입니다. 그러므로 이는 진행 과정 중에 있습니다.

---

9 이에 대해서는 이승구, 『교회란 무엇인가?』, 123을 보십시오.

이렇게 "온 세상에 퍼져 있어도 이 거룩한 교회는 하나"라는 선언은 동시에 교회의 통일성에 대한 선언입니다. 그것에 대해서 〈벨직 신앙고백서〉는 우리들이 연결되고 연합해 있는 것이 다음과 같다고 고백합니다. (1) 한 분의 같은 성령님 안에서, (2) 신앙의 힘으로, (3) 한 마음과 한 뜻으로 "연결되어 있고 연합해 있는 것"임을 분명히 선언합니다(27항).

이 하나 됨은 제도나 기구의 하나 됨이 아니고, 인간의 노력으로 되는 것도 아니라, 기본적으로 성령님 안에서 이루어지는 영적인 하나 됨임을 분명히 하고, 오직 신앙의 힘으로 되는 것이라고 합니다. 따라서 그에 따라, 즉 성령님과 신앙에 따라서 우리가 한 마음과 한 뜻으로 연합해야 한다는 것을 말하고 있습니다. 바빙크가 잘 표현하고 있듯이, "교회의 통일성은 물론 일차적으로 영적인 성격이지만, 그럼에도 불구하고 객관적으로 그리고 실제로 존재하며 또한 전혀 보이지 않는 것도 아닙니다."[10]

---

10 Bavinck, *Reformed Dogmatics*, 4, section, 496= 『개혁교의학 4』, 380.

제 34 강

교회 지체들의 의무들

이렇게 교회가 구속된 사람들임을 분명히 하고서 〈벨직 신앙고백서〉 제
28항에서는 교회 지체들의 의무들을 아주 명확하게 제시합니다. 〈제28
항〉의 제목이 "교회 지체들의 의무들"(The Obligations of Church Members)입
니다.

> 우리들은 이 거룩한 모임과 회중이
> 구원받은 자들의 모임이고,
> 이를 떠나서는 구원이 없으니,
> 사람들은 그들이 신분과 조건이 어떠하든지
> 그 누구도 이 회중으로부터 떨어져 나가
> 스스로 만족해서는(content to be by themselves) 안 된다고 믿습니다.
>
> 오히려 모든 사람들은
> 교회에 참여하고 교회와 연합해야만 합니다.
> 교회의 가르침과 치리에 복종함으로,
> 예수 그리스도의 멍에 아래 머리를 숙임으로,
> 그리고 하나님께서 그들에게 주신 은사에 따라서
> 같은 몸의 지체들로서
> 서로를 세워주기 위해 섬김으로써

교회의 통일성을 유지해야 합니다.
그리고 이 통일성을 더 효과적으로 지키기 위해서
하나님의 말씀을 따라서
하나님께서 이 교회를 세우신 곳에서는 어디서나
이 회중에 속하기 위해서
이 참된 교회에 속하지 않은 사람들로부터 자신들을 구별시키는 것이
모든 신자들의 의무입니다.
국가의 권세자들과 왕의 법령이 이를 금하고,
따라서 죽음과 물리적 형벌이 따른다고 해도 말입니다.

그러므로 이 참 교회로부터 떨어져 나가거나
또는 그에 참여하지 않는 것은
하나님의 규례를 거슬러 행동하는 것입니다.

이 〈제28항〉은 매우 구체적인 것이며 그 당시 상황을 반영하고 있어서 매우 비장한 신앙고백입니다. 이 조항은 참된 신자들의 의무를 기본적으로 세 가지로 제시하고 있습니다. 첫째로, 그 당시 상황에서 나온 것으로, 하나님께서 참 교회를 세우신 곳에서는 어디서나 이 참 교회에 속하기 위하여 "이 참된 교회에 속하지 않은 사람들로부터 자신들을 구별시키는 것이 모든 신자들의 의무"라고 말합니다. 참된 교회가 주님의 은혜로 세워져 있는데도 여러 이유 때문에 이 참된 교회에 참여하지 않는 것은 하나님의 규례에 어긋나게 행하는 것이라고 하는 것입니다. 이를 적극적으로 표현하면 참된 교회에 속해야 한다는 말입니다. 이단에 속한 사람이 계속 이단에 머물러 있어서는 안 되고, 그로부터 나와서 참 교회에 속해야 한다는 말입니다. 당시 상황에서는, 참된 신자라면 천주교회로부터 나와서 교회의 표지가 있는 참 교회에 속해야 한다는 말이었습니다.

둘째로, 이렇게 참 교회에 속한 사람들은 결코 참 교회로부터 자신들을 떼어 내면 안 된다고 선언합니다. 왜냐하면 "이 거룩한 모임과 회중이 구원받은 자들의 모임이고, 이를 떠나서는 구원이 없기" 때문입니다. 개혁파 교회는 처음부터 참된 교회를 떠나서는 구원이 없다고 단언해 왔습니다. 복음이 참된 교회 안에 있고, 따라서 그 안에서 죄 용서가 주어지고, 참된 말씀의 양육이 주어지기 때문입니다. 그러므로 "사람들은 그들이 신분과 조건이 어떠하든지 그 누구도 이 회중으로부터 떨어져 나가 스스로 만족해서는(content to be by themselves) 안 된다"고 선언합니다. 이는 오늘날 한국교회 안에 흔히 "가나안 성도"라고 잘못 지칭되는 사람들의 심각한 문제를 지적해 주는 말이 아닐 수 없습니다. 참된 성도는 항상 참된 성도들의 회중으로부터 "그 어떤 방식으로도" 떨어져 나가서는 안 됩니다. 우리는 항상 우리가 교회 공동체를 형성하는 지체라는 의식을 강하게 가지고, 그 공동체와 연합하여 그와 함께 있어야 합니다.

셋째로, 그러면 좀 더 구체적으로 우리는 교회 공동체 안에서 어떤 일을 해야 하는 의무가 있습니까? 〈벨직 신앙고백서〉는 교회의 통일성을 유지해야 할 의무가 있다고 합니다. 이와 관련해서 세 가지를 언급하고 있습니다.

(1) 교회의 가르침과 치리에 복종함
(2) 예수 그리스도의 멍에 아래 머리를 숙임
(3) 하나님께서 그들에게 주신 은사에 따라서
    같은 몸의 지체들로서 서로를 세워주기 위해 섬김(28항)

이 세 가지는 교회 안에서 우리가 하는 모든 활동을 잘 요약하고 있는 전포괄적인 것입니다. 기본적으로 교회의 가르침에 복종해야 한다는 것은 먼저 열심히 교회의 가르침을 받아야 한다는 것을 말합니다. 참된 교회의 표지에서 언급한 바와 같이 하나님의 순수한 말씀의 가르침이 없이는 참된 교회가 없으므로 교회는 일차적으로 순수한 복음을 잘 배워 나가는 공동체입니다.

여기 개신교회(protestant church)의 특징이 있습니다. 항상 하나님의 말씀을 배워가는 교회, 그래서 자신들이 무엇을 믿는지를 아는 교회가 참된 교회요 그것이 개신교회였습니다. 지금도 우리들은 그렇게 하나님의 순수한 말씀을 잘 배워가야 합니다. 가르침을 받을 때는 그 성경의 가르침에 복종하는 태도로 가르침을 받습니다. 따라서 그 말씀에 따라 살도록 하는 교회의 치리에도 복종하게 됩니다. 그것은 그리스도의 멍에 아래 머리를 숙이는 겸손한 태도를 요구하며, 그렇게 겸손하게 하나님의 말씀을 배워 나가는 성도들은 각자에게 하나님께서 주신 은사에 따라서 다른 성도들이 그리스도의 몸의 지체들로서 잘 성장해 갈 수 있도록 하기 위해 섬기는 일을 하게 됩니다. 이와 같이 우리는 일차적으로 교회 공동체 안의 다른 사람을 위해 존재합니다. 그리고 그렇게 섬기는 공동체가 온 세상 가운데서 다른 사람들을 교회 공동체 안에 속하게 하기 위해 온갖 희생과 사랑의 실천을 통해서 복음의 밝은 빛을 비추어 교회 공동체 안으로 사람들을 이끌어 들이는 일을 해야 합니다.

제 35 강

참된 교회의 표지들

〈벨직 신앙고백서〉의 교회에 대한 고백 중에서 가장 먼저 강조해야 할 것은 〈벨직 신앙고백서〉 제29항에서 참된 교회의 표지들(notae ecclesiae)이 셋이라는 것을 아주 명백히 표현한 점입니다. 우리가 이 설명에 아주 익숙하게 된 것은 〈벨직 신앙고백서〉의 이 표현을 그대로 받아들이고 있는 기독교 개혁 교회(Christian Reformed Church)의 신학자로서 루이스 벌코프가 이 세 가지를 언급하면서 이 셋을 교회의 표지로 제시하고,[1] 이를 박형룡 박사님과 박윤선 박사님께서 그대로 제시하셨기 때문입니다.[2]

그런데 교회의 표지를 이렇게 셋으로 제시한 것으로 제일 오래된 것은 〈제네바에 있던 영국 회중들이 사용한 신앙고백서〉(The Confession of Faith used in the English Congregation at Geneva, 1556)에서였습니다.[3] 1556년에 제네바에서 나온 이 영국 회중의 고백서는 구약과 신약에 있는 하나님

---

[1] Louis Berkhof, *Systematic Theology* (Grand Rapids: Eerdmans, 1941), 576f.

[2] 박형룡, 『교의신학 6: 교회론』 (서울: 한국기독교교육연구원, 1977), 98-102; 박윤선, 『개혁주의 교리학』 (서울: 영음사, 2003), 377; 이근삼, 『개혁주의 조직신학 개요 2』, 이근삼 전집 6 (서울: 생명의 양식, 2007), 283-96; 이승구, 『교회란 무엇인가?』 (서울: 여수룬, 1995; 서울: 나눔과 섬김, 최근판, 2014), 143-221; 이승구, 『하이델베르크 요리문답 강해 2: 성령의 위로와 교회』 (서울: 이레서원, 2001, 최근판, 2013), 135-225.

[3] 이 고백서의 전문은 Arthur C. Cochrane, ed., *Reformed Confessions of the Sixteenth Century* (London: SCM, 1996, new Edition, Louiville: Westminster John Knox Press, 2003), 131-36에서 찾아볼 수 있습니다.

말씀, 그리스도께서 하나님의 약속의 거룩한 표들과 도장들로서 남겨 주신 성례, 그리고 권면과 잘못의 교정으로 이루어지는 교회적 치리(ecclesiastical discipline)를 교회의 표지로 제시했습니다.[4]

또한 〈스코츠 신앙고백서〉(*The Scottish Confession of Faith*, 1560), 18 장에서 "(1) 말씀의 참된 선포, (2) 그리스도 예수의 성례의 바른 시행, (3) 하나님의 말씀이 규정하는 대로 바르게 시행되는 교회적 치리"를 "이 것에 의해 참된 교회가 거짓 교회와 구별되는 표지들"(the notes by which the true Kirk shall be determined from the false)이라고 했습니다.[5] 그리고 우리가 다루는 〈벨직 신앙고백서〉(1561)의 〈제29항〉에서 이를 상세히 다루었습니다. 그리고 후에 〈제2 스위스 신앙고백서〉(*The Second Helvetic Confession*, 1566), 17장 역시 교회의 표지를 셋으로 제시했습니다.[6]

그러면 참된 교회의 표지들을 말하는 〈벨직 신앙고백서〉 제29항의 내용을 제시하고 이에 대해서 조금 자세하게 생각해 보기로 하겠습니다.[7]

제 29 조: 참된 교회의 표지들

우리들은 하나님의 말씀에 의해서
참된 교회가 무엇인지를
열심히 그리고 매우 조심스럽게

---

[4] The Confession of Faith used in the English Congregation at Geneva, IV, Cochrane, ed., *Reformed Confessions of the Sixteenth Century*, 134, 135를 보라.

[5] 이 고백서의 전문은 Cochrane, ed., *Reformed Confessions of the Sixteenth Century*, 163-84에서 찾아볼 수 있습니다. 교회의 표지를 다루는 18장은 176-77을 보라. 이에 대한 논의로 이승구, "스코틀랜드 신앙고백서(1560)의 독특성," 김병훈 편, 『노르마 노르마타』, 409-34, at 423을 보십시오.

[6] Cochrane, ed., *Reformed Confessions of the Sixteenth Century*, 224-84, at 265.

[7] *The Belgic Confession*, article 29. 이는 여러 곳에 있으나(특히 Cochrane, ed., *Reformed Confessions of the Sixteenth Century*, 189-219) 이하 〈벨직 신앙고백서〉로부터의 인용은 북미 CRC 교회의 공식 홈페이지에 제시된 영어 번역본을 토대로 (http://www.crcna.org/welcome/beliefs/confessions/belgic-confession)하였음을 밝힙니다.

분별해야만 한다고 믿습니다.
왜냐하면 오늘날 세상의 모든 분파들(sects)이
교회라는 이름을 스스로 사용하고 있기 때문입니다.

우리들은 여기서 교회 안에 선한 사람들과 섞여져 있는,
비록 그들이 물리적으로는 교회 공동체 안에 있을지라도
교회의 한 부분이 아닌,
일단의 위선자들에 대해서 말하고 있는 것이 아닙니다.
우리들은 자신들을 "교회"(the church)라고 부르는
모든 잘못된 분파들(sects)과는 구별되는
참된 교회와 그 교제를 구별하는 것에 대해서 말하는 것입니다.

참된 교회는 다음과 같은 표지들을 가지고 있을 때에
참된 교회로서 인식될 수 있습니다.

참된 교회는 복음의 순수한 선포에 힘씁니다.
참된 교회는 그리스도께서 제정하신 대로의
성례들의 순수한 시행을 사용합니다.
그리고 참된 교회는 잘못들을 고치기 위해
교회의 치리를 시행합니다.

요약하자면, 참된 교회는
하나님의 순수한 말씀에 의해
그 자체를 통치합니다.
하나님 말씀에 어긋나는 것은 모두 거부하면서
예수 그리스도만을 (교회의) 유일한 머리로 붙드는 것입니다.

이와 같은 표지들을 통해서 우리들은 참된 교회를
인식하게 됨을 확신하게 되고,
그런 참된 교회로부터는 그 누구도 분리해서는 안 됩니다.

또한 참된 교회에 속하는 사람들에 대하여는
다음과 같은 그리스도인들의 구별되는 표지들(the distinguishing marks of Christians)로
말미암아 그들을 (참된) 그리스도인들로 인식하게 됩니다.
그들이 한 분신 유일하신 구주이신 예수 그리스도를 받아들인 후에는
그를 믿음과
죄를 피하고 의를 추구하는 것을 통해 그들을 인식하게 됩니다.
또한 그들은 좌로나 우로나 치우치지 않고
참 하나님과 이웃을 사랑합니다.
그들은 또한 육체(the flesh)와 그 일을 십자가에 못 박았습니다.

비록 그들 안에 상당한 연약함이 잔존해 있으나,
그들은 성령님으로
그들이 사는 날 동안에,
주 예수 그리스도의 보혈과 고난과 죽음과 순종에
끊임없이 호소하면서,
이것들을 대항하여 싸웁니다.
그들은 예수님에 대한 믿음을 통하여
그리스도 안에서 죄 용서함을 받았기 때문입니다.

거짓 교회는
하나님의 말씀보다는
교회 자체와 자신들의 규례에
더 큰 권위를 부여합니다.
그러므로 거짓 교회는
그리스도의 멍에 아래 종속하기를 싫어합니다.
(예를 들어서, 거짓 교회는)
그리스도께서 그의 말씀 가운데서 명령하신 대로
성례를 시행하지 않습니다.

오히려 자신들이 원하는 대로
더하거나 다른 것으로 대체합니다.
이와 같이 거짓 교회는 예수 그리스도보다는
인간들 위에 (교회를) 세웁니다.
그리고 그들은
하나님의 말씀을 따라서 거룩한 삶을 살며
거짓 교회의 잘못과 욕심과 우상 숭배를 꾸짖는 사람들을 핍박합니다.

이 두 가지 교회들을
쉽게 인식할 수 있으므로,
따라서 서로를 명확히 구별해야 합니다.

〈벨직 신앙고백서〉는 '참된 교회'에 대한 관심으로부터 이 고백을 시작하고 있습니다. 이것은 츠빙글리가 참된 종교와 거짓 종교를 구별하여 제시하려던 관심에서 그리 먼 것이 아닙니다. 그런데 〈벨직 신앙고백서〉는 '참된 교회 안에 있는 그러나 실상은 교회의 한 부분이 아닌' 일단의 위선자들에 대해서가 아니라, 당시 세상에 나타난 많은 잘못된 집단들(sects)이 스스로를 교회라고 주장하고 있는 것에 대한 우려 때문에 이 문제에 관심을 가지는 것이라고 밝히고 있습니다. 물론 여기에 천주교회에 대한 우려가 있다는 것을 부인할 수는 없지만, 일단 〈벨직 신앙고백서〉의 표현으로는 당시에 나타나고 있는 잘못된 집단들(sects)이 스스로를 "교회"라고 지칭하는 것이 과연 바른 것인가에 관심을 기울이면서 이 문제에 접근하고 있는 것입니다. 드 브레가 늘 관심을 가지고 있는 재세례파에 대한 염려가 강하게 나타납니다. 그 이유는 아마도 프랑스보다도 이 저지대에서 재세례파의 "여러 분파들이 더 많고 영향력이 컸기" 때문이었을 것입니다.[8] 드 브레는 재세례파를 14개 집단으로 자세히 분류해서 논의할 정도로[9] 재세례파에 대한 관심이 컸고, 그들의 문제점을 잘 지적했습니다.

참된 교회가 무엇인지는 오직 하나님의 말씀에 의해 알 수 있음을 분명히 하면서, 우리들은 열심히 그리고 매우 조심스럽게 과연 참된 교회가 어떤 것인지를 찾아야 한다고 고백합니다. 오늘날 우리들에게도 이것은 그대로 적용할 수 있는 관심이 아닐 수 없습니다. 그저 몇몇 사람들이 모여서 예배하기만 하면 그것이 과연 교회인가에 대한 심각한 관심이 표현되어야 합니다. 그리고 〈벨직 신앙고백서〉는 참된 교회가 이 세상에서는 항상 참되지 않은 위선자들이 섞여 있는 공동체(*corpus permixtum*, mixed community)라는 것을 아주 분명히 드러냅니다. 아주 순수한 교회를 표방하던 도나티스트들과 대립하면서, 교회는 항상 이 땅에서 혼합된 공동체임을 말하던 어거스틴과 그를 따르는 이들을 따라서 고백합니다. 그러나 이런 입장이 교회가 추구해야 할 방향이 없다는 것이 아님을 분명히 드러냅니다. 다음에 언급할 참된 교회의 표지들의 내용 속에도 우리들 가운데 잘못이 있을 수 있음을 분명히 의식하고 있습니다. 이 땅에 있는 참된 교회 안에는 항상 거짓 형제, 거짓 자매들이 있을지라도 그것으로 만족할 수 없고, 교회로서 추구하고 나갈 방향이 분명하다는 것을 드러냅니다. 〈벨직 신앙고백서〉의 작성자와 이에 동의하면서 신앙을 고백한 사람들이 성경에 근거해서 제시한 바에 의하면 다음과 같은 표지들이 있을 때에 참된 교회가 참된 교회로 인식될 수 있다는 것입니다.

(1) 복음의 순수한 선포에 힘씁니다(*pura doctrina verbi dei*).
(2) 그리스도께서 제정하신 대로의 성례들의 순수한 시행을 사용합니다.

---

8 De Jong, *The Church's Witness to the World*, 32. 당시 화란에 이런 여러 집단이 있었음을 잘 논의한 Phyllis Mack Crew, *Calvinist Preaching and Iconoclasm in the Netherlands, 1544-1569*, Cambridge Studies in Early Modern History (Cambridge & New York: Cambridge University Press, 1978, reprinted 2008), 56-58. 95, 119를 보십시오.

9 Cf. 1565년에 드 브레가 낸 *The Rise and Foundation of the Anabaptists or Rebaptized of Our Time* (Rouen, 1565)에 근거한 Scott Clark의 분석, in *Recovering the Reformed Confession*, 331.

(*recta administratio sacramentorum*)
(3) 잘못들을 고치기 위해 교회의 치리를 시행합니다
(*diciplina Ecclesiastica*)[10].

이 세 가지가 참된 교회의 표지들로서 제시되었습니다. 〈벨직 신앙고백서〉
의 고백자들은 이 세 가지에 힘쓰는 것이 "하나님이 순수한 말씀에 의해
그 자체를 통치하는" 것이며, 따라서 "하나님 말씀에 어긋나는 것은 모두
거부하면서 예수 그리스도만을 (교회의) 유일한 머리로 붙드는 것"이라고 여
깁니다. 말로만 그리스도를 교회의 머리라고 고백하는 것은 무의미하며,
이 세 가지 일에 힘쓰는 것이 참으로 그리스도를 교회의 유일한 머리로 인
정하며 붙드는 것이라고 합니다. 그러므로 그리스도를 교회의 머리라고 하
면서도 이 땅에 그리스도의 대리자(Vicar of Christ)를 상정하는 천주교회만
이 문제가 아니라, 이 세 가지 일에 힘쓰지 않는 다른 집단들도 사실은 그
리스도를 "(교회의) 유일한 머리로 붙드는" 일에서 벗어나 있는 것입니다.
따라서 그런 집단들은 모두가 다 참된 교회가 아닙니다. 그렇게 참된 교회
가 아닌 집단들로부터는 비록 그들이 교회라는 명칭을 스스로 사용하고 있
더라도 그런 집단은 교회가 아니므로 빨리 나와야 합니다.

그러나 이 세 가지 일에 힘쓰는 공동체는 참된 교회이므로 이런
참된 교회로부터는 그 누구도 자신을 분리해서는 안 됩니다. 그러므로 참
교회 됨을 분명히 확인하는 것에는 거짓된 집단으로부터 자신들을 속히
분리해야 한다는 것을 분명히 하는 소극적인[부정적인] 의도가 있으면서,
동시에 참 교회에 대해서는 그 공동체에 대한 지체들의 의무를 분명히 하

---

10 이 내용은 〈벨직 신앙고백서〉 자체의 내용입니다. 라틴 어귀는 일반적으로 사용하는 것이
나 Jan Rohls, *Theologies reformierter Berkenntnisschriften* (Vandenhoek and Ruprecht, 1997),
trans. John Hoffmeyer, *Reformed Confesssions: Theology from Zurich to Barmen* (Louisville,
Kentucky: Westminster John Knox Press, 1998), 176에서 취했습니다.

려는 적극적 의도도 있습니다. 그래서 참된 교회의 표지들을 언급한 뒤에는 이어서 참된 그리스도인들의 표지들을 제시하면서, 이런 표지들로서 어떤 사람들이 참된 그리스도인인지를 알 수 있다고 고백합니다.

그리스도인들의 구별되는 표지들(the distinguishing marks of Christians)은 (1) 이미 한 분이신 유일하신 구주이신 예수 그리스도를 받아들여서, "예수님에 대한 믿음을 통하여 그리스도 안에서 죄 용서함을 받은 것입니다."(2) 그들은 육체(the flesh)와 그 일을 십자가에 못 박았습니다. 따라서 그들은 "육체", 즉 부패한 인간성이 추구하는 것을 따라가지 않습니다. 그 후에 (3) 그들은 계속해서 예수님을 믿고 의지하며, (4) 죄를 피하고, (5) 의를 추구합니다. 물론 "그들 안에 상당한 연약함이 잔존해 있으나, 그들은 성령님으로, 그들이 사는 날 동안에, 주 예수 그리스도의 보혈과 고난과 죽음과 순종에 끊임없이 호소하면서, 이것들을 대항하여 싸웁니다. 또한 (6) 그들은 좌로나 우로나 치우치지 않고 참 하나님과 이웃을 사랑합니다. 그들은 기본적으로 (7) 참된 교회로부터 절대로 자신을 분리시키지 않습니다. 또한 나중에 거짓 교회에 대해서 말하는 것에 들어 있는 것을 활용해 이야기하면, (8) 하나님의 말씀을 따라서 거룩한 삶을 살며, (9) 거짓 교회의 잘못과 욕심과 우상 숭배를 꾸짖으며, 따라서 (10) 거짓 교회로부터 핍박을 받습니다. 참 교회 안에 있는 참된 그리스도인들은 이런 모습을 드러내어 보입니다.

이에 비해 거짓 교회는 기본적으로 (1) "하나님의 말씀보다는 그 자체와 자신들의 규례에 더 큰 권위를 부여합니다." 그러므로 (2) "거짓 교회는 그리스도의 명에 아래 종속하기를 싫어합니다." 그리스도께서 명령하신 것보다 자신들이 제시하는 것이 더 중요한 것으로 나타납니다. 예를 들어서, "거짓 교회는 그리스도께서 그의 말씀 가운데서 명령하신 대로 성례를 시행하지 않습니다. 오히려 자신들이 원하는 대로" 주께서 명하신 것에 "더하거나 다른 것으로 대체합니다."

이와 같이 고백할 때, 〈벨직 신앙고백서〉는 한편으로는 주 예수님께서 친히 제정하신 세례와 성찬 이외에 5 성례를 더하여 이른 바 '7 성례'를 만들어 낸 천주교회를 염두에 두고 비판하면서, 또 한편으로는 이제는 성례가 필요 없다고 극단적으로 나아가는 재세례파의 주장들도 염두에 두면서 비판하는 것입니다. 그 시대뿐만 아니라 이 시대에도 주께서 제정하신 것에 더하거나 주께서 제정하신 것을 무시하거나 대체하려고 시도하는 집단은 모두 거짓 교회입니다.

(3) "이와 같이 거짓 교회는 예수 그리스도보다는 인간들 위에 (교회를) 세웁니다." 그리고 "그들은 하나님의 말씀을 따라서 거룩한 삶을 살며 거짓 교회의 잘못과 욕심과 우상 숭배를 꾸짖는 사람들을 핍박합니다." 이와 같이 따지면 본질적으로 같은 말이지만 〈벨직 신앙고백서〉는 거짓 교회의 표지도 다음과 같은 세 가지로 제시하는 것입니다:

> (1) "하나님의 말씀보다는 그 자체와 자신들의 규례에 더 큰 권위를 부여한다."
> (2) "그리스도의 명에 아래 종속하기를 싫어한다."
> (3) "예수 그리스도보다는 인간들 위에 (교회를) 세운다."

이 세 가지 시금석은 우리가 항상 유념해야 할 시금석이라고 할 수 있습니다. 그리스도와 하나님 말씀으로부터 떠난 교회 중심주의, 자신들이 원하는 대로 하고 싶어 함, 인간들 위에 교회의 토대가 놓여짐 - 이 세 가지 모습은 현대의 여러 교회들에게서도 그 모습을 드러내는 것이기 때문입니다. 그러므로 참된 교회의 세 가지 표지와 함께 거짓 교회의 이 모습들도 생각하면서 우리 교회가 성경이 말하는 바른 교회가 되도록 해야 합니다.

최소한 거짓 교회의 이 세 가지 모습이 없도록 하고, 더 적극적으로는 참된 교회의 세 가지 표지가 있게 해야 합니다.

더구나 참된 교회의 세 가지 표지들을 줄줄 제시할 수 있으면서도 정작 그 내용에는 별로 신경을 쓰지 않는 교회는 과연 이런 표지들을 가지고 있는 참 교회인가 하는 질문을 해야 합니다. 이 말을 하는 이유는 우리들이 참 교회가 아니라는 고발을 하려는 것이 아니라, 정신을 차리고서 과연 우리가 이 표지를 참으로 이해하고 있고, 이런 표지가 있는 참된 교회를 드러내고 있는지를 반성하자는 것입니다. 이런 반성이 없이 그저 이 표지들을 제시만 하는 것은 무의미한 일이기 때문입니다.

이를 분명히 하기 위해서 참된 교회의 표지들을 하나하나 좀 더 상세히 검토해 보기로 합시다.

첫째로, 참된 교회는 "오직 성경에 계시된 교리들"만을 믿고 고백하는 교회입니다. 우리들이 믿고 가르치는 것이 과연 성경이 가르치는 것인지를 늘 살피고 분별해야 합니다(cf. 행 17:10-12). 참된 교회는 알면서도 성경이 가르치는 것과 어긋나는 것을 믿거나 가르칠 수 없습니다. 그러므로 옛 교회가 잘 몰라서 명확히 바른 교리를 붙들지 않은 것에 근거해서 성경의 명백하게 바른 해석이 잘 드러난 오늘날 우리들도 과거의 교부들이 가르치던 것과 같은 형태의 가르침만을 가지고 있어도 된다고 하는 것은 심각한 문제를 일으킵니다. 오래전부터 고백되어진 사도신경에 이신칭의에 대한 가르침이 없다는 근거에서, 또한 교부들의 가르침에 명백한 이신칭의의 가르침이 드물었다는 핑계를 대면서 이신칭의를 명확히 하고 이를 믿지 않아도 참된 교회의 일부일 수 있다고 주장하는 것은 그야말로 궤변입니다.

바울의 가르침에 근거해서 또한 종교개혁 시기에 그 바울의 가르침의 진정한 의미를 잘 드러내어 준 것에 근거해서 우리들은 이신칭의를 명백히 선언하고 가르치는 교회만이 참된 교회라고 해야 합니다. 그러므로 오늘날 개신교 일각에서 이신칭의를 거부하며, 이런 가르침이 루터가 바울의 가르침을 잘못 읽은 것이라는 생각이 널리 퍼져 가고 있는 것은 아주 심각한 문제라고 하지 않을 수 없습니다.

이신칭의에 대한 가르침은 루터가 말한 대로 그와 함께 교회가 서고 넘어지는 조항입니다. 그러므로 참된 교회는 이신칭의를 철저히 믿고 가르치는 교회입니다.

또한 참된 교회는 성경이 가르치는 "하나님의 경륜 전체"(the whole council of God)를 믿고 가르쳐야 합니다. 그렇게 할 때 잠시 문제가 발생한다고 해도 바른 교회는 하나님의 경륜 전체를 가르쳐야만 합니다. 문제가 되는 교회의 실천에 대한 실용적 고려 때문에 성경 전체의 가르침이 다 드러나지 않도록 해야 합니다. 또한 이신칭의를 배운 사람들은 이와 함께 성경이 가르치는 성화(聖化)도 강조하게 됩니다. 그러므로 우리들은 성경 모두(tota Scriptura)를 가르쳐야 합니다.

둘째로, 참된 교회는 성례들을 순수하게 시행하는 교회입니다. 예수 그리스도께서 성례를 제정하신 것을 잘 살피면서 예수님께서 제정하신 성례들만이 우리들 가운데 있도록 힘쓰는 교회 공동체만이 참된 교회입니다. 이신칭의를 잘 믿고 고백하면서도 주께서 제정하신 성례를 무시하는 사람들은 참 교회에 속하지 않은 것이고, 끝까지 그런 고집에 집착해 나아가면 결국 자신들이 거짓 교회임을 온 세상 앞에 선언하는 것이 됩니다. 잘 몰라서 성례를 존귀하게 여기지 않을 때는 '잘못하는 것이기는 하지만 용서할 만한 것'입니다. 그러나 성경의 가르침을 통해서 예수님께서 "성부와 성자와 성령의 이름 안으로" 세례를 베풀라고 하셨음을 배우고, 세례받은 사람들이 그리스도의 몸과 피에 합당하게 참여하도록 성찬을 제정하셨다는 것을 배우고도, 이를 존귀하게 여기지 않는다면 그것은 이를 제정하신 예수님을 무시하는 것이 됩니다. 그러므로 참된 교회는 성례에 대한 성경 전체의 영감된 가르침을 존귀하게 여기고 이에 순종하게 됩니다.

또한 세례나 성찬이 그 자체로 역사하는(*ex opera operato*) 것과 같은 천주교적 성례 이해를 강조하는 것도 성경적 가르침에 반하는 잘못된 일입니다. 천주교회와 일부 개신교에서 나타나는 세례 중생설(Baptismal regeneration theory)도 그와 같은 이해의 대표적인 것입니다.

그러므로 이신칭의를 분명히 하며, 또한 성화를 강조하고, 따라서 참으로 성경적 성례 이해를 가지고 있어야 참된 교회입니다. 이런 성경적 성례관을 분명히 하는 개신교도들끼리는 각자 철저히 성경적 이해에 근거하여 각 교단의 성례전에 대한 이해를 더욱 발전시키면서 과연 자신들의 이해가 성경에 근거한 것인지를 깊이 생각하면서도, 동시에 서로의 차이에 대해서는 성경에 같이 순종하는 바른 개신교도들을 형제로 여기면서 각자 그 자리에서 좀 더 성경적으로 가기를 노력하면서도 그들을 그리스도 안에서 형제와 자매로 인정해야 합니다. 그들 모두는 교회의 유일하신 머리이신 그리스도께서 가르치신 것에 충실하려고 하면서 서로의 대화를 통해서 좀 더 성경적으로 나아가려고 노력하면서도, 각각의 입장을 존중하면서 함께 있으려고 해야 하는 것입니다. 종교개혁 시기의 취리히 협약 (*consensus Tigurinus*) 같은 시도의 의미가 여기에 있다고 할 수 있습니다.[11] 오늘날 우리들은 더 이와 같은 방향으로 나아가기를 힘써야 합니다.

셋째로, 참된 교회는 그 지체들에 대한 성경적인 치리를 하는 교회입니다. 참된 교회의 지체들은 그 교회의 머리 되신 예수 그리스도의 영적인 권세 아래 있는 사람들입니다. 그러나 그리스도의 영적인 통치를 받는 교회의 회원들은 동시에 교회를 통하여 주께서 세우신 목사님들과 장로님

---

11 이 문제에 대한 논의의 하나로 박상봉, "요한 칼빈과 하인리히 불링거의 성만찬 일치: *Consensus Tigurinus*," 김병훈 편, 『노르마 노르마타』 (수원: 합신 대학원 출판부, 2015), 77-112를 보십시오.

들인 교회의 장로님들의 영적인 지도를 받아야 합니다. 그러므로 목사님들은 신실하게 하나님의 말씀을 잘 가르쳐야 하고, 목사님들과 장로님들은 힘을 합하여 그 지체들 모두가 하나님의 말씀에 따라 살도록 노력해야 합니다. 이를 교회의 치리(church discipline)라고 합니다. 교회의 지체들이 하나님의 말씀에 따라 살도록 하는 모든 일이 이에 속합니다. 가장 적극적으로는 성경이 가르치신 성도의 힘써야 할 바를 힘써 행하도록 해야 합니다. 소극적으로는 죄를 범하지 않도록 하고, 혹시 죄가 있는 경우에 그것을 회개하고, 고치고 바른 방향으로 다시 나가게 하는 것을 치리라고 합니다. 이때 참고할 원리가 마태복음 18:15-20에 제시된 원리입니다.[12]

참된 교회에도 항상 죄와 허물이 있다고 주께서는 말씀하시고, 이런 죄와 잘못이 있을 때에 그것을 성경적인 방식으로 다루어 나가야 하는 것이 참된 교회의 책무입니다. 그 목표를 의식해야 합니다. 우리들 모두가 성경이 가르치는 대로 성경이 말하는 방향으로 나아가도록 해야 합니다. 여기에 치리의 목적이 있는 것이고, 치리가 참된 교회의 표지의 하나인 이유가 있는 것입니다.

그러므로 궁극적으로 생각해 보면 이 참된 교회의 표지 세 가지는 연합하여 있는 것입니다. 전통적으로 교회의 표지들로 여기 〈벨직 신앙고백서〉 29항이 선언하는 것과 같이, 복음의 순수한 선포, 성례의 신실한 시행, 그리고 이를 위한 치리의 바른 시행을 언급하여 왔습니다.[13] 그런

---

12 이 문제에 대한 자세한 논의로 이승구, 『하이델베르크 요리문답 강해 2: 성령의 위로와 교회』, 237-53; 또한 이승구, 『교회란 무엇인가』, 207-21을 보십시오.

13 이 세 가지를 교회의 표지로 언급하는 이들로는 말부르그 대학에서 가르친 Andreae Hyperius (1511-64), 스트라스부르, 옥스퍼드, 취리히에서 가르쳤던 Peter Martyr Vermigli (1500-62), 하이델베르크의 Zacharius Ursinus (1534-1583), 레이든의 Lucas Trelcatius (1573-1607), 취리히의 Johann Heinrich Heidegger (1633-1698), Zerbst 김나지움 교장이었던 Marcus Fridericus Wendelinus (1584-1652) 등을 들 수 있습니다.
이를 따라서 그리고 이와 함께 교회의 표지로 셋을 언급하는 신학자들로 Louis Berkhof, *Systematic Theology* (Grand Rapids: Eerdmans, 1941), 576f.; 박형룡, 『교의신학 6: 교회론』(서울: 한국기독교교육연구원, 1977), 98-102; 박윤선, 『개혁주의 교리학』(서울: 영음사, 2003), 377; 이근삼,

데 개혁자들과 그 후예들 중에서 때때로 둘이나[14] 하나만을[15] 교회의 표
지로 언급한 때가 있습니다. 그러나 그들이 하나나 둘만을 참된 교회의
표지라고 말할 때에도 그 내용을 잘 살펴보면 나머지가 다른 것 속에 들
어 있는 방식으로 제시하였음을 알 수 있습니다. 그러므로 사실 참된 교
회의 표지가 하나인가, 둘인가, 셋인가를 가지고 논쟁하는 것은 무의미하
며, 개혁자들과 그들의 후예들은 이 모든 것을 연관하여 생각했다고 말하
는 것이 더 옳습니다.[16] 바빙크도 그런 견해에 동의하면서 다음과 같이

『개혁주의 조직신학 개요 2』, 이근삼 전집 6 (서울: 생명의 양식, 2007), 283-96; Edmund P. Clowney,
The Church (Leicester: IVP, 1995), 101; Robert L. Reymond, *A New Systematic Theology of the
Christian Faith* (Nashville, Tennessee: Thomas Nelson Publishers, 1998), 860; Van Genderen, W.
H. Velema, *Concise Reformed Dogmatics* (1992), trans. Gerrit Bilkes and Ed. M. van der Maas
(Phillipsburg, New Jersey: P & P, 2008), 726 등을 보십시오.

14 교회의 표지를 복음의 순수한 선포와 성례의 바른 시행만으로 언급한 사람들로는 John
Calvin (1509-64), 〈프랑스 신앙고백서〉(the French Confession of Faith, 1559), 26-28항, 취리히의
쯔빙글리의 후계자격인 Heinrich Bullinger (1504-75), 스트라스부르그, 하이델베르크, 노이스타트에서
교수한 Jerome Zanchius (1516-1590), 노이스타트, 하이델베르크, 레이든에서 가르친 Franciscus
Junius (1545-1602), 레이든, 소무르, 흐로닝겐에서 가르친 Franciscus Gomarus (1563-1641), 프랑크
푸르트, 두이스부르그, 그리고 우트레흐트의 교수를 한 Petrus van Mastricht (1630-1706), 프라네커,
흐로닝겐, 레이든에서 사역한 Johannes Marckius (=a Marck, 1656-1713), 그리고 Abraham Kuyper
등을 들 수 있습니다. 근자에 이런 입장에 가깝게 말하면서 교회의 치리는 신실한 말씀의 선포와 성례의
바른 시행을 지지하고 시행하는 수단으로 여기게 되었다고 하는 Gordon J. Spykman, *Reformational
Theology: A New Paradigm for Doing Dogmatics* (Grand Rapids: Eerdmans, 1992), 452를 보십시
오. 루터파적 두 표지 중심의 진술이 주도적이나 그래도 둘째 표지와 연관해서 셋째 표지를 말하는 Jan
Rohls, *Reformed Confesssions*, 176도 보십시오.
카이퍼는 좀 지나치게 이런 입장을 강조했다고 할 수 있으니 그는 치리는 교회뿐만 아니라 가
정, 학교, 국가 등도 그 사역에 부합하는 일종의 치리를 수행하는 것이므로 치리를 교회의 표지에 넣을
필요가 없다고 하기 때문입니다(이에 대한 정보도 Spykman, *Reformational Theology*, 452를 보십시
오).

15 복음의 순수한 선포만을 교회의 표지로 제시한 사람들로는 제네바의 Theodore Beza
(1519-1605), Herborn과 Wiseenberg에서 가르친 Johann Heinrich Alsted (1588-1638), 레이든과 프
라네커의 Gulielmus Amesius (=William Ames, 1576-1633), 레이든의 Abraham Heidanus
(1597-1678), 흐로닝겐의 Samuelis Maresius (=Desmarets, 1599-1673) 등을 들 수 있습니다.

16 이런 입장을 시사하는 Berkhof, *Systematic Theology*, 576f.을 보십시오. 바빙크에 의하
면, 비트링가도 이런 입장을 천명했다고 합니다(Hermann Bavinck, *Reformed Dogmatics*, ed., John
Bolt, tr. John Vriend, 4 vols. [Grand Rapids: Baker, 2004], 4, section, 494=박태현 역, 『개혁교
의학 4』, 369를 보십시오). 바빙크는 M. Vitringa, *Doctrina christinae religionis, per aphorismos
summatim decripta*, 6판 IX, 101-109를 언급합니다.
그래서 〈프랑스 신앙고백서〉(the French Confession of Faith, 1559), 26-28항에서 〈프랑스
신앙고백서〉가 교회의 표지를 둘로 제시하고 있다고 말하는 분들도 있고(그 대표적인 예가 Godfrey,
"Calvin and Calvinism in the Netherlands," 101이다), 그 내용을 보면서 셋으로 제시한다고 하는 분
들도 있을 정도입니다(그 대표적인 예가 Bavinck, *Reformed Dogmatics*, 4, section, 494=박태현 역,

말한 바 있습니다:

> 알스테드, 알팅, 마레시우스, 훗팅거, 헤이다누스, 투레티누스, 마스트리흐트
> 등은 이런 차이란 내용보다는 **명칭상의 차이**이며, 사실상 단지 단 하나의 표
> 지, 즉 설교, 교육, 고백, 성례, 생활 등에서 다양한 방식으로 시행되고 고백
> 되는 하나이며 동일한 말씀이 존재한다고 올바로 지적했다.17

그러므로 교회의 표지는 셋으로 나타나는 하나이며, 또한 하나로 집약되
는 세 특성을 가진다고 할 수 있습니다. 예를 들어서, 바빙크가 잘 지적하
듯이, "말씀의 순수한 시행은 또한 교회의 치리의 시행을 포함"하기 때문
입니다.18

   따라서, 이런 전체적 이해에서 보았을 때 도날드 블뢰쉬의 다음
같은 말에 나타난 태도가 과연 이 시대에 우리들이 취할 수 있는 바른 태
도인가를 심각하게 묻지 않을 수 없습니다:

> 복음주의 개신교 안에서는 종교개혁의 교회를 그리스도의 바른 교회라고 하
> 고, 천주교회를 거짓 교회라고 말하는 것이 일반적인 일이었다. 그러나 좀
> 더 성경적인 입장은 하나의 거룩하고 사도적인 교회가 종교개혁에 의해서
> 회복할 수 없게 쪼개진 것이라고 보는 것이다.19

『개혁교의학 4』, 369입니다). 그러므로 내용으로 보면 다 같은 것이라는 것이 여기서도 잘 드러납니다.

   17 Bavinck, *Reformed Dogmatics*, 4, section, 494=『개혁교의학 4』, 369, 강조점은 필자
가 덧붙인 것임.

   18 Bavinck, *Reformed Dogmatics*, 4, section, 494=『개혁교의학 4』, 372.

   19 Donald Bloesch, "Is Spirituality Enough?" in *Roman Catholicism: Evangelical
Protestants Analyze What Divides and Unites Us*, edited by John Armstrong (Chicago: Moody
Press 1994), 152: "It has been fashionable in evangelical Protestantism to regard the
Reformation church as the true church of Christ and the Roman Catholic church as a false
church. A more biblical stance is to see one holy and apostolic church irremediably fractured by
the Reformation."

복음주의자의 한 사람으로 알려진 블뢰쉬가 왜 이와 같이 말하는 것인지 우리들은 아주 심각하게 의문을 제기해야 합니다. 종교개혁은 "로마와 교황의 교회로부터의 분리였지, 참된 교회로부터의 분리는 아니었기" 때문입니다.[20] 오히려 종교개혁은 참된 교회를 이 땅 위에 명확히 나타나게 한 사건입니다.

---

[20] Bavinck, *Reformed Dogmatics*, 4, section, 494= 『개혁교의학 4』, 373. 이 때 바빙크는 F. Turretinus와 M. Vitringa, De Moor 등도 같이 언급합니다.

제 36 강

교회의 정치 형태

〈벨직 신앙고백서〉는 이 교회 공동체가 과연 어떤 정치 형태를 가지고 이 세상에 있어야 하는 지에 대해서도 아주 분명한 입장을 표현하고 있습니다. 먼저 이를 이야기하는 〈제30항: 교회의 통치〉를 번역하여 제시하고, 이에 대한 논의를 해 봅시다.[1]

> 우리들은 이 참된 교회가
> 우리 주님께서 그의 말씀 가운데서 우리들에게 가르쳐 주신
> 영적인 질서에 따라서 다스려져야 한다고 믿습니다.
>
> 따라서 하나님의 말씀을 설교하고
> 성례를 수종드는
> 목사들 또는 목회자들이 있어야만 합니다.
>
> 또한 목회자들과 함께
> 교회 위원회(the council of the church)를 구성할
> 장로들과 집사들이 있어야만 합니다.

이런 방식으로
참된 종교가 보존되고,
참된 교리가 전개될 수 있으며,
악한 사람들이 영적으로 고쳐지고 견제되어서
가난한 사람들과 고난당하는 모든 사람들이
그들의 필요에 따라서
도움을 얻고 위로를 받을 수 있는 것입니다.

또한 이런 방식으로
교회 안에서 모든 것이 제대로
그리고 질서 있게 이루어지게 되는 것입니다.

신실하고
바울이 디모데에게 준 규칙에 따라서
적절한 사람들이 선출되어 그 직무를 수행한다면 말입니다.

이와 같이 〈벨직 신앙고백서〉는 "우리 주님께서 그의 말씀 가운데서 우리들에게 가르쳐 주신 영적인 질서"가 있음을 분명히 하며, 교회는 마땅히 이런 "영적인 질서에 따라서 다스려져야 한다"고 고백합니다. 교회는 "우리의 유일한 주인이신 그리스도께서 우리에게 규정해 주신" 이 영적인 질서로부터 벗어나는 일을 해서는 안 된다는 것은 〈제32항〉에서도 강조합니다.[2] 그 영적인 질서를 하나님의 말씀인 성경에서 찾아 그에 따라 교회의 직원을 찾고, 교회가 다스려져야 한다는 것입니다.

이를 위해 교회에는 어떤 직분자들이 있어야 합니까? 성경에 근거

---

[2] *The Belgic Confession*, Article 32: "they ought always to guard against deviating from what Christ, our only Master, has ordained for us."

해서 이를 말하는 〈벨직 신앙고백서〉 31항을 인용해 봅시다.

〈제31항: 교회의 직원들〉

우리들은 하나님 말씀을 섬기는 분들(목사들)과 장로들과 집사들은
주님의 이름으로 하는 기도와 함께
하나님의 말씀이 가르치는 대로 질서 있게
교회의 합법적인 선거에 의해서
그 직무로 선출되어져야 한다고 믿습니다.

그러므로 모든 사람들은
자신들을 부적절하게 앞으로 내세우지 않도록 주의해야 합니다.
오히려 하나님의 부르심을 기다려야만 합니다.
그래서 자신들이 부름받았음을 확신해야 하고
하나님으로부터 자신들이 그 직무로 선택 받았음을 분명히 해야 합니다.

말씀의 사역자들은
그들이 어디서 섬기든지
모두 같은 세력과 권세를 가진 것입니다.
왜냐하면 그들 모두가
교회의 유일한 보편적 감독이시요
교회의 유일한 머리이신
예수 그리스도의 종들이기 때문입니다.

더구나,
하나님의 거룩한 질서가
침해되거나 멸시받지 않도록 하기 위해서
모든 사람들은 할 수 있는 한
말씀의 사역자들과 교회의 장로들을,

그들이 하는 일 때문에
매우 존귀하게 여겨야만 한다고 말합니다.
또한 불평하거나 싸우거나 다툼이 없이
그분들과 화목해야 합니다.

성경의 가르침으로부터 교회의 유일한 머리시요, 보편적 감독이신 예수 그리스도의 가르치심을 따라 (1) 하나님의 말씀을 가르치고 성례를 수종할 목사들과 (2) 장로들과 (3) 집사들이 세워져야 하고, 그들이 교회 위원회(the council of the church)를 구성하게 된다고 고백합니다(30항, 31항).

또한 그들을 세우는[장립(將立)하는] 방식도 하나님의 말씀인 성경의 가르침을 따라서 "주님의 이름으로 하는 기도와 함께, 하나님의 말씀이 가르치는 대로 질서 가운데서, 교회의 합법적인 선거에 의해서 그 직무로 선출되어져야 한다"고 고백합니다(32항). 여기 성경의 가르침을 따라가면서 자신들을 다스릴 자들을 자신들이 선거에 의해 선출하는 원칙에 충실한 제도 설정이 있습니다. 교회의 직원들은 성경의 가르침을 따라 주님께 간절히 기도하는 중에 회중들이 질서 있고 합법적인 선거에 의해 세워져야 한다고 선언함으로써, 〈벨직 신앙고백서〉는 **아주 이른 시기에** 성경이 가르친 바에 근거하여 가장 민주적인 방식으로 교회의 직원들을 세움을 분명히 한 것입니다.

따라서 각 사람은 "자신들을 부적절하게 앞으로 내세우지 않도록 주의해야" 한다는 것을 강조하여 있을 수 있는 문제를 미리 예상하면서, 각 사람은 "오히려 하나님의 부르심을 기다려야만" 한다고 말합니다. 그런 태도를 가진 사람들이 회중들에 의해 질서 있고 기도 중에 합법적인 방식으로 선출되면 "자신들이 부름받았음을 확신할 수" 있고, "하나님으로부터 자신들이 그 직무로 선택받았음을 분명히" 할 수 있다는 것입니다.

이렇게 할 때에 교회가 자기의 기능을 잘 하게 될 수 있으니, 곧 (1) 참된 종교가 보존되고, (2) 참된 교리가 전개될 수 있으며, (3) 악한 사람들이 영적으로 고쳐지고 견제되어서, (4) 가난한 사람들과 고난당하는 모든 사람들이 그들의 필요에 따라서 도움을 얻고 위로를 받을 수 있게 된다는 것입니다.

이를 위해 말씀 사역자들의 평등성(parity)을 아주 강조하고 있습니다. 이는 중세적인 위계질서가 교회와 목회자들 사이에 있어서는 안 된다는 것을 아주 분명히 하는 것입니다. "그들이 어디서 섬기든지"라는 말에 이것이 함의되어져 있습니다. 그러나 이것은 현대에도 매우 적실한 의미를 지닌 말입니다.

또한 이와 같이 하나님의 말씀에 따르기로 하는 것은 예배에서도 분명히 나타나서, 〈벨직 신앙고백서〉 제32항의 한 부분에서는 "우리의 예배에서, 어떤 방식으로든지 우리의 양심을 억압하고 강요하는 모든 인간적 창안물들과 모든 법들을 거부해야만 한다"는 것을 명백히 하고 있습니다.[3] 이는 천주교회와 같은 방식으로 성경이 말하지 않은 요소들을 예배 가운데 가지고 있으면서 그와 같은 방식을 사람들에게 강요하는 것이 옳지 않은 것임을 잘 천명한 것입니다.

또한 이렇게 합법적 선거에 의해 주께서 세우신 직원들도 오직 그들이 하는 일 때문에 존귀하게 여겨져야 한다고 하면서, 그렇게 하는 이유는 "하나님의 거룩한 질서가 침해되거나 멸시받지 않도록 하기 위해서"라고 말합니다. 그래서 모든 교회원들은 말씀 사역자들과 교회의 장로들과 "불평하거나 싸우거나 다툼이 없이 … 화목해야 한다"고 말하고 있습니다.

---

[3] *The Belgic Confession*, Article 32: "Therefore we reject all human innovations and all laws imposed on us, in our worship of God, which bind and force our consciences in any way."

이제까지 우리는 〈벨직 신앙고백서〉에 과연 어떤 교회 이해가 나타나 있는지를 살펴보았습니다. 이를 찬찬히 살펴보면 우리 시대에도 그대로 적용할 수 있는 아주 좋은 이해가 표현되고 있음을 잘 알 수 있습니다. 특히 〈벨직 신앙고백서〉에서 말하고 있는 교회 정치 형태를 생각해 보면 이 신앙고백서의 초안 작성자인 귀도 드 브레를 네덜란드에는 그런 이름이 잘 사용되지 않는데도 불구하고 왜 "장로교" 목사라고 하는지 잘 이해할 수 있게 됩니다. 그런 점에서 대한예수교장로회가 이 〈벨직 신앙고백서〉의 교회론을 깊이 생각하면서 우리 교회에 어떻게 반영해야 하는지도 더 분명해집니다.

제 7 부

교회의 성례에 대하여

제 37 강   성례 일반에 대한 정리

제 38 강   세례(1): 세례의 기본적 의미

제 39 강   세례(2): 유아세례와 그 의미

제 40 강   성찬과 그 의미

제 41 강   성찬에 제대로 참여하는 방식

제 37 강

교회의 성례에 대하여(1):
성례 일반에 대한 정리

"우리들은 우리들의 선하신 하나님께서 우리들의 미숙함과 조야함과 연약함을 생각하셔서 우리들을 위하여 성례들을 제정하셨다고 믿습니다."고 시작하는 〈벨직 신앙고백서〉 33항의 고백은 모든 그리스도인들의 공통적인 고백이어야 합니다. 여기서 중요한 것이 세 가지입니다. 성례전은 (1) 우리들의 선하신 하나님께서 (2) 우리들을 위해서 (3) 제정하신 것입니다. 이 하나하나에 대해서 생각해 봅시다.

우리들의 선하신 하나님께서 제정하신 것입니다.

성례전은 우리들이 필요해서 우리들이 만든 것이 아닙니다. 이것은 오직 우리의 선하신 하나님께서 제정해 주신 것입니다. 따라서 우리들은 기본적으로 역사의 과정 가운데서 사람들이 이렇게 하면 신앙이 도움이 되겠다고 생각해서 만들 것들을 모두 배제할 뿐만 아니라,[1] 특히 그 어떤 것을

---

[1] 여기에 속하는 것이 수도원에 들어 갈 때의 평생 혼인을 하지 않겠다는 순결 서약과 수도원 제도 자체, 사순절을 지키는 것 등 성경에 명문화되지 않은 그러나 신실하게 사는 데 도움이 된다

사람들이 성례라고 하는 것을 배제하고 오직 하나님께서 명확하게 신약 교회의 성례로 제시하신 것만을 교회의 성례라고 하고 그것을 철저히 시행하려고 해야 합니다.

　세례받은 자들에 대해서 일정한 시기가 지나면 일정한 교육을 거쳐서 그들의 머리에 주교가 손을 대고 기도하여 성령님이 임하도록 하면서 그런 방식으로 신앙을 견고하게 한다는 뜻으로 견신례(Confirmation)가 시행되었습니다. 물론 세례 후에 다시 교육하는 것은 좋은 일이고 그들을 신앙 안에서 견고하게 하는 일은 필요한 일입니다. 그러나 이때 주교가 손을 얹어야 하는 것도 아니고, 그렇게 한다고 해서 자동적으로 성령님께서 임하는 것도 아니므로 종교개혁 이후에 우리들은 이것들을 폐하였습니다. 유아세례를 받은 이들이 유아세례 교인으로 있다가 일정한 교육을 거쳐서 자신의 입으로 참된 기독교 신앙을 고백하고 교회의 성인 교인으로 가입하게 되는 것은 입교(入敎)라고 하여 세례에 연관되게 했지만, 안수(按手) 등은 폐지한 것입니다.

　또한 오랫동안 중세 교회의 확고한 규례로 자리 잡았지만 성도들이 잘 하지 않으려고 기피하고, 또 이를 하는 경우에 그와 관련하여 많은 오해가 만들어진 고해성사가 폐지되었습니다. 천주교회에서는 고해성사를 통해서 "예수와 화해하게 하여 그의 삶을 다시 나눈다"고 하지만, 성경에서 이를 하라고 했다는 근거가 전혀 없기 때문입니다. 우리들이 죄를 심각하게 생각하고 늘 하나님 앞에 죄 고백을 하면서, 날마다 성화에 힘써 나가야 하는 것은 사실입니다. 또 필요한 경우에는 교회 공동체 앞에서 우리의 죄를 고백하고 일절 깨끗함을 향해 나가야 하는 것도 사실입니다. 그러나 "너희가 죄를 서로 고백하라"(약 5:16) 말씀에 꼭 그리스도의 대

고 말했던 천주교회가 "복음적 순종"(evangelical obedience)이라고 했던 것들입니다. 이는 천주교회의 규정에 따라서 자신의 자율을 완전히 버리고 온전히 천주교회에 순명하기로 하는 것입니다. Cf. Fr. John A. Hardon, *Modern Catholic Dictionary* (Eternal Life Publications, 2000).

리자인 사제(司祭)가 있어야 한다는 것도 아니고, 그렇게 고백하고 그에 대해서 사제가 제시한 여러 일들을 다 이루면 하나님께 합당한 만족 (satisfaction)을 드릴 수 있는 것도 아니며, 도대체 우리가 행하는 것이 하나님께 공로(merit)가 되는 것이 아니고, 이런 식으로 죄 고백을 하라는 규정이 성경에 없으므로 종교개혁의 교회는 고해 제도를 폐하였습니다. 이는 사람들이 만든 제도라고 여긴 것입니다. 종교개혁 때에 개혁자들은 성경에 없는데 사람들이 만든 모든 것을 폐하였습니다. 교회에서 계속해서 하라고 오직 성경이 규정한 것들만 철저히 준수해 가도록 하였습니다.

　　모든 사람이 혼인하도록 한 것이 하나님의 뜻이지만 성경에서 이것을 특히 성례라고 규정한 것이 없으므로 종교개혁의 교회는 천주교회에서 혼배성사라고 하던 것을 성례로 여기지 않고, 하나님 앞에서 예배로 하거나 하나님 앞에서 시민적 의식으로 행하도록 하였습니다. 천주교회의 혼배성사는 큰 미사의 하나로 여겨집니다. 그러나 종교개혁을 하면서 우리들은 이를 폐지하였습니다. 오늘날 일부 개신교회에서 혼인예배를 하면서 일부 성공회의 의식을 따라서 집례자와 신랑과 신부가 성찬을 하는 것은 심각한 문제를 제기할 수 있는 것이므로, 매우 조심하면서 피해야 할 것입니다. 우리 선배들이 일부러 이 모든 것을 폐한 것을 잘 생각해야 합니다.

　　그리고 사람들이 죽어갈 때 천주교회에서 하는 종부성사(last unction)는 그들이 이 일의 근거 구절로 제시하는 야고보서 5:14의 "그들은 주의 이름으로 기름을 바르며 그를 위하여 기도할지니라"는 말씀에 비추어 볼 때, 성경의 본래적 의도와는 다른 식으로 적용한 것으로 판단해서 개혁자들은 종부성사를 폐지하였습니다. 병든 사람들을 위해 기도할 때에 당대 약으로 사용되던 기름을 바르는 것에 대한 언급을 종교 의식적으로 생각하여, 회복을 위한 것을 마지막 기름부음(last unction)으로 잘못 적용한 대표적인 예가 된다고 판단한 것입니다.

천주교회에서는 이 모든 것을 수행할 그리스도의 대리자인 신부님이 세워지는 신품성사를 중요한 성례의 하나로 여겼습니다. 그러나 사역자는 그리스도의 대리자(vicar)가 아니며, 그가 세워지는 것을 중요한 일이나 성경에서 이를 성례라고 하지 않았습니다. 그러므로 종교개혁의 후예인 우리는 목사 임직식을 성례라고 하지 않습니다.

그러므로 우리들은 오직 그리스도께서 수행하라고 직접 명령하신 세례와 성찬만을 정당한 기독교적 성례로 인정하며,[2] 이를 성경에 제시한 규례에 따라 수행하는 것이 성례의 신실한 수행이라고 합니다(이에 대해서는 다음 두 번에 차례차례 생각해 볼 것입니다).

우리들을 위해서 제정하신 것입니다.

매우 종교적 의식인 성례전은 하나님을 위해 제정된 것이 아닙니다. 이에 참여하면서 이것은 귀찮은 일이지만 하나님을 위해서 해야 한다고 생각하거나 쓸데없지만 과거로부터 해오던 종교적 규례니 참여한다고 한다면, 그것은 매우 말이 안 되는(non-sense), 우스운(comical) 것입니다. 그러나 과거 교회 역사 속에서도 그러하였거니와 우리 주변에서도 이런 우스운 상황이 부지기수(不知其數)로 발생합니다. 그러므로 다들 정신을 차리고 하나님께서 왜 이를 제정하셨는지를 생각해서 그 의미를 깊이 새겨야 합니다.

성례전은 우리의 어리석음과 연약함 때문에 복음 선포에 더해서 이를 규정하셔서, (1) "우리 안에 약속을 인쳐 주시고"(to seal his promises in us), (2) "우리에 대해 선하심과 은혜를 더해 주시기로 약속하시고"(to

---

2 〈벨직 신앙고백서〉 33항의 마지막 두 문장을 참조하십시오. "더구나, 우리들은 우리의 주이신 그리스도께서 우리들을 위해 규정하신 성례의 수로 만족합니다. 그것은 오직 둘 뿐이니 세례의 성례와 예수 그리스도의 성찬이 그것입니다."

pledge good will and grace toward us), (3) 또한 "우리에게 영적 양식을 주시고 우리의 신앙을 유지할 수 있도록"(to nourish and sustain our faith) 제정하신 것입니다(33항). 즉, 이로써 그리스도와 함께 죽고 살아나 하나님의 은혜 언약의 참여자가 되었다는 복음의 말씀을 더 잘 이해할 수 있게 하시고, 또한 지금 그리스도께서 우리 안에서 행하시는 일을 잘 이해하게 하도록 인치심으로, 처음 믿을 때에 우리에게 주신 구원을 우리 안에 분명하게 하여(confirming in us) 주시는 것입니다.

그러므로 우리들은 (1) 성례를 통해 확신을 더 얻게 되고, (2) 우리 신앙의 성장을 위한 실질적인 자양분을 공급받게 됩니다. 그러므로 정상적 상황에서 교회는 성례전을 제대로 시행해야 합니다. 그리고 제대로 성례전을 시행하면 참여자들은 자신들이 은혜 언약 안에 있음을, 하나님 나라에 속해 있음을 더 확신하게 되고, 더 성숙할 수 있는 모든 것을 공급받게 됩니다. 물론 이때 눈에 보이는 방식으로 시행되는 성례전에는 그것을 말로 설명하는 말씀이 항상 동반되어야 합니다. 천국 복음의 **말씀은 그 자체만으로 선포될 수** 있습니다. 그러나 그것을 눈에 보이게 하고 촉각으로 느끼게 하는 **성례는 말씀과 함께 시행되어야** 합니다. 그리고 그 모든 것에 성령님께서 함께하셔야만 제대로 된 말씀 선포와 성례전의 시행이 됩니다.

이와 같이 성례는 "그 수단에 의해서 하나님께서 성령의 능력으로 우리 안에서 역사하시는 내적이고 불가시적인 것의 가시적인 표와 인(visible signs and seals)입니다."(33항) 그것을 수단으로 하여 성령의 능력으로 우리 안에서 역사하시는 "내적이고 불가시적인 것"(something internal and invisible)은 우리에게 '영적 자양분을 공급하셔서 성장하고 성숙하게 하는 모든 것과 하나님과의 교제 가운데서 우리가 누리게 되는 모든 은혜'를 뜻합니다. 그것을 눈에 보이는 형태로 밖으로 표하여 내고 도장을 찍어 주어 확신하게 하는 것이 성례입니다.

그러므로 성례에는, 종교개혁 이후로 우리들이 늘 강조해 온 바와 같이, 내적으로 그것이 뜻하는 바(signified)가 있고, 그것을 외적으로 표하는 것(signs and seals)이 있고, 그 두 가지를 연결시키는 것이 있는데, 이 모든 것이 중요합니다. (1) 성례가 내적으로 뜻하는 바는 "우리를 위해 죽으신 십자가 죽음과 부활이 바로 우리를 위해 일어난 것임을 표하면서 우리가 그와 연합하여 "그리스도와 함께 죽고 살아남", 다른 말로 하나님과 우리의 은혜 언약에 우리가 같이 동참하였음, 더 크게는 하나님 나라에 참여하게 되었음이라는 큰 사실이 있습니다. (2) 그것을 외적으로 표하고 확증하는 도장을 찍어 주시는 것이 세례의 물과 성찬의 떡과 포도주입니다. 그리고 (3) 그 내적 의미와 외적인 표를 연결시키는 성례전적인 연합(sacramental union)이 있어서 그리스도의 신성과 성령이 실재적 임재(real presence)와 작용이 있습니다. 따라서 성례전이 (1) 내적으로 표하는 바와 (2) 그 외적인 표들, 그리고 (3) 성례전적인 연합이 다 필요한 것이고, 이 것이 다 우리들을 위한 것입니다.

선하신 하나님께서 ⋯ 제정하신 것입니다(ordained).

그렇기에 세례와 성찬의 표들은 우리들을 속이는 공허한 표가 아니라, 매우 의미 있는 것입니다. 성례전의 진리는 예수 그리스도이시고, 그가 없이는 성례전은 무의미하게 됩니다. 따라서 성례전이 의미하는 바인 진리이신 그리스도와의 연합이 없는 성례전의 집행은 무의미하고 공허합니다.

그러나 나는 그리스도와 연합해 있고 항상 그와 교제를 나누고 있으니 성례전에 참여할 필요가 없다고 주장하는 것은 이를 행하라고 명령하신 그리스도의 명령을 무시하는 것이며 주님에게 불순종하는 것이고, 매우 교만한 것입니다. 이를 제정하신 분이 선하신 하나님이신 그리스도 자신입니다. 그리고 교회의 머리이신 그리스도께서 교회가 이를 세상 끝 날까지 항상 행하라고 하셨습니다. 그러므로 우리들은 예수 그리스도와 연결되도록 하여 그리스도의 제자가 되도록 하시는 성령의 사역을 열심히 옆에서 돕는 자들이 되어야 합니다. 우리가 천상에 계신 그리스도께서 지금도 성령님을 통해서 하시는 '그리스도의 제자가 되도록 하는 일'을 옆에서 도울 수 있음이 우리에게 복이요, 지극히 영광스러운 일입니다.

그렇게 우리가 하는 천국 복음에 대한 선포를 믿고 예수님의 제자가 된 사람들에게 성부와 성자와 성령의 이름으로 세례를 베풀라고 하셨으니(마 28:19), 교회는 그리스도의 참 제자들에게 세례를 베풀어야 합니다. 주께서 이를 제정하셨기 때문입니다. 그리고 세례를 받은 이들이 계속해서 성장하고 성숙하도록 하나님의 말씀을 잘 가르치며, 그 복음을 외적으로 표현해내는 성찬도 힘써서 행해야 합니다.

제 38 강

세례(1): 세례의 기본적 의미

성례의 첫째로 세례에 대해서 생각해 보겠습니다. 이는 세례 요한이 메시아를 소개하는 독특한 역사적 정황에서 사용했던 것을 예수님께서 제자들로 하여금 새롭게 사용하도록 명령하신 데서(마 28:19) 시작된 일입니다. 그러므로 기독교적 세례(the Christian Baptism)는 세례 요한의 세례와 연속성과 비연속성을 지니고 있습니다. 요한의 세례는 회개의 표로 하나님 나라를 기다리는 사람들이 그 나라가 속히 임하여 오기를 기대하면서 자신들의 죄를 회개하고 그 표로 세례를 받은 것입니다. 많은 유대인들이 "자기들의 죄를 자복하고 요단강에서 그에게 세례를 받더니"(마 3:6)라고 하는 말씀에서 이를 확인할 수 있습니다. 요한 자신도 "나는 너희로 회개하게 하기 위하여 물로 세례를 베풀거니와"(마 3:11)라고 선언하였습니다. 아마도 유대인들이 이에 동참한 것으로 보이므로 이전에 할례를 받아 구약의 하나님 백성의 표(할례)를 가진 사람들이 자신들의 심정과 삶이 하나님 백성답지 못함을 깨닫고 회개하면서 주께서 물로 씻듯이 죄를 씻어 주시기를 바라는 마음으로 요한이 베푸는 세례를 받았습니다. 그런데 기독교적 세례는 예수님께서 베푸시는 "성령과 불로 세례를 베푸심"과 관련하여, 예수님을 믿고 제자가 된 사람들에게 예수님의 명령을 따라서 베풀게 된 것입니다(마 28:19).

새 언약으로 이전의 언약의 '표'를 폐하심

그런데 "세례를 베풀라"는 예수님의 뜻에는 여러 의미가 함의되어 있습니다. 첫째로, 이전에 하나님께서 명령하셔서 아브라함의 후손들이 자신들이 하나님 백성이 되는 표를 자신들의 몸에 지니도록 하신 "포피를 베는 예식"인 "할례"(창 17:10-14)가 이제는 언약의 표가 되지 않는다는 것이 함의되어 있습니다. 사실 이것은 예수님의 사역 전체와 관련된 일입니다. 특히 십자가를 지심으로 모든 제사를 완성하시고 의식법의 모든 것을 완성하시고, 따라서 율법의 다른 목적도 다 이루심으로 그 의식법에 포함되어 있는 할례의 의미도 다 이루신 것에 근거하여 부활 후에 제자를 삼은 사람들에게 세례를 베풀라고 하신 것입니다.

그러므로 예수님께서는 자신의 구속 사역으로 할례도 폐하신 것입니다. 그 후에도 유대인들이 계속하는 할례는 그저 유대인이라는 표이지 하나님의 언약 백성의 표가 되지 않습니다. 이제 시기가 달라진 것입니다. 예수님의 구속은 이렇게 시기를 구획하는 획시기적(劃時期的)인, 그야말로 "획기적"(劃期的)인 사건임을 깊이 유념해야 합니다. 예수님을 믿은 때 이렇게 **시대가 전환했음을 명확히 하면서** 믿어야 합니다.[1] 처음 믿을 때는 그런 것을 다 알기 어려우나 점차 성경을 공부하면서 예수님의 구속 사역의 이런 폭넓은 의미를 다 믿어야 합니다.

1561년에 유럽의 저지대 지역에서 나온 신앙고백서인 〈벨직 신앙고백서〉에서는 이에 대해서 다음과 같이 믿음을 고백하고 있습니다.

---

[1] 오늘날도 안식일에 예배해야 한다는 안식교는 이런 획시기적 성경을 잘 생각하지 않아 복음의 충분한 의미를 무시하고 복음을 제대로 믿지 않는 것입니다.

> 우리들은 그 안에서 율법을 성취하신 예수 그리스도께서
> 그의 피를 흘리심으로
> 죄들을 속하거나 죄들에 대한 만족을 이루기 위해
> 사람들이 행할 수 있거나 행하기를 원할 수 있는
> 다른 모든 피 흘림을 종식하셨다고[2] 믿고 고백합니다.
> 피 흘림으로 이루어지는 할례를 폐지하신 후에
> 그리스도께서는 그 자리에 세례의 성례를 세우셨습니다.
> (《벨직 신앙고백서》, 34항 앞부분)

이는 그리스도의 구속 사역의 의미를 참으로 믿고 고백하는 것입니다. 그리하여 구약의 성례의 하나인 할례가 폐지되었고, 이제는 그리스도 자신의 명령에 의해서 그 자리에 세례가 제정된 것입니다.

세례의 의미(1): 언약 백성이 된 것을 표함

그러므로 세례는 언약 백성이 되었다는 표입니다. 이는 한편으로 타락 이후 상황에서 하나님께서 주신 구원의 약속을 믿는 아담과 하와, 아벨과 셋, 그리고 노아의 식구에 이르는 셋의 진정한 후예들과 같은 언약의 백성이라는 표이며, 그렇게 다시 시작한 노아의 후손들이 모두 배도한 후에 하나님께서 불러내서 언약을 맺은 아브라함으로부터 다시 시작된 언약의 백성들과 **같은 언약**에 속한 하나님 백성이 되었다는 표(標, sign)를 받는 것입니다. 여기서 구약과의 연속성이 분명히 드러납니다.

---

2 "put an end to every other shedding of blood"라는 말의 폭넓은 함의를 잘 보아야 합니다. 이는 제사들을 종식하셨다는 것뿐 아니라 할례를 행하여 피를 흘리는 것까지 포함하여 언급하고 있는 것입니다.

그러나 또한 비연속성도 있으니 이제는 그 표를 구약과 같이 할례로 표하지 않고, 세례로 표하여 우리들은 "새 언약에 속한 백성들"임을 표하도록 한 것입니다. 그래서 이 명령에 순종하여 세례를 받은 우리들은 하나님의 교회에 받아들여졌는데, 그 교회의 신약적 표현인 "신약 교회에 받아들여져서" 우리들이 신약 교회에 속하게 되었음을 외적으로 표하는 것입니다. 우리들은 세례로 공적으로 신약 교회에 속했음이 선언됩니다. 물론 그 이전에도 믿는 우리들은 눈에 보이지 않는 교회의 성원들이었으나 이제는 외적으로도 공적으로 교회의 회원임이 선언됩니다. 그러므로 "다른 사람들과 다른 종교들과 구별됩니다." 그러나 이 구별은 다른 사람들과 다른 종교에 속한 사람들에게 바른 것을 가르쳐서 바른 교회에 속하도록 청유하고 권하기 위한 구별이라는 점을 유념해야 합니다. 이 구별이 무시되면 안 됩니다. 그러나 이것이 "우리만"이라는 잘못된 선민의식으로 나타나지 않도록 항상 주의해야 합니다. 우리는 복음 선포와 섬김을 위해 구별된 것입니다.

그러므로 "세례는 또한 우리들의 은혜로운 아버지이신 하나님이 영원히 우리들의 아버지이심을 우리들에게 증언해 줍니다." 예수님의 구속을 통해서 우리를 죄에서 구원하신 하나님께서 영원히 우리에게 은혜로운 아버지로서의 모든 것을 다해 주신다는 것을 증언하여 우리에게 위로와 안도감을 줍니다. 그러므로 이 복잡하고 어려운 세상에서 살 때 은혜로우신 하나님을 참으로 의지하여 그 안에서 안전감을 누리면서 그러나 현실의 냉혹함을 잘 알기에 다른 것을 의존하지 않고 오직 하나님만 의지하여 가는 것이 필요합니다. 우리는 그의 표(mark)와 인(sign)을 지니고 있는 사람들답게 그에게 온전히 속해 있음을 항상 의식하고 살아가야 합니다.

이와 연관된 것 하나를 반드시 언급해야 하니, 성부와 성자와 성령의 이름으로 베푸는 세례로 우리들은 성부와 성자와 성령의 이름, 즉 하나님의 존재와 연관된 존재가 되신다는 것입니다. 피조물이요 죄인인 우리가 구속에 근거해서 삼위일체 하나님과 연관된 존재가 된다는 것은 참으로 영적이며 놀라운 일이 아닐 수 없습니다. 사실 위에서 하나님이 우리의 은혜로운 아버지가 되신다고 하는 것에 이런 내용이 다 포함됩니다. 우리 같은 존재들이 삼위일체 하나님과 연관된 존재로 있을 수 있다는 것 자체가 참으로 놀라운 일입니다.

세례의 의미(2): 죄를 씻음을 표함

또한 세례는 그 말뜻이 함의하듯이 물로 베풀도록 하셨습니다. 왜 그렇게 하셨습니까? 대부분의 사람들은 "물이 우리 몸에 쏟아 부어질 때 우리 몸의 더러운 것들을 씻어 내는 것처럼 세례받는 사람들에게 물이 부어질 때에 성령님에 의해서 그리스도의 피가 그 영혼에서 내면적으로 같은 일을 행한다는 것을 보이는 것"이라고 표현합니다(⟨벨직 신앙고백서⟩, 34항 중반). 물론 이 말을 오해하면 안 됩니다. 세례를 받을 때에 그런 일이 일어난다는 말이 아닙니다. 천주교회에서와 성공회 일부와 루터파 일부에서 이전도 그리고 지금도 그렇게 이해하고 말합니다. 이를 세례 중생설이라고 합니다. 그러나 종교개혁 교회 대부분과 특히 개혁교회에서는 세례 때에 이런 일이 일어나는 것이 아니라, 그리스도의 피로 우리 죄를 씻고 우리 영혼을 새롭게 하신 것을 세례로 표하고(sign) 인(印, seal)치는 것이라고 강조하여 왔습니다. ⟨벨직 신앙고백서⟩에서도 "이것은 물리적 물로 발생하는 것이 아니다"(This does not happen by the physical water)는 것을 강조합니다(34항).

그러므로 중요한 것은 십자가와 부활에서 객관적으로 일어난 구속 사건이고(성자의 구속), 이것을 우리와 연관시키시는 성령님의 사역입니다

(성령의 적용). 성자의 "보배로운 피"[즉, 보혈, 寶血]가 우리를 사탄의 통치에서 벗어나게 하고 영적인 나라에 들어가게 하셨고,[3] 성령님께서 그 피를 우리에게 적용시켜 주십니다. 이를 구약의 제사장들이 제사 후에 피를 뿌려서 제사의 속함을 적용시키는 것과 연관시켜서 "피 뿌림을 받는다"고 표현합니다. 그러므로 "그리스도의 보혈을 뿌림"(the sprinkling of the precious blood of the Christ)이라는 말에 중요한 모든 것이 다 들어 있습니다. 2,000년 전에 이루신 속죄 사실과 성령님께서 이를 우리에게 적용하심이 그 안에 담겨 있습니다. 그것을 지금 여기서 표하고 인치는 것이 세례입니다. 그래서 세례가 "죄들을 씻고 정결케 하며 우리들은 진노의 자녀에서 하나님의 자녀로 변화시킨다"고 표현할 때, 지금 여기서 베푸는 세례가 이 일을 일으키는 것으로 오해하지 않도록 주의해야 합니다. 그 일은 그리스도의 보혈을 우리에게 뿌림으로 (즉, 성령님에 의해 우리에게 적용시킴으로) 이전에 일어난 것이기 때문입니다.

주께서 하시는 일과 목사님이 하는 일

그러므로 목사님들이 그리스도의 명령에 따라서 성부와 성자와 성령의 이름으로 세례를 베풀 때에 성례의 요소인 물을 붓고 성부와 성자와 성령의 이름(즉, 그 존재)과 우리를 연결시킨다는 선언을 하는 눈에 보이는 것(the sacrament and what is visible, 소쉬르[Ferdinand de Saussure, 1857-1913] 이후의 사람들은 이를 '기표'[記標, signifiant, '씨니피앙']라고 부르기를 즐겨합니다)을 행할 뿐입니다. 우리는 그 이상의 것을 할 수 없습니다.

---

3 〈벨직 신앙고백서〉 34항에서는 이를 비유적으로 다음과 같이 표현하고 있습니다. "예수님은 우리의 홍해이니 그를 통해서 우리는 바로, 즉 마귀의 폭정에서 도망하여 가나안의 영적인 땅으로 들어가게 되는 것입니다."(who is our Red Sea, through which we must pass to escape the tyranny of Pharaoh, who is the devil, and to enter the spiritual land of Canaan.)

중요한 것은 그리스도께서 보이지 않게 하시는 것이니, 우리 주께서는 우리가 베푸는 세례의 성례가 실제로 의미하는 것(what the sacrament signifies, 소쉬르 이후의 현대인들은 이것을 "기의(記意, signifie, '시니피에')"라고 표현하기를 즐겨합니다.)을 주시니, 그것은 다음과 같은 "눈에 보이지 않는 은사와 은혜들"입니다. 즉, "우리 영혼의 모든 더러움과 불의를 씻으시고 정결케 하시고 깨끗하게 하시고, 우리 마음을 새롭게 하시고 모든 위로로 채우시고, 하나님의 아버지 같은 선하심에 대한 확신을 주시고, 옛 사람과 그 실천을 벗기시고 새 사람을 입히시는" 일을 해 주십니다(〈벨직 신앙고백서〉, 34항 중반). 짧게 말해서, 우리를 하나님의 백성을 만드시고 그에 부합한 삶을 살아 하나님의 통치를 받아 가게 하는 모든 일을 그리스도께서 하십니다.

그러므로 본질적인 일은 그리스도께서 하시는 것이고 목사님은 그 뜻을 받들어 물로 세례를 베푸는 일로 섬겨서 주님의 뜻이 이루어지도록 하는 것입니다. 따라서 세례를 베푸는 목사님이나 세례를 받는 사람들 모두가 주님께서 하시는 일을 받들어 섬기는 심정으로 이 귀한 일을 잘 섬겨가야 합니다.

제 39 강

세례(2): 유아세례와 그 의미

세례는 하나님께서 우리에게 베푸신 눈에 보이지 않는 은혜와 은사를 표하고 인치는 것이라고 했습니다. 즉, 중생하게 하셔서 믿게 하실 때에 우리 영혼의 모든 더러움과 불의를 제거하시고 우리 마음을 새롭게 하시고, 위로로 가득하게 하시며, 하나님의 부성(父性)적 선하심을 확신하게 하시고, "옛 사람"과 그 모든 행위를 벗기시고 "새 사람"을 입히신(골 3:9-10) 그 은혜를 물을 사용하는 세례로 "지금 여기서" 표(表)하시고 인(印)치는 것입니다. 다시 강조합니다. 세례 때에 이런 일이 일어나는 것이 아닙니다. 중생시키실 때에 이미 일어난 것을 물로 베푸는 세례로 표하고 인치는 것입니다.

그러므로 세례를 받는다는 것은 예수님과 이렇게 연관되기 전에 우리는 모든 더러움과 불의로 가득하여 그것을 제거하고 씻기실 필요가 있는 존재이며, 우리 마음이 새롭게 되지 않으면 안 될 정도로 심각하게 오염된 사람이며, 위로가 없고 하나님의 부성적 선하심을 알지도 못하는 "옛 사람"이었다는 것을 고백하는 것입니다. 오직 하나님의 사역에 의해서만 우리가 "새 사람"이 될 수 있다는 것을 인정하는 것입니다. 그러므로 타락한 인간의 전적 부패를 참으로 인정하는 것이 세례의 진정한 의미를 드러내는 것의 한 부분이기도 합니다.

세례에 담긴 두 가지 함의

그것을 참으로 인정하면서 우리는 중생에서 옛 사람을 벗어 버리고 새 사람을 입었다는 것을 세례로 표하고 확실하게 도장 찍어 확실하게 합니다. 이것을 참으로 믿는다면 중생하여 세례를 받은 사람들은 자신들이 이미 옛 사람을 벗어 버리고 새 사람을 입었다고 확신하고 그렇게 표현해야 합니다. 이런 점에서 골로새서 3:9-10의 번역이 잘된 번역임을 확신해야 합니다. "너희가 서로 거짓말을 하지 말라 옛 사람과 그 행위를 벗어 버리고, 새 사람을 입었으니 이는 자기를 창조하신 이의 형상을 따라 지식에까지 새롭게 하심을 입은 자니라." 중생하여 믿는 우리는 참으로 새 사람을 입은 자입니다. 그러므로 언젠가 에베소서 4:22-24의 번역도 골로새서의 번역과 같이 고쳐질 날을 생각하면서 참으로 믿는 사람들은 이미 새 사람이라는 것을 분명히 해야 합니다.[1] 참으로 믿는 우리는 이미 새 사람이 되었고 그것을 세례로 표현하고 인침을 받았습니다.

따라서 둘째로 참으로 영생을 누리는 성도들은 "오직 한번 세례받고 그것을 반복하려고 해서는 안 되니, 우리가 두 번 중생하는 것이 아니기 때문입니다."(〈벨직 신앙고백서〉, 34항 중에서). 그래서 종교개혁 시기에 재세례파가 나타났을 때 교회는 이것이 잘못된 생각이라고 명백하게 천명하였습니다. 한 번 받은 세례는 세례받을 때만이 아니라 우리의 삶의 모든 과정에서 우리에게 유익한 것이기 때문입니다. 여러 번 말하지만, 세례받을 때는 우리가 은혜 언약에 속한 것을 외적으로 표하고(sign), 확실

---

1 이에 대해서는 이승구, 『전환기의 개혁신학』[서울: 이레서원, 2008], 21과 그에 인용된 여러 문헌을 보십시오.

히 하기 위해 도장을 찍어 줍니다(seal). 그래서 세례를 은혜 언약의 표호(sign)와 인호(seal)의 하나라고 합니다. 그러나 그 표와 인이 표현하는 바, 오늘날 기의(記意, *signifie*)라고 하는 것인 은혜 언약의 백성 됨은 우리 생의 모든 과정에 작용하는 것입니다. 따라서 우리는 세례를 두 번 받아서는 안 됩니다. 그것은 세례 자체를 무시하는 것이 되기 때문입니다.

유아세례의 가능성과 필요성

그래서 성경에 참으로 충실하고자 하면 재세례를 생각할 수 없습니다. 그러면 다시 재세례파의 또 한 가지 주장, 즉 "믿는 자에게 세례"를 베풀어야 하니, 유아세례는 있을 수 없는 것이라는 주장에 대해서는 어떻게 생각해야 합니까? 과거 재세례파가 "신자의 세례"(believer's baptism)를 주장하면서 유아세례를 정죄한 것은 과연 옳은 것입니까?

첫째로, 은혜 언약의 통일성을 생각할 때 우리는 구약 시대에 언약의 자녀들이 언약의 표로서의 할례를 받았던 것과 같이 동일한 약속이 우리의 자녀들에게도 주어졌다는 점에 근거해서 언약의 자녀들도 세례를 받아 언약의 표로 인쳐져야 한다고 주장합니다. 우리의 자녀들도 "이삭과 같이 약속의 자녀"(갈 4:28), 따라서 "언약의 자녀들"이기 때문입니다. 바로 그런 의미에서 눈에 보이는 교회는 언약에 속했다고 고백하는 신자들과 그들의 자녀들로 구성된다고 했습니다. 참으로 믿는 사람들은 우리들의 자녀들은 아직 언약 밖에 있다고 생각하지 않습니다. 그들도 은혜 언약 하에 있다고 다들 인정합니다.

따라서 둘째로, "그리스도께서 그의 피를 그 자녀들을 위해서도 흘려주셨다"고 믿기 때문에 이 믿음에 근거해서 유아세례를 시행합니다.

그들은 아직 주께서 피 흘려주셨는지 아닌지 모른다고 하면서 일단 제외해 놓고 그들이 성인이 되어 신앙을 고백할 때 비로소 그들에게 세례를 베풀려고 하는 것은 성경이 말하는 은혜 언약에 충실하지도 않고, 그리스도인들의 보편적 정서에도 어울리지 않습니다. 유아세례를 하지 않는 침례교회에서도 자녀들이 처음 예배에 참여할 때를 중심으로 소위 헌아(獻兒)식(dedication service)을 하는 것은 아이들과 하나님의 관계를 인정하는 것이지 않습니까? 헌아(獻兒)식을 하기 전에는 하나님께 바쳐진 아기가 아니고 헌아식 이후에야 하나님께 바쳐진 것이 아닙니다. 믿는 사람의 자녀인 이 아이는 하나님의 자녀라고 의식하는 것입니다. 특히 예전에 많은 아이들이 태어나면서 죽거나, 태어난 지 얼마 안 되어 죽었을 때 그들은 아직 은혜 언약에 속하지 않았다고 한다면 얼마나 이상하며, 큰 슬픔이었겠습니까? 그러므로 성경을 믿고, 성경이 말하는 하나님을 믿는 사람들은 우리들의 자녀들도 언약의 자녀들이며, 하나님의 자녀들이라고 고백하지 않을 수 없습니다. 생명을 주신 것의 신비는 인정하면서 그 생명이 주의 언약에 속해 있음을 부인하려는 것은 얼마나 이상한 일입니까?

그러므로 유아들이 태어나서 얼마 지나지 않은 시점에, 그리스도께서 그들을 위해 이루신 것, 즉 그들을 위해 피 흘려주셔서 그들의 죄를 속하신 것에 대한 표와 인의 성례를 받아야만 합니다. 그리스도의 수난과 죽음의 성례가 그들에게도 허락되어 있기 때문입니다. 그래서 우리는 이를 그리스도의 성례(the sacrament of Jesus Christ)의 하나라고 합니다.

유아세례의 방법과 의미

그러므로 유아세례는 **믿음의 의식**입니다. 첫째로, 이 아기도 그리스도의 속죄의 피를 필요로 한다는 믿음이 표현됩니다. 이것을 믿지 않는 것은 진정한 기독교회에서 벗어나는 것입니다. 아이들은 순결하니 죄가 없다는 것은 성경의 가르침과 거리가 너무 멀어서 우리들은 어린 아기들도 그리스도의 속죄의 피를 필요로 하며, 참으로 그리스도께서 영아들을 위해서도 그의 피를 흘려주셨음을 강조하지 않을 수 없습니다. 그래서 유아세례 때에 첫 번째 질문이 "이 아기도 주께서 피 흘려주신 속죄의 피를 필요로 한다는 것을 믿습니까?"입니다. 부모가 참으로 그것을 믿고 온 교회가 그것을 믿음으로 행하는 것이 유아세례입니다. 예전에 천주교회에서 대부(代父), 대모(代母)를 세워서 부모를 대신해서 신앙 고백하게 하던 것을 종교개혁을 하면서 폐지하였음은 그런 식으로 도와주려고 하던 것이 오히려 역효과를 낳았음을 인정하면서 부모가 신앙생활을 제대로 하면서 신앙을 가지고 자녀를 낳아 신앙 안에서 양육해야 한다는 것을 강조하는 일이었습니다. 부모가 신앙을 고백한 것에 근거해서 유아세례가 이루어집니다. 참되고 진실한 고백이 있어야 합니다. "내가 믿나이다. 나의 믿음 없는 것을 도와주소서."(막 9:24) 하는 심정으로 이 일에 임해야 합니다.

둘째로, 따라서 앞으로 지속적으로 이 아이를 위해 기도하고 이 아이와 함께 기도하겠다는 것을 고백하는 믿음으로 이 일을 행해야 합니다. 그래서 이것이 두 번째 질문이 됩니다. 이 질문이 묻는 바가 바로 우리가 이 일을 믿음으로 행한다는 것을 잘 드러내어 줍니다. 이 아이를 키워 나가는 일은 우리가 스스로 감당할 수 있는 일이 아니라는 것을 인정하는 것입니다. 우리가 최선을 다해서 키우겠지만 그렇게 할 수 있는 것도 주께서 힘 주셔서 가능한 것이고, 무엇보다 그 성장과 키움은 주께서 하시는 일이기 때문입니다.

마치 바울이 교회가 제대로 되어 감에 대해서 말할 때에 "나는 심었고 아볼로는 물을 주었으되 오직 하나님께서 자라나게 하셨나니, 그런

즉 심는 이나 물주는 이는 아무것도 아니로되 오직 자라게 하시는 이는 하나님뿐이니라"(고전 3:6, 7)고 말한 것이 참으로 옳은 말이듯이, 부모가 최선을 다해서 양육을 해야 하지만 결국 자녀들을 자라게 하신 분은 하나님이시기 때문입니다. 따라서 자녀의 생명을 주신 분이 하나님이시듯이 자녀의 생명을 자라게 하시는 분이 하나님이심을 고백하면서 우리는 평생 자녀들을 위해서 기도하겠다고, 그리고 자녀들이 자라나면 그 성장의 수준에 따라서 그 자녀들과 함께 기도하겠다고 서약하니, 이것은 참으로 믿음의 행위입니다. 처음부터 끝까지 오직 주님만을 의존하려고 하는 것이니 말입니다.

셋째로, 이 아이를 그리스도의 교양과 훈계로 양육하겠다고 묻고 답하여 서약하면서 우리의 교육이 주님의 의도에 부합한 것이 되게끔 하겠다는 것을 분명히 하며 그 교육을 주께 맡기니 참으로 믿음의 행위입니다. 이것이 우리에게 주어진 가장 중요한 책임입니다. 그러므로 우리 가정이 이런 교육을 해야 하고, 우리 교회가 감당해야 하는 여러 활동 중에 교육 활동이 중요하며, 반드시 기독교 학교를 세워서 자녀들을 교육해 가야 합니다.

유아세례를 한다는 것은 그저 문답을 하고 세례식을 하는 것으로 그치지 않고 세례식에서 한 "주의 교양과 훈계"로 교육하겠다고 한 약속을 삶의 여러 영역에서 실천해 가는 것을 함의하는 부담이 큰일입니다. 이로써 우리가 예수 그리스도께서 그의 피 흘려 세우신 새 언약 공동체의 일원이며 그 성원으로 해야 할 일이 있는데 그중의 한 부분으로 이런 교육적 사명을 가지고 있다는 것을 분명히 하는 것입니다.

기독교 가정은 하나님께서 세우신 매우 아름다운 기초 공동체입니다. 하나님과 맺은 언약과 혈연이 연결되어 모든 것의 토대를 제공하며 위로와 안정을 제공하는 공동체입니다. 그런데 그 안에서 매우 비공식적인 교육(informal education)이 효과적으로 이루어지도록 하셨습니다. 가정은 기본적으로 교육 기관은 아니지만, 모든 근본적 교육이 가정에서 이루어지고 모든 교육적 활동의 토대가 되는 곳이기도 합니다. 따라서 가정이 사라지면 교육이 불가능해진다고 해도 과언이 아닙니다. 그런 의미에서 여러 형태의 역기능 가정에서도 훌륭한 사람들이 나타난 것은 온전히 하나님의 은혜라고 하지 않을 수 없습니다. 그러나 기본적으로 우리 가정이 성령님 안에서 과연 기독교 가정다운 모습을 나타내야 모든 것이 온전해집니다. 기본적으로 기독교 가정의 분위기(ethos)가 있어야 하고, 성원들의 사랑의 헌신이 있어야 합니다. 그러면서 그런 기독교 가정 안에서 위로와 교육도 주어집니다.[2]

교회의 교육적 사명도 아무리 강조해도 지나치지 않습니다. 교회는 기본적으로 교육 기관은 아니지만 다양한 형태의 교육 기관 역할을 하여 왔고 또 계속해서 할 것입니다. 교회가 하는 교육적 활동은 정상적인 경우에는 다 유아세례에 근거를 두고 있는 것입니다.[3]

한국에 있는 우리가 가장 못한 것이 제대로 된 기독교 학교를 만들어 운영하는 일입니다. 몇몇 학교를 제외하고는 우리가 유력하지 못하여 잘 감당하지 않고 있는 이 일에 좀 더 많은 관심을 기울여야 합니다. 이에 못지않게 중요한 것은 복잡한 한국 교육계 안에서 많은 그리스도인들이 좀 더 제대로 적극적으로 참여하여서 일반학교에서의 교육도 일반은총에 너무 저항하지 않게 인도해 가는 일입니다. 그러므로 우리는 능력이 있으면 기독교 학교도 해야 하고, 보다 많은 사람들이 일반 학교의 교사와 영향을 미치는 사람들이 되어서 일반 학교의 교육도 좀 덜 악한 방향으로 가게끔

---

2 이에 대해서 이승구, 『위로 받은 성도의 삶』 (서울: 말씀과 언약, 2015, 최근판, 2020), 173-86을 보십시오.

3 이에 대해서 Norman Harper, 『현대기독교 교육』 (서울: 토라, 2005)을 보십시오.

노력해야 합니다. 유아세례를 하고서 이런 교육에 대해서 관심이 없는 것은 실질적으로 유아세례를 무시하는 것입니다. 중요한 것은 의식이 아니고 실질적으로 그 정신이 우리 가운데 있도록 하는 것입니다.

나가면서

그러므로 우리들은 우리의 자녀들이 참으로 "언약의 자녀들"이라고 믿고 고백해야 합니다. 그것 때문에 신약의 우리들은 우리 자녀들이 유아세례를 받도록 하는 것이고, 자녀들을 위해서 기도하며 자녀들과 함께 기도하며, 자녀들이 자신의 입으로 신앙을 고백하기까지 주의 교양과 훈계로 교육하기를 힘쓰는 것입니다. 헌아식을 하는 침례교회의 성도들도 자녀들을 위해서 기도하면서 언약의 자녀들을 위해서 기도하며, 그런 의식을 가지도록 가르치고 그것에 일치하는 방향으로 점점 더 나아가야 할 것입니다.

제 40 강

성찬과 그 의미

세례를 주께서 친히 제정하셨기에 우리들이 주께서 이 땅에 다시 오실 때까지 세례를 행해야 하듯이, 성찬도 주께서 친히 제정하셨기에 우리들은 주께서 이 땅에 다시 오실 때까지 성찬의 성례를 집행해야 합니다. 예수님의 성찬 제정사를 잘 전달한 바울이 이를 전하면서 "너희가 이 떡을 먹으며 이 잔을 마실 때마다 주의 죽으심을 그가 오실 때까지 전하는 것이니라"(고전 11:26)라고 하신 말에 담긴 뜻의 하나는 그가 오실 때까지 성찬을 시행함이 계속되어야 한다는 것입니다. 그러므로 교회 공동체가 이 세상 속에서 행하는 이 일은(현재) 주께서 구속된 자들을 위해 죽으시고 피흘리신 일(과거)과 연관되면서 또한 그가 오실 때(미래)와 연관된 일입니다. 십자가의 구속이 없이는 현재의 성찬이 있을 수 없고, 그가 다시 오시는 일이 없으면 우리들의 궁극적 지향점이 사라집니다. 우리는 한편으로는 우리를 위해 죽으시고 피를 흘려주신 사실과 관련하면서, 또 한편으로는 미래에 그가 다시 오셔서 그의 구속으로 이루신 일을 극치에 이르게 하심을 바라보면서 지금 여기서 교회 공동체의 성찬을 시행해야 합니다.

주께서는 왜 성찬을 제정하셨는가?

성찬을 우리 주 예수 그리스도께서 친히 제정하셨음을 다시 상기하면서 우리의 논의를 해야 합니다. 예수님의 제자들에게 그들이 전하는 말을 받아 믿어 다시 예수님의 제자가 된 사람들에게 "성부와 성자와 성령의 이름 안으로 세례를 주라"(마 28:19)고 하셨던 예수님께서 최후의 만찬에서 "받아서 먹으라. 이것은 내 몸이니라"(마 26:26)고 하시고, 또한 잔을 가지고 감사기도를 하시고 그들에게 주시면서 "너희가 다 이것을 마시라"(마 26:27) 하셨습니다. 또한 사도 바울이 "너희가 이 떡을 먹으며 이 잔을 마실 때마다 주의 죽으심을 그가 오실 때까지 전하는 것이니라"(고전 11:26)고 하셨으니, 이 일은 최후의 만찬에서 하는 것으로 마치는 것이 아니라 주께서 오실 때까지 제자들이 계속하도록 하려는 의도를 가지고 행하셨습니다. 그러므로 이를 과연 성찬 제정(the ordination and institution of the sacrament of the Holy Supper)이라고 할 수 있습니다.

이를 생각하면서 신약교회는 이 성찬을 1세기부터 지금까지 해 왔고, 그리고 우리들이 바로 그 교회에 속해 있다면 우리도 이 일을 예수님께서 다시 오실 때까지 지속해야 합니다. 따라서 예수님의 다시 오심을 실질적으로 기다리지 않는 사람들은 이 성찬에 부합하지 않는다는 것을 명확히 해야 합니다. 안타까운 사실은 그런 사람들이 늘어가고 있다는 것입니다. 이런 시대에도 다시 그리스도의 재림을 명확히 하고, 재림에 대한 믿음을 가지고서 성찬을 제대로 하도록 해야 할 것입니다.

우리 주님께서는 왜 성찬을 제정하셨습니까? "이미 중생하여 그의 가족, 즉 그의 교회에 속한 사람들에게 자양분을 주시며(nourish) 그들을 유지하시기(sustain) 위해" 제정하셨습니다(〈벨직 신앙고백서〉, 35항). 이렇게 말할 때 종교개혁 시기에 우리 선배들은 사람에게는 모든 사람에게 공통적인, 그들이 처음 날 때에 그들에게 주어진 물리적이고 현세적 생명이 있으며, 중생한 사람들인 신자들에게는 그에 더하여 "영적이고 천상적인 생명"(spiritual and heavenly life)도 있다는 것을 분명히 했습니다.

이 영적이고 천상적인 생명은 "중생할 때 주어진" 것이며, "복음의 말씀을 통해 온" 것이고, 따라서 "선택된 자들에게만 있는" "그리스도의 몸의 교통 가운데 있는 생명"입니다. 즉, 이 땅에 있는 하나님 백성들에게는 두 가지 생명이 있습니다. 하나는 물리적이고 현세적 생명이고, 또 하나는 영적이고 천상적인 생명입니다. 물리적 생명은 이 땅에서 나는 물질적인 양식으로 유지되지만, 영적인 생명은 그런 것으로 살 수 없습니다. 하나님의 백성들은 물질적인 양식과 함께 영적인 양식이 필요합니다. 바로 그런 뜻에서 우리 주 예수님께서는 시험 받으실 때에 구약 성경을 인용하시면서 "사람이 떡으로만 살 것이 아니요 하나님의 입으로부터 나오는 모든 말씀으로 살 것이라"(마 4:4)고 말씀하기도 하셨습니다. 또 다른 곳에서 예수님께서는 "내 아버지께서 너희에게 하늘로부터 참 떡을 주시나니, 하나님의 떡은 하늘에서 내려 세상에 생명을 주는 것이니라"(요 6:32, 33)고 말씀하시고, 결국 "자기가 하늘에서 내려온 떡이라"(요 6:41)고 하셨습니다. 이 영적인 생명은 기본적으로 "하늘에서 내려온 산 떡"(a living bread that came down from heaven)이신 그리스도 자신에 의해서 유지될 수 있습니다.

자신의 구속 사역을 적용하심으로 우리에게 이 영적인 생명을 주시는 그리스도께서는 때로는 (1) 자신의 말씀으로 자신의 의도를 잘 알려 주시고 성령님으로 그에 따라 살게 하실 뿐만 아니라, (2) 신자들이 먹을 때 자양분을 얻고 생명이 유지되도록 하는 방식으로 성찬을 통해 영적 생명을 유지하도록 하십니다. 이와 같이 (1) 말씀을 통해, 그리고 그 말씀을 눈에 보이는 방식으로 행하도록 하시고, 또한 (2) 성찬을 통해서, 중생한 신자들 안에서 영적이고 천상적 생명이 유지되게 하시는 것입니다.

성찬이 작동하는 방식

이때 성찬은 과연 어떤 방식으로 작동합니까? 개혁자들 가운데서 칼빈이 가르친 것과 가장 유사하게 이를 표현한 분들의 이해에 의하면, 성찬이 작동하는 방식은 "영적인 임재에 의한 성례전적 연합"이 있게 하신 것입니다. 이를 바르게 이해하려면 다음 세 가지를 생각해야 합니다.

(1) 눈에 보이는 지상의 떡으로 그리스도의 몸을 표상하게 하고, 포도주로 그리스도의 피를 표상하게 하였습니다. 이는 떡과 포도주가 우리의 물리적 생명을 유지하는 기본적인 것이 되어 우리에게 자양분을 주고 상쾌하게 하는 것과 같이, 이것이 우리의 영혼과 영적 생명에 자양분을 주고 상쾌하게 함을 밖으로 **표현하는 것**입니다. 물리적인 떡과 포도주를 사용하신 의미가 여기에 있습니다. 이것은 다음에 언급하려고 하는 성찬의 핵심적인 내용을 밖으로 표현해내는 것입니다. 이 "표현하는" 것도 의미를 지닙니다. 그래서 이를 거룩한 표(the holy signs)라고 하기도 합니다.

(2) 우리의 영적 생명이 유지되는 것은 그리스도의 몸과 피, 즉 그리스도의 십자가 구속을 우리에게 적용함을 통해서 이루어집니다. 그래서 이 떡과 포도주가 궁극적으로 의미하는 바(the signified)는 그리스도께서 제공하시는 "영적이고 천상적인 양식"(spiritual and heavenly bread)입니다. 그리스도의 구속을 성령님께서 우리에게 적용하여 우리 안에 영적이고 천상적인 생명이 있게 하셨듯이, 이 영적 생명의 유지도 그리스도께서 성령님을 사용하여 이루십니다. 그 자신이 영적인 양식이고, 또한 그가 제공해 주시는 것이 영적인 양식입니다. "그는 오직 신자들에게만 주어집니다"(He is communicated only to believers). 그리스도께서 항상 자신을 제공해

주시지 않으시면 우리의 영적 생명은 한순간도 존재할 수 없습니다. 순간 순간 그리스도와의 생명적 관계에 의해서 우리가 살아갑니다. 그래서 성찬에 대해서 말할 때, 우리는 "눈에 보이는 떡과 포도주를 입으로 먹고 마시지만, 그리스도의 몸과 피는 **영으로 먹고 마신다**"고 표현합니다.

(여기서 천주교회의 화체설과 루터파의 공재설과 우리들의 입장의 차이가 분명히 드러납니다. 천주교회와 루터파는 결과적으로 "우리의 입으로 그리스도의 몸과 피를 먹고 마신다"고 표현하려고 합니다. **그러나** 우리는 우리의 입으로 떡과 포도주를 먹고 마실 때에 성령님께서 성례전적으로(sacramentally) 작용하여 "**우리의 영이** 그리스도의 몸과 피를 먹고 마신다"고 표현합니다. 성찬에서 그리스도의 몸과 피가 실재로(in reality) 현존하나 영적으로 현존하여(spiritual presence) "영으로 그 몸과 피를 먹고 마신다"고 하는 것입니다. 우리가 먹은 것은 그리스도 자신의 몸이요, 우리가 마시는 것은 그리스도 자신의 피이지만, 그것이 먹고 마셔지는 **방식은 영적이라고** 하는 것입니다.)

(3) 그렇게 표현되는 것과 의도한 바가 성찬에서 결합되어 실질적으로 작용하게 하시는 분이 성령님이십니다. 외적으로 표상하는 바와 그것이 의도하는 바인 그리스도와의 생명적 관계를 매순간 연결시키는 분이 성령님이시고, 그 성령님의 작용으로 우리들에게 성찬에서의 성례전적 연합이 있을 수 있습니다. 물론 이런 신비한 성례전적인 연합을 우리가 다 안다고 할 수는 없으나 성령님께서 이 일을 하신다는 것을 우리는 확실히 말할 수 있습니다.

그러므로 우리 편에서는 믿음으로 우리에게 적용시키고 영적으로 받을 때에(when appropriated and received spiritually by faith) 성찬의 떡과 포도주를 과연 의미 있게 먹고 마시게 됩니다. 성령님께서 이 일을 성찬이 되게 하시는 것을 우리 편의 용어로 표현하면 오직 믿음으로 받을 때에만 성찬이 되는 것입니다. 성례전의 주체이신 하나님 편에서는 성령님께서 이를 사용하셔야 우리가 떡을 나누고 포도주에 참여하는 것이 효과를 발휘합니다. 이것이 성령님 안에서 성찬을 시행하는 것입니다.

그렇게 성령님 안에서 성찬을 하는 것을 우리 편에서는 믿음으로 참여한다고 할 수 있습니다. 그래서 성찬에 대해서 말할 때 우리들은 항상 "성령님에 의해서 믿음으로"(by the Spirit through faith) 참여한다고 표현합니다. 우리의 손으로 떡을 받아 입으로 먹고, 우리의 손으로 잔을 잡고 입으로 포도주를 마실 때, 성령님 안에서 믿음으로 우리는 우리 주 예수 그리스도의 참된 몸과 그의 피(the true body and true blood of Christ)를 믿음으로 영적인 생명을 위해 받는 것입니다. 우리는 이것을 믿음으로 받습니다. 그래서 믿음을 "우리 영혼의 손과 입"(the hand and mouth of our souls)이라고 하기도 합니다(〈벨직 신앙고백서〉, 35항).

그러므로 믿음으로 참여하지 않는 사악한 자들은 성찬의 외적인 것을 받을 뿐이고, 결국 그것이 자신들의 정죄가 되게 받을 뿐입니다. 예를 들어, 가룟 유다와 사마리아의 마술사 시몬이 성찬에 참여했어도 그들은 외적인 표만 받았을 뿐이고, 그 표가 의미하는 바인 그리스도를 받은 것이 아닙니다. 그 성찬의 의미하는 바인 "그리스도는 오직 신자들에게만 전달되는 것입니다(He is communicated only to believers).

다시 말하지만, "그리스도께서 이 거룩한 표들로 표현하게 하신 것을 우리 안에서 이루어지게 하시니, 이런 성례가 헛되게 하지 않으시라는 것이 분명합니다. 물론 이것이 우리 안에서 이루어지는 방식을 우리가 온전히 다 이해하지 못합니다(goes beyond our understanding and is incomprehensible to us)"는 것도 분명합니다. "성령님께서 하신 일이 은밀하고 우리가 다는 이해할 수 없는 것이니 말입니다."(35항)

승천하신 예수 그리스도께서 이 땅에 다시 오실 때까지는 "항상 성부의 우편에 계시면서도 그 때문에 자신의 몸과 피를 영적으로 우리에게 전달하셔서" 우리가 "믿음으로 받게 하시는 일을 하시기를 전혀 피하지 아니하시고," 우리가 성찬을 나눌 때마다 영적으로 자신의 몸과 피를 주시는 일을 계속하십니다. 즉, 그리스도께서 중생한 신자들과 계속해서 영적으로 함께하시며 그들에게 필요한 것을 공급하십니다. 그리스도와의 생명적 관계가 그것의 실체입니다. 그는 날마다 그의 말씀을 통해서 은혜를 베푸시며, 우리가 성령님 안에서 성찬을 제대로 할 때마다 또한 우리에게 자신을 나누어 주십니다.

나가면서

그러므로 지금 여기에 있는 우리들도 1561년에 우리의 믿음의 선배들이 고백한 바와 같이 다음과 같이 고백하면서 성찬으로 나아가야 합니다. "성찬은 그리스도께서 자신과 그의 모든 유익들을 우리들에게 전달하시는 영적인 식탁(a spiritual table)입니다. 그의 수난과 죽음의 공로를 우리에게 주실 뿐만 아니라, [믿음으로] 그의 몸을 먹음을 통해서 우리의 가련하고 불쌍한 영혼들에게 자양분을 주셔서 힘 있게 하시고 위로하시며, [믿음으로] 그의 피를 마심을 통해서 그들을 편안케 하시고 새롭게 하십니다."(〈벨직 신앙고백서〉, 35항 중에서).

제 41 강

성찬에 제대로 참여하는 방식

성찬은 그리스도와 함께 죽고 함께 살아났다는 것을 외적으로 표현하는 공동체적 방식의 하나라고 했습니다. 이번에는 이런 고귀한 성찬을 교회 공동체가 어떻게 시행하고, 교회의 회원인 우리들은 어떻게 참여해야 하는지의 문제를 생각해 보기로 합시다. 성찬에 대한 바른 시행과 참여가 없이는 성찬이 무의미합니다. 중세 교회는 예배 때마다 성찬이 이루어지고, 성무일과(聖務日課)가 있어서 매일 성찬이 이루어졌지만 그것이 성경이 말하는 방식으로 시행되지 않으므로 성찬이 무의미해졌습니다. 오히려 성찬을 모독하며 성찬을 제정하신 그리스도를 모독하는 결과만 내었다는 것을 우리는 기억해야 합니다. 그러므로 오늘날도 그와 비슷하거나 또 다른 방식으로 성찬이 모독되지 않도록 해야 합니다. 그렇다면 우리들은 어떻게 해야 합니까?

성찬상(table)을 중심으로 교회 공동체가 모여야

성찬은 제사(sacrifice)가 아니라 그리스도께서 우리를 위해 드린 영단번의 희생 제사를 상기시키며(anamnesis) 그 효과를 지금 여기에 있도록 하는 것입니다. 그래서 개혁자들은 제단(altar)이라는 용어를 온전히 버리고, 떡과 포도주가 놓여 있는 곳을 성찬상(table)이라고 표현했습니다. 이것은 그저 단순히 용어만 바꾼 것이 아니고, 예수 그리스도의 십자가 사건에서 하나님께 단번에 드리는 제사가 이루어진 후에는 더 이상 제사 드릴 것이 없음을(히 10:18) 성경에서 바르게 배워서 그것을 온 세상에 선언하면서 이로써 십자가 이전 시대와 십자가 이후 시대를 완전히 "구별하는" 일, 그야말로 "획기적(劃期的)"인 일을 한 것입니다. 십자가 이전에는 제사를 드려야 하는 시대였으니, 구약 시대는 제단(祭壇, altar)이 필요한 시대였습니다. 그러나 약속대로 오신 메시아께서 십자가에서 단번에 희생 제사를 온전히 드리셔서 제사의 요구를 다 이루시고 제사를 완성하신 시대인 신약 시대에는 더 이상 제사를 드려서는 안 됩니다. 이 신약 시대에 제사를 드리려고 하는 것 자체가 단번에 제사를 드려서 제사제도 자체를 완성하시고 구약 시대에 제사하게 하신 하나님의 모든 의도를 다 성취하신 그리스도의 십자가를 무시하는 행위이며, 그 일을 이루신 그리스도 자신을 무시하는 행위가 된다는 놀라운 인식이 생겼습니다.

이렇게 십자가의 의미를 제대로 이해한 빛에서 보니 신약 시대에 살면서도 비록 다른 형태, 즉 피 없는 형태로이기는 하지만 여전히 하나님께 제사드린다고 하면서 각 예배당마다 제단을 중심으로 예배하던 것이 자신들이 예배하는 그리스도의 십자가와 삼위일체 하나님을 모독하는 것이라는 것을 바로 깨닫게 되었습니다. 이것이 개혁자들과 그를 따르는 사람들의 놀라운 각성이었습니다. 신약 초기에 바른 인식이 있었고, 오랫동안 잊고 있던 이런 바른 의식(意識)을 다시 회복한 것이 종교개혁 시대입니다. 그래서 그들은 계속해서 제사드린다고 하면서 제단 중심으로 모이는 것을 계속할 수 없었습니다. 그래서 제단을 없애고 그리스도께서 제정하신 대로 성찬을 제대로 하기 위해 "성찬상"이 있게 하였습니다. 이것이

"제단으로부터 성찬상으로"(from altar to the table)의 변화라는 놀라운 인식의 변화를 표현하는 행위였습니다.[1]

이제 정신 차린 교회, 즉 참된 교회는 더 이상 제단을 가지지 않습니다. 그리스도께서 제사를 완성하셨기 때문입니다. 이제는 그리스도께서 단번에 완성하신 그 십자가에서 이루신 속죄를 상기시키면서 성령님의 역사하심으로 그 의미로 더 들어가는 성찬에 참여하기 위해서 교회 공동체가 성찬상을 중심으로 모입니다. 교회 모임이 새로운 의미를 지닌 것으로 바뀐 것입니다. 더 이상 제사에 참여하는 모임이 아니고 (따라서 정신차린 교회의 예배당 안에는 제단이 없습니다!), 하나님의 말씀을 잘 듣기 위해 강대상(pulpit) 아래 모이고, 그렇게 하나님 말씀의 의미를 잘 공부한 사람들이 그리스도께서 제정하신 대로 성찬에 참여하기 위해서 성찬상(table)을 중심으로 모입니다. 하나님의 백성인 교회 공동체는 우리 주께서 부활하심을 기념하는 매 주일마다 강대상을 중심으로 모여 우리의 왕이신 부활하신 주님의 말씀을 듣고 그 의미를 새기고, 그 그리스도께서 제정하신 대로 성찬을 행하기 위해서 성찬상 주위에 모입니다. 이것이 성찬을 행하는 본래적 의미입니다. 그러므로 성찬은 공동체적 행위입니다. 교회가 근본적으로 공동체임을 잘 의식하면서 이를 생각해야 합니다. 매우 개인주의적인 이 시대에도 우리는 성경에서 교회가 공동체라는 것을 잘 배우고 그 의미가 이 땅에 드러나게 해야 합니다. 예배와 성찬이 그것을 드러내는 중요한 예가 됩니다.

물론 여러 가지 이유에서 매번 모일 때마다 또는 매 주일마다 성찬을 못할 수도 있습니다. 그러나 우리는 항상 그런 의미를 가지고 교회

---

[1] Cf. Winthrop S. Hudson, "The Ministry in the Puritan Age," in *The Ministry in Historical Perspectives*, eds., H. Richard Niebuhr and Daniel D. Williams (New York: Harper & Brothers, 1956), chapter 7; John Campbell, "The Quarrel over the Communion Table," *Historical Magazine of the Protestant Episcopal Church* 40/2 (1971): 173-83.

공동체의 예배를 합니다. 온전한 예배는 말씀이 선포되는 '말씀의 예전'과 성찬을 나누는 '다락방 예전'이 같이 있는 것이나, 말씀의 예전만 있는 약식 예배도 예배입니다. 편의상 약식 예배를 주로 할 수도 있고 온전한 예배를 가끔 할 수도 있지만, 그런 상황 속에서도 항상 이런 의식을 가지고 교회 공동체의 모임을 해야 합니다.

성찬상에서 어떤 일이 일어나는가?

교회 공동체는 성찬상에 모여서 떡과 포도주를 나누어 먹습니다. 그리스도께서 잡히시기 전날 밤에 그렇게 하셨듯이 우리도 그대로 합니다. 그러나 그때는 예수님과 제자들이 유월절에 참여하는 일이었으나 이제 우리는 더 이상 유월절을 행하지 않습니다. 그리스도께서 완성하신 제사의 완성에 유월절의 온전한 의미도 다 이루어졌기 때문입니다. 십자가와 부활의 참된 의미를 믿는 사람들은 더 이상 유월절을 비롯한 구약의 절기들을 지키지 않습니다. 그리스도께서 그것을 완성하셨기 때문입니다. 그리스도께서 그 다음 날 자신이 십자가에 못 박혀 죽으셔서 우리를 위한 온전한 희생 제사를 드려 제사제도를 완성하실 것과 3일 후에 부활하셔서 새로운 생명이 가득한 삶을 살도록 하신 그 의미를 우리가 생각하면서 그리스도께서 그 때 성찬을 제정하신 것에 충실해야 합니다.

그래서 그리스도께서 성찬을 제정하실 때 미래의 것을 바라보시면서 "이것은 너희를 위한 내 몸"이라고 하신 것이고, 또한 이 잔은 "언약의 피"라고 하신 것을 성령님의 인도하심 가운데서 성경이 기록하고 있는 대로 해야 합니다. 동시에 우리는 지금 여기서 그리스도의 십자가와 부활을 되돌아보며 상기하면서, 과연 그런 의도를 가지고 이 예식을 제정하신 것처럼 그리스도께서 우리의 죄를 속하기 위해 십자가에서 자신의 살을 찢으시고, 자신의 피를 흘리셨음을 바라보아야 합니다.

그래서 성찬에서는 그저 다른 떡과 같은 떡을 먹는 것이 아니라, "그의 몸을 먹는다"(the eating of his flesh)고 표현하고, "그의 피를 마신다"(the drinking of his blood)고 표현합니다. 초대 교회가 이렇게 말하던 바를 이교도들처럼 물리적으로 그리스도의 살을 먹고 그의 피를 마시는 것으로 이해하면 안 됩니다. 당대 교회는 그렇게 생각하지 않았고 이를 변증가들이 잘 설명해 주셨던 것을 기억합니다. 우리들이 행하는 성찬은 성령님께서 이루시는 매우 영적인(spiritual) 것입니다. 물리적인 살과 피가 여기 작용하지 않습니다. 성령님께서 영적으로 그리스도의 몸이 찢기고 그리스도의 피가 흘려진 그 의미에 우리가 참여하게 하십니다.

따라서 십자가에서 실제로 죽으시고 3일 후에 부활하신 그리스도와 이 일을 이루시는 성령님, 그리고 이 모든 일을 하시는 성부 하나님이 다 관여하시는 삼위일체적 사건이 십자가와 부활이었듯이, 지금 여기서 성찬을 제대로 하게 하시는 것도 삼위일체 하나님이시니 성찬도 삼위일체적 사건입니다. 그러므로 성찬은 "영적인 사건"입니다. 성령님께서 역사하셔서 우리를 그리스도의 십자가와 부활로 다시 이끌어 그때 그곳에 있게 하시는 일이 발생하는 것입니다. 그래서 그때 그곳 십자가에서 그리스도께서 죽으셨지만 성령님의 작용으로 우리도 그의 찢기신 몸에 참여하며 그의 흘리신 피에 참여한다는 것을 그리스도의 몸을 먹고 그리스도의 피를 마신다고 표현하는 것입니다.

성령님의 독특한 역사하심이 없이는 이런 일이 발생할 수 없습니다. 이때 하늘에 계시는 그리스도의 몸이 영적으로 지금 여기에 있는 우리에게 임재합니다(spiritual presence)고 표현합니다(영적 임재설). 동시에 우리는 성찬을 행할 때마다 우리 마음을 들어 그리스도께서 계신 하늘을 향합니다(*Sursum corda*, "우리 마음을 듭니다"). 그러면 그 중간 지점에서 만나는 것이 아니라, 그리스도께서 물리적으로는 그 몸과 피는 하나님께서 계신 "하늘"(heaven)에 있지만 성령님에 의해서 영적으로 지금 이곳에도 임재하시는 것이고, 십자가와 부활의 구속 사역에 의해서 그리스도와 함께 하늘에 앉혀진(엡 2:6) 우리의 정체성을 상기(想起)하면서 하늘에 속한 자다운 정체성을 다시 **인침 받고** 날마다 하늘에 속한 자답게 되어 가야 합니다.

따라서 성찬에서 성령님께서 하신 이 놀라운 일에 민감해야 합니다. 성령님은 영적인 일을 하시는데 우리는 그것을 물리적으로 이해하지 않도록 주의해야 합니다. 천주교회가 화체설에서 잘못 주장한 것이 바로 성찬에 대한 물리적 이해 때문이었습니다. 이는 성찬이 영적인 것임을 망각한 일입니다. 그들의 잘못을 말하면서 우리가 성찬에 영적으로 참여하지 않는다면 우리도 잘못하는 것입니다. 이 물질적인 시대에 성찬을 행할 때마다 우리는 성령님께서 행하시는 놀라운 영적인 사건에 참여하는 것입니다. 그러므로 "성찬상에서 우리들은 그리스도께서 자신의 수난과 죽음의 공로를 누리도록 하시는 것을 만끽해야 하니, 그의 몸을 먹음으로 우리들의 가련하고 황폐해진 영혼에 자양분을 공급하시고 강하게 하시고, 위로하심을 누리고, 그의 피를 마심으로 영혼이 모든 부담을 벗고 새롭게 하심을 누려야 합니다"(〈벨직 신앙고백서〉, 35항). 〈벨직 신앙고백서〉만이 아니라 거의 모든 개혁파의 고백서들은 이런 의미를 담고 있습니다.

성찬에 참여하는 태도

그러므로 "우리들은 하나님의 백성의 모임 가운데서 겸손과 존숭하는 마음을 가지고 성찬에 참여해야 합니다."(〈벨직 신앙고백서〉, 35항)[2] 이때 우리는 감사함으로 우리가 기독교를 믿음을 고백하면서 우리 주 그리스도의 죽음을 거룩하게 상기하면서 함께 모이기를 힘써야 합니다.

그렇기에 우리들은 자신들을 조심스럽게 살펴본 후에야 이 성찬에 나아오게 됩니다. 이는 이 떡을 먹고 이 잔으로부터 마시는 것이 "자신들에 대한 판단을 먹고 마시는 것"이 되지 않도록 하기 위함입니다(고전 11:29). 자신들을 잘 살펴서 죄를 발견하여 그것을 끊어 버리고 주께서 더욱 힘 주셔서 구속하신 사람답게 살아가게 하심을 믿으면서 다시 새롭게 하심을 믿으면서 더욱더 주를 의지해 가는 것입니다. 그러니 (1) 죄가 있는지를 살피고 철저히 회개하며, (2) 그것까지도 십자가에서 이루신 구속에 근거해서 주께서 죄 용서하심을 믿고, (3) 새로운 힘을 얻어나가 믿는 마음으로 성찬에 참여해야 합니다. 따라서 성찬에 참여하는 것은 한편으로는 회개의 행위이기도 하고, 또 한편으로는 믿음의 행위이기도 합니다. 이렇게 그리스도인의 삶은 평생 계속되는 회개와 믿음의 삶입니다.

성찬의 결과로 우리는 하나님과 우리의 이웃들을 더 열심히 사랑하는 데로 나아가게 됩니다. 이것이 성찬을 제대로 한 결과입니다. 그러므로 궁극적으로는 하나님과 이웃을 사랑하는 데로 나아가는 결과를 낳는 성찬이 되도록 해야 합니다.

성찬에 대해서도 오직 성경에 근거해서 생각해야

그러므로 우리들은 오직 그리스도와 사도들이 성찬에 대해서 말하셨을 때 말한 것과 가르치신 것과 그 과정만으로 만족해야 합니다. 따라서 될 수

---

2 "with humility and reverence we receive the holy sacrament in the gathering of God's people."

있는 대로 성경에 기록된 그와 같은 방식으로 성찬을 시행해야 합니다. 그래서 성찬을 제정하신 그리스도께서 **한 덩어리**(one loaf) **떡**을 가지고 기도하셨으므로, 우리도 한 덩어리 떡을 가지고 기도하고, "이것은 너희를 위한 나의 몸"이라고 하신 말씀을 그대로 말하면서 그 의도대로 행하여 나눈 후에, 식후에 그와 같이 잔을 들고 기도하면서 "이 잔은 내 피로 세운 새 언약이니 이것을 행하여 마실 때마다 나를 기념하라"(고전 11:25)고 하신 말을 하고, 그 의미를 깊이 생각하면서 그것이 우리에게 구현되도록 해야 합니다.

이런 성경의 가르침을 벗어나 하는 모든 것은 미신적 행위임을 분명히 하면서 떡과 포도주를 받되, 그것을 무릎을 꿇고 받는다든지, 남겨 둔다든지, 그것에 절한다든지 하는 모든 것을 하지 말아야 합니다. 다른 모든 것을 오직 성경을 따라서 행하려 하는 우리들은 성찬과 관련해서도 오직 성경이 가르친 대로 해야 합니다. 성경의 가르침과 전통으로 해 오던 것이나 우리가 창안한 것을 섞어서 하려고 하면 안 됩니다.

제 8 부

시민 통치에 대하여,
그리고 그리스도의 재림과
최후 심판

제 42 강   시민 통치에 대하여

제 43 강   악한 통치에 대해서는 어떻게 할 것인가?

제 44 강   그리스도의 재림과 최후 심판에 대하여

제 42 강

시민 통치(Civil Government)에 대하여

하나님 백성에 대한 통치를 말하는 교회에 대해서 공부한 후에 우리가 살고 있는 사회에 대해서도 생각해야 합니다. 이때 생각해야 할 문제로 이세상에 대한 통치(civil government)의 문제가 있습니다. 이 영역은 하나님과 관련 없습니까? 그렇지 아니하니 과거의 신실한 백성들은 이 영역에 대해서도 반드시 언급하여 왔습니다. 그러나 이전에는 우리에게 익숙한 행정부와 입법부, 사법부가 완전히 분리되어 있는 형태는 아니었고, 그것을 향해나가는 과정 중에 있었습니다. 과거에는 주로 왕정이 지배적인 통치 형태였기 때문입니다. 그 상황에서 입헌 군주제로 이끌어 간 것은 놀라운 일을 한 것이 아닐 수 없습니다. (이 글에서 정부라는 말은 오늘날의 행정부만 말하는 것이 아니라 왕이나 행정관들과 200인 의회, 600인 의회 등의 의회를 다 포함하여 하는 말이라는 것을 염두에 두어야 합니다.)

이 글에서는 먼저 정부의 필요성을 논의하고, 정부가 과연 무엇을 해야 하는가를 논의한 후에, 그것을 위해 정부에게 주어진 권한에 대해서 말하고, 정부에 대해서 우리의 해야 할 일에 대해서 논의하도록 하겠습니다.

1. 정부의 필요성: 그리스도인은 무정부자가 될 수 있는가?

성경을 그대로 믿는 사람들은 창조받은 원상태에서는 정부가 있지 않아도 사람들이 하나님의 뜻대로 살아갈 수 있었다고 생각합니다. 그러나 타락하자 인간 사회는 그대로 두면 아주 심각한 문제에 빠져 들어가 스스로를 멸망시키게 되므로 "우리의 선하신 하나님께서 "왕들과 군주들과 통치자들을 세우셨습니다."(〈벨직 신앙고백서〉, 36항) 이는 타락 이후의 인류의 부패성 때문에 필요하게 된 것입니다. 그리스도 재림 이후에도 삼위일체 하나님께서 친히 다스리실 것이므로 우리가 생각하는 형태의 정부는 있을 필요가 없습니다.

그러므로 타락 이후의 상황에서 우리들은 시민 정부(civil government)가 없는 무정부 상태를 지향하는 것이 옳지 않다고 해야 합니다. 오랫동안 이상한 정부의 이상한 통치를 경험한 사람들은 이 세상에 정부가 과연 있어야만 하는지를 의문시하고 모든 정부를 없애 버린 상태를 동경하는 마음이 있습니다. 특히 19세기에 삐에르 조제프 프롱우동(Pierre-Joseph Proudhon, 1809-1865)이 이를 강하게 주장한 후에 상당히 많은 사람들이 소위 무정부 상태를 지향하면서 스스로를 무정부주의자(anarchist)로 자칭하며 그런 운동을 하였습니다. 대개는 사회주의 운동을 국가 위주로 하지 않을 것을 주장하는, 즉 비권위주의적 사회주의 운동을 하려는 그룹이 이 용어를 많이 사용했지만,[1] 오직 그들만이 무정부주의자들은 아니었고 극단적인 정치적 자유주의 입장을 선호하는 분들도 자신들을 무정부주의자들이라고 하였습니다.[2]

역사 속에서 소위 정부가 행한 여러 문제들을 생각할 때 이런 분들의 생각이 이해할 만하기도 합니다. 그러나 그리스도인들은 자기 소견에

---

[1] Carl Levy & Matthew S. Adams, eds., *The Palgrave Handbook of Anarchism* (Basingstoke: Palgrave Macmillan, 2018), 104.

[2] Christopher W. Morris, *An Essay on the Modern State* (Cambridge: Cambridge University Press, 2002), 61.

옳은 대로 하는 사람들이 아니고 하나님 말씀의 지배를 받는 사람들입니다. 성경에서는 구약시대나 신약시대나 통치자의 존재를 인정하면서 이 세상에서 인간 통치자들이 다스리는 현상을 인정하며 용인하고, 강조하기도 합니다. 성경에서는 아무리 무리하고 악한 통치자가 있는 상황에서도 그 통치를 전혀 부정하지 않습니다. 하나님의 뜻대로 사는 사람들이 그런 통치자들의 통치를 없애고 통치자가 없는 상태를 이루기 위해 노력하라고 하지 않습니다. 그 이유는 인간의 부패성 때문입니다. 타락한 인간의 부패성으로 인해 인간 통치자가 있을 필요가 점점 분명히 시사되고 있습니다. 그러므로 그리스도인들은 무정부주의자가 될 수 없습니다.

그래서 1561년 선언된 〈벨직 신앙고백서〉 36항 마지막 부분에서는 아주 분명하게 우리들은 "재세례파들과 무정부주의자들을 거부하며, 권위자들과 통치자들을 거부하려는 사람들을 모두 거부한다"고 하기도 했습니다. 이와 함께 "재산의 공동소유를 도입하고 하나님께서 사람들 사이에 세우신 도덕적 질서를 파괴하여 공의를 뒤집으려 하는 자들을 거부한다"고 표현하여(36항) 당시 재세례파의 무정부주의적 주장이 바로 그런 것이었음을 드러내면서, 바른 교회는 이렇게 주장할 수 없다고 선언하고 있습니다.

물론 성경은 구체적으로 어떤 형태의 정부가 있어야 한다고 규정하고 있지 않습니다. 시대 시대에 따라서 사람들이 받아들이고 용인하는 형태의 정부가 다 용인될 수 있습니다. 그 정부가 자신들이 세워진 다음과 같은 목적을 수행하는 한, 어떤 형태의 정부이든지 허용될 수 있습니다.

2. 그렇다면 정부는 과연 무엇을 해야 하는가?

타락한 이 세상에 세워진 통치자들과 그들이 하는 통치 행위는 기본적으로 두 가지 일입니다. 첫째는 타락한 "인간들의 무법성을 제한하는"(human lawlessness may be restrained) 것입니다(36항). 위에서 말한 바와 같이 타락한 인간들은 무법을 향해 나아가며, 자신들의 유익을 위해서 모든 것을 하려고 합니다. 어떤 사회에서든지 폭동이 일어났을 때는 결국 스스로를 보호할 수밖에 없는 상태에 처하게 되므로 이런 상황에서 인간의 무법성을 억제하는 정부의 필요성을 다들 강하게 의식하게 됩니다. 타락한 인간의 부패성 때문에 정부가 세워진 것이니 모든 정부는 인간의 무법성, 즉 죄를 억제하려고 해야 합니다. 물론 여기서 말하는 억제는 최소한의 소극적 억제일 뿐입니다. 적극적 억제는 정부가 할 수 있는 일이 아닙니다. 그런 일을 할 수 있는 능력이 정부에게 있지 않으며, 정부는 그렇게 적극적으로 죄를 억제하도록 세워진 기관은 아닙니다. 시민 정부는 가장 소극적 의미에서 인간의 무법성을 억제하는 일을 위해 존재하는 것입니다. 그러므로 정부는 하나님의 일반 은총 가운데서 우리들에게 허락된 형태의 하나입니다.

둘째로, 정부는 "사람들 사이의 모든 것이 선한 질서 가운데 행해지도록"(everything may be conducted in good order among human beings) 하기 위해 세움을 받았습니다(36항). 이것이 무질서를 낳을 수밖에 없는 무정부 상태가 선하지 않다고 하면서 시민적 통치가 이 세상에 있도록 한 이유입니다. 세상에 어느 정도의 질서를 유지하여 세상이 혼동에 빠지지 않도록 하는 것이 정부의 목적입니다. 그러므로 기독교적 입장에서 정부는 가장 소극적 역할을 할 수 있을 뿐입니다.

오늘날 곳곳에서 강조되는 복지적 기능이 정부의 일에 포함될 수는 있으나 무한한 복지는 실현할 수도 없는 일이고, 바람직하지도 않습니다. 공산주의 사회에서 무한한 복지를 지향해 보았지만 그것이 실현된 일이 없었음을 100여년의 사회 실험을 통해 알게 된 우리들은 이것을 더 강하게 확언하지 않을 수 없습니다. 또한 국민들의 소득의 40% 이상을 세금으로 거두어 상당한 복지를 시행하는 북 유럽의 몇몇 나라의 예를 보면서 과연 그것이 정부의 일인가를 여러 면에서 생각하게 합니다.[3] 그러므로 정부도 복지적 기능도 어느 정도 해야 하지만, 사회복지적인 일은 다른 사회 기관들과 다 같이 나누어 해야 할 일입니다.

그러므로 시민 정부는 기본적으로 (1) 사람들의 무법성을 억제하며, (2) 모든 질서를 마련하고 시행하게 하되, 법률과 정책으로 통치하려고(governed by laws and policies) 해야 합니다. 좋은 정부는 좋은 법률과 좋은 정책을 만들어 시행하는 정부입니다. 이에 반해서 나쁜 정부는 이상한 법률들을 많이 만들어 사회를 이상한 방향으로 끌고 가려하며 이상한 정책을 시행하는 정부입니다. 더 나쁜 정부는 아예 법이나 정책이 없이 자의적으로 모든 것을 하는 정부입니다.

3. 이를 위해 정부에 부여된 권한

바른 법을 세우고 정책을 가지고 사회를 제대로 통치하도록 하기 위해 하나님께서는 "통치자들의 손에 칼을 두셨습니다." 이는 로마서 13:4을 생각하면서 과거에 늘 사용한 말입니다. 이는 실제로 통치자들의 손에 칼이

---

[3] 모든 국민들이 40% 이상의 세금을 내고서 그런 방향으로 나가려고 하는가를 여러 면에서 같이 고민해 보아야 합니다. 한 사회에서 어느 정도의 세금이 적절한 것인가는 항상 논쟁거리가 됩니다. 이집트에서 요셉이 풍년에 소산의 1/5, 즉 20% 거둔 것(창 41:34)도 의미 있게 생각해 볼 수 있으나 이는 7년 풍년 후에 있는 7년 흉년을 생각한 특별 대책이라는 것을 생각하면 이것도 평상시에 일반화할 수 있는 것은 아닙니다. 이스라엘 백성에게 요구된 1/10이 그들의 여호와 경외하기를 배우는 일에 있어서 적절한 것이었음을 보면서, 이로부터 그 사회를 유지하는 데도 그 정도가 필요하지 않을까 하는 생각을 해 볼 수 있습니다.

있다는 말이기보다는 강제력을 사용할 수 있는 권한이 통치자들에게 부여되어 있다는 말입니다. 다양한 강제력을 가지고 통치자들은 (1) 악한 자들을 형벌하고, (2) 선한 사람들을 보호해야 합니다.

그러므로 정부가 가지는 강제력은 선한 사람들에게는 자신들을 보호하는 매우 좋은 수단입니다. 이 강제력에 의해서 악한 사람들에게서 사적으로 어려움을 받을 때 그로부터 건져지고 지켜질 수 있는 것이니 선한 자들에게는 정부의 강제력이 좋은 것이고 감사의 원인의 하나가 됩니다.

그러나 악한 사람들에게는 정부의 강제력이 두려움의 대상이 됩니다. 그러므로 정부의 강제력이 싫은 사람들은 스스로 자신들이 악하다는 것을 드러내는 것입니다. 그러나 이것도 다 일반 은총 가운데서 작용해서 이 세상의 악이 극(極)에 다하지 않도록 하는 일일 뿐입니다.

4. 정부에 대한 시민들의 의무

그러므로 사회의 모든 구성원들은 그들의 신분, 지위, 상태, 조건을 막론하고 누구나 다음과 같은 몇 가지 일을 반드시 해야 합니다.

첫째는 정부의 통치를 받으려고 해야 합니다. 외적인 일에 관한 한 정부에게 복속합니다. 그러나 정부는 우리의 정신과 내면적인 일을 통제하려고 할 수 없고, 해서도 안 됩니다.

둘째는 정한 세금을 납부해야 합니다. 물론 정부는 무리하게 세금을 정하고 억지로 그것을 받으려고 하는 일, 즉 예전에 늑징(勒徵)이라고 하던 바를 하려고 해서는 안 됩니다. 어느 정도의 세금이 적절한 것인가를 사회 공동체가 같이 논의하여 사회적 합의를 할 수 있는 사회일수록 좋은 사회입니다. 일정한 비율(%)의 세금을 모두가 내야 모든 구성원이 다 같이 사회에 기여한다는 의식이 생길 것이고, 그것이 사회를 건강하게 만들어 가는 데 도움이 됩니다. 아주 고액의 소득이 있는 사람들에게 세율이 많을 수 있습니다. 그러나 기본적으로 모두가 기본적으로 일정 비율(%)의 세금을 내도록 하는 것은 도움이 됩니다.

셋째는 그 대표자들을, 즉 우리에게 익숙한 용어로 표현하면, 행정부나 입법부나 사법부의 관리들을 영예롭게 여기고 존중해야 합니다. 그렇게 할 수 없는 사회는 매우 문제가 많은 사회입니다. 나치 하에서나 공산사회에서 일반 백성들이 그 대표자들을 과연 영예롭게 여길 수 있었는지 생각해 보십시오. 우리나라 사회도 오랫동안 나쁜 역사를 지내면서 이런 영역에서 일하는 분들은 별로 존중하지도 않고 영예롭게 보지도 않는 상황 속에 있습니다. 이것이 우리 사회의 수준을 드러내어 주는 것입니다. 사회가 그 대표자들을 존중하고 영예롭게 여길 수 있는 사회가 될 때 사회가 건전해집니다. 건전한 사회에서는 이런 대표자들을 존중하고 영예롭게 여기게 되고, 또 마땅히 그리해야만 합니다.

이때 그 영예와 존중은 그 개인에 대한 것이 아니라 그 직분에 관한 것임도 잘 의식해야 합니다. **개인적으로는 모든 사람이** 다 영예롭고 존중받을 만하다는 것이 기독교적 가르침입니다. 그러므로 여기서 말하는 영예와 존중은 그 직무에 대한 것입니다. 이는 이들 대표자들이 맡겨진 직무를 제대로 할 수 있도록 하기 위해 주어지는 것입니다.

넷째로, 하나님 말씀에 어긋나는 모든 것에 대해서는 그들에게 순종해야 합니다. 이런 생각이 중요한 것은 (1) 하나님 말씀과 충돌하는 것에 대해서는 순종하지 않고 저항할 수 있다는 것을 시사(示唆)하는 점(이에 대해서는 다음 항목에서 좀 더 논의하도록 합니다)에서도 의미 있고, (2) 그 외에서는 외적으로는 그들이 법과 정책에 순종해야 한다는 것을 분명히 한다는 점에서 의미 있습니다.

다섯째, "주께서 모든 면에서 그들을 잘 인도하여 주셔서(the Lord may be willing to lead them in all their ways) 우리들이 모든 경건과 건전함 가운데서 평온한 삶을 살 수 있도록"(we may live a peaceful and quiet life in all piety and decency) 해 주시기를 위해 기도해야 합니다(36항). 이런 기도가 과연 정부를 위한 기도입니다. 그 목표는 우리가 "경건과 건전함 가운데서 평온한 삶을 사는" 것입니다. 이를 위해 주께서 세속 정부도 일반은총 가운데서 인도해 주심이 필요합니다. 그래서 우리는 기도를 믿으면서 주께 힘써 간구해야 합니다. 정부가 제대로 할 때도 그러하고, 정부가 제대로 하지 않을 때도 그러합니다. 그렇게 제대로 하지 않을 때, 특히 악한 정부에 대해서 그리스도인은 어떻게 해야 합니까? 다음에 이 문제를 다루어 보기로 합니다.

제 43 강

시민 통치(Civil Government)에 대하여(2): 악한 통치 하에서는 어떻게 해야 하는가?

주께서 타락 이후에는 인간의 부패성 때문에 통치자들을 세우셔서 우리 사회의 불법을 억제하고 사회의 질서가 있도록 하셨다고 했습니다. 악한 통치자들이 자신들의 일을 제대로 하지 않을 때는 어떻게 해야 합니까?

악한 통치에 대한 기본적 대응

우리들은 악한 통치에 대해서 기본적으로 **잘 견뎌 나가야 합니다**. 아주 악한 통치에 그저 우리의 힘으로 저항하다가 죽는 것만이 능사가 아닙니다. 지금 북한에 있는 진정한 그리스도인들은 아무 소리도 못하고 그저 견디어 나갈 수밖에 없습니다. 아주 악한 통치 하에서는 그저 잘 견디어 내는 것만 할 수 있을 때가 많습니다. 일제 강점기의 그리스도인들을 생각해 보십시오. 인내의 근거는 하나님께서 온 세상을 통치하고 계시다는 것입니다. 악한 통치자들은 하나님께서 잠시 맡기신 권세를 오용하고 있는 것이라는 인식이 모든 판단의 근거가 되어야 합니다. 그러므로 주께서 이 악한 통치를 빨리 그치게 하여 주시기를 위해 온 세상의 주재께 아뢸 수밖에 없고, 그것이 우리의 인내의 근거입니다. 인내하며 기다리는 것 – 그것이 극도의 악한 통치 하에서 우리가 할 수 있는 유일한 일입니다.

예를 들어서, 지금의 북한 사회 속에서 우리가 태어나서 그 안에서 산다고 해 봅시다. 또는 아돌프 히틀러(Adolf Hitler, 1889-1945)가 정권을 잡은 1933년, 더구나 자신이 스스로 국가의 영도자라는 뜻으로 '총통'(Führer und Reichskanzler)이라고 한 1934-1945의 나치 독일 하에서 산다고 해 봅시다. 또는 1917년 10월 혁명 후, 특히 1921년 내란을 잠재우고 당시 러시아 인구 구천만 명중에 천오백만 명을 죽이고 소위 볼셰비키파가 정권을 장악한 1921년 후의 소련이나 1924년 레닌 사후 (1905년에 핀란드에서 열린 볼셰비키 대회에 참석했고, 이때 레닌을 만나 '강철의 인간'이란 의미의 스탈린이라는 이름을 얻었던) 이오시프 스탈린(Joseph Stalin, 1878-1953) 통치하 (1924-53)의 소련에 우리가 살고 있다고 해 봅시다.

그때 진실한 그리스도인들은 자신들이 처한 상황을 정확이 인식하면서 그 모든 문제를 만유의 주재께 아뢸 수밖에 없고, 또 아뢰어만 합니다. 이때 해서는 안 되는 일이 히틀러나 레닌이나 스탈린을 하나님께서 좋은 목적을 위해 세우셨다고 하면서 그들이 이끄는 대로 나가거나, 그들이 원하는 방향으로 잘 되어 가게 해 달라고 기도하는 것입니다. 모든 악한 통치에 대해서는 이런 명료한 예들에 비추어 생각해 보면 좋을 것입니다.

가장 어려운 경우가 히틀러 치하의 독일 그리스도인들입니다. 기도하면서, 그것도 매우 감동적으로 기도하면서 독일을 위기에서 구하기 위해서 자신이 세워졌다고 하면서 나타난 히틀러에 대해서 당시 독일 그리스도인들과 독일교회가 보였던 반응과 했던 일들을 잘 살펴보면 정말 이해할 수 없는 일들이 당시에 있었습니다. 오늘날 푸틴이 부활절 예배에 참석할 때 러시아 정교회가 하는 기도를 잘 생각해 보면 우리가 어떤 기도를 하면 안 되는지, 어떤 태도를 취하면 안 되는지 누구나 잘 알 수 있습니다. 역사적 거리를 가지거나 장소적 상황적 거리를 가지고 있을 때 우리는 비교적 객관적으로 판단하면서 어떻게 기도하는 것이 옳은 것이고, 어떻게 기도하는 것이 옳지 않은지를 잘 알 수 있게 됩니다.

우리는 모든 정황에서 하나님께서 세우신 통치자들을 위해서 기도해야 하는데, 이와 같은 악한 통치자들의 경우에는 그들을 위해 기도하는 내용이 그들이 잘 되게 해 달라는 것이기보다는 그들이 자신들은 일정 기간 세워진 존재임을 생각하면서, 위임된 백성들을 위한 통치를 하도록 그들을 돌이켜 달라는 기도가 주된 내용이 되어야 합니다. 하나님께서 참된 통치자임을 인정하고 그들이 종교적 의미에서 제대로 하나님께 돌이킬 뿐만 아니라, 그 결과로 백성들을 위한 통치로 돌이키도록 해 달라는 기도를 해야 합니다. 그것이 "과연 어느 때까지입니까?"라고 기도하는 하나님 백성들의 기도여야 합니다.

아주 악한 통치 하에서는 그 외의 활동을 거의 할 수 없을 것입니다. 그저 하나님께 이렇게 "어느 때까지입니까?"를 외치면서 주어진 오욕(汚辱)의 삶을 살아가야 합니다.

악한 통치에 대한 다른 잘못된 대응들

그러나 아무것도 못하는 상황 속에서 이렇게 만유의 주재께 외치는 기도, 또는 그것도 못해서 그저 읊조리기만 하는 기도, 더 나가서 그저 속으로만 하는 기도가 과연 하나님의 뜻을 제대로 파악해서 하는 기도라면, 그 기도는 강력한 힘을 발휘합니다. 그래서 참으로 하나님의 뜻대로 하는 기도는 매우 강력한 대응력이고, 큰 힘입니다. 우리는 이것을 참으로 믿어야 합니다. 문제는 이것을 믿지 않는 사람들이 많다는 것입니다. 그래서 그런 상황에서 기도하지 않고 다른 일들을 하는 것이 더 효과적이라고 생각하는 일이 많아집니다. 그것이 그리스도인의 세속화의 하나입니다.

예를 들어서, 악한 통치에 대해서 우리가 우리의 힘으로 저항해서 물리치는 일이 가능하다고 믿는 것이 세속화된 것입니다. 독일 노동자들이 단결해서 스스로 당을 만들고 스스로 문제를 해결하면서 독일 민족의 우수성을 드높이자고 한 것이 나치이고, 이 세상의 무산자들이 힘을 합해서 유산 계급을 몰아내고 무산자들의 제국을 자신들의 힘으로 건설하자고 나서서 계급 없는 사회의 실현이 가능하다고 믿는 것이 공산주의 운동입니다.

교회가 그렇게 우리들의 힘으로 이 땅에 도덕적 왕국을 수립하자고 하면서 같이 노력하자고 하는 것이 19세기 자유주의 신학의 생각이었습니다. 또한 단순히 도덕적 노력뿐만이 아니라 여러 방면의 힘을 다 동원해서 이 세상에서 실질적인 변화를 만들어 내자고 하는 기독교 현실주의(Christian realism)가 한동안 기독교계 내에서 강력한 힘을 발휘했습니다. 이 세상은 최후의 수단인 무력의 사용으로만 변할 수 있다는 현실을 인정하자는 이런 생각은 더 널리 퍼져 나가고 있고, 더 많은 여러 힘을 사용하자는 생각이 곳곳에서 나타나고 있습니다.

악한 통치에 대한 바른 저항 운동

그러면 진정한 그리스도인들은 모든 정황에서 기도만 하고 있는 사람들입니까? 대개는 그러합니다. 그래서 이 세상은 이런 해결책을 별로 달가워하지 않습니다.

그러나 진정한 그리스도인들이 이 세상에 대해서 직접적으로 말하면서 저항할 때가 있습니다. 그 하나는 하나님께서 세우신 백성을 위하는 사람(호민관)이 하나님의 세우심을 입고 정당한 자격을 가지고 악한 통치자에 대항해서 전쟁을 선포하는 경우입니다. 사인(私人)은 통치자에 대해서 외적으로 저항할 수 없습니다. 그는 그런 일로 부름을 받은 것이 아니기 때문입니다. 그러나 하나님께서 어떤 상황에서 공적으로 부름을 받아 백성들을 위하는 사람으로 세워진 사람은 공적으로 악한 통치에 대해 대결할 수 있으며 이 경우에 백성들이 이런 공인을 지지하며 나갈 수 있습니다. 하나님께서 세우신 공인의 역할이 여기 있고, 그런 이들을 지지하는 백성의 역할이 여기 있습니다.[1]

16세기 상황에서 이는 일종의 내전이 발생하는 경우였습니다. 악한 통치자와 그보다는 덜 악한 통치자가 대립하여 전쟁을 벌이는 경우에 백성들은 덜 악한 통치자의 편에서 이 전쟁에 참여할 수 있다고 한 것입니다. 일종의 정당 전쟁론의 경우가 됩니다. 그러므로 정당한 전쟁이라는 것이 있을 수 없다고 생각하는 극단적 평화주의자들을 이 문제에 있어서도 아무 말도 할 수 없는 상황에 있게 됩니다. 16세기까지의 정황에서는 악한 통치자들을 극복하도록 하나님께서 적법하게 세우신 또 다른 통치자가 악한 통치에 저항해서 일으키는 전쟁에 사인들이 참여할 수 있다고 했습니다. 이런 상황은 전쟁이 일어나는 것이므로 폭력이 발생하는 상황입니다. 그러나 이런 전쟁 상황에서는 덜 악한 쪽에 서서 전쟁에 참여할 수 있다고 한 것입니다. 그런 전쟁 상황에서는 상대적으로 보다 정당한 폭력의 행사가 있다는 것입니다.

그런 전쟁 상황이 아니면 우리들은 우리들이 외적으로 표명하는

---

1 이를 시사하는 John Calvin, 『기독교 강요』, 4. 20. 22-32를 보십시오. 이에 근거한 이승구, "시민의 복종과 저항 문제에 대한 칼빈의 입장과 그 현대적 의미", 『개혁신학에의 한 탐구』 (서울: 웨스트민스터출판부, 1995), 167-77을 보십시오.

모든 것에 대해서 우리에게 미쳐지는 모든 어려움 – 때로는 모진 고문과 큰 폭력에 대해서 무저항의 저항을 할 수 있습니다. 예수님을 믿지 않는 간디(Mahatma Gandhi, 1869–1948) 같은 사람도 식민지배를 하던 대영제국 (the British Empire)에 대항해서 영국 상품의 불매, 납세 거부, 공직 사퇴 등 영국에 대해 폭력 없이 저항을 할 것을 호소하면서 무저항의 저항을 하며 인도인들을 인도해서(1919–1947년까지의) 28년의 무저항의 저항 끝에 인도의 독립(1947년 8월 15일)이라는 놀라운 일을 이루어 내었음을 생각할 때, 참된 그리스도인들도 항상 이런 방식으로 의사 표시를 할 수 있습니다. 신사참배에 저항하던 우리나라 선배 그리스도인들의 태도가 바로 이런 태도였습니다. 오늘날 사람들이 별로 좋아하지 않는 이런 태도와 투쟁 방식이[2] 사실은 참으로 기독교적 태도이고 저항 방식입니다.

그러나 너무나 감사하게도 오늘날 대부분의 나라에서는 이것이 선거로 이루어집니다.[3] 이처럼 무혈로 서로 의견을 표명하는 것이 훨씬 나은 방식입니다. 사회가 건전한 사회일 때는 국민들이 자신들의 의견을 표현하고 그것이 통치자 선출과 정책에 반영된다는 확신을 더 가지게 됩니다. 이런 사회를 "정치 효능감이 높은 사회"라고 합니다. 오늘날에는 이런 식으로 통치자를 국민들이 선출하게 되었으니 이 문제를 가지고 그리스도인들은 제대로 판단하고 일반은총 가운데서 덜 악한 사람들을 선출하여 일정 기간 통치를 감당하도록 합니다.

악한 통치의 두 유형:

---

[2] 현대인들에게는 위에서 말한 '기독교 현실주의'가 말하는 최후의 수단으로서의 폭력 사용의 승인, 또는 해방신학이 제시하는 문제의 분석과 해결책에서 필요하면 마르크스주의적 시각과 방법론을 좀 더 많이 받아들이는 것과 같은 것이 현실적 방법이라고 여겨지고 있습니다.

[3] 그러므로 선거를 이상하게 왜곡시키는 세력은 현대 사회의 공적이라고 해야 합니다.

(1) 자의적으로 하는 통치와 (2) 합법적으로 이상한 방향을 향해 가는 통치

이 세상의 대부분의 통치는 거의 악한 통치였습니다. 선하고 바른 통치는 역사상 유례가 드뭅니다. 악한 통치는 전제군주제와 같이 자기 마음대로 통치하는 통치여서 법도 무시하고 지속해서 자기 마음대로 통치하려고 하는 경우입니다. 그런 경우에는 위에서 살펴본 대로 "언제까지이니이까?" 하면서 일반은총 가운데서 더 나은 상태를 만들어 주시기를 위해 기도하면서 노력해야 합니다.

사람들이 잘 의식하지 못하는 악한 통치는 히틀러 경우와 같이 합법적으로 선출되어서는 나라와 사회를 이상한 방향으로 이끌어 가려고 하는 경우입니다. 특히 이에 동조하는 사람들이 많이 있는 경우에는 그 사회가 앞으로 상당히 어려운 일을 겪을 수도 있습니다. 사회를 좀 더 공유적인 방향으로 이끌어 나가려고 하고, "하나님께서 사람들 사이에 수립하신 도덕 질서를 무너뜨려서 정의를 왜곡시키려고 하는" 방향으로 사회를 이끌어 나가려 하는 통치가 그런 통치의 대표적인 예입니다. 특히 프랑스 68혁명 이후 기존의 도덕 질서를 고의로 무너뜨리려고 하면서 기존의 가정과 성적인 것에 대한 이해를 다 바꾸어 보려고 하는 통치가 그런 예입니다. 오늘날 유럽에서부터 시작된 젠더 이데올로기를 주류로 만들고자 하는 소위 성주류화(main streaming) 정책을 온 세상에 적용하려는 통치가 이런 것입니다.

나가면서

그러므로 우리들은 이런 시대의 흐름을 정확히 파악해서 이런 방향에 대해 저항해 나가는 일을 지속해야 합니다. 시대의 분별이 일차적인 과제이고, 그 상황 속에서 사회가 이런 방향으로 가지 않도록 가장 지혜롭게 노력해야 합니다. 교육이 가장 중요한 문화 전쟁의 장이 됩니다. 그래서 일반 은총에 사람들이 덜 저항해 나가도록 하며, 더 나아가서 복음을 효과적으로 전해서 사람들을 이 세상의 다른 방향으로부터 하나님과 그리스도에게로 돌이키도록 하는 일을 해야 할 것입니다. 우리는 (다음 강의에서 논의할) 그리스도의 재림과 최후의 심판이 우리에게 이를 때까지 지속적으로 이렇게 살아야 합니다.

제 44 강

그리스도의 재림과 최후의 심판

그리스도인들의 믿음의 내용 가운데 가장 마지막에 언급되는 것은 그리스도의 재림과 최후의 심판에 대한 것입니다. 이것이 마지막으로 언급되는 것은 사건의 순서상 이 일들이 마지막에 일어날 것이기 때문이지, 이것의 중요성이 덜해서가 아니라는 것은 누구나 다 알고 있습니다. 우리가 믿는 바의 대부분은 이미 일어난 것에 대한 것이지만, 이것은 장차 있을 일에 대한 믿음을 고백하는 것입니다. 아직도 일어나지 않은 이런 일들에 대해서 믿을 수 있고 확실하게 말할 수 있는 것은 과거에 일어난 것들에 대해서와 같이 재림과 최후심판에 대해서도 성경이 언급하고 있기 때문입니다. 그러므로 다른 모든 믿음의 조항에서와 같이 장차 일어날 일에 대해서도 우리들은 오직 성경이 말하는 대로 말해야 하고, 그 이상을 말하려고 해서는 안 됩니다. 이것이 천주교회와 개신교의 큰 차이의 하나입니다. 천주교회와 불건전한 분들은 성경에 있지 않은 것에 대해서도 하나님의 새로운 계시가 있어서 그것에 대해서 말할 수 있다고 생각합니다. 그러나 제대로 된 개신교인들은 오직 성경이 말하는 것만을 말하고 그 의미를 생각합니다.

성경이 말하는 그리스도의 재림 사실

"성경에 의하면, 주께서 오시기로 정해진 때가 되고 선택된 사람들의 수가 차면 그리스도께서, 마치 그가 승천하실 때 몸으로 그리고 눈에 보이도록(bodily and visibly) 하늘로 오르신[승천(昇天)하신] 것과 같이 (이번에는) 하늘로부터 오시는데, (이때에는) 큰 영광과 엄위를 가지고 오셔서 자신을 산 자들과 죽은 자들의 심판자로 선언하실 것입니다."(〈벨직 신앙고백서〉, 37 항 앞부분).

그런데 그리스도께서 다시 오시기로 정해진 때는 피조물 가운데 그 누구도 알 수 없다고 성경이 말하고 있습니다. 이는 예수님께서 친히 그렇게 말씀하셨기 때문입니다. 그러므로 우리들은 재림의 날에 대한 추론을 하지 말고, "그날과 그때는 아무도 모른다"는 것을 분명히 하면서 성경에 따라서 그 날이 올 때까지 **한결같은 태도로 건실한 삶을 영위해야** 합니다.[1] 이 진술에 의하면 선택된 사람들이 시간과 역사 속에서 그리스도를 믿고 신앙을 고백하는 일이 이루어지는 것과 그리스도의 재림이 연관되어 있으므로, 구원함을 받아 하나님께서 의도하신 건전한 삶을 살아가는 사람들은 모든 사람들에게 천국 복음을 잘 선포하여 선택된 사람들이 다 복음을 듣고 믿어 신앙을 고백하고 하나님께서 의도하신 삶을 살도록 해야 합니다.

그리스도의 재림이 "그의 몸으로 그리고 눈에 보이는 형태"로 이루어진다는 것은 그리스도께서 영으로 재림하신다는 잘못된 생각과[2] 은

---

[1] 이 점에 대한 강조로 이승구, 『성경적 종말론과 성도의 삶』 (서울: 말씀과 언약, 2022) 을 보십시오.

[2] 자유주의적 입장을 가진 분들이나 이교에서는 그리스도의 영적 재림을 말합니다. 자유주의자들의 영적 재림 이해에 대해서는 다음 책들을 보십시오. Adolf Harnack, *What is Christianity?* (New York: Putnam, 1902); William Adams Brown, *The Essence of Christianity* (New York:

밀하게 이루어진다는 국면도 있다는[3] 잘못된 생각을 모두 다 차단하는 것입니다. 많은 사람들이 이 두 가지를 분명히 하지 않음으로 재림에 대한 성경의 가르침 밖으로 나가고 있습니다. 그러나 우리들은 성경에 충실하게, 그리스도의 재림은 그가 승천(昇天)하신 것과 같이 "그의 몸으로 다시 오시는 사건"이며, 누구나 다 알 수 있게 오는 공개적 사건이라는 것을 분명히 해야 합니다.

이때 온 세상은 "물질이 뜨거운 불에 풀어지고"(벧후 3:10), 또는 "하늘이 불에 타서 풀어지고 물질이 뜨거운 불에 녹아지려니와"라고 표현된 것(벧후 3:12)은 그 정확한 과정은 우리들이 모르나 결국 온 세상이 "정결케 되기 위한 것"(in order to cleanse it)이라는 〈벨직 신앙고백서〉 37항의 선언이 의미 있는 것으로 여겨져야 합니다. 이 세상은 루터파에서 주로 그렇게 생각한 것과 같이 없어지고 새로운 세상이 다시 창조되는 것이 아니라, 하나님께서 창조하신 "천지(天地)", 즉 하늘과 땅과 그 안에 있는 모든 것들이 모두 질적으로 새롭게 되어 "새 하늘과 새 땅"이 되는 것입니다. 그렇게 되는 과정을 베드로후서 3장 10절-12절이 묘사했다고 생각됩니다.

Scribner's, 1902); William Newton Clarke, *An Outline of Christian Theology* (New York: Charles Scribner's Sons, 1922); Shailer Mathews, *The Faith of Modernism* (New York: Macmillan, 1924); A. C. McGiffert, *Christianity as History and Faith* (New York: Scribner's, 1934). 18세기 스웨덴의 엠마누엘 스웨덴보리(Emanuel Swedenborg)를 따르는 새 교회의 대표적인 주장을 제시하는 Marguerite Beck Block, *The New Church in the New World* (New York: Henry Holt and Company, 1932), 38을 그리고 인도 구루의 이런 생각의 대표적인 예로 Paramahansa Yogananda (1893-1952), *The Second Coming of Christ: The Resurrection of the Christ Within You: A Revelatory Commentary on the Original Teachings of Jesus*, 2 vols. (LA, CA: Self-Realization Fellowship, 2004)를 보십시오.

3 세대주의자들은 한 재림의 두 국면을 말하면서 은밀히 이루어지는 공중 재림과 공개적으로 이루어지는 지상 재림을 나누어 말합니다. 이런 것에 대한 좋은 비판으로 Anthony A. Hoekema, *The Bible and the Future* (Grand Rapids: Eerdmans, 1979), 류호준 역, 『개혁주의 종말론』 (서울: CLC, 1986)을 보십시오.

성경이 말하는 최후의 심판 광경

성경에 의하면, "그때에 모든 사람들, 즉 세상의 시작부터 끝까지 세상에 살았던 남자, 여자, 어린 아이들 모두가 다 개별적으로(in person) 크신 심판자 앞에 서게 될" 것이라고 합니다(계 20:12). "천사장의 소리와 하나님의 나팔 소리"(살전 4:16)는 심판자이신 그리스도의 재림을 알리기만 하는 것이 아니라, 온 세상 모든 사람들을 다 소집하는 소리이기도 합니다. 그리하여 그 이전에 죽은 모든 사람들은 그들의 영혼이 그들이 살던 몸, 그러나 그 질(質)이 변하여 영원히 있게 되는 몸과 다시 결합되어 일어나게 될 것입니다. 이것이 재림 때에 있을 물리적 부활입니다. 또한 재림 당시에 아직 살아 있는 사람들은 다른 사람들과 같이 죽지 않고 "마지막 나팔에 순식간에 홀연히 다 변화될" 것입니다(고전 15:51).

그리고는 최후의 심판이 이루어지는데, 요한계시록에서는 이것을 "죽은 자들이 자기 행위를 따라 책들에 기록된 대로 심판을 받으니"(계 20:12)라고 묘사하고 있습니다. 여기 각 사람들의 지난 행적을 다 기록한 책들은 결국 사실을 드러내는 것이며, 온전한 사실 조사에 따라 이 심판이 공정하게 이루어질 것임을 보여줍니다. 그런데 〈벨직 신앙고백서〉에서는 책들을 "양심들"(the consciences)이라고 해석하고 있습니다. 양심이 제대로 되어, 그 어의(語義) 그대로 하나님과 함께(con) 알고 인정하여 (science) 모든 문제들이 다 드러나 그에 따라 심판이 이루어진다고 하는 것입니다. 우리가 정확한 것은 잘 알 수 없으나, 최후의 심판에서는 참으로 엄밀하고 공정한 심판이 이루어질 것입니다.

정말 모든 것이 다 심판되니, 모든 사람은 자신들이 말한 모든 말에 대해서 책임을 지고 설명해야 합니다. 예수님께서는 "사람이 무슨 무익한 말(all the idle words)을 하든지… 이에 대하여 심문을 받으리니"(마 12:36)라고 하셨습니다. 교회는 이것에 세상이 그저 농담으로 여기는 말도 포함시켜 생각해 왔습니다. 그러므로 "모든 사람들 앞에서 모든 사람들의 비밀과 위선들이 다 공개적으로 드러나게 됩니다." 따라서 사악한 사람들에게는 이 심판에 대한 생각만도 두렵고 무시무시하리라는 생각은 옳고 근거가 있습니다.

믿는 사람들도 모두 그리스도의 심판대 앞에 서서 그들의 죄도 드러날 것입니다. 그러나 그들의 죄에 대한 모든 형벌을 그리스도께서 이미 받으셔서 그들에 대한 온전한 속함을 다 이루신 것에 근거해서 "구속이 온전하게 될 것이고"(their total redemption will be accomplished), 그 대속자가 심판자이시니, 그리스도를 의지하는 사람들은 그리스도의 의에 근거해서 정죄되지 않을 것입니다(37항). 바울은 그 모든 함의까지를 다 담아서 "그러므로 이제 그리스도 예수 안에 있는 자에게는 결코 정죄함이 없다"(롬 8:1)고 선언합니다. 우리는 이것을 믿음으로 받아들이며, 따라서 (영원에서) 선택되어 (시간 중에서 믿을 때에) 칭의받은 사람에게는 심판이 "아주 만족스럽고 큰 위로가 됩니다"(it is very pleasant and a great comfort). (〈벨직 신앙고백서〉, 37항). 그들이 세상을 살 때 순전하게 살았음이 모든 사람들에 의해서 인정될 것이고(그렇다면 우리는 이 세상에서 참으로 순전하게 살아야 하겠다는 마음을 더 확실히 하면서 그렇게 살아가야 합니다), 그들을 이 세상에서 압제하고 괴롭힌 악한 사람들에게 하나님께서 무섭게 보복하심을 보게 될 것입니다. 그들이 이 세상에서 당한 고난과 수고한 그 열매들을 받게 될 것입니다.

하나님의 아들이 성부 하나님과 선택받은 거룩한 천사들 앞에서 그들을 시인하실 것입니다(마 10:32). 이것을 그들의 "이름을 일일이 불러 인정하실 것입니다"는 함의로 말하는 〈벨직 신앙고백서〉 37항을 생각하는 것은 특히 이 땅에서 고통당하고 억울한 일을 당하는 사람들에게 큰 도움이 됩니다.

그리고 이 신자들이 주장한 것이 옳으며, 그것이 바로 하나님의 아들의 주장이라는 것, 즉 하나님의 아들이 원하시던 바라는 것이 인정될 것입니다. 종교개혁 "당대에 세상의 많은 재판관들과 관리들에 의해서 이단적이고 사악한 것이라고 정죄되었던 그들의 주장이 사실은 옳은 것이며, 그것이 바로 하나님의 아들의 주장이라는 것, 즉 하나님의 아들이 원하시던 바라는 것이 인정될 것입니다."(37항)는 말이 당대 사람들에게 얼마나 큰 위로가 되었겠는지 생각해 보십시오.

심판 이후의 상황

끝까지 믿지 않은 악한 사람들은 그들 자신의 양심이 증인이 되어 죄 있다고 선언될 것이고, "마귀와 그 사자들을 위하여 예비된 영원한 불"에서 (마 25:41) 영원히 형벌받기 위해서 불멸하게 될 것입니다. 그러므로 끝까지 믿지 않는 사람들은 "영원한 형벌받음"이 분명하게 드러납니다. 이것을 전통적으로 "지옥"(gehenna)이라고 합니다.

이와 대조적으로 선택함을 받아 믿은 사람들은 영광과 영예를 얻을 것입니다. 최종적 상태인 그 영광의 상태를 영광의 왕국(regnum gloriae)이라고 하며, 요한계시록에서는 "새 하늘과 새 땅"이라고 합니다(계 21:1-7). 주께서 사람이 능히 상상하지 못하는 지극한 영광을 그의 백성들에게 주실 것입니다.

이를 바라보는 우리의 자세는?

그러므로 "우리는 우리 주 예수 그리스도 안에서 주실 하나님의 약속을 온전히 누리기 위해서 그 큰 날을 갈망하면서 고대합니다."(37항) 진정한 성도들은 항상 주님의 오심을 기대해 왔습니다. 지금도 사랑하시는 주님이 오셔서 이미 시작하신 구원을 온전히 하시고, 하나님 나라를 극치에 이르게 하시는 것을 기대하는 것이 성도들의 마땅한 자세입니다.

"그의 약속대로 의가 있는 곳인 새 하늘과 새 땅을 바라보는"(벧후 3:13) 우리들은 "주 앞에서 점도 없고 흠도 없이 평강 가운데서 나타나기를 힘쓰라"(벧후 3:14)라는 권면을 받고 있습니다. 그러므로 진정한 성도들은 이 세상에 있을 때에 하나님께서 원하시는 삶을 살면서, 주께서 다시 오시기를 항상 고대(苦待)합니다.

<부록>

벨직 신앙고백서

벨직 신앙고백서

제1항: 하나님의 본성에 대하여(*de Natura Dei*)

우리 모두는 우리가 하나님이라고 부르는
"단순하시고 영적인 한 존재"가 계심을 마음으로 믿고,
입으로 고백합니다.
그는 영원하시고, 불가해적이시며 [즉, 온전히 다 알 수는 없으시며],
보이지 아니하시고, 변하지 아니하시며,
무한하시고, 전능하시며,
온전히 지혜로우시고, 의로우시며, 선하시고,
모든 선의 넘쳐흐르는 원천이시라는 것도
마음으로 믿고, 입으로 고백합니다.

제2항: 우리가 하나님을 알게 되는 수단들

우리는 두 가지 방도로 하나님을 압니다.
첫째는, 우주의 창조와 보존과 통치를 통해서입니다.
이것은 가장 아름다운 책으로 우리 눈앞에 있습니다(시 19:1-4).
여기서는 크고 작은 모든 피조물들이, 바울이 말한 바와 같이(롬 1:20),
하나님의 보이지 아니하는 것들,
즉 그의 영원하신 능력과 신성을 분명히 인식하도록
우리를 인도하는 많은 글자들과 같습니다.
이 모든 것들은 (이를 받아들이지 않은) 사람들을 정죄하기에 충분하고,

따라서 그들을 변명할 수 없게 합니다.

둘째는, 하나님께서 이 세상에서의 우리의 삶에 충분할 정도로
그의 거룩하고 신적인 말씀으로 가장 분명하게
그리고 온전히 당신님을 알리십니다(시 19:7-8; 고전 1:18-21).
그의 영광과 우리의 구원을 위해서 말입니다.

제3항: 기록된 하나님의 말씀

우리는 이 하나님의 말씀이 사람들의 뜻으로 보내지고
전달된 것이 아니라,
베드로가 말하고 있는 바와 같이
하나님의 거룩한 사람들이 성령에 의해 감동되어
말씀하셨던 것이라고 고백합니다(벧후 1:21).
그 후에 우리 하나님께서는 우리와 우리 구원을 위한
특별하신 돌봄을 위하여
자신의 종들인 선지자들과 사도들에게
이 계시된 말씀을 기록하도록 명령하셨습니다.
그러므로 하나님 자신이 그 자신의 손가락으로
율법의 두 돌 판을 기록하셨다고 할 수 있습니다.
그러므로 우리는 이 기록들을 '거룩하고 신적인 책들'(holy and divine Scriptures)이라고
부릅니다.

제4항: 정경에 속하는 책들

우리들은 성경은 정경(canonical)인 구약과 신약에 포함된 책들뿐이고, 이외에는 그 어떤 다른 책들도 성경이라고 주장할 수 없음을 믿습니다. 이 책들은 하나님의 교회 안에서 정경으로 언급되었습니다. 구약에 속하는 책들은 모세 5경, 즉 창세기, 출애굽기, 레위기, 민수기,

신명기와 여호수아서 룻기, 사사기, 사무엘상하, 열왕기상하, 역대기상하, 에스라, 느헤미야, 에스더, 욥기, 다윗의 시편들, 솔로몬의 세 책, 즉 잠언, 전도서, 아가, 이사야, 예레미야, 에스겔, 다니엘 등의 대선지서, 그리고 12권의 소선지서라고 불리는 호세아, 요엘, 아모스, 오바댜, 요나, 미가, 나훔, 하박국, 스바냐, 학개, 스가랴, 그리고 말라기입니다.

신약에 속하는 책들은 사복음서인 마태복음, 마가복음, 누가복음, 요한복음과 사도행전, 바울의 14권의 책들인 로마서, 고린도전후서, 갈라디아서, 에베소서, 빌립보서, 골로새서, 데살로니가 전후서, 디모데전후서, 디도서, 빌레몬서, 히브리서, 그리고 다른 사도들의 서신인 야고보서, 베드로전후서, 요한일서, 요한이서, 요한삼서, 유다서, 그리고 요한계시록입니다.

제5항: 성경의 권위

우리들은 이 책들, 오직 이 책들만을
우리의 신앙을 규례하고 토대를 놓으며 수립하는
거룩하고 정경으로 받아들입니다.
우리가 아무 의심 없이 그 안의 모든 내용을 믿는 것은,
교회가 이 책들을 정경으로 받고, 동의하였기 때문만이 아니라,
무엇보다 성령께서 우리 마음 가운데서
그것들이 하나님께로서 왔음을 증언하시기 때문이고,
또한 성경의 책들이 스스로 증거하기 때문입니다.
심지어 눈먼 자들도 그 책들 가운데 예언된 일들이 이루어진 사실을
깨달아 알 수 있습니다.

제6항: 정경에 속하는 책들과 외경에 속하는 책들의 차이

우리는 이러한 성경을 외경들과 구별합니다. 외경으로는 에스드라 3, 4서, 토빗서, 유디트, 지혜서, 시락서, 바룩서, 에스더에 덧붙여진 글들, 용광로에 던져진 세 젊은이들의 찬송, 수산나 이야기, 벨과 용의 이야기, 므낫세의 기도, 마카비 1, 2서들이 있습니다. 이 모든 외경들은 정경의 책들과 일치하는 한 교회가 읽고 그로부터 교훈을 얻을 수 있습니다. 그러나 이 외경들은 우리가 그 책의 증거에서부터 신앙과 기독교의 어떤 요점이라도 확정할 만한

힘도 권위도 없습니다. 더구나 이 외경들로 정경의 권위를 저하시키는 데에 사용해서는 안 됩니다.

제7항: 성경의 충족성

우리는 성경이 하나님의 뜻을 완전히 담고 있으며, 사람이 구원을 위하여 믿어야 할 모든 것을 충족하게 가르치고 있다고 믿습니다. 하나님이 우리에게 요구하시는 예배의 전체 방식이 성경 안에 상세히 기록되어 있기 때문에 심지어 사도라 할지라도 지금 성경이 우리에게 가르치는 내용과 다르게 가르치는 것은 부당합니다. 사도 바울이 말하듯이 "혹 하늘로부터 온 천사라도" 그렇게 할 수 없습니다. 하나님의 말씀에 무엇을 보태거나 거기서 무엇을 빼는 일이 금지되어 있으므로(신 12:32; 계 22:18-19) 성경의 교훈은 가장 온전하고 모든 면에서 완전한 것입니다.

사람이 쓴 글은, 그 저자가 아무리 거룩한 사람이라 해도 성경과 동등한 가치가 있는 것으로 여겨서는 안 됩니다. 또한 관습이나 혹은 다수에 속한 것이나, 오래된 것, 시대와 사람들을 거쳐 전승된 것, 종교회의들, 칙령이나 법규 등을 하나님의 진리와 동등한 가치가 있는 것으로 여겨서도 안 됩니다. 하나님의 진리는 모든 것 위에 있기 때문입니다. 또한 사람은 모두 다 거짓되고(시 116:11), '입김보다도 가볍기'(시 62:9) 때문입니다.

따라서 우리는 이 무오한 규칙과 일치하지 않는 것은 무엇이든지 다 심중에서 배척합니다. 이것은 사도가 우리에게 가르친 것이기도 합니다. "영들이 하나님에게로부터 왔는지 시험해 보라"(요일 4:1). 마찬가지로 "만일 누가 너희에게 와서 이 교리를 전하지 않거든 그를 너희 집에 받아들이지 말라"(요이 10).

제8항: 하나님께서 본질에서 한 분이시며 동시에 세 위격이신 것에 관하여

이 진리와 하나님 말씀에 따라서 우리는 한 하나님을 믿습니다. 즉, 한 본질을 가진, 실재로, 참으로, 그리고 영원히, 비공유적 특성들에 따라 구별되는 세 위격, 즉 성부와 성자와 성령이신 한 하나님을 믿습니다. 성부께서는 보이는 것들과 보이지 않는 모든 것들의 원인이요, 기원이며, 원천이십니다. 성자께서는 말씀이요, 지혜요, 성부의 형상이십니다. 성령님은 성부와 성자로부터 영원히 나오시는 영원하신 능력과 강력(the eternal power and might)이십니다.

그럼에도 이 구별들이 하나님을 세 분으로 나누는 것은 아닙니다. 왜냐하면 성부와 성자와 성령께서 각기 독특한 특성으로 나름의 위격(his own subsistence)을 가지시지만, 이 삼위(these three persons)가 오직 한 하나님(only one God)이시라고 성경이 우리에게 가르쳐주고 있기 때문입니다.

성부께서는 성자가 아니시고, 성자께서는 성부가 아니시며, 또한 성령께서는 성부와 성자가 아니신 것은 분명합니다.

그럼에도 삼위(三位)는 서로 구별되지만(distinct), 나뉘거나(divided) 합하여 하나가 되거나(fused) 혼합되지(mixed together) 않습니다.

성부께서 성육신하신 것이 아니시고 성령께서 성육신하신 것도 아니시며, 오직 성자께서만 성육신하셨기 때문입니다.

성부께서는 한 번도 성자가 없이 계신 적이 없고, 또한 성령님과 함께 계시지 않은 때가 없으니, 삼위는 영원부터 하나의 같은 본질(one and the same essence)을 가진 동등한 위격들이기 때문입니다.

삼위(三位) 안에서는 누가 첫째고 누가 마지막이고 하는 것이 없으니, 삼위는 참되심과 능력에서, 선하심과 자비에서 하나이시기 때문입니다.

제9항: 삼위일체에 대한 성경의 증언

(삼위일체 하나님에 대한) 이 모든 것들을 우리들은 성경의 증언들로부터, 그리고 (성부 하나님, 성자 하나님, 그리고 성령 하나님) 각 위격의 영향력들, 특히 우리들 안에서 우리가 느끼는 것으로부터 알게 됩니다.

우리들에게 이 거룩한 삼위일체를 믿도록 가르치는 성경의 증언들은 구약의 여러 부분들에 기록되어 있어서 열거되기만 할 뿐 아니라 조심성 있게(with discretion) 선택되어져야 합니다.

창세기에서 하나님께서는 "우리가 우리의 형상을 따라 우리 모양대로 사람을 만들자"고 하시고, "보라! 이 사람이 우리 중의 하나와 같이 되었으니"라고 하셨습니다.

이로부터 신성에 위격의 복수성(a plurality of persons)이 있음이 나타납니다. "우리가 우리의 형상대로 사람을 만들자"고 할 때에 위격의 복수성이 나타나는 것으로 보이며, 그후에 "하나님께서 창조하시니라"고 단수로 말씀하실 때 하나님의 하나이심이 시사되는 것입니다.

여기서 그 복수가 몇인지가 언급되지 않은 것은 사실이나, 구약에서는 우리에게 좀 불명료한 것이(somewhat obscure to us) 신약에서는 아주 분명히 나타납니다.

우리 주님께서 요단강에서 세례를 받으실 때에 "이는 내 사랑하는 아들이니"라는 성부의 음성이 들려 왔으며, 그때 성자께서는 물 가운데 서 계셨고, 성령님께서는 비둘기의 형체로 나타나셨습니다.

그리고 모든 신자들이 세례를 받을 때에 다음과 같은 양식을 사용하여 세례를 주고받으라고 우리 주님께서 규정하셨습니다. "모든 사람들에게 아버지의, 아들의, 그리고 성령의 이름으로 세례를 주라."

또한 누가복음서에 의하면 가브리엘 천사는 우리 주님의 어머니이신 마리아에게 다음 같이 말하였습니다. "성령이 네게 임하시고 지극히 높으신 이의 능력이 너를 덮으리니 이러므로 나실 바 거룩한 자는 하나님의 아들이라 일컬으리라."

신약의 또 다른 곳에서는 이렇게 말합니다. "주 예수 그리스도의 은혜와 하나님의 사랑과 성령의 교통하심이 너희 무리와 함께 있을지어다."

또 다른 곳에서는 "하늘에서 증거하는 이가 셋이니, 아버지와 말씀과 성령이니, 이 셋은 하나니라"고 하기도 합니다.

이 모든 구절들은 "하나의 유일하신 신적 본질을 가진 삼위가 계신다"(three persons in the one and only divine essence)고 온전하고도 충분히 가르치고 있습니다. 비록 이 교리가 인간의 이해를 넘어서는 것이기는 하지만, 하늘에서 이를 더 온전히 알고 즐길 것을 기다리면서 우리는 말씀을 통해서 지금도 삼위일체를 믿습니다.

제10항: 그리스도의 신성에 대하여

우리는 예수 그리스도께서 그분의 신성을 따라 하나님의 독생자로서 영원 전에 나셨으며, 피조물이 아니시므로 그분은 조성(組成)되거나 창조되지 않으셨고, 성부와 동일본질이시고 동일하게 영원하시며, "하나님의 영광의 광채시요 그 본체의 형상"이시고(히 1:3), 모든 점에서 성부와 동등하심을 믿습니다. 그분은 우리의 본성을 취하셨을 때부터만 아니라 영원부터 하나님의 아드님이십니다.

이것은 구약과 신약의 여러 구절들이 다음과 같이 우리에게 증거하는 바와 같습니다. 모세는 하나님께서 세상을 창조하셨다고 말하고, 사도 요한은 모든 것이 말씀, 곧 그가 하나님이라고 부르는 그분에 의하여 지음을 받았다고 말합니다. 또한 히브리서에서는 하나님께서 자기 아들을 통하여 만물을 지으셨다고 합니다. 마찬가지로 바울 사도도 하나님께서 예수 그리스도를 통하여 만물을 창조하셨다고 말합니다. 따라서 하나님, 말씀, 아드님, 예수 그리스도라고 불리는 그분은 만물이 창조될 때에 존재하셨으며 그 만물을 창조하신 바로 그분이라는 결론에 이르게 됩니다.

그러므로 그분께서는 "진실로 진실로 너희에게 이르노니 아브라함이 나기 전부터 내가 있느니라"(요 8:58) 하고 말씀하실 수 있었습니다. 또한 그분은 "아버지여, 창세 전에 내가 아버지와 함께 가졌던 영화로써 지금도 아버지와 함께 나를 영화롭게 하옵소서"(요 17:5)라고 기도하셨습니다. 따라서 그분은 전능하신 분이시고 참되시고 영원하신 하나님이시며 우리가 그 이름을 부르고 예배를 드리며 섬기는 분입니다.

제11항: 성령의 신성에 관하여

우리들은 또한 성령님이 성부와 성자에게서
영원히 나오신다고 믿고 고백합니다.
(성령님은) 만들어지신 것도 아니고, 피조된 것도 아니고,
성부와 성자에게서 나오십니다.

질서에 있어서는 성령님이 삼위일체의 세 번째 위격이시지만
성령님은 성부와 성자와
하나의 동일한 본질을 가지고 계시며(of one and the same essence),
권위와 영광이 동등하십니다.

(성령님은) 성경이 우리에게 가르쳐 주시는 대로
참되고 영원하신 하나님이십니다.

제12항: 세상의 창조와 천사에 관하여

우리는 성부께서 말씀으로, 즉 그분의 아드님을 통하여 아무것도 없는 중에서 하늘과 땅과 모든 피조물을 하나님께서 보시기에 좋으신 때에 창조하셨으며, 또한 각각의 피조물에 그 존재와 형태와 모양을 주시고 자기의 창조주를 섬기도록 특별한 과업과 기능을 주셨다고 믿습니다. 또한 그분의 영원하신 섭리와 무한하신 능력으로 만물을 계속 보존하고 다스리셔서 만물이 사람을 섬기도록 하시고, 그리하여 궁극적으로 사람이 자기 하나님을 섬길 수 있게 하심을 믿습니다.

하나님께서는 또한 천사들도 선하게 창조하셔서 그들로 그분의 사자들이 되어 택하신 사람들을 위해 봉사하도록 하셨습니다. 그런데 일부 천사들은 원래 하나님께서 창조하셨던 탁월한 상태에서 타락하여 영원히 멸망하게 되었고, 그 외의 천사들은 하나님의 은혜로 계속하여 원래의 상태를 계속 유지하고 있습니다. 마귀들과 악한 영들은 너무도 타락한 나머지 하나님과 모든 선한 일의 원수가 되었습니다. 그들은 온 힘을 다해 교회와 그 각각의 회원들을 해치고 자신들의 악한 계략으로 모든 것을 파괴하려고 마치 살인자들처럼 숨어 기다리고 있습니다. 따라서 그들은 자신들의 악 때문에 영원한 정죄를 받아 날마다 무서운 고통을 기다리게 되었습니다.

그러므로 우리는 영들과 천사들의 존재를 부인하는 사두개파 사람들의 오류와, 또한 마귀는 창조된 것이 아니라 독자적인 기원을 가진 존재라고 주장하고 또 그들이 타락한 것이 아니라 원래부터 본성이 악하다고 주장하는 마니교의 오류를 배격하며 혐오합니다.

제13항: 하나님의 섭리에 관하여

우리는 이 선하신 하나님께서 만물을 창조하신 후에 그냥 내버려 두시거나 운명이나 우연에 맡기시지 않고 그분의 거룩하신 뜻에 따라서 다스리시고 통치하셔서 그분의 명령이 없이는 아무 일도 세상에서 일어나지 않게 하셨다고 믿습니다. 그러나 하나님은 죄의 창시자가 아니시며 또 죄의 책임이 그분께 있는 것도 아닙니다. 왜냐하면 그분의 능력과 선하심은 지극히 위대하고 우리의 이해를 뛰어넘는 것이어서, 심지어 마귀와 악인들이 불의하게 행할 때라도 그분은 지극히 뛰어나고 공의로운 방식으로 자기의 일을 정하시고 수행하시기 때문입니다.

이와 같이 인간의 이해를 뛰어넘는 그분의 행사에 관하여 우리는 우리의 능력이 허용하는 한도를 넘어서까지 호기심 어린 질문을 하려 하지 않습니다. 다만 최대한의 겸손과 존경심을 가지고 우리에게는 감추어진 하나님의 공의로운 심판을 찬양하며, 우리가 그리스도의 학생이라는 사실에 만족하여 이 한계들을 넘는 일이 없이 오직 하나님께서 그분의 말씀에서 가르쳐 주신 것들만을 배워야 할 것입니다.

이 교리가 우리에게 말할 수 없는 위로를 주는데, 그 까닭은 어떠한 일도 우리에게 우연히 닥치지 않고 오직 가장 은혜로우신 하늘 아버지의 지시를 따라서 일어난다는 것을 가르쳐 주기 때문입니다. 하나님께서는 아버지와 같은 배려로써 우리를 돌보시고 모든 피조물을 그분의 권세 아래에 두시기 때문에, 우리의 머리털을 다 세고 계시며 그 한 올도, 또한 참새 한 마리도 우리 아버님의 뜻이 아니면 땅에 떨어지지 않게 하십니다(마 10:29-30). 이러한 사실을 우리는 확신합니다. 왜냐하면 그분이 마귀와 우리의 모든 원수들을 제압하고 계셔서 그분의 뜻과 허락 없이는 그들이 우리를 해칠 수 없음을 우리가 알기 때문입니다.

그러므로 우리는 에피쿠로스주의자들의 생각, 곧 하나님께서는 세상 아무것에도 상관하지 않으시고 모든 것을 우연에 맡기신다는 저주받을 오류를 배격합니다.

제14항: 인간의 창조와 타락과 부패에 관하여

우리는 하나님께서 사람을 땅의 티끌에서부터 창조하시되 자기의 형상과 모양에 따라서 선하고 의롭고 거룩하게 지으셨다고 믿습니다. 그렇게 하심은 사람이 모든 면에서 하나님의 뜻에 일치하도록 하시려는 것이었습니다. 그러나 사람은 이렇게 고귀한 위치에 있는 동안에 이것을 깨닫지도 못하고 그 고귀함의 가치를 귀하게 여기지도 않았습니다. 그는 사탄의 말에 귀를 기울였고 의도적으로 자기를 죄에 복종시키고 따라서 사망과 저주에 복속시켰습니다. 왜냐하면 그가 하나님에게서 받은 생명의 계명을 어겼기 때문입니다. 그 결과 그는 자기 죄로 말미암아 그의 참 생명이 되시는 하나님에게서 끊어졌고, 그의 본성이 모두 부패하게 되었습니다. 이 모든 것으로써 그는 자신을 육체적인 죽음과 영적인 죽음에 이르게 하였습니다.

사람이 그의 모든 길에서 이렇게 악하고 패역하고 부패하였기 때문에, 그는 하나님에게서 받았던 고귀한 선물들을 모두 상실하였습니다. 이제 사람에게는 자기를 핑계치 못하게 할 만한 정도의 조그마한 흔적 외에는 아무것도 남지 않게 되었습니다. 왜냐하면 우리 안에 어떤 빛이 남아 있는지, 그것은 어둠으로 바뀌어 버렸기 때문입니다. 이것은 "빛이 어두움에 비치되 어두움이 깨닫지 못하더라"(요 1:5)는 성경 말씀이 우리에게 가르쳐 주는 것과 같습니다. 이 구절에서 사도 요한은 사람을 '어두움'이라고 부릅니다.

따라서 우리는 이 사실과 어긋나게 사람의 자유의지에 대하여 가르치는 모든 교훈을 배격합니다. 왜냐하면 사람은 모두 죄의 종에 지나지 않고(요 8:34) '하늘에서 주시지 않으면 사람이 아무것도 받을 수 없기'(요 3:27) 때문입니다. 그리스도께서 "나를 보내신 아버지께서 이끌지 아니하면 아무라도 내게 올 수 없으니 오는 그를 내가 마지막 날에 다시 살리리라"(요 6:44) 하고 말씀하셨는데, 어떤 사람이 스스로 선을 행할 수 있다고 감히 자랑할 수 있겠습니까? "육신의 생각은 하나님과 원수가 되나니"(롬 8:7) 하는 말씀을 이해하였다면, 누가 자신의 의지를 자랑할 수 있겠습니까? "육에 속한 사람은 하나님의 성령의 일을 받지 아니하나니"(고전 2:14) 하고 말씀하는데, 누가 자기의 지식에 대하여 말할 수 있겠습니까? "우리가 무슨 일이든지 우리에게서 난 것같이 생각하여 스스로 만족할 것이 아니니 우리의 만족은 오직 하나님께로서 났느니라"(고후 3:5)는 말씀을 깨달을 때에 누가 감히 조금이라도 자기의 것으로 주장할 수 있겠습니까?

따라서 "너희 안에서 행하시는 이는 하나님이시니 자기의 기쁘신 뜻을 위하여 너희로 소원을 두고 행하게 하시나니"(빌 2:13) 하고 사도가 가르친 것을 확실하고 굳게 붙들어야 합니다. 그리스도께서 사람 안에서 역사하지 않으신다면, 하나님의 뜻을 이해하는 것도 없고 하나님의 뜻에 일치하게 행하려는 것도 없을 것입니다. 주님께서 우리에게 "나를 떠나서는 아무것도 할 수 없음이라"(요 15:5) 하고 가르쳐 주신 것과 같습니다.

제15항: 원죄에 관하여

우리는 아담이 불순종함을 통하여 원죄가 모든 인류에게로 전가된 것을 믿습니다. 이것은 인간의 본성 전체가 타락한 것이고 유전되는 악으로서 심지어 태중에 있는 아이들까지도 전염이 되는 것입니다. 원죄는 뿌리로서 사람 안에서 모든 종류의 죄를 만들어 냅니다. 따라서 원죄는 하나님 보시기에 참으로 더럽고 혐오스러운 것이어서 그분이 인류를 정죄하시기에 충분합니다. 심지어 세례로도 원죄를 말소하거나 제거할 수 없습니다. 왜냐하면 마치 물이 샘에서 솟아나듯이 죄는 이 두려운 원천으로부터 솟아나기 때문입니다. 그러나 이 모든 사실에도 불구하고 원죄는 하나님의 자녀가 정죄에 이르게 되도록 전가되지 않고, 하나님의 은혜와 자비에 의하여 그들은 죄 사함을 받습니다. 그렇다고 해서 신자들이 자기 죄 가운데서 평안하게 잘 수 있다는 뜻이 아닙니다. 오히려 이러한 부패함을 깨달아 앎으로써 이 사망의 몸에서 구원받기를 간절히 기다리며 종종 탄식하게 합니다.

이 점에서 우리는 이 죄가 단지 모방의 문제일 뿐이라고 말하는 펠라기우스파의 오류를 배격합니다.

제16항 선택에 관하여

우리는 아담의 모든 후손이 이렇게 첫 조상의 죄로 인하여 파멸에 떨어지자 하나님께서 그분의 어떠하심, 곧 그분의 자비하심과 공의로우심을 나타내신 것을 믿습니다. 그분의 자비하심은 그분의 영원하시고 변치 않으시는 뜻에 따라, 우리 주 예수 그리스도 안에서 택하신 사람들을 그들의 행위대로가 아니라 그분의 선하심 가운데서 이러한 멸망에서 구하시고 보존하여 주시는 데서 나타납니다. 또한 그분의 공의로우심은 다른 사람들을 그들 자신이 빠진 타락과 멸망의 상태에 그대로 버려두시는 데서 나타납니다.

제17항: 타락한 인간의 구원에 관하여

우리는 자비로우신 우리 하나님께서 사람이 그와 같이 육신의 죽음과 영적인 죽음에 떨어지게 된 것을 보시고, 두려움 가운데 그분에게서 도망하던 인간을 그분의 놀라운 지혜와 선하심으로 찾기 시작하신 것을 믿습니다. 하나님께서는 그분의 아드님을 주셔서 여자에게서 나게 하심으로써(갈 4:4) 뱀의 머리를 상하게 하시고(창 3:15) 인간을 복되게 하시겠다는 약속으로 그를 위로하셨습니다.

제18항: 하나님의 아드님의 성육신에 관하여

그러므로 우리는 하나님께서 그분의 거룩한 선지자들의 입을 통하여 조상들에게 약속하신 대로 그분이 정하신 때에 자기의 독생하신 영원하신 아드님을 세상에 보내심으로써 그 약속을 이루셨다고 고백합니다. 그 아들은 종의 형체를 취하셔서 사람과 같이 되셨습니다(빌 2:7). 그분은 모든 연약함을 지닌 참된 인성을 실제로 취하셨으나 죄는 없으십니다. 왜냐하면 사람의 행위가 아니라 성령의 능력으로 복된 동정녀 마리아의 태에서 수태되셨기 때문입니다. 그분은 참인간이 되시기 위하여 육체만이 아니라 참된 인간의 영혼에서도 인성을 취하셨습니다. 인간은 육체만이 아니라 영혼도 타락하였기 때문에, 두 가지를 구원하기 위하여 그분은 두 가지를 모두 취하실 필요가 있었습니다.

그러므로 우리는 그리스도께서 그의 어머니에게서 육신을 얻으신 것을 부인하는 재세례파의 이단에 반대하여, 그리스도께서 자녀의 몸과 피에 참여하셨다고 고백합니다(히 2:14). 그분은 다윗의 허리에서 나오신 자손이시고(행 2:30), 육신을 따라서는 다윗의 혈통에서 나셨고(롬 1:3), 동정녀 마리아의 태의 열매이시고(눅 1:42), 여자에게서 나셨고(갈 4:4), 다윗의 가지이시고(렘 33:15), 이새의 줄기에서 나온 가지이시고(사 11:1), 유다 지파에서 나셨고(히 7:14), 육신을 따라서는 유대인에게서 나셨고(롬 9:5), 아브라함의 후손들을 붙들어 주려고 하시기 때문에 아브라함의 씨로 오셨습니다. 그러므로 그분은 모든 면에서 그의 형제들과 같이 되셨으나 죄는 없으십니다(히 2:16-17; 4:15).

이러한 방식으로 그는 참으로 우리의 임마누엘, 곧 우리와 함께 계시는 하나님이십니다(마 1:23).

제19항: 그리스도의 한 위격 안에 있는 두 본성에 관하여

우리는 이 잉태에 의하여 하나님의 아들의 위격이 사람의 본성과 나뉠 수 없게 연합되고 결합되었으며, 따라서 하나님의 아들이 두 분이시거나 혹은 두 위격이 계신 것이 아니라 한 분의 단일한 위격 안에 두 본성이 연합되었다고 믿습니다. 그러나 각 본성은 그 구별되는 속성들을 유지하고 있습니다. 따라서 그분의 신성은 항상 창조된 것이 아닌 자존(自存)의 상태로 있으며, 시작도 없고 끝도 없으며(히 7:3), 하늘과 땅을 채우고 있습니다. 또한 그분의 인성도 그 속성들을 잃지 않아서, 시작된 날이 있고 피조(被造)의 상태로 있습니다. 이러한 그분의 인성은 유한하며 실제 육신의 특성을 모두 갖고 있습니다. 심지어 부활로써 자신의 인성에 불멸성을 부여하셨을 때에도 그분의 인성이 진정한 인성이라는 사실에는 변함이 없었습니다. 왜냐하면 우리의 구원과 부활은 또한 그분의 몸의 실제성에 달려 있기 때문입니다.

그러나 이 두 본성은 한 위격 안에 매우 긴밀하게 연합되어 있어서 그분의 죽음에 의해서도 나뉘지 않았습니다. 그러므로 돌아가실 때에 그분이 자기 아버지의 손에 부탁하신 것은 자기 육체를 떠난 실제 인간의 영혼이었습니다. 그 후에도 그분의 신성은 항상 그분의 인성과 연합되어 있었으며, 심지어 그분이 무덤에 누워 계실 때에도 그러하였습니다. 비록 어렸을 때에는 그분의 신성이 얼마 동안 크게 나타나지는 않았지만 그때에도 신성이 그분 안에 계시지 않은 때가 없었던 것처럼, 신성은 항상 그분 안에 임재하고 있었습니다.

그러므로 우리는 그분이 참 하나님이시며 참 사람이심을 고백합니다. 즉 그분은 참 하나님으로서 그분의 권능으로 사망을 정복하셨으며, 참 사람으로서 자기 육신의 연약함을 따라 우리를 위하여 돌아가신 분이시라고 우리는 고백합니다.

제20항: 그리스도의 안에서 나타내신
하나님의 공의와 자비에 관하여

우리는 온전히 자비롭고 의로우신 하나님께서 자기 아들을 보내셔서 전에 불순종이 자행되었던 그 본성을 취하게 하신 것을 믿습니다. 그렇게 하심은 아드님으로 하여금 그 동일한 본성 안에서 속상(贖償)하시고 그분의 가장 고통스러운 고난과 죽음으로써 죄에 대한 형벌을 짊어지도록 하시려는 것이었습니다. 하나님께서는 우리의 죄악을 아드님에게 담당시키셨을 때에 그분의 공의를 아드님에게 나타내셨고, 또한 죄를 범하여 지옥 형벌을 받아 마땅한 우리에게 그분의 선하심과 자비를 쏟으셨습니다. 가장 완전한 사랑으로 하나님께서는 그분의 아드님을 우리를 위하여 죽음에 내어 주셨고, 우리의 의롭다 하심을 위하여 그분을 다시 살리셨습니다. 그렇게 하심은 그분을 통하여 우리가 썩지 아니함과 영원한 생명을 얻도록 하시려는 것이었습니다.

제21항: 우리의 대제사장 그리스도의 만족게 하심
[속상, 贖償]에 관하여

우리는 예수 그리스도께서 맹세로써 멜기세덱의 반차를 따르는 영원한 대제사장이 되심을 믿습니다. 그분은 우리를 대신하여 그분의 아버지 앞에 서서서 완전한 속상으로써 하나님의 진노를 만족시키셨고, 우리의 죄를 씻어 없애시려고 친히 십자가의 나무에 달려 보혈을 쏟으며 자신을 드리셨습니다. 이러한 일은 선지자들이 예언한 것과 같습니다. "그분이 징계를 받음으로 우리가 평화를 누리고 그가 채찍에 맞음으로 우리가 나음을 입었습니다. 그분은 마치 도수장으로 끌려가는 어린 양과 같았고, 범죄자 중 하나로 헤아림을 입었습니다"(사 53:5, 7, 12). 그분은 본디오 빌라도에 의하여 범죄자로 정죄되었는데, 사실 처음에는 무죄하다고 선언되었습니다. 그분은 "취하지 않은 것도 물어 주게 되었습니다"(시 69:4). 그분은 "의인으로서 불의한 자를 대신하여" 죽으셨습니다(벧전 3:18). 그분은 우리의 죄로 인한 무서운 형벌을 느끼시면서 몸과 영혼으로 고난을 받으셨고, "그분의 땀이 땅에 떨어지는 커다란 핏방울과 같았습니다"(눅 22:44). 마지막으로 그분은 "나의 하나님, 나의 하나님, 어찌하여 나를 버리셨나이까?"(마 27:46) 라고 외치셨습니다. 그분은 우리의 죄를 용서해 주시려고 이 모든 일을 견디신 것입니다.

따라서 우리는 바울 사도처럼 우리가 "예수 그리스도와 그의 십자가에 못 박히신 것"(고전 2:2) 이외에는 아무것도 알지 않는다고 말하는 것이 옳습니다. 우리는 "예수, 우리 주를 아는 것이 가장 고상하기 때문에 다른 모든 것은 잃어버린 것으로 여깁니다'"(빌 3:8). 우리는 그분의 상처에서 모든 위로를 얻으며, 단번에 드려진 이 유일한 희생 제사, 곧 신자를 영원히 완전하게 하는 이 제사 외에 하나님과 화해할 수 있는 어떤 다른 방법을 찾거나 고안해 낼 필요가 없습니다(히 10:14). "그가 자기 백성을 그들의 죄에서 구원하실 것이기 때문에" 하나님의 천사도 그분의 이름을 예수, 곧 구주라고 가르쳐 주었던 것입니다.

제22항: 그리스도를 믿음으로 말미암는 의롭다 하심

우리는 우리로 하여금 이 위대한 신비에 관한 참된 지식을 얻게 하시려고 성령님께서 우리 마음속에 참된 믿음을 불러일으키심을 믿습니다. 이 믿음은 예수 그리스도를 그분의 모든 은덕과 함께 껴안고, 그분을 자기의 소유로 삼고, 그분 외에는 아무것도 구하지 않습니다. 왜냐하면 우리의 구원에 필요한 모든 것이 예수 그리스도 안에 있지 않든지, 아니면 모든 것이 그분 안에 있어서 믿음으로 예수 그리스도를 소유한 자들이 완전한 구원을 얻든지, 둘 중의 하나만 사실이기 때문입니다. 그러므로 그리스도로는 충분하지 않고 그분 외에도 무 엇이 더 필요하다고 주장하는 것은 엄청난 신성 모독입니다. 그렇게 되면 결국 그리스도께 서 절반의 구주이실 뿐이라는 말이 되기 때문입니다.

그러므로 우리는 사도 바울이 이야기한 것처럼, "우리는 율법의 행위가 아니고 믿음으로 의 롭게 된다"고 정당하게 말할 수 있습니다(롬 3:28). 그러나 엄격히 말하면, 믿음 자체가 우리 를 의롭게 한다는 뜻은 아닙니다. 왜냐하면 믿음은 우리가 우리의 의이신 그리스도를 붙잡 는 도구일 뿐이기 때문입니다. 그리스도께서는 그분의 모든 은덕들을, 그리고 그분이 우리 를 위하고 우리를 대신하여 행하신 모든 거룩한 일들을 우리에게 전가해 주십니다. 그러므 로 예수 그리스도는 우리의 의이시고, 믿음은 우리로 하여금 그분의 모든 은덕들에 참여하 면서 그분에게 연합시키는 도구입니다. 그러한 은덕들이 우리의 소유가 되면, 그것들은 우 리를 우리의 죄로부터 넉넉히 용서하고도 남습니다.

제23항: 하나님 앞에서의 우리의 의(義)

우리는 다윗과 바울이 가르친 것처럼, 예수 그리스도로 인하여 우리의 죄가 용서받은 그 사 실에 우리의 복이 있으며, 하나님 앞에서 우리의 의가 바로 거기에 있다고 믿습니다. 그들 은 "일한 것이 없이 하나님께 의로 여기심을 받는 사람의 행복에 대하여"(롬 4:6; 시 32:1) 말합 니다. 바울 사도는 또한 "그리스도 예수 안에 있는 구속으로 말미암아 하나님의 은혜로 값 없이 의롭다 하심을 얻은 자 되었느니라"(롬 3:24)고 가르칩니다.

그러므로 우리는 언제나 이 확실한 기초를 붙잡습니다. 우리는 모든 영광을 하나님께 돌리 고, 그분 앞에서 우리 자신을 겸비케 하고, 우리의 있는 모습 그대로를 시인합니다. 우리는 아무것도 우리의 것으로 돌리거나 우리의 공로로 주장하지 않으며, 십자가에 못 박히신 예 수 그리스도의 유일한 순종만을 의지하고 의뢰합니다. 우리가 그분을 믿을 때에 그분의 순 종이 우리의 것이 됩니다.

그분의 순종은 우리의 모든 죄악을 덮기에 충분하고, 또한 우리로 하나님께 가까이 나아갈 확신을 얻게 할 만큼 충분합니다. 따라서 그분의 순종은 우리의 양심을 두려움과 무서움 그리고 큰 공포에서 해방시키고, 우리로 우리 첫 시조 아담이 두려워 숨으려 애쓰고 무화과나무 잎으로 자기를 가리려 하였던 것과 같이 하지 않게 합니다. 우리가 하나님 앞에 서야 할 때에 행여 지극히 조금이라도 우리 자신을 의지하거나 혹은 다른 피조물을 의지한다면, (우리에게 화가 있을진저!) 우리는 소멸되고야 말 것입니다. 그러므로 누구든지 다윗처럼 기도해야 합니다. "주의 종에게 심판을 행치 마소서! 주의 목전에는 의로운 인생이 하나도 없나이다"(시 143:2).

제24항: 거룩하게 하심과 우리의 선행에 관하여

우리는 하나님의 말씀을 듣는 것과 성령님의 사역을 통하여 사람 안에 일으키는 이 참된 믿음이 사람을 중생시키고 새사람으로 만드는 것을 믿습니다. 이 믿음은 사람을 새 생명 가운데 살게 하고 죄의 노예 상태에서 해방시킵니다. 따라서 죄인을 의롭게 하는 이 믿음이 사람으로 하여금 선하고 거룩한 삶에 무관심하게 만든다는 것은 사실이 아닙니다. 오히려 반대로 이 믿음이 없이는 아무도 하나님에 대한 사랑으로 어떤 일을 하려고 할 자가 없고, 그저 자기에 대한 사랑이나 혹 정죄에 대한 두려움에서 어떤 일을 할 뿐입니다.

따라서 이 거룩한 믿음이 사람 안에서 활동하지 않는 것은 불가능한 일입니다. 우리가 말하는 믿음은 헛된 믿음이 아니라 성경이 "사랑으로써 역사(役事)하는 믿음"(갈 5:6)이라고 부르는 것입니다. 이 믿음은 사람으로 하여금 하나님께서 그분의 말씀에서 명령하신 일들을 힘써 행하도록 인도합니다. 믿음이라는 좋은 뿌리에서 나온 이러한 행위들은 하나님 보시기에 선하고 받으실 만한 것들인데, 왜냐하면 그 행위들이 그분의 은혜에 의하여 모두 거룩하게 되었기 때문입니다. 그럼에도 불구하고 그 행위들이 우리를 의롭다 하는 데에 기여하는 것은 아닙니다. 왜냐하면 우리는 그 어떤 선행보다도 앞서 그리스도를 믿는 믿음을 통하여 의롭다 하심을 받기 때문입니다. 그렇지 않으면 우리가 하는 일들은 선한 것이 될 수 없습니다. 그것은 나무 자체가 좋지 않으면 그 나무의 열매가 좋을 수 없는 것과 마찬가지입니다.

따라서 우리가 선행을 하지만 공적을 쌓기 위하여 하는 것이 아닙니다. 우리가 무슨 공적을 쌓을 수 있겠습니까? 우리가 하는 선행에 관하여서는, 우리가 하나님께 빚진 것이지 그 반대가 아닙니다. 왜냐하면 "너희[우리] 안에서 행하시는 이는 하나님이시니 자기의 기쁘신 뜻을 위하여 너희[우리]로 소원을 두고 행하게"(빌 2:13) 하시기 때문입니다. 따라서 "이와 같이 너희도 명령 받은 것을 행한 후에 이르기를 '우리는 무익한 종이라 우리의 하여야 할 일을 한 것뿐이라' 할지니라"(눅 17:10) 하고 기록된 말씀을 마음에 새깁시다. 우리는 하나님께서 선행에 대하여 상을 주실 것을 부인하지는 않지만, 그분의 선물들에 관을 씌워 주시는 일은 바로 그분의 은혜로 말미암는 것입니다.

더 나아가서, 우리는 선행을 하지만 그것을 우리 구원의 근거로 삼지는 않습니다. 왜냐하면 우리로서는 우리의 육신으로 더럽혀지지 않은 일, 따라서 심판을 받아 마땅하지 않은 일을 단 하나도 할 수 없기 때문입니다. 그리고 설령 우리가 한 가지 선행을 보일 수 있다고 해도, 하나님께서 기억하시는 우리의 한 가지 죄악만으로도 그분이 우리의 일을 거부하시기에 충분합니다. 그러므로 만일 우리의 양심이 우리 구주의 죽으심과 고난의 공효를 의지하지 않는다면, 우리는 항상 아무런 확신도 없이 의심 가운데서 이리저리 흔들릴 것이고, 우리의 가련한 양심은 항상 고통을 당할 것입니다.

제25항: 율법의 완성이신 그리스도

우리들은 율법의 의식들과 상징들이
그리스도의 오심으로 **그쳐졌고**,
그 모든 미리 보여 줌이 **그쳐졌다**고 믿습니다.
따라서 그리스도인들은 그러한 것을 더 이상 사용하지 말아야 합니다.
다만 그 실질과 내용은 율법을 성취하신 그리스도 안에서
여전히 우리를 위한 것으로 남아 있습니다.

다른 한편으로
우리는 여전히 율법과 선지자들에게서 얻은 증언들을 가지고서,
복음의 교훈을 우리에게 확증하고
하나님의 뜻에 따라 그분의 영광을 위하여

우리의 삶을 모든 단정함 가운데 정돈하기 위하여 사용합니다.

제26항: 그리스도의 중보에 관하여

우리는 유일한 중보자이시고 대언자이신 의로운 예수 그리스도를 통하지 않고서는 하나님께 나아갈 수 없음을 믿습니다. 이 목적을 위하여서 그분은 신성과 인성이 결합하여서 사람이 되셨고, 그리하여 우리 사람들이 하나님의 위엄에 막힘없이 나아갈 수 있도록 하여 주셨습니다. 그런데 성부께서 그분과 우리 사이에 세우신 이 중보자께서는 그분의 위대하심으로 인해 우리가 겁을 먹은 나머지 다른 중보자를 상상하고 찾도록 두지 않으십니다. 왜냐하면 하늘과 땅의 어떤 피조물 가운데서도 예수 그리스도만큼 우리를 사랑하는 이는 없기 때문입니다. 그분은 근본 하나님의 본체이시나 자기를 비워 종의 형체를 입으시고 우리를 위하여 종이 되셨고(빌 2:6-7), '모든 점에서 자기 형제들과 같이 되셨습니다'(히 2:17).

따라서 만일 우리가 다른 중보자를 찾아야 한다고 하더라도, 우리가 아직 그분의 원수 되었을 때에(롬 5:8, 10) 우리를 위하여 자기 목숨을 버리신 그분보다 우리를 더 사랑하는 이를 찾을 수 있겠습니까? 만일 우리가 권위와 능력을 가진 이를 찾는다 하여도, 성부의 오른편에 좌정하여 계시고 하늘과 땅의 권세를 가지신 그분보다 더 크신 이가 어디에 있겠습니까? 또한 하나님께서 '나의 사랑하는 자'라고 친히 밝히신 그분보다 더 빨리 하나님의 응답을 받을 수 있는 자가 어디 있겠습니까?

그러므로 성자(聖者)들 운운하며 그들이 한 번도 행하거나 요구한 적이 없는 일들을 행하면서 성자들을 영예롭게 하려는 관행들은 사실 그들을 불명예스럽게 만드는 일이고, 순전히 믿음이 없기 때문이었습니다. 오히려 그들의 글을 보면 알 수 있듯이, 그들은 자신들의 직무를 행할 뿐 그러한 영예 받기를 항상 거부하였습니다. 여기에서 우리는 우리 자신의 무가치함을 이야기해서도 안 됩니다. 왜냐하면 우리 자신의 가치를 근거로 기도를 드린다는 말이 아니기 때문입니다. 오직 우리는 예수 그리스도, 곧 믿음을 통하여 그분의 의로움이 우리의 것이 되는, 그리스도의 탁월하심과 공효에 근거하여 기도하는 것입니다.

따라서 히브리서 기자는 우리에게서 이 어리석은 두려움 혹은 불신앙을 제거하기 위하여 다음과 같이 바로잡아 이야기합니다. 예수 그리스도께서는 "범사에 형제들과 같이 되심이 마땅하도다. 이는 하나님의 일에 자비하고 충성된 대제사장이 되어 백성의 죄를 구속하려 하심이라. 자기가 시험을 받아 고난을 당하셨은즉 시험받는 자들을 능히 도우시느니라"(히 2:17-18). 더 나아가서 우리가 그분께로 더 나아가도록 다음과 같이 격려합니다. "그러므로 우리에게 큰 대제사장이 있으니 승천하신 자 곧 하나님 아들 예수시라. 우리가 믿는 도리를 굳게 잡을지어다. 우리에게 있는 대제사장은 우리 연약함을 체휼하지 아니하는 자가 아니요, 모든 일에 우리와 한결같이 시험을 받은 자로되 죄는 없으시니라. 그러므로 우리가 긍휼하심을 받고 때를 따라 돕는 은혜를 얻기 위하여 은혜의 보좌 앞에 담대히 나아갈 것이니라"(히 4:14 -16).

동일한 서신에서 이렇게도 말합니다. "그러므로 형제들아 우리가 예수의 피를 힘입어 성소에 들어갈 담력을 얻었나니……참마음과 온전한 믿음으로 하나님께 나아가자"(히 10:19, 22). 또한 "예수는 영원히 계신고로 그 제사 직분도 갈리지 아니하나니 그러므로 자기를 힘입어 하나님께 나아가는 자들을 온전히 구원하실 수 있으니 이는 그가 항상 살아서 저희를 위하여 간구하심이니라"(히 7:24-25).

이것 이외에 무엇이 더 필요하겠습니까? 그리스도께서도 친히 말씀하셨습니다. "내가 곧 길이요 진리요 생명이니 나로 말미암지 않고는 아버지께로 올 자가 없으니라"(요 14:6). 우리가 다른 대언자를 찾을 이유가 있겠습니까? 하나님께서는 자기 아드님을 우리의 대언자로 주기를 기뻐하셨습니다. 우리는 다른 이를 찾으려고 그분을 떠나지 않아야 하고, 달리 표현하면 결코 찾을 수도 없는 다른 대언자를 기대해서도 안 됩니다. 왜냐하면 하나님께서는 우리의 죄인 됨을 매우 잘 아시고서 그분을 우리에게 주셨기 때문입니다.

결론적으로 말하면, 우리가 주님께서 가르쳐 주신 기도에서 배운 것처럼, 그리스도의 명령을 따라서 우리는 우리의 유일한 중보자이신 그리스도를 통하여 하늘의 아버님을 부릅니다. 우리는 그분의 이름으로 성부께 구한 것은 모두 얻을 것을 분명히 확신합니다.

제27항: 그 거룩한 보편적 교회에 관하여

우리들은
하나의 단일한 보편적 교회(one single catholic or universal church)를

믿고 고백합니다.
그것은 참된 기독교 신자들의 거룩한 회중과 모임인데,
그들은 예수 그리스도의 피로 씻어지고,
성령님에 의해 성화되고 인(印)쳐져서
예수 그리스도 안에 있는 온전한 구원을 기다리는 사람들입니다.

이 교회는 세상의 처음부터 존재해 왔으며
끝까지 있을 것이니,
이는 영원한 왕이신 그리스도께서는 그의 시민들 없이
있을 수 없다는 사실로부터 분명히 드러납니다.

그리고 이 거룩한 교회는 온 세상의 분노에 대항하여
하나님에 의해 보존되어 왔으니,
잠시 동안 인간의 눈으로 볼 때는 아주 작게 보이고,
심지어 거의 꺼진 것처럼 보일 때에도
(하나님에 의해 보존되어 온 것입니다).

예를 들어서,
아합이 통치하던 매우 위험한 시기에
주님께서는 바알에게 무릎 꿇지 않은 사람들
7,000명을 당신님을 위해 보존하셨습니다.

그러므로 이 거룩한 교회는
특정한 곳의 특정한 사람들에
한정되거나, 묶여지거나, 제한되지 않습니다.

오히려 교회는 세계 전체에
퍼져 나가고 퍼져 있는 것입니다.
(그렇게 온 세상에 퍼져 있어도
이 거룩한 교회는)
한 분의 같은 성령님 안에서

신앙의 힘으로
한 마음과 한 뜻으로
연결되어 있고 연합해 있는 것입니다.

제28항 교회 지체들의 의무들

우리들은 이 거룩한 모임과 회중이
구원받은 자들의 모임이고,
이를 떠나서는 구원이 없으니,
사람들은 그들이 신분과 조건이 어떠하든지
그 누구도 이 회중으로부터 떨어져 나가
스스로 만족해서는(content to be by themselves) 안 된다고 믿습니다.

오히려 모든 사람들은
교회에 참여하고 교회와 연합해야만 합니다.
교회의 가르침과 치리에 복종함으로,
예수 그리스도의 멍에 아래 머리를 숙임으로,
그리고 하나님께서 그들에게 주신 은사에 따라서
같은 몸의 지체들로서
서로를 세워주기 위해 섬김으로써
교회의 통일성을 유지해야 합니다.

그리고 이 통일성을 더 효과적으로 지키기 위해서
하나님의 말씀을 따라서
하나님께서 이 교회를 세우신 곳에서는 어디서나
이 회중에 속하기 위해서
이 참된 교회에 속하지 않은 사람들로부터 자신들을 구별시키는 것이
모든 신자들의 의무입니다.
국가의 권세자들과 왕의 법령이 이를 금하고,

따라서 죽음과 물리적 형벌이 따라 온다고 해도 말입니다.

그러므로 이 참 교회로부터 떨어져 나가거나
또는 그에 참여하지 않는 것은
하나님의 규례를 거슬러 행동하는 것입니다.

제29항: 참된 교회와 거짓 교회의 표지(標識)에 관하여

우리들은 하나님의 말씀에 의해서
참된 교회가 무엇인지를
열심히 그리고 매우 조심스럽게
분별해야만 한다고 믿습니다.
왜냐하면 오늘날 세상의 모든 분파들(sects)이
교회라는 이름을 스스로 사용하고 있기 때문입니다.

우리들은 여기서 교회 안에 선한 사람들과 섞여져 있는,
비록 그들이 물리적으로는 교회 공동체 안에 있을지라도
교회의 한 부분이 아닌,
일단의 위선자들에 대해서 말하고 있는 것이 아닙니다.
우리들은 자신들을 "교회"(the church)라고 부르는
모든 잘못된 분파들(sects)과는 구별되는
참된 교회와 그 교제를 구별하는 것에 대해서 말하는 것입니다.

참된 교회는 다음과 같은 표지들을 가지고 있을 때에
참된 교회로서 인식될 수 있습니다.

참된 교회는 복음의 순수한 선포에 힘씁니다.
참된 교회는 그리스도께서 제정하신 대로의
성례들의 순수한 시행을 사용합니다.

그리고 참된 교회는 잘못들을 고치기 위해
교회의 치리를 시행합니다.

요약하자면, 참된 교회는
하나님이 순수한 말씀에 의해
그 자체를 통치합니다.
하나님 말씀에 어긋나는 것은 모두 거부하면서
예수 그리스도만을 (교회의) 유일한 머리로 붙드는 것입니다.

이와 같은 표지들을 통해서 우리들은 참된 교회를
인식하게 됨을 확신하게 되고,
그런 참된 교회로부터는 그 누구도 분리해서는 안 됩니다.

또한 참된 교회에 속하는 사람들에 대하여는
다음과 같은 그리스도인들의 구별되는 표지들(the distinguishing marks of Christians)로 말미암아
그들을 (참된) 그리스도인들로 인식하게 됩니다.
그들이 한 분이요, 유일하신 구주이신 예수 그리스도를 받아들인 후에는
그를 믿음과
죄를 피하고 의를 추구하는 것을 통해 그들을 인식하게 됩니다.
또한 그들은 좌로나 우로나 치우치지 않고
참 하나님과 이웃을 사랑합니다.
그들은 또한 육체(the flesh)와 그 일을 십자가에 못 박았습니다.

비록 그들 안에 상당한 연약함이 잔존해 있으나,
그들은 성령님으로
그들이 사는 날 동안에,
주 예수 그리스도의 보혈과 고난과 죽음과 순종에
끊임없이 호소하면서,
이것들을 대항하여 싸웁니다.
그들은 예수님에 대한 믿음을 통하여
그리스도 안에서 죄 용서함을 받았기 때문입니다.

거짓 교회는

하나님의 말씀보다는

그 자체와 자신들의 규례에

더 큰 권위를 부여합니다.

그러므로 거짓 교회는

그리스도의 멍에 아래 종속하기를 싫어합니다.

(예를 들어서, 거짓 교회는)

그리스도께서 그의 말씀 가운데서 명령하신 대로

성례를 시행하지 않습니다.

오히려 자신들이 원하는 대로

더하거나 다른 것으로 대체합니다.

이와 같이 거짓 교회는 예수 그리스도보다는

인간들 위에 (교회를) 세웁니다.

그리고 그들은

하나님의 말씀을 따라서 거룩한 삶을 살며

거짓 교회의 잘못과 욕심과 우상 숭배를 꾸짖는 사람들을 핍박합니다.

이 두 가지 교회들을

쉽게 인식할 수 있으므로,

따라서 서로를 명확히 구별해야 합니다.

제30항: 교회의 통치에 관하여

우리들은 이 참된 교회가

우리 주님께서 그의 말씀 가운데서 우리들에게 가르쳐 주신

영적인 질서에 따라서 통치되어져야만 한다고 믿습니다.

따라서 하나님의 말씀을 설교하고

성례를 수종드는
목사들 또는 목회자들이 있어야만 합니다.

또한 목회자들과 함께
교회 위원회(the council of the church)를 구성할
장로들과 집사들이 있어야만 합니다.

이런 방식으로
참된 종교가 보존되고,
참된 교리가 전개될 수 있으며,
악한 사람들이 영적으로 고쳐지고 견제되어서
가난한 사람들과 고난당하는 모든 사람들이
그들의 필요에 따라서
도움을 얻고 위로를 받을 수 있습니다.

신실하고,
바울이 디모데에게 준 규칙에 따라서
적절한 사람들이 선출되어 그 직무를 수행한다면,
이런 방식으로
교회 안에서 모든 것이 제대로
그리고 질서 있게 이루어지게 됩니다.

제31항: 교회의 직분자들에 관하여

우리들은 하나님 말씀을 섬기는 분들(목사들)과 장로들과 집사들은
주님의 이름으로 하는 기도와 함께
하나님의 말씀이 가르치는 대로
질서 있게
교회의 합법적인 선거에 의해서

그 직무로 선출되어져야 한다고 믿습니다.

그러므로 모든 사람들은
자신들을 부적절하게 앞으로 내세우지 않도록 주의해야 합니다.
오히려 하나님의 부르심을 기다려야만 합니다.
그래서 자신들이 부름 받았음을 확신해야 하고
하나님으로부터 자신들이 그 직무에로 선택 받았음을 분명히 해야 합니다.

말씀의 사역자들은
그들이 어디서 섬기든지
모두 같은 세력과 권세를 가진 것입니다.
왜냐하면 그들 모두가
교회의 유일한 보편적 감독이시요
교회의 유일한 머리이신
예수 그리스도의 종들이기 때문입니다.

더구나,
하나님의 거룩한 질서가
침해되거나 멸시받지 않도록 하기 위해서
모든 사람들은 할 수 있는 한,
말씀의 사역자들과 교회의 장로들을,
그들이 하는 일 때문에
매우 존귀하게 여겨야만 한다고 말합니다.
또한 불평하거나 싸우거나 다툼이 없이
그분들과 화목해야 합니다.

제32항: 교회의 질서와 권징에 관하여

우리는 교회의 치리를 맡은 자들이 몸 된 교회를 유지하기 위해서 어떤 질서를 세우는 것이 유익하고 좋지만, 그럴 때에 그들이 항상 우리의 유일한 주인이신 그리스도께서 명령하신 것에서 벗어나지 않도록 주의해야 한다고 믿습니다.

따라서 우리는 하나님께 드리는 예배에 어떤 방식으로든 양심을 속박하고 강제하는 모든 인간적인 고안이나 규범들이 도입되는 것을 배격합니다. 우리는 오직 조화와 일치를 보존하고 증진시키며 모든 사람이 하나님께 순종하고 나가도록 하는 일에 적합한 것만을 받아들입니다.

그러한 목적을 위해서 권징과 출교가 하나님의 말씀에 따라 시행되어야 합니다.

제33항: 성례에 관하여

우리는 은혜로우신 우리 하나님께서 우리의 무감각함과 연약함을 돌아보셔서 그분의 약속들을 우리에게 인(印)치시고 우리를 향한 그분의 선하신 뜻과 은혜의 징표들로 삼으시려고 성례를 제정하셨음을 믿습니다. 그렇게 하신 것은 우리의 믿음이 지속되고 양육을 받게 하시기 위함이었습니다. 하나님께서는 이 성례를 복음의 말씀에 덧붙여 주셨는데, 그렇게 하심으로써 그분의 말씀으로 우리에게 선포하시고 우리 마음 가운데서 내적으로 행하신 일들을 우리의 외적 감각에 더 잘 나타내시려 하신 것입니다.

이렇게 하여 그분은 우리에게 베푸신 구원을 우리에게 확증하십니다. 성례는 보이지 않는 내면적인 어떤 것에 대한 보이는 표와 인이며, 이 수단을 통하여 하나님께서는 성령의 능력으로 우리 안에서 역사하십니다. 그러므로 표들은 공허하거나 무의미한 것이 아니며, 따라서 우리를 속이는 것도 아닙니다. 왜냐하면 성례가 나타내는 진리는 바로 예수 그리스도이시고, 그분을 떠나서는 성례가 아무것도 아니기 때문입니다.
이와 더불어 우리는 우리 주 그리스도께서 우리를 위해 제정하신 성례가 두 가지라는 사실에 만족합니다. 이 두 가지 성례는 세례와 성찬입니다.

제34항: 세례의 성례에 관하여

우리는 율법의 마침이 되신(롬 10:4) 예수 그리스도께서 그의 흘리신 피로써, 그때까지 속죄와 속상(贖償)을 위하여 행하여지도록 하시고 실제로 행하여지던 다른 모든 피 흘림을 종식시키셨음을 믿고 고백합니다. 그분은 피 흘림이 따랐던 할례를 폐지하시고 그 대신에 세례의 성례를 제정하셨습니다.

세례를 통하여 우리는 하나님의 교회에 들어오게 되고, 다른 모든 사람들과 거짓 종교들로부터 구별되어 전적으로 그분께만 속하게 되며, 그분의 표와 인장(印章)을 지니게 됩니다. 이러한 세례는 그분이 영원히 우리의 하나님이시고 은혜로우신 아버지가 되심을 우리에게 증거합니다.

그러므로 그분은 자기에게 속한 모든 사람이 일상적인 물을 가지고서 "아버지와 아들과 성령의 이름 안으로"(마 28:19) 세례를 받도록 명하셨습니다. 이것으로써 그분은 우리에게, 마치 물을 부을 때 물이 우리 몸의 더러운 것을 씻어내듯이, 또한 물을 세례 받는 사람에게 뿌릴 때에 우리가 그 물을 볼 수 있듯이, 그리스도의 피가 성령의 사역을 통하여 영혼에 동일한 일을 내적으로 행한다는 것을 나타내어 주십니다. 즉 그 피는 우리의 영혼을 죄로부터 씻어 깨끗하게 하며 진노의 자녀이었던 우리를 하나님의 자녀로 거듭나게 합니다.

이러한 일은 물 자체로 인해 생기는 것이 아니라 하나님의 아들의 보혈을 뿌림으로써 되는 것이며, 그분은 우리의 홍해가 되시므로 우리가 바로의 폭정 곧 사탄의 지배에서 피하여 영적인 가나안 땅으로 들어가려면 반드시 그 바다를 통과하여야 하는 것입니다.

따라서 목사들로서는 우리 눈에 보이는 성례를 베풀지만, 우리 주님께서는 그 성례가 표시하는 보이지 않는 선물들과 은혜를 주십니다. 그분은 우리 영혼에서 모든 불결하고 불의한 것들을 씻으시고 정결케 하시고 깨끗하게 하시며 우리의 마음을 새롭게 하시고 모든 위로로 채우시며 그분이 우리의 선한 아버지가 되신다는 참된 확신을 주시고, 새로운 성품으로 우리에게 입혀 주시며 옛 성품을 그 모든 행위와 함께 벗겨 주십니다.

그러므로 영생을 간절히 바라는 사람은 오직 한 번만 세례를 받아야 한다고 우리는 믿습니다. 우리가 두 번씩 중생할 수 없기 때문에 세례는 결코 반복되어서는 안 됩니다. 더구나 세례는 물이 우리에게 뿌려지고 우리가 그것을 받는 순간만이 아니라 우리의 전 생애를 통하여 유익을 줍니다.

그러므로 우리는 재세례파 사람들이 세례를 오직 한 번만 받는 것에 만족하지 않고 또한 신자의 어린 자녀에게 세례 주는 일을 정죄하는 것에 대하여, 그러한 오류를 배격합니다. 우리는 과거 이스라엘의 어린아이들이 우리의 자녀가 받은 약속과 동일한 약속에 근거하여 할례를 받았던 것처럼 오늘날 신자의 자녀도 세례를 받음으로써 언약의 표로 인 침을 받아야 한다고 믿습니다. 참으로 그리스도의 피 흘리심은 어른들만을 씻기시기 위한 것이 아니라 신자의 자녀들을 위한 것이기도 합니다.

그러므로 여호와께서 율법에서 어린아이가 태어나면 곧바로 어린 양을 제물로 드리도록 명하셨듯이, 우리 아이들도 그리스도께서 그들을 위하여 행하신 일들을 나타내는 표인 성례를 받아야 합니다. 이러한 성례는 예수 그리스도의 고난과 죽음을 나타내는 성례입니다. 이전에 할례가 이스라엘 백성에게 지녔던 의미와 지금 세례가 우리 자녀에 대하여 갖는 의미가 동일하기 때문에, 바울은 세례를 가리켜 "그리스도의 할례"라고 부릅니다(골 2:11).

제35항: 성찬의 성례에 관하여

우리는 우리 주 예수 그리스도께서 이미 중생하게 하여 그분의 가족으로, 곧 그의 교회로 연합시키신 자들을 양육하고 보존하시기 위하여 친히 성찬의 성례를 제정하셨음을 믿고 고백합니다.

거듭난 사람에게는 두 가지 생명이 있습니다. 하나는 그들이 처음 태어날 때에 받은 물질적이고 현세적인 생명으로서 모든 사람에게 공통됩니다. 또 다른 하나는 그들이 두 번째로 태어날 때에 받은 신령하고 천상적인 생명으로서, 그리스도의 몸과의 교제 안에서 복음의 말씀으로 태어난 생명입니다. 이 생명은 모든 사람에게 공통된 것이 아니고 오직 하나님의 택하신 자들만 갖는 것입니다.

이 땅에 속한 물질적인 생명을 유지할 수 있도록 하나님께서는 이 땅에서 물질적인 떡을 정하여 놓으셨습니다. 이 생명이 모든 사람에게 있는 것처럼, 이 떡 또한 모든 사람에게 공통됩니다. 한편 신자들이 소유한 신령하고 천상적인 생명을 위하여서는 하나님께서 "하늘로서 내려온 산 떡"(요 6:51)이신 예수 그리스도를 보내셨는데, 신자들이 그분을 먹을 때에, 다시 말해 신자들이 믿음으로 그분을 받아들이고 영적으로 자신의 소유로 삼을 때에 그리스도께서는 그들의 영적인 생명을 양육하고 유지시키십니다.

신령하고 천상적인 그 떡을 우리에게 나타내시기 위하여, 그리스도께서는 지상의 보이는 떡을 그의 몸의 성례로, 포도주를 그의 피의 성례로 제정하셨습니다. 우리가 성례를 우리의 손으로 받아 쥐고 우리의 입으로 먹고 마실 때에 우리 육신의 생명이 유지되는 것만큼이나 확실하게, 우리가 믿음을 통하여 우리의 유일한 구주이신 그리스도의 참된 몸과 참된 피를 우리의 손과 입으로 우리 영혼 가운데 받음으로써 우리의 영적 생명이 유지된다는 것을, 그분은 우리에게 확언하십니다.

예수 그리스도께서 그분의 성례를 우리에게 헛되이 명하신 것이 아님은 의심할 여지가 없습니다. 따라서 그분은 이러한 거룩한 표로써 우리에게 나타내신 모든 일들을 우리 안에서 행하십니다. 우리로서는 하나님의 성령의 감추인 활동을 파악할 수 없는 것처럼 이 일이 이루어지는 방식도 이해할 수 없습니다.

그런데 우리가 그리스도의 참된 실제 몸과 피를 먹고 마신다고 표현해도 틀린 말은 아닙니다. 그렇지만 그것을 먹는 방식은 입을 통해서가 아니라 믿음을 통해서 영혼으로 하는 것입니다. 그리하여 예수 그리스도께서는 항상 하늘에서 성부 하나님의 우편에 앉아 계시면서도 동시에 끊임없이 우리로 하여금 믿음으로 그분과 교통하게 하십니다. 이 만찬은 영적인 식탁으로서, 그리스도께서는 이 자리에서 우리로 하여금 그분께 참여하고 또 그분의 모든 은혜에 참여하게 하시며, 우리에게 은혜를 주셔서 우리로 그분을 즐거워하고 또 그분의 고난과 죽음의 공효를 누리게 하십니다. 그분은 우리를 그의 살로 먹이심으로써 우리의 가난하고 낙담한 영혼을 먹이시고 힘을 주시고 위로하시며, 그의 피를 마시게 하심으로써 우리 영혼을 소성케 하시고 새롭게 하십니다.

성례는 그것이 상징하는 대상과 연결되어 있지만, 모든 사람이 이 두 가지를 다 받는 것은 아닙니다. 경건치 않은 자는 실로 성례를 받음으로써 자신을 정죄하는 데에 이를 뿐이고, 성례가 표하는 진리는 받지 않습니다. 유다나 마술사 시몬은 성례를 받았으나 그것으로 상징된 그리스도는 받지 않았습니다. 오직 믿는 사람들만 그분께 참여할 수 있습니다.

끝으로, 우리는 이 거룩한 성례를 하나님의 백성의 회중 가운데서 겸손함과 경외함으로 받으며, 또한 함께 우리 구주 그리스도의 죽으심을 감사하는 마음으로 기념하고 우리의 믿음과 기독교 신앙을 고백합니다. 그러므로 이 떡을 먹고 이 잔을 마심으로써 자신에 대한 심판을 먹고 마시지 않도록 하려면, 어떤 사람이라도 자신을 조심해서 살피지 않고는 이 상에 나오지 말아야 할 것입니다(고전 10:28-29). 간단히 말해서 우리는 이 성례를 시행함으로써 하나님과 이웃에 대한 뜨거운 사랑을 품게 됩니다.

그러므로 사람들이 성례에 덧붙이거나 새로 고안해 내서 혼합시킨, 저주받아 마땅한 모든 것들을 우리는 신성 모독으로 여기고 배격합니다. 우리는 그리스도와 그의 사도들이 가르친 규례에 만족해야 하며 그들이 전한 대로 말해야 한다고 단언합니다.

제36조: 시민 통치에 관하여

우리는 사람이 타락하였기 때문에 은혜로우신 하나님께서 왕들과 군주들과 정부 관리들을 임명하셨음을 믿습니다. 그분은 세상이 법과 규범으로 다스려지기를 원하시는데, 그럼으로써 사람의 방종이 억제되고 모든 일이 선한 질서에 따라 행하여지도록 하시려는 것입니다. 이러한 목적을 위해서 하나님께서는 정부의 손에 칼을 주셨고, 그것으로 악한 자를 처벌하고 선을 행하는 자들을 보호하도록 하셨습니다(롬 13:4). 이렇게 억제와 보존이라는 그들의 과업은 공적 질서에만 국한되는 것이 아니라 교회와 교회의 사역이 보호를 받는 일도 포함합니다. 그럼으로써 그리스도의 나라가 임하고 복음의 말씀이 편만하게 전파되어, 하나님께서 그분의 말씀에서 요구하시는 대로 만민이 그분께 존귀를 드리고 그분을 섬기도록 하시려는 것입니다.

더불어 그들이 처한 형편이나 지위나 신분의 고하를 막론하고 모든 사람은 공직자들의 다스림을 받아야 하며 세금을 납부해야 하고 또한 공직자들을 존중하고 존경해야 하며, 하나님의 말씀에 어긋나지 않는 한 모든 일에서 그들에게 복종하여야 합니다. 우리는 그들을 위하여 간구하되, 하나님께서 그들의 모든 길을 인도하시고 "우리가 모든 경건과 단정한 중에 고요하고 평안한 생활을"(딤전 2:1-2) 할 수 있도록 구하여야 합니다.

이러한 이유에서 우리는 재세례파를 비롯하여 반란을 선동하는 사람들, 또 일반적으로 권위나 공직자들을 인정하지 않고 공의를 무너뜨리려 하는 자들, 재산의 공동 소유(共有) 제도를 도입하는 자들, 하나님께서 사람들 가운데 이룩하신 단정함을 혼잡하게 만드는 자들을 정죄합니다.

제37항: 그리스도의 재림과 최후의 심판

마지막으로 우리는 하나님의 말씀에 따라 주께서 정하신, 그러나 모든 피조물에게는 알려지지 않은, 그때가 이르고 택함 받은 자의 수가 차게 되면, 우리 주 예수 그리스도께서 전에 크신 영광과 위엄 가운데 승천하셨을 때처럼 육신을 가지신 채로 눈에 보이게 하늘로부터 오셔서(행 1:11) 죽은 자와 산 자의 심판을 선언하실 것이고, 불로써 이 낡은 세상을 태워 정결케 하실 것을 믿습니다.

그때에는 세상의 처음부터 마지막까지 살았던 모든 사람이, 남자와 여자와 아이 할 것 없이 모두 천사장의 소리와 하나님의 나팔 소리에 소환되어, 이 위대하신 재판장 앞에 서게 될 것입니다(살전 4:16). 그때에는 전에 죽었던 모든 사람이 땅에서 살아날 것이며, 그들의 영혼은 전에 있었던 자신들의 몸과 다시 연합될 것입니다. 또한 그때까지 살아 있는 사람들은 다른 이들처럼 죽지 않고, 그 순간 변화되어 썩을 몸이 썩지 않을 몸으로 바뀔 것입니다.

그리고는 책들이 펼쳐질 것이고(계 20:12), 죽었던 자들은 그들이 세상에 살 때에 선악 간에 행하였던 일들에 따라 재판을 받을 것입니다(고후 5:10). 참으로 그때에는 모두가 세상에서는 그저 오락과 농담으로 치부하는 무익한 말들을 했던 것들에 관하여 일일이 해명하여야 할 것입니다(마 12:36). 또한 그때에는 사람들의 비밀과 위선이 만천하에 드러날 것입니다. 그러므로 악하고 불경건한 자들에게는 이러한 재판을 생각한다는 것이 매우 무섭고 두려운 일이 될 것입니다.

하지만 택함 받은 경건한 자들에게는 그 생각이 큰 소망과 위로가 됩니다. 왜냐하면 그때에 그들의 구원이 완성될 것이며, 그들이 감당하여야 했던 고생과 수고의 열매들을 얻게 될 것이기 때문입니다. 그들의 결백함이 만인에게 알려질 것이며, 이 땅에서 그들을 박해하고 탄압하고 괴롭히던 악인들 위에 하나님의 맹렬한 보복이 임하는 것을 보게 될 것입니다. 악인들은 또한 그들의 양심이 스스로를 죄 있다고 증거할 것입니다. 그들은 불멸할 것이나, 마귀와 그의 사자(使者)들을 위하여 예비된 영원한 불에서 영영히 고통을 받을 것입니다(마 25:41).

그러나 반대로, 택함 받은 신실한 자들은 영광과 영예의 관을 쓰게 될 것입니다. 그리고 하나님의 아드님께서 성부 하나님과 그의 택하신 천사들 앞에서 그들의 이름을 인정해 주실 것입니다(마 10:32). 그때에 하나님께서는 그들의 눈에서 모든 눈물을 닦아내실 것입니다(계 21:4). 그리고 세상의 많은 재판장과 통치자들로부터 이단이나 불경건한 자들로 정죄되었던 그들의 대의(大義)가 그때에는 하나님의 아들의 대의인 것이 드러날 것입니다. 그때에 주님께서는 사람의 마음이 전에 전혀 생각해 보지 못한 영광을 은혜의 보상으로 그들에게 내리실 것입니다.

그러므로 우리는 장차 우리 주 예수 그리스도 안에 있는 하나님의 약속들을 충만히 누리게 될 이날을 대망합니다. 아멘, 주 예수여, 오시옵소서.